KB016782

나만의 진로를 찾는 것,

나의 미래를 선택하는 것이다.

나의 미래를 펼쳐 줄 나만의 진로,

그것은 바로,

"내가 가장 좋아하고 잘 할 수 있는 일"이어야 한다.

내가 가장 좋아하고 잘 할 수 있는 것은

과연 무엇인가?

진로활동, 입학사정관제 포트폴리오

나만의 북극성을 찾아라 ❶진로탐색 편

초판1쇄 인쇄_ 2012년 1월 12일
4쇄 발행_ 2014년 3월 27일

지은이_ 홍기운, 김승
펴낸이_ 김영선
기획 · 교정 · 교열_ 이교숙
펴낸곳_ (주)다빈치하우스
디자인_ 손소정(총괄), 손수영, 백선화
일러스트_ 손도영

주소_ 서울시 마포구 독막로8길 10 조현빌딩 2층(우 121-884)
대표전화_ 02)323-7234
팩시밀리_ 02)323-0253
홈페이지_ www.mfbook.co.kr
이메일_ urimodus@naver.com
출판등록번호_ 제 2-2767호

값 18,000원
ISBN 978-89-91907-39-3 (44370)

이 도서의 국립중앙도서관 출판시도서목록(CIP)은 e-CIP 홈페이지(http://www.nl.go.kr/ecip)와
국가자료공동목록시스템(http://www.nl.go.kr/kolisnet)에서
이용하실 수 있습니다.(CIP제어번호: CIP2011005606)

❶ 진로탐색 편

나만의 북극성을 찾아라

진로활동, 입학사정관제 포트폴리오

홍기운 · 김승 공저

추천사

아름다운 '다리' 하나 세워지다!

아름다운 다리 하나가 세워졌다. 체계적인 이론과 땀내 나는 현장의 공백에 다리가 놓인 것이다. '진로 이론'이 현장의 따뜻한 멘토링의 언어로 바뀔 수 있는 언어의 다리이다. 그 만큼 이 책의 언어들은 현장 중심적이다. 많은 사람들이 그토록 꿈꾸던 다리가 이제 하나 세워진 것에 박수를 보낸다.

이 다리의 색깔은 무지개처럼 일곱 빛깔을 발하고 있다.
첫 번째 빛깔은 빨강이다. 강의자료 준비에 사력을 다해, 하버드생들의 기립박수를 받는 대니얼 길버트 교수의 '붉은 빛 열정'이 바로 책의 주인공 진로교사를 통해 보인다. 일 년에 걸쳐 진행되는 모든 수업의 내용 속에는 실제로 수많은 교구와 자료가 등장한다. 어쩌면 현장의 교사들이 책을 읽은 후, 책 속에 나오는 자료를 실제 교구로 제작해도 될 것 같다.
두 번째 빛깔은 주황이다. 주황은 우리 대한민국 사람들의 피부색이다. 이야기를 이끌어가는 좌충우돌 일곱 주인공들의 얼굴빛이 너무나 생생하게 살아있다. 어쩌면 이 주인공들은 우리 대한민국 청소년들의 대표급 얼굴이 아닐까 싶다. 이 땅의 청소년 그 누가 읽어도 아마 일곱 명 안에 그 누군가로 자신을 투사하고 몰입할 수 있을 것이다.
세 번째 빛깔은 노랑이다. 노랑은 그 자체로 빛을 발하기보다는 배경이 되어 주거나 테두리가 되어 줄 때 다른 색을 더 돋보이게 하는 색이다. 책을 구성하는 탄탄한 스토리 구조야말로 일천 페이지를 단숨에 읽게 만드는 밑거름이다. 매우 많은 정보와 수업모형이 인위적으로 배열된 느낌이 들지 않는 것은 바로 전체를 하나로 묶어가는 스토리의 구성 덕분이다. 진로는 그 자체가 한 인생의 스토리라는 사실을 이 책은 말하고 있다.
네 번째 빛깔은 초록이다. 이는 따뜻한 봄의 새싹을 연상케 한다. 추운 겨울을 딛고 다시 움트는 질긴 생명력이다. 책에는 매우 다양하고 결정적인 갈등과 문제가 등장한다. 진로의 과정에서 겪을 수 있는 개인의 자존감 결여, 비교의식, 부모의 기대감, 공부하는 이유 부재, 성공만 부추기는 왜곡된 직업관, 직업정보의 부재 등 수많은 악재들이 등장하고 이러한 갈등이 학생과 학생, 학생과 교사, 자녀와 부모, 그리고 개인과 시대 사이에 수많은 충돌양상으로 등장한다. 그 모든 아픔을 이 책은 그대로 직시하고 내용에 포함하였다. 그리고 질긴 생명력처럼 끝까지 그 갈등을 물고 늘어져 결과를 만들어 낸다. 불편하지만 포기할 수 없는 이슈를 기꺼이 다룬 집필의 열정에도 박수를 보낸다.
다섯 번째 빛깔은 파랑이다. 하늘이기도 하고, 바다이기도 한 파랑을 통해 나는 깔끔한 냉정을 떠올린다. 이 책에서 내가 만난 냉정함은 객관적인 정보를 전달하려는 의지이다. 스토리에 매몰되지 않고, 또한 스토리를 방해하지 않으면서 자연스럽게 약간의 거리를 두고 핵심 진로 정보들을 전달하는 세련됨을 끝까지 유지하는 것도 책의 매력이다.
여섯 번째 빛깔은 남색이다. 남색은 파랑색을 더 깊게 만들어 준다. 파랑색으로 묻어나는 다양한 진로의 정보를 더욱 탄탄하고 깊게 만드는 것은 바로 진로의 이론들이다. 진로와 관련하여 요인이론, 성격이론, 진로발달이론, 그리고 타협이론과 직업적응이론 등을 스토리 곳곳에 연결 지으며 읽는 것은 내게 큰 즐거움이었다.

내가 이 책을 통해 상상한 무지개다리의 마지막 일곱 번째 빛깔은 보라이다. 보라는 신비롭다. 아련한 상상을 자극한다. 보랏빛은 앞으로 독자들이 만날 다양한 아름다움을 상상하는 것이다. 누구에게도 열려 있다. 그래서 그 상상이 즐겁다. 먼저 진로교사와 진로전문가들의 책상 앞에 실전 매뉴얼로 꽂혀 있는 그림이 떠오른다. 여기저기 연구소를 기웃거리며 자신의 진로문제를 타인에게만 의존하던 청소년들이 자기 책상 앞에 이 책을 꽂아 스스로 내면을 살찌우는 상상도 흥미롭다. 그리고 무엇보다도 나의 가슴을 따뜻하게 하는 보랏빛 상상이 있다. 그간 정보의 격차, 경제력의 격차로 고급 진로 상담을 받지 못했던 이 땅의 청소년들에게 책이라는 개인화 도구를 통해, 그야말로 '동등한 기회'를 줄 수 있다는 기대감이다. 생각만 해도 입가에 미소가 살며시 머금어진다.

21세기 네버랜드라는 섬, 성장하지 못하고 어린 시절의 막연한 꿈으로 갇혀 있던 이 땅의 청소년들에게 이제 '다리 하나'가 세워졌으니, 감사할 일이다. 다리를 건너는 동안, 아이들은 새로운 눈뜸으로 진정한 진로의 세계를 경험할 것이다. 책을 다 읽고 덮으면 이미 다리를 건너서 새로운 세상에 도착해 있을 것이다. 그리고 훌쩍 성장해 있는 자신을 보며 놀랄 것이다. 이 다리를 시작으로 이후 더 좋은 다리들이 계속 놓이기를 간절히 소망해 본다.

커리어 멘토 조우성
법무법인 태평양 파트너 변호사

여는 글 1

진로를 위한 첫걸음이 내 인생의 베이스캠프를 만든다

"목표가 없어요. 그러나 아무 상관없어요.", "목표를 갖고 싶어요. 그런데 방법을 모르겠어요.", "목표가 있어요. 그런데 희미해요", "지금 목표가 있어요. 하지만 바뀔 거예요. 계속 그래 왔어요.", "인생 목표는 있어요. 그런데 당장은 무엇을 해야 할지 모르겠어요."

우리 주변 학생들에게서 흔하게 들을 수 있는 말입니다.
개정된 교육과정이 '교과 활동' 중심에서 '진로' 중심으로 변하면서 창의적 체험 활동이 도입되고 입학사정관제의 확대라는 입시제도의 커다란 변화가 진행되고 있어서 교육 패러다임이 '진로 교육' 중심으로 변하고 있지만, 효과적인 진로 교육이나 성공적인 진로개발 활동을 찾아보고 활용하는 것은 여전히 막연하고 어려운 것 또한 사실입니다.
자녀교육을 위해서라면 모든 열정과 돈, 시간을 쏟아 붓는 부모들이나, 왜 공부해야 하는지도 모른 채 빼곡한 사교육 일정을 쉴 틈 없이 소화해내고 있는 자녀들 모두 끙끙 앓고 있는 것이 지금 우리 사회의 진솔한 모습입니다. 비록 지금은 이렇게 앓고 있지만, 아이들 스스로 진로와 학습의 의미를 깨달아 알게 만들어 주는 노력이 지속된다면 희망의 불씨가 여전히 남아 있다고 생각합니다. 이렇게 '앓음'에서 '앎'으로 변화하는 과정에서 우리 아이들이 '아름'다운 사람으로 나아가 '아름'드리 인재로 성장할 것이라 믿습니다.
그래서 진로에 대해 고민하고 있는 우리 아이들의 이야기를 통해 보다 쉽고 친근하게 '진로'에 대해 접하고 또 성장하게 되는 과정을 담아 보았습니다. 진로동아리 '하이라이트 클럽'에 모인 등장인물들을 통해 내 또래 학생들의 '진로'에 대한 고민을 함께 느껴 보고 여러 학생들의 좌충우돌 도전을 통해 다양한 시도와 체험을 공유하고 그 해답을 스스로 찾아가는 과정이 바로 그것입니다.

"나는 도대체 어떤 사람일까?", "내가 정말로 하고 싶은 것은 뭘까?", "내 꿈을 위해서 무엇을 준비해야 할까?", "지금 이 순간, 내가 해야 할 일은 무엇일까?"라는 질문을 통해 자아를 이해하고 직업세계를 탐색하며 희망 직업을 선택하는 과정과 진로 설계를 통해 나만의 진로 로드맵을 설계해 보고 그 계획을 꿋꿋이 실천해 나가는 우리 아이들의 진로 대장정이 펼쳐지게 됩니다.

진로에 대한 이야기 속 아이들의 고민과 노력들은 성공적인 인생을 위한 베이스캠프를 만드는 과정이라 할 수 있습니다. 이러한 견고한 베이스캠프가 만들어진 이후에야 자신의 로드맵에 따라 꿈과 비전이라는 봉우리에 등정할 수 있는 것입니다.

한편으로 아이들의 '진로' 여정은 허들 경기와도 같습니다. 그저 앞으로 가장 빠르게 내달리기만 하는 경기가 아니라 1m가 넘는 허들을 쉴 새 없이 몇 번이고 뛰어 넘으며 전진해야 하기 때문입니다. 다만 우리가 살아가는 인생은 허들의 높이가 매번 다르고 허들 간의 간격도 일정하지 않으며 훨씬 오래 달려야 하지만 말입니다.

메달의 목표를 위해 혼신을 다해 땀 흘려 연습했던 수준급 선수들도 경기를 하다 보면 허들을 쓰러뜨릴 때가 있는데 하물며 우리 아이들이 진로의 여러 장애물을 만나 고전하는 것은 전혀 새삼스러운 일이 아니라고 생각합니다.

누구든지 크고 작은 성공을 하기 위해서는 반드시 크고 작은 장애물을 넘어야 하며, 자신 앞에 놓인 허들이 높으면 높을수록 자신의 역량을 발휘해서 더 높이 뛰어야 하는데…….
수많은 실패 중에도 멈추지 않고 끊임없이 시도했던 그 경험들을 통해 어느새 뛰어 오를 만한 능력이 이미 만들어졌다는 사실을 아이들 스스로 알게 될 것입니다.

우리가 살아가는 인생의 바다에서 순풍이란 결코 없을지도 모릅니다.
같은 곳에서 불어오는 바람이라도 각기 다른 곳을 향하는 사람들에게, 어떤 이에게는 순풍으로 다른 이에게는 역풍으로 느껴지니 말입니다.
그렇다면 거대한 풍랑 앞에 서 있는 오늘 내 삶의 돛과 키는 누가 붙들고 있습니까?
우리 아이들이 자기주도적으로 진로를 설계하고 한 걸음 한 걸음 나아가도록 도와주는 것이야말로 그 무엇보다 중요하다고 하겠습니다.
시인 롱펠로우는 "위대한 사람들이 얻고 지킨 고지들은 단 한 번의 비행으로 얻어지는 것이 아니리. 그들은 다른 사람들이 잠든 사이에, 긴 밤을 애써서 기어 올라 갔다네."라고 했습니다.
오늘도 자신의 꿈을 찾으려 애쓰고 스스로 발걸음을 내딛어 보려 노력하는 모든 학생들에게 아낌없는 격려와 박수를 보냅니다.

2012 새해 홍기운

여는 글 2

21, 66, 그리고 365

지나친 메모광인 나는 적어야 산다. 기록해야 잊을 수 있다. 그렇게 적당히 잊어 주어야 다른 생각을 빈 곳에 채울 수 있다. 이전에 『습관』이라는 책을 쓰면서 자기주도학습에 대한 콘텐츠를 머릿속에서 덜어냈었다. 이후, 몇 년 동안 '진로' 라는 주제로만 달려왔다. 그 결과, 진로로 고민하는 학생들을 위한 방대한 진로 콘텐츠가 차곡차곡 쌓일 수 있었다.
이 책은 그간 만난 수많은 학생들과의 교감과 흔적들을 고스란히 다 꺼내어 담은 책이다. 이젠 빚진 마음을 갚았다는 생각에 무척 시원하고 머릿속이 맑아지는 느낌이다. 무엇이 내 마음을 그토록 무겁게 눌렀던가. 이 땅, 수많은 청소년들이 정보의 격차 때문에 인생의 격차로 치닫는 모습에, 참을 수 없는 아픔과 부담을 갖고 살았었다. 기회는 동등하게 주어져야 한다. 그래서 더 악착같이 매달렸다. 작가로서 창작의 수고를 다하였으나, 그렇다고 세상에 없는 무엇인가를 창조했다고 생각하지는 않는다. 많은 선배들의 고민, 빛나는 저서들, 온 세상을 가득 매운 정보들을 재해석하고, 재구성하여 가치의 숨결을 넣어 스토리 안에 녹였을 뿐이다.

조선일보와 함께 청소년의 공부습관을 들이기 위해 '21일 트레이닝' 을 진행한 적이 있다. 1년 뒤에는 KBS와 함께 '66일 습관 멘토링' 을 진행하였다. 그리고 이번에는 DBK에듀케이션과 함께 '365일 진로캠프' 를 완성하였다. 21일 동안은 다소 강력한 '트레이닝' 을 했고, 66일 동안은 매우 따뜻한 '멘토링' 을 시도하였다. 그리고 이번 365일은 그야말로 모든 것을 다 쏟아 부은 '50주 동안의 온라인 캠프' 였다. 함께 호흡하고 의견을 교환하며 때로는 치열하게 토론하는 활동의 장을 연출해 보았다.

이 책은 온라인에서 진행된 365일의 진로 캠프를 책으로 펴낸 것이다. 치밀한 커리큘럼으로 진로를 '트레이닝' 하였고, 모든 과정을 친밀하게 '멘토링' 하였으며, 때에 따라서는 학생들의 깊은 아픔까지 공감하며 상처를 만져주는 '힐링' 의 열정을 더하였다. 그리고 온라인 캠프의 과정에 참여하고, 이 책의 모든 내용을 성실하게 따라간 학생들이 그 존재 자체만으로도 다른 친구들과 후배들을 도울 수 있도록 곳곳에 '코칭' 의 기법도 충분히 포함하였다.

영감을 불어넣어 주고, 함께 집필을 진행하여 주신 홍기운 대표님에게 먼저 감사를 드린다. 그 모든 과정에 작가로서의 창조정신을 존중해 주며 끝없이 기다리고 지지해 준 문보국 팀장에게 존경을 표한다. 일천 페이지가 넘는 글을 한 호흡으로 읽고 내용의 맥을 따뜻하고 정교하게 짚어주신 이교숙 실장님, 그리고 책이 세상에 나오기까지 보기 드문 열정으로 이끌어주신 김영선 대표님께 진심어린 박수를 드린다.
그리고 오랜 시간 강의를 하면서 만난 수많은 학생들…… 그 친구들을 생각하며 이야기 속에서 살아난 이 땅의 모든 승헌, 하영, 수희, 교빈, 찬형, 민샘에게 이 책을 바친다.

2012년 1월 김 승

일러두기

나만의 캐릭터 따라가기

등장하는 캐릭터는 가장 대표적인 진로의 문제 유형에 따라 설정된 인물들이다. 따라서 이 책을 읽는 사람은 내용에 몰입하는 과정에서 특별히 한 인물에 더 마음이 가게 될 것이다. 10대 청소년은 더할 나위 없이 자신과 비슷한 인물을 만날 것이 틀림없다. 부모가 읽는다면 역시 자신의 자녀와 비슷한 유형에 마음이 닿을 것이며, 교육 전문가들이 읽는다면 자신의 클래스에 가장 마음이 가는 아이들을 그대로 옮겨 놓은 듯한 생각이 들 것이다. 그렇게 인물 중심으로 읽는다면 이 책의 내용이 더 쉽게 다가올 것이다. 특히 이 시대에 가장 큰 사명감을 가지고 아이들을 이끌어가는 교사들이 읽는다면, '민샘'이라는 캐릭터는 더욱 살아서 울림을 만들어 줄 것이라 생각한다. 어떤 계층, 어떤 연령, 어떤 직업……. 그 어떤 사람이 읽더라도 이 책이 읽는 사람의 마음속에 작은 희망 한 자락을 깊게 새겨 줄 것을 확신한다.

다섯 가지 효과 체험하기

- **컨설팅을 접목한 효과**
  진로 문제를 정확하게 진단해 해결방법 제시
- **트레이닝을 돕는 효과**
  진로의 모든 원리를 충분히 이해시킨 후, 반복적인 훈련
- **멘토링을 기대한 효과**
  진로 코칭 민샘의 직접적이고 구체적인 진로 멘토링
- **캠핑에 참가하는 효과**
  온라인 진로 캠프와 연계되어 캠프의 임팩트 체험
- **힐링을 경험하는 효과**
  자기 발견을 넘어, 존재 발견을 위한 인격적인 치유단계 경험

다양한 맛 느끼기

주말에 이 책을 읽기 시작하면 3권을 한 번에 읽을 수 있다. 성인이 읽으면 마치 자신이 학생들을 데리고 수업을 진행하는 느낌이 들고, 학생이 읽으면 수업에 참여하는 캐릭터가 된다. 한 권씩 3일을 나눠서 읽어도 재미있을 것이다. 그렇게 읽어도 가능한 책이다. 그런데 혹시라도 자신의 꿈을 돕는 단 한 사람의 멘토조차 없는 학생이 이 책을 접하게 된다면, 책상 가까운 곳에 꽂아 두고 일주일에 한 꼭지씩 일년을 읽는 것도 좋으리라. 오디세우스의 아들 텔레마코스를 왕처럼 키워낸 바로 그 멘토와 같은 역할을 해 줄 것이다.

책의 다양한 쓰임 알아보기

- 개인
  진로 온라인 캠프와 함께, 각 꼭지마다 포트폴리오를 축적해 작품집으로 사용
- 가족
  가족 단위로 부모와 자녀가 함께 일주일에 한 번 대화하며 소통하는 도구로 사용
- 학급
  학교의 반 전체가 1년 동안 한 꼭지씩 함께 진행하는 공동의 진로 교재로 사용
- 그룹
  학교의 진로 동아리, 교회의 소그룹, 공부방 또는 학원 등의 멘토링 교재로 사용

주요인물 소개

이민구(민샘)
교육계에 새롭게 등장한 진로 전문교사를 대표하는 상징적 인물이다. 다양한 교육 경력의 소유자이며, 매우 창의적인 방식으로 수업의 주도권을 학생들에게 넘기는 인물이다.
진로 동아리의 1년을 흔들림 없이 체계적인 커리큘럼으로 이끌어간다. 자료중심의 수업을 준비하고, 학생 개인의 특성을 살리기도 하지만 전체의 콘텐츠 흐름을 전략적으로 세팅한다.

찬형
비판적인 방관자를 대표한다. 자신의 진로에 대해서도 비판적이다. 이러한 특성은 이야기 속에서 불편한 분위기와 긴장감을 만들어 내는 역할을 한다. 매우 논리적이어서 수업의 진행 과정에서 흐름이 산만해질 무렵이면, 가차 없이 끊어 주는 역할도 한다.
하지만 이러한 비판자 역시 인생의 멘토와 좋은 콘텐츠를 만나면서 변화되는 과정이 고스란히 이야기에 담긴다. 비협력자로서 결정적일 때마다 공분을 사지만, 후반 이야기의 클라이맥스에서 반전을 이루며 최종 감동을 일구어 내는 힘을 발휘한다.

하영
공부를 매우 잘하는 학생이다. 단기적인 성적은 나오지만, 장기적으로는 꿈이 없는 학생들을 대표한다. 자존심이 강하며, 자신보다 공부를 못하지만 진로 동아리의 멘토 역할을 하는 수희에게 경쟁심을 느낀다.
수업이 진행되는 과정에서 이민구 교사를 정확하게 이해하고 수업의 주도적인 역할을 한다. 초반에 자신의 약점이 드러나고 해소되는 과정에서 다른 학생들과 가까워진다. 하지만 진로 페스티벌과 진로 박람회를 준비하는 과정에서는 더욱 복잡한 갈등과 만나게 되고, 고비를 넘기면서 자신을 더욱 선명하게 발견해 간다.

승헌

리더십을 갖춘 훈남을 대표한다. 진로 활동을 통해 가족, 꿈, 사랑의 퍼즐을 맞춰가게 된다.
내용 속에서는 항상 조력자의 역할로 나온다. 주도적으로 수업을 이끌어가는 역할이 아니라, 다른 친구나 교사의 주도권에 협력자로 나선다. 긍정적인 협력을 보이는 역할이다. 동아리 활동을 통해 커리큘럼을 충분히 소화하면서 점차 자신의 꿈을 세워간다.

교빈

친구 틈에 묻어서 대세를 따라가는 청소년을 대표한다. 진로 동아리에도 승헌이를 따라온 것이다. 매우 가볍고 말이 많은 특징이 있다. 바로 그런 특성이 이야기 전반에 약방의 감초처럼 들이대면서 촉매역할을 한다. 내용의 매끄러운 연결에 핵심적인 역할이다.
창의적인 발상이 자주 나오며, 때로는 엉뚱하기도 하다. 그런 특성이 이민구 교사의 수업 진행에서는 매우 중요하며 중반 이후 큰 행사를 진행하는 과정에서도 도움이 된다.

수희

진로에 대한 성숙도가 높은 학생을 대표한다. 하지만 하영이와는 반대되는 고민을 안고 있다. 꿈과 목표가 선명하고 성숙하지만 현재의 공부 성과가 잘 나오지는 않는다. 학생의 입장과 수업의 도우미 역할을 동시에 수행한다. 본이 아니게 하영이와 경쟁구도에 놓이게 되며, 약간의 미묘한 삼각관계 속에서 갈등을 느낀다. 진로 활동 과정에서 가족의 아픔이 조금씩 드러나며 꿈을 통해 그 아픔을 희망으로 바꿔간다.

철만

축구를 좋아하지만 직업 비전으로 확신할 수는 없는 소심한 학생이다. 말을 더듬지만, 수업의 결정적인 상황에서 핵심을 짚는 통찰로 막힌 곳을 뚫는다.
진로 성숙도가 낮은 학생들을 대표한다. 이야기의 처음에 등장하는 인물로서 이야기의 마지막도 장식할 것이다. 자존감, 자신감, 효능감이 낮은 학생들을 대표하여 꿈에 다가가는 희망 주인공이다.

CONTENTS

3 강점 발견

4 적성 발견

진로인식

1

01 내 인생의 항해를 시작하다 02 1%의 가능성, 보물찾기 03 아름다운 이정표 04 너의 꿈을 믿니?

01 내 인생의 항해를 시작하다

나는 지금 어디에 있지

우리들의 고민 편지

중학교 1학년 K군은 주변 사람들이 자신을 대하는 태도가 달라진 것을 느낀다. 특히 자신의 꿈을 말할 때가 더욱 그러하다. 초등학교 때는 그냥 "~가 될 거예요."라고 말하면 다들 박수를 쳐 주었는데 중학교에 올라오니 달라진 것이다. 꿈을 자신 있게 말하기도 어색하고, 말을 해도 주변의 반응이 시큰둥하다. 마치 '정말 그거 할 수 있겠니?' 라고 바라보는 것 같다. 자신의 꿈에 대한 이런 불편한 상황을 바꾸고 싶다. 그런데 누구도 방법을 말해 주지 않는다.

– 온라인 캠프에 올라온 진로 고민 편지

목표만 보고 그리면 돼!

"와~ 철만이 대단하다! 선도 똑바르고 꼭짓점도 딱 만나네. 시간도 많이 단축됐어. 연습 진짜 많이 했나 보다."

체육 시간이 시작되자 체육 부장 철만이는 여느 때와 다름없이 피구 라인을 그렸다. 오는 체육 대회의 2학년 경기 종목인 피구 연습을 하려는 것이다. 철만이가 순식간에 그려 낸 피구 라인을 본 반 친구들의 눈이 휘둥그레졌다. 체육 선생님 역시 고개를 갸우뚱하며 뭔가 이상하다는 눈치다. 그 피구 라인이 다른 날과는 영 달라서 지금 모두들 놀라고 있는 것이다.

일주일 전, 체육 시간

"야! 박철만. 너 자꾸 이럴 거야. 피구 라인 하나 제대로 못 그리고……. 벌써 몇 번째야! 야야, 다음 학기 체육 부장은 절대로 철만이 시키지 마!"

"죄, 죄, 죄송해요. 다, 다시 그릴까요. 서, 선생님?"

성미 급한 체육 선생님의 꾸지람에 철만이는 고개를 들지 못했다. 내성적이어서 말수가 없는 편인 철만이는 특히 긴장을 하면 말을 심하게 더듬었다. 그런 철만이가 초등학교 때부터 유일하게 좋아하고 잘하는 것이 축구였다. 중학교에 올라온 이후 철만이의 축구 실력을 본 친구들은 철만이를 체육 부장으로 추천을 했다.

그런데 바로 그때부터 철만이의 불행이 시작되었다. 놀고 공차는 것 외에는 관심도 재주도 없던 그는 체육 시간만 되면 배가 아파 올 정도로 심한 스트레스에 시달렸다. 피구 라인을 주전자로 물을 뿌려 그리는 작업 때문이었다. 그건 생각보다 어려워서 아무리 집중을 해도 제대로 그려지지가 않았다. 그래서 늘 꾸지람을 듣는 터였다.

그런 철만이에게 다행히 마음 놓고 고민을 상담할 수 있는 선생님이 계셨는데, 바로 진로 상담부의 이민구 선생님이다. 철만이의 고민을 들은 이민구 선생님은 며칠 뒤에 한 가지 방법을 일러 주었다.

"철만아, 드디어 방법을 알아냈다."
"정말요! 뭐, 뭔데요?"
"진짜 쉬워. 선생님이 직접 실습도 해 봤거든. 무조건 목표만 보고 가면 돼!"

체육 시간 한 시간 전 쉬는 시간에 살짝 운동장으로 나간 철만이는 작은 돌을 모아 피구 라인의 선이 만나는 꼭짓점에 미리 놓아두었다. 체육 시간이 되자, 철만이는 미리 자리를 잡아 놓은 목표(돌)만 바라보며 빠르게 물을 뿌리며 움직였다. 축구할 때 여러 명의 수비수를 제치던 바로 그 자신감으로 선을 그렸다.
'정말 목표만 보고 가니 피구 라인이 반듯하게, 훨씬 빨리 그려지는구나. 정말 목표가 중요한 거구나.'
철만이와 이민구 선생님의 행복한 만남은 그렇게 시작되었다.

하이라이트 클럽

"승헌아, 너 어느 동아리에 들지 정했어?"
"어, 찬휘 오랜만이야. 진로 동아리에 들어가려고."
"아~ 그 새로 오신 상담 선생님이 맡은 동아리? 그런데……."
"그런데, 뭐?"
"그 동아리, 아무나 못 들어간대. 조건이 진짜 까다롭다던데."
"정말, 무슨 조건?"
"인생 목표가 분명하지 못한 사람만 들어갈 수 있대."
그런 조건이라면 까다로운 것은 사실이다. 인생에 대한 목표 의식이 희박한 사람이라야 들어갈 수 있다는 얘기에 승헌이는 고개를 갸우뚱거렸다.

동아리 모임 첫날, 참석한 모든 친구들은 교탁 앞으로 나가서 자신에게 해당되는 목표 문제점에 스티커를 붙였다.

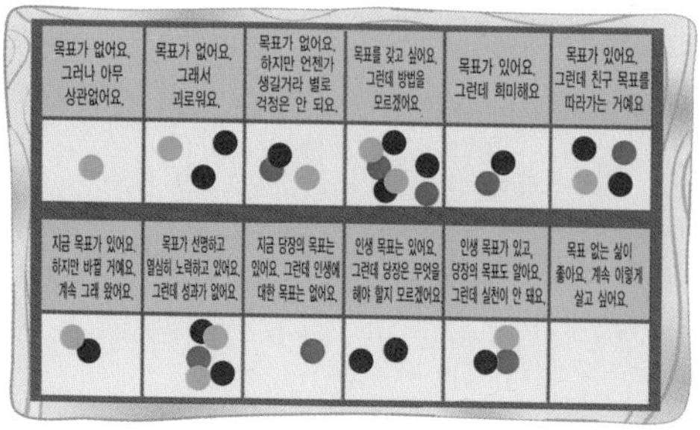

"목표가 없어요. 그러나 아무 상관없어요."

"목표가 없어요. 그래서 괴로워요."

"목표가 없어요. 하지만 언젠가 생길 거라 별로 걱정은 안 돼요."

"목표를 갖고 싶어요. 그런데 방법을 모르겠어요."

"목표가 있어요. 그런데 희미해요."

"목표가 있어요. 그런데 친구 목표를 따라가는 거예요."

"지금 목표가 있어요. 하지만 바뀔 거예요. 계속 그래 왔어요."

"목표가 선명하고 열심히 노력하고 있어요. 그런데 성과가 없어요."

"지금 당장의 목표는 있어요. 그런데 인생에 대한 목표는 없어요."

"인생 목표는 있어요. 그런데 당장은 무엇을 해야 할지 모르겠어요."

"인생 목표가 있고, 당장의 목표도 알아요. 그런데 실천이 안 돼요."

"목표 없는 삶이 좋아요. 계속 이렇게 살고 싶어요."

대부분 목표 의식이 없는 학생들이었고, 조금이나마 목표 의식을 지닌 학생들 역시 문제가 있기는 마찬가지였다. 그런 좌충우돌 친구들이 모인 동아리는 그야말로 시끌벅적했다. 3반 체육 부장 철만이도 당연히 동아리에 들어 있었다. 최근 피구 라인을 잘 그려 어깨에 힘이 들어간 철만이지만, 사실 자신의 진로 목표를 심각하게 고민하고 있었다.

"야! 교빈이, 너…… 여기 왜 왔어?"

"승헌아, 네가 가는 곳에 당연히 내가 가야지."

"어휴, 너 그러다가 내 꿈도 따라갈래?"

"좋아, 네 꿈이 곧 내 꿈이야. 나중에 일도 같이 하자!"

이민구 선생님은 교실을 채운 학생들을 둘러보았다. 학기 초 적성 검사 때 얼핏 눈에 익은 친구들도 꽤 있었다. 첫 만남에서 이민구 선생님은 스티커 부착을 통해 학생들의 인생 목표가 어떤 상태인지 간단하게 인식하도록 도움을 주려 한 것이다.

"여러분! 스티커를 붙여 보니까 어떤 생각이 들어요?"

"목표가 없는데 그냥 없는 게 아니라 그 속에서도 여러 가지로 구분될 수 있다는 게 신기해요."

"제 자신의 문제를 좀 더 자세히 알게 되었어요."

"목표가 있다고 해서 무조건 안심할 수는 없겠다는 생각이 들었어요."

몇몇 친구들의 다양한 대답이 나왔다. 생각보다 쉽지는 않을 것 같다. 학생들의 목표 문제가 매우 다양하기 때문이다. 단순히 적성 검사나 해서 학과 하나 찍어 줄 것이었다면, 진로 동아리를 시작하지도 않았을 것이다. 이윽고 학생들을 5개 조로 나눈 선생님은 5개의 봉투를 조별로 하나씩 나눠 주었다. 각각의 봉투에는 2개 묶음의 코팅된 카드가 들어 있었다. 하나의 묶음은 그림 카드, 다른 하나의 묶음은 단어 카드였다.

"앞으로 선생님은 이 동아리에서 말을 많이 하지 않을 것이다. 선생님의 역할이 많아질수록 '진로'를 찾아가는 너희들 스스로의 여행이 방해받을 수 있기 때문이지. 일반 학습도 그러겠지만, 진로는 너희들 스스로 인생의 항로를 찾아가는 것이기에 자신의 주도력이 가장 중요하다. 그리고 너희들과 앞으로 더욱 친하게 지내기 위해 처음부터 존칭을 쓰지 않고 말을 편하게 했는데, 괜찮지?"

"당근이죠. 너무 친절한 척하시면 오히려 손발이 오그라들어요."

"좋아. 자, 그럼 물어 볼까. 이 카드로 대체 무엇을 할까?"

"조를 나누셨으니 당연히 조별로 시합하는 거죠."

"맞다. 무슨 시합?"

"……."

"정답이다!"

"우웽? 정답이요? 저희들은 아무 대답도 못했는데요."

"그게 정답이야."

"이해가 되었어요, 선생님. 우리 스스로가 그 쓰임을 찾아서 나름대로 활동을 해 보라는 거죠?"

마지막 대답을 한 친구에게 모든 시선이 쏠렸다. 바로 하영이다. 하영이의 똑 부러지는 답변에 선생님도 고개를 끄덕였다. 그런데 이상하다. 하영이는 공부도 잘하고 자기 주관도 뚜렷하다. 친구들은 그런 하영이가 왜 이 동아리에 들어왔는지 궁금해했다.

조별로 첫 번째 그림 카드 묶음을 펼쳐 본 학생들의 입에서 탄성이 터져 나왔다. 벌써 감을 잡았다는 것이다. 하지만 그 다음이 문제이다.

단순히 순서를 가려 나열하라는 건지, 이야기를 만들라는 것인지, 조별로 서로 왁자지껄 이야기를 나누다가 두 번째 단어 카드 묶음을 쏟아 놓았다.

얼핏 봐서는 어려웠다. 조마다 점점 목소리가 커졌다. 정해진 답 없이 스스로 토론하며 내용을 만들어 가는 과정 자체가 학생들에게는 흥미진진했다. 동아리 첫 만남부터 이민구 선생님은 학생들을 수업의 주인공으로 만들었다. 다들 얼마나 열심히 토론을 했는지 모두 얼굴이 상기되어 있었다.

드디어 발표 시간이다. 모든 코팅된 카드의 뒷면에는 일명 '찍찍이' 가 붙어 있었다. 교실 앞의 게시판에 붙이면서 설명할 수 있도록 만든 것이다. 먼저 승헌이 조가 발표를 시작하였다.

"저희 조는 그림 카드와 단어 카드의 의미가 같은 것을 서로 연결해 보았습니다. 전체 주제는 항해입니다. 오늘이 진로 동아리 첫 모임이기 때문에 저희는 '항해' 를 '진로' 와 연결해 보았습니다. 먼저 항해에는 출발하는 곳과 도착하는 곳이 있어야겠지요. 진로 탐색에서 시작에 어울리는 단어는 '적성' 이라고 여겨 적성 단어는 '항구에 묶인 밧줄' 에 연결했습니다. 자신의 적성을 정확하게 알고 나면 그 적성에 맞는 꿈을 찾아야겠죠. 꿈은 바로 '목적지' 를 의미하는 것이므로 '깃발' 그림에 연결했어요. 또 ……."

장기 목표, 중기 목표, 단기 목표가 적힌 3장의 단어 카드를 남겨 두고는 말문이 막힌다. 다른 카드는 모두 연결했지만 이 3장의 카드는 의미를 연결하기가 어려웠던 것이다. 그림 카드는 지도와 나침반 그리고 북극성 카드가 남아 있다. 이 기회를 놓치지 않고 하영이네 조가 손을 들었다.

"전체 내용은 앞 조와 비슷하지만 저희는 항해 과정을 간단한 이야기로 만들어 보았죠. 배를 타고 목적지를 향해 출발했어요. 선장이 키를 잡고 배를 운항합니다. 바람이 불자 돛이 부풀면서 배는 더 속도를 냅니다. 선장이 아무리 뛰어나다 해도 함께 가는 선원들이 필요하겠죠.
서로 협력해서 목적지로 나아갑니다. 선장은 수시로 지도를 보며 항로를 확인합니다. 지도를 보는 데는 반드시 나침반이 필요합니다. 동서남북 방향을 잡아 주기 때문이죠. 순항하던 배가 거센 파도를 만났습니다.
선장과 선원들은 밤새 파도와 사투를 벌였습니다. 새벽이 되어서야 파도가 잔잔해졌습니다. 하지만 파도와 싸우다가 그만 방향을 잃었습니다. 더구나 나침반까지 파도에 휩쓸려가고 말았습니다. 표류할 위험에 처한 거죠. 바로 그때, 노련한 선장이 검은 새벽하늘에서 북극성을 찾아냈습니다. 결국 이렇게 해서 배는 다시 순항하기 시작합니다."
"어, 끝난 건가? 중요한 것을 빼먹었어. 앞 조가 설명하지 못한 부분을 설명해 줄 수 있을까?"
"아참, 북극성과 나침반 그리고 지도를 단어 카드와 연결해 볼게요. 저희 조가 내린 결론은 이렇습니다. 일단 나머지 그림 카드와 단어 카드의 연결은 다른 조와 같습니다. 다른 조가 해석하지 못한 세 가지만 말씀드릴게요. 지도는 단기 목표, 나침반은 중기 목표, 그리고 북극성은 장기 목표입니다. 지도는 거의 매순간 참고해야 할 안내서이기에 단기 목표이고요. 단기 목표를 통해 이루어야 할 중간 목표는 나침반입니다.
그리고 최종의 장기 목표는 하늘의 북극성과 같은 큰 기준이라고 생각합니다."
박수가 터졌다. 박수 소리를 봐서는 하영이네 조가 우승이다. 첫 시간의 조별 미션과 발표를 통해 학생들은 정말 오랜만에 마음이 후련해지는 것을 느끼고 있었다.

"이제 우리 동아리의 이름을 한번 정해 볼까? 역시 조별로 의견을 모아서 하나의 통일된 제안을 꺼내 보자. 동아리 이름으로 당첨되면 다음 시간 간식 곱절로 준다!"

잠시 후, 의외로 게임은 간단히 끝나고 말았다.
첫 번째 발표한 조의 제안이 너무 좋아서 다른 조 친구들이 모두 박수를 치며 밀어 주었기 때문이다. 발표자는 교빈이다.
"저희 조는 '하이라이트 클럽'으로 이름을 정해 보았어요. 혹시 아까 조별 미션할 때 보았던 항해 카드에서 이상한 점을 발견하지는 못했나요? 바로 등대가 없다는 거예요. 항해에서 등대는 정말 중요하잖아요. 그래서 저희는 등대의 빛을 뜻하는 '라이트(light)'를 꼭 넣고 싶었습니다. 거기에 가장 중요한 부분이나 장면을 말할 때 보통 '하이라이트'라고 하잖아요. 우리 동아리 친구들 모두가 이 활동을 통해 자신의 진로를 꼭 찾아서, 세상 속에서 자신의 재능으로 주목받는 존재가 되자는 뜻에서 '하이라이트'로 의견을 모았어요."

이렇게 해서 진로 동아리의 이름은 '하이라이트 클럽'으로 정해졌다. 이제 오늘의 마지막 활동이 남아 있었다. 어쩌면 가장 중요한 활동일 수 있다. 진로의 개념을 '항해'라는 콘셉트로 새롭게 깨달았다면, 이번 활동은 더욱 흥미로운 접근이다. 조별로 영상을 보여 주고, 그 속에서 메시지를 찾아 발표하는 것이다.
"자, 조별로 미션을 줄 텐데, 각 조에게 지퍼 백을 하나씩 줄 거야. 그 속에는 종이 한 장과 CD 한 장이 들어 있어. 종이에는 CD에 담긴 영상의 전체 줄거리가 들어 있고, CD에는 중요한 부분만 편집되어 있다. 지금부터 15분을 줄 테니까, 조별로 영상을 보고 그 속에서 메시지를 찾아서 발표하면 돼."
"선생님, 메시지는 저희 마음대로 찾으면 되나요? 막막해요!"
"교빈이가 용기 있게 힌트를 요청했구나. 오늘 수업 시작할 때 앞에 나와서 스티커 붙인 것 기억나지? 바로 그 '목표'와 관련이 있어. 힌트 끝!"

속도보다 방향이 중요하다

하이라이트 클럽의 첫 영상 수업은 첫 시간부터 학생들이 시끄럽게 떠들 수 있는 자유로운 분위기를 만들어 주었다.

조별 발표가 시작되었다.

"안녕하세요. 유승헌입니다. 저희 조가 분석한 영상은 『포레스트 검프』라는 영화입니다. 영화 속에서 주인공은 아무 이유 없이 무작정 달리기 시작합니다. 그 뛰는 모습이 TV에 소개되고 사람들에게 알려지자 여기저기서 찾아와 그를 따라 함께 뛰기 시작합니다. 사람들은 특별한 이유도 없이 주인공의 뒷모습만 바라보며 마치 무엇에 홀린 듯이 따라서 함께 뜁니다. 그렇게 사막까지 수개월간 함께 뛰는데, 어느 날 문제가 발생합니다. 주인공이 갑자기 멈춰 서 버린 것입니다. 그러고는 뒤돌아섭니다. 자신을 따라오다가 멍하니 서 있는 사람들을 가로지르며 그는 걸어서 돌아갑니다. 그야말로 '멍~' 때린 거죠."

다른 조의 학생들은 그 다음에 나올 말을 기다리고 있었다. 그런데 승헌이는 발표를 하다가 살짝 말끝을 흐리기 시작했다. 학생들은 궁금해하며 더욱 집중하였다.

"이 영상을 통해 발견할 수 있는 메시지는…… 임교빈 학생이 발표하겠습니다!"

"하하하! 첫 번째 발표 조가 아주 분위기를 제대로 살리는데."

이민구 선생님은 발표를 번갈아가며 하는 방법이 참신하다며 한껏 분위기를 치켜세워 주었다.

"네~ 마이크 받은 임교빈입니다. 우리가 진로 목표를 설정할 때, 단순히 자신이 좋아하는 연예인이나 운동선수 같은 스타들을 무작정 좇아가는 방식이라면 위험할 수 있습니다. 타인의 목표에 묻어가지 말고, 자신에게 가장 잘 맞는 자신만의 목표를 찾는 것이 매우 중요하다는 것입니다."

첫 번째 조의 발표가 생각보다 훌륭했다. 다른 조 발표자들은 첫 발표를 들으면서도 자기 조가 발표할 내용을 머릿속으로 외우고 있었다. 내용도 좋았지만, 두 명이 역할 분담을 해서 발표를 진행한 것으로 이미 분위기를 압도했기 때문이다. 그건 교빈이의 아이디어였다. 승헌이는 가장 중요한 메시지까지 자신이 마저 발표하고 싶었지만, 교빈이의 아이디어를 받아들인 것이었다.

그 다음 조의 발표자는 하영이다. 하영이가 나오자 다소 산만하던 분위기가 일순간 차분하게 가라앉았다. 하영이는 다른 반 학생들도 모두 아는 유명인이다. 학기 초 전교생이 모인 강당에서 대표로 환경 실천 선언을 했기 때문이다. 공부도 잘하고 목표 의식도 강한 학생이다. 그런 하영이가 진로 동아리에 있다는 것 자체가 친구들에게는 미스터리였다.

"저희 조가 소개할 영상은 『괴물』이라는 영화입니다. 한강에 나타난 괴물로부터 가족을 지키기 위해 가장과 그 가족들이 사투를 벌이는 내용인데요. 괴물이 나타나자 아버지는 딸의 손을 잡고 부리나케 도망을 갑니다. 한번 넘어진 뒤에 다시 딸의 손을 잡고 뛰지만 아비규환인 상황에서 실수로 다른 여학생의 손을 잡고 뛰게 됩니다. 한참 뛰다가 자신이 다른 아이의 손을 잡고 있다는 것을 깨닫지만, 때는 이미 늦었죠. 딸은 그만 괴물에게 잡혀 가고 맙니다. 여러분, 이 영상이 우리의 진로 목표와 어떤 관련이 있을까요? 알아맞히는 사람에게는 저희 조가 1등이 될 경우 받을 상품을 나눠 주겠습니다."

첫 번째 조가 공동 발표자로 분위기를 사로잡자 하영이는 나름대로 궁리를 한 것이다. 같은 방법을 쓰기에는 유치하고, 그냥 하자니 밋밋할 것 같아 생각해 낸 방법이 다른 조 학생들의 참여를 유도하는 것이었다. 그런데 다들 그 영화를 봤지만 숨은 의미를 찾기는 생각보다 어려웠다. 아무도 손을 들지 못하자 오히려 하영이가 긴장했다. 분위기를 반전시키려 한 것인데 오히려 썰렁한 분위기만 연출하고 만 셈이다. 어쩔 수 없이 직접 말을 하려는 순간, 엉거주춤 손을 드는 학생이 있었다. 바로 철만이었다.

"제, 제가 조금 마, 말을 더듬어요. 죄. 죄송해요. 제가 보기에는 목표가 있지만 그 목표가 희미하고, 저, 정확하게 세운 목표가 아니라면 나중에는 결국 대, 대가를 치르게 됩니다. 목표를 막연하고 불확실하게 세우지 말고 구체적이고 정확하게 세워야 한다는 뜻이 아, 아닐까요."

철만이의 더듬거리는 소리를 따라가던 친구들이 침을 삼켰다. 철만이는 말을 더듬는 약점이 있지만, 그 때문에 시선을 집중시키고 자신의 말에 귀를 기울이게 하는 힘을 지녔다. 하영이는 얼굴에 미소가 가득했다. 철만이가 자신의 조를 구했기 때문이다. 전체 학생이 박수를 치며 철만이에게 엄지손가락을 치켜세웠다. 철만이는 이민구 선생님을 만난 뒤에 '에이스'로 등극했다. 체육 시간에는 목표점을 보고 그리는 방법으로 자신감을 회복했고, 비록 말을 더듬지만 체육 시간에 깨달은 '목표'의 중요성을 떠올리며 영화의 메시지를 정확하게 읽어 낸 것이다.

세 번째 발표자는 수희이다. 수희는 진로 동아리 '하이라이트 클럽'의 공식 학생 멘토이다. 한마디로 이민구 선생님의 조교이다. 바로 이런 부분이 수희에게는 오히려 부담이었다. 자신이 수업 내용을 미리 알고 있기 때문에 유리할 것이라고 친구들이 오해할 수 있기 때문이다. 하지만 수업의 내용까지 수희가 미리 알 수 있는 것은 아니었다. 그저 수업의 흐름에 따라 이민구 선생을 돕는 역할을 수행하고, 수업의 결과물에 대해 자료 정리를 돕는 정도의 역할이다. 이를 의식한 듯 수희는 이렇게 말을 꺼냈다.

"제가 학생 멘토이지만, 수업의 자료를 미리 볼 수는 없답니다. 그래서 저희 조도 해석하느라 매우 힘들었어요. 저희 조가 살핀 영상은 영화는 아니고요. 한 동물이 초원을 달리다가 일어난 사건을 담고 있어요. 매우 빠르기로 소문난 '톰슨가젤'이란 동물인데 사슴을 닮았어요. 영상 속에서 톰슨가젤은 정말 자동차처럼 빠르게 달리고 있었어요. 그런데 한참을 달리다가 초원 한가운데 서 있는 나무에 그대로 충돌하여 죽고 말았어요. 무슨 코미디도 아니고, 어떻게 이런 일이 일어날 수가 있죠. 저희 조 모두 영상을 보다가 이 장면에서 소리를 지르고 말았어요. 문제는 톰슨가젤이 왜 그렇게 되었는가 하는 것입니다. 너무 어려운 나머지 저희 조는 선생님께 허락을 받고 스마트폰을 켜서 검색을 했어요. 그래서 얻어낸 중요한 정보가 있는데요. 톰슨가젤은 속도가 빠른 대신에 방향 감각이 떨어진다는 거예요. 그래서 저희 조가 찾아낸 메시지는 간단합니다. 속도보다 중요한 것은 방향이라는 것이죠. 우리가 진로 목표를 세울 때도 무조건 목표를 잡고 빨리 준비하려고 하기보다는 조금 천천히 가더라도 방향을 잘 설정하는 게 중요하다는 것입니다."

다음 조는 소금쟁이의 행동을 통해 '목표'의 중요성을 강조했다. 발표자는 한소민이다.

"저희 조는 소금쟁이를 관찰한 다큐멘터리 영상을 분석했습니다. 소금쟁이는 물 위에 떠서 강력한 추진력으로 툭툭 튀며 움직입니다. 그런데 저희가 영상을 계속 관찰해 보니, 이 소금쟁이가 한 번 움직일 때는 직선으로 뛰어오르는데 전체적으로는 원을 그리며 계속 근처를 맴돌고 있었어요. 저희 조가 찾아낸 메시지는 바로 이것입니다. 소금쟁이는 잠시도 쉬지 않고 하루 종일 움직이지만 제자리를 맴돈다는 것입니다. 아무리 부지런하더라도 결국 목표가 없으면 한 발자국도 전진할 수 없다는 사실을 찾아낸 것이죠. 만약 소금쟁이가 하나의 목표를 향해 계속 직선으로 뛰어오른다면 한강도 건널 수 있을 겁니다."

마지막 조는 아예 간단한 드라마를 연출했다. 인터넷 검색으로 두 장의 사진을 찾아내고, 그것을 바탕으로 한 명의 경기 해설자가 등장하여 실제 경기 해설을 하는 것처럼 발표했다. 발표자는 '방송 성우'의 꿈을 희미하게 꾸고 있던 희성이가 맡았다.

"네, 시청자 여러분! 여기는 아테네 올림픽 사격 경기장입니다. 이제 곧 50미터 공기 소총 결승전이 시작됩니다. 역시 이 경기에서는 지난 올림픽 금메달리스트 매튜 에몬스의 우승이 유력합니다. 말씀드리는 순간 이제 마지막 한 발을 남겨 두고 2위에 크게 앞서 있는 에몬스입니다. 사실, 이 마지막 한 발에서 최저점을 쏘더라도 실격만 하지 않으면 금메달은 에몬스의 차지입니다. 그만큼 크게 앞서 있는 거죠. …… 마지막 한 발! 아~ 지독하군요. 그마저도 정중앙 만점 라인 안에 꽂아 버리네요. 역시 에몬스입니다. 에몬스 선수 여유 있게 총을 내려놓고 점수를 확인합니다. 아~ 그런데 이게 웬일입니까. 아뿔싸! 일어나서는 안 될 일이 벌어지고 말았습니다. 여러분, 지금 제 눈을 의심하지 않을 수 없습니다. 에몬스가 자신의 표적이 아닌 바로 옆 표적을 쏘고 만 것입니다. 결국 마지막 한 발이 0점 처리되어 그 동안의 선전이 물거품이 되고 말았습니다."

매튜 에몬스 이야기는 실화이다. 당시 해설자는 미모의 체코 출신 사격 선수 카트리나였다. 카트리나는 해설 도중 도저히 믿을 수 없는 상황 앞에서 울컥하고 말았다. 망연자실한 채 서 있는 에몬스의 충격이 자신에게도 전해졌던 것이다.

실제 경기해설 중계처럼 발표하던 희성이는 목소리 톤을 높여 말을 이었다.

"여러분, 이 영상의 메시지는 매우 강력합니다. 우리가 진로 목표를 세우고 달려갈 때, 자신이 제대로 가고 있는지 끊임없이 점검하지 않으면 자신도 모르게 목표의 초점이 바뀔 수 있다는 것입니다. 꿈이 있지만, 그 꿈이 반복적으로 바뀌는 것을 경계해야 합니다. 저희 조가 인터넷으로 검색해 본 결과, 에몬스는 4년 뒤 베이징 올림픽에서도 1위를 달리다가 마지막 한 발에서 또 실수하여 메달권 밖으로 밀려났습니다. 더 놀라운 것은 아테네 올림픽과 베이징 올림픽에서 매튜 에몬스의 실수로 금메달을 목에 건 선수는 모두 중국 선수였습니다."

발표가 끝나는 줄 알았는데, 발표자가 갑자기 밝은 표정을 지으며 새로운 사진 한 장을 화면에 띄웠다.

"여러분 중에 혹시 이렇게 목표가 바뀌는 사람이 있습니까? 그래서 자신에게 실망하는 사람이 있습니까? 너무 괴로워하지 마십시오. 우리에게는 희망이 있습니다. 에몬스는 그야말로 절망스런 표정으로 아테네 올림픽 사격 경기장에 서 있었습니다. 그런 그에게 한 사람이 다가갔습니다. 바로 그 경기를 해설한 카트리나 선수였습니다. 그녀는 진심으로 에몬스를 위로했습니다. 목표가 바뀌어 절망의 끝자락에 서 있었지만 그에게는 새로운 희망이 다가왔습니다. 여러분, 그 뒤 이 두 사람은 '딴, 딴따딴~' 결혼을 했답니당."

"어~얼~ 와~ 멋있다!"

"여기서 끝나지 않아요. 결혼한 뒤 두 사람은 함께 베이징 올림픽에 출전하여 50미터 경기에서 금메달과 은메달을 따게 됩니다. 해피엔딩이지요. 여러분, 아무 고민과 준비 없이 목표를 세웠다가 너무 쉽게 자주 목표가 바뀌는 것을 경계합시다. 하지만 멋진 미래가 있을 거라는 긍정적인 생각을 꼭 잊지 마세요. 에몬스처럼요."

모든 조의 발표가 끝났다. 결국 우수 조는 철만이의 도움을 받은 하영이네 조가 차지했다.

이민구 선생님은 첫 시간을 마무리하며, 학생들에게 엽서가 들어 있는 편지 봉투를 하나씩 나눠 주었다, 꼭 집에서 열어 보라는 당부와 함께. 이렇게 설레는 첫 수업이 끝났다.

꼭! 작성해 보세요 | 포트폴리오 활동 1

나의 목표 진단하기

진로를 인식한다는 것은 다소 불편한 과정일 수 있습니다. 단순히 꿈이 있고 없고를 넘어 꿈이 있으면 있는 대로, 없으면 없는 대로 어떤 상태인지 냉정하게 돌아볼 필요가 있습니다. 다음 표의 목표 유형 안에 자신의 현재 진로 인식에 가장 가까운 것을 표시해 보세요.

	내용	체크
1	"목표가 있어요. 그리고 열심히 노력하고 있어요."	
2	"목표가 없어요. 그러나 아무 상관없어요."	
3	"목표가 없어요. 그래서 괴로워요."	
4	"목표가 없어요. 하지만 언젠가 생길 거라 별로 걱정은 안 돼요."	
5	"목표를 갖고 싶어요. 그런데 방법을 모르겠어요."	
6	"목표가 있어요. 그런데 희미해요."	
7	"목표가 있어요. 그런데 친구 목표를 따라가는 거예요."	
8	"지금 목표가 있어요. 하지만 바뀔 거예요. 계속 그래 왔어요."	
9	"목표가 선명하고 열심히 노력하고 있어요. 그런데 성과가 없어요."	
10	"지금 당장의 목표는 있어요. 그런데 인생에 대한 목표는 없어요."	
11	"인생 목표는 있어요. 그런데 당장은 무엇을 해야 할지 모르겠어요."	
12	"인생 목표가 있고, 당장의 목표도 알아요. 그런데 실천이 안 돼요."	
13	"목표 없는 삶이 좋아요. 계속 이렇게 살고 싶어요."	

자신이 표시한 내용을 좀 더 자세히 적어 주세요.
과거의 나는,

___

___

___

이런 내가 되고 싶어요.

___

___

___

나의 목표 진단하기

진로를 인식한다는 것은 다소 불편한 과정일 수 있습니다. 단순히 꿈이 있고 없고를 넘어 꿈이 있으면 있는 대로, 없으면 없는 대로 어떤 상태인지 냉정하게 돌아볼 필요가 있습니다. 다음 표의 목표 유형 안에 자신의 현재 진로 인식에 가장 가까운 것을 표시해 보세요.

	내용	체크
1	"목표가 있어요. 그리고 열심히 노력하고 있어요."	
2	"목표가 없어요. 그러나 아무 상관없어요."	
3	"목표가 없어요. 그래서 괴로워요."	
4	"목표가 없어요. 하지만 언젠가 생길 거라 별로 걱정은 안 돼요."	
5	"목표를 갖고 싶어요. 그런데 방법을 모르겠어요."	
6	"목표가 있어요. 그런데 희미해요."	√
7	"목표가 있어요. 그런데 친구 목표를 따라가는 거예요."	√
8	"지금 목표가 있어요. 하지만 바뀔 거예요. 계속 그래 왔어요."	√
9	"목표가 선명하고 열심히 노력하고 있어요. 그런데 성과가 없어요."	
10	"지금 당장의 목표는 있어요. 그런데 인생에 대한 목표는 없어요."	
11	"인생 목표는 있어요. 그런데 당장은 무엇을 해야 할지 모르겠어요."	
12	"인생 목표가 있고, 당장의 목표도 알아요. 그런데 실천이 안 돼요."	
13	"목표 없는 삶이 좋아요. 계속 이렇게 살고 싶어요."	

자신이 표시한 내용을 좀 더 자세히 적어 주세요.

과거의 나는,

목표가 있긴 있었다. 그래도 없는 것보다는 나을 거라고 생각했다. 그런데 막상 꿈을 점검해 보니 확신이 생기지 않는다. 그냥 친구들의 꿈에 묻어가려고 했던 것 같다. 그러다 보니 꿈이 지속되지 않고 계속 바뀌기를 반복하고 있다. 이런 내 모습이 조금 한심스럽다.

이런 내가 되고 싶어요.

이제 나의 문제를 정확히 알았으니 바꿔 보고 싶다. 어떻게 바꿀지 무엇부터 해야 할지는 아직 모른다. 그래도 희망이 보인다. 문제를 볼 수 있는 눈이 생겼기 때문이다. 진로 공부를 통해 한 단계씩 나아갈 것이다. 누가 물어봐도 자신 있게 내 꿈을 외치는 날이 올 것이다!

꼭! 작성해 보세요 | 포트폴리오 활동 2

비유를 통해, 나의 진로 문제 들여다보기

하이라이트 클럽에서 조별로 찾아낸 5개의 메시지를 정리해 보세요. 그리고 그 중에서 자신의 진로 목표 문제점에 가깝다고 생각되는 것을 골라 보세요.

'포레스트 검프' 예화

'괴물' 예화

'톰슨가젤' 예화

'소금쟁이' 예화

'매튜 에몬스' 예화

메시지 중에 과거 자신의 진로 목표에 해당되는 유형이 있다면 체크하세요. 그리고 그 내용을 포함하여 간단한 진로 에세이를 적어 보세요.

내친구 포트폴리오 살짝 엿보기

비유를 통해, 나의 진로 문제 들여다보기

하이라이트 클럽에서 조별로 찾아낸 5개의 메시지를 정리해 보세요. 그리고 그 중에서 자신의 진로 목표 문제점에 가깝다고 생각되는 것을 골라 보세요.

'포레스트 검프' 예화

"타인의 목표를 따라가지 말고 나 자신의 목표를 찾아야 한다."

'괴물' 예화

"막연하고 희미한 목표보다는 정확한 목표를 세워야 한다."

'톰슨가젤' 예화

"속도보다 중요한 것은 방향이다."

'소금쟁이' 예화

"목표가 없는 열심만으로는 앞으로 나아갈 수 없다."

'매튜 에몬스' 예화

"목표의 초점이 흐트러지지 않도록 주의해야 한다."

메시지 중에 과거 자신의 진로 목표에 해당되는 유형이 있다면 체크하세요. 그리고 그 내용을 포함하여 간단한 진로 에세이를 적어 보세요.

소금쟁이는 물 위에 떠서 톡톡 튀는 곤충이다. 얼핏 보면 매우 빠르고 가볍게 움직인다. 바빠 보인다. 그런데 조금만 오래 지켜보면 같은 동작이 반복되는 것을 알 수 있다. 빙글빙글 제자리에서만 맴도는 것이다. 소금쟁이는 한시도 쉬지 않고 부지런히 달리지만 결국 늘 제자리이다.

나 역시 어쩌면 소금쟁이와 비슷한 삶을 살아왔을지 모른다. 열심히 공부한다며 학교와 집, 학원만 쳇바퀴 돌듯이 돌았다. 그런데 언제부터인가 답답하다. 노력한 만큼 성적이 나오지도 않고, 어쩌다 좋은 성적이 나와도 지속되지 않는다. 왜 이렇게 달려가야 하는지 도무지 이해가 안 되고 그러다 보니 힘이 나지 않는다. 열심히 하는데 뭔가 허전하다.

그런데 이제야 문제를 알았다. 나에게는 목표가 없었다. 이제부터라도 나의 진로 목표에 관심을 가지고 나만의 목표를 찾고 싶다. 그래서 나는 세계 최초로 한강을 건넌 소금쟁이가 되고 싶다. 자, 이제 진정한 출발이다.

생생! 직업인 이야기

생각을 바꿔야 광고인이 될 수 있답니다

광고 전문가

'15초.'

저희에게 주어진 시간입니다. 텔레비전 프로그램 사이에 들어가는 광고 한 편에 주어지는 시간은 너무나 짧은 15초입니다. 오해 마세요. 표현되는 시간이 짧을수록 준비하는 시간은 길어진답니다. 결코 편한 직업이 아님을 미리 얘기할게요. 물론 이 세상 어떤 직업도 편한 직업은 없답니다. 광고인을 꿈꾸는 학생이 있다면 꼭 당부하고 싶은 게 있답니다. 광고를 만드는 일이 매우 창의적인 일은 맞지만, 그렇다고 창의성만을 필요로 하지는 않는다는 것입니다. 오히려 논리적이고 정확한 지식 그리고 예리한 관찰력이 더 필요한 일입니다.

결론적으로 광고인에 대한 선입견을 먼저 거두어야 합니다. 혼자 일하는 자유로운 업무 스타일을 꿈꾸는 사람이 있다면, 이 부분도 깨야 합니다. 생각보다 훨씬 많은 사람들과 협업을 해야 하는 부분이 많습니다. 이제 제 마음을 알겠죠? 광고 전문가가 되기 위해 가장 먼저 필요한 것은 기존의 선입견이나 고정관념을 거두고, 보다 정확한 정보를 바탕으로 준비를 해야 한다는 것입니다. 가장 정확한 사람이 가장 창의적일 수 있으며, 원칙에 가장 충실한 사람이 가장 개방적일 수 있습니다. 그리고 사람들 사이에서 협업을 소중하게 여기는 사람이 자유롭게 혼자 일할 수도 있다는 것입니다.

02 1%의 가능성, 보물찾기

계속 이대로 가야 하나

우리들의 고민 편지

서울의 한 중학교에 다니는 M양은 어른들이 밉다. 더 정확히 말하면 어른들이 만들어 놓은 학교가 싫다. 특히 학교에서 하는 공부가 지겹다. 그 누구도 공부를 왜 해야 하는지 시원하게 설명해 주지 못하면서 무조건 하라고 한다. 그나마 양심적인 선생님들은 꿈을 이루기 위해 공부가 필요한 것이라고 말해 주지만, 그렇다면 꿈이 없는 지금은 공부를 할 필요가 없다는 것인가. 꿈도 없고, 마땅히 공부할 이유도 모른 채 오늘도 학교를 오가는 자신이 한심하다.

– 온라인 캠프에 올라온 진로 고민 편지

꿈이 없는 공부의 신들

"자, OX 퀴즈를 풀어 볼까!"

"선생님, 참 다양하게 수업하시네요. 지난번에는 스티커 붙이고, 카드 배열하고, 영상 미션 수행했는데, 오늘은 OX 퀴즈!"

"왜, 그냥 칠판에 판서하고 수업할까?"

"어우 노우! 절대 노우! 좋아서 하는 말이었어요."

이렇게 선생님과 맞장구치며 수업 분위기를 살리는 것은 대부분 교빈이의 몫이었다. 친구들도 그런 교빈이의 역할이 싫지는 않았다.

"이번 OX 퀴즈는 골든 벨 형식으로 진행된다. 각자 책상 위에 주어진 피켓을 확인해 보렴. 주관식 문제가 없으니 앞쪽의 'O' 또는 뒤쪽의 'X'를 들어 보이면 된다. 쉽지? 자, 그럼 학생 멘토 수희가 한번 들어 볼 테니까 잘 봐. 수희야 일어나서 'X' 표시 한번 들어 줄래?"

여기저기서 들뜬 목소리들이 들렸다. 교빈이는 승헌이 눈치를 보고, 승헌이는 하영이의 동태를 살폈다. 모두 반드시 살아남겠다는 의지가 불타오르고 있었다. 그런데 과연 어떤 문제가 나올까? 이민구 선생님은 오늘 활동의 주제조차 알려주지 않는다. 그런데도 학생들은 어느 정도 예측을 하고 있다. 지난 첫 시간의 경험 때문이다. 첫 수업을 통해서 문제를 제기하고 주제를 알려 주는 선생님만의 방식을 눈치 챈 것이다.

"선생님이 진로 상담 교사가 되기 전에는 학습법 전문가로 활동했단다. 그 당시 선생님은 매우 중요한 연구를 했지. 대한민국에서 가장 유명한 공신(공부의 신)이 등장하는 책을 100권 정도 분석하는 연구였다."

"와~."

"그때 찾아낸 공부법에 대한 부

분은 어쩌면 나중에 함께 나눌 기회가 있을 거야. 그럼 지금부터 OX 퀴즈를 풀어 볼까. 준비 됐니?"

"네! 네! 선생님♬~."

OX 문제 1

100권의 '공부법' 책에 등장하는 공신들은 '모두' 공부를 정말 잘하는 학생들이다.

"뭐야! 문제 1이 너무 쉽잖아. '공부의 신' 이 등장하는 책들이라고 분명 말씀하셨는데……. 그럼 당연히 정답은 'O' 아닌가?"

"야! 희성아, 그렇게 쉬울 리가 없어. '모두' 라는 말이 강조되면 뭔가 함정이 있어. 공부를 못하는 친구가 단 한 명만 있어도 정답은 'X' 가 되지. 푸하하하!"

주변의 친구들은 성현이의 멘트에 고개를 끄덕였다. 잠시 후 학생들 사이에서 소란이 일어났다. 서로 상의하지 말라는 조건이 없었기 때문에 학생들은 서로 물어 보고 눈치를 보며 'O' 와 'X' 피켓을 만지작거렸다.

"정답은 무엇일까요? 바로 바로 'O' 입니다!"

"와~!"

"왜 이리 복잡하게 생각해. 이번 문제는 모두 맞히라고 내준 문제인데 이렇게 많이 틀리다니. 좋아 2번 문제 나간다. 첫 문제에서 틀린 친구들도 모두 참여할 수 있어. 문제를 공개합니다!"

"이번 문제 2는 인터뷰를 한번 해 보도록 하자. 일단 'O' 라고 생각하는 학생 대표로 누가 한번 자신의 생각을 이야기해 볼까?"

OX 문제 2

100권의 '공부법' 책에 등장하는 공신들은 '모두' '처음' 부터 공부를 잘했다.

"선생님, 제가 한번 얘기해 볼게요. 공신은 아무나 되는 게 아니더라고요. EBS 영상을 본 적이 있는데요. 정말 처음부터 남다른 두뇌와 공부 실력을 가지고 있는 친구가 결국 공신이 되더라고요."

"맞아요. 우리 반 반장도 그래요."

"우~ 우~."

"희성이의 내용 잘 들었지? 다른 생각이 있는 친구들은 야유만 하지 말고 한번 의견을 발표해 보자. 누가 해 볼래. 어~ 철만아, 손을 들었으니 얘기해 보렴."

"서, 선생님. 머, 머리 긁었어요. 손 든 게 아니고요."

"미안, 그럼 교빈이가 한번 이야기해 볼까. 교빈이 X 피켓 든 것 맞지?"

"네. 처음부터 공부를 잘하는 학생도 간혹 있을 수 있죠. 하지만 처음부터 잘난 친구가 공부를 잘한다고 책 쓰면 그게 무슨 재미가 있겠어요, 잘난 척하는 것밖에 안 되잖아요. 공부를 못하던 친구가 노력해서 공부를 잘하게 되고 공신의 경지에 이르게 되었을 때 내는 책이 감동을 주지 않을까요? 공신들이 나오는 책은 바로 그런 책일 거예요."

"야! 교빈이의 내공이 대단한데. 정답은 교빈이 말처럼 'X' 이다."

OX문제 5

100권의 '공부법' 책에 등장하는 공신들은 '모두' '꿈' 이 있다.

이렇게 수업 분위기가 점점 고조되었다. 몇 개의 흥미로운 문제가 더 지나간 뒤, 이민구 선생님은 드디어 숨겨 둔 핵심 질문 문제 5를 꺼냈다. 사실 앞의 질문들은 이 문제를 꺼내기 위한 서론이었다.

"선생님, 여기서 꿈이 그…… 거시기…… 꿈꾸는 그 꿈인가요?"

"상민이 너, 알면서 장난치는 거지? 여기서 꿈은 직업 비전 혹은 미래의 희망 직업을 말하는 거다!"

학생들은 어떤 답변을 꺼냈을까? 그 어떤 문제보다도 학생들은 이 문제를 쉽게 풀고 있는 듯했다. 당연히 공신들은 꿈을 갖고 있는 친구들이 아니겠는가. 학생들의 생각도 비슷했다. 학생들은 거의 다 'O' 피켓을 만지작거리고 있었다. 이제 피켓을 드는 순간이었다.

"O, O, O, O, O, …… 모두 같은 피켓을 들었네. 그런데 한 명은 'X' 를 들었네. 하영이구나."

"하영이가? 똑똑한 하영이가 'X'를 들 리가 없는데……."

웅성거리는 소리에 하영이의 표정이 어두워졌다. 이민구 선생님은 하영이의 표정을 아까부터 살피고 있었다. 오늘따라 왠지 표정이 부자연스러웠다. 발랄하고 자신감에 넘치던 하영이가 왜 오늘 수업에서는 이렇듯 의기소침해 보일까? 왜 하영이는 혼자만 다른 피켓을 들고 있을까? 하영이의 표정을 학생 멘토인 수희도 눈치 채고 있었다.

"정답은~ 'X'이다. 하영이만 정답을 맞혔네. 하영이는 어떻게 이 문제의 정답이 X라고 생각했니?"

"……."

순간 이민구 선생님은 당황해했다. 하영이가 금방이라도 울 것 같았기 때문이었다. 정답을 맞혀 기분이 좋기는커녕 슬픈 표정을 짓고 있으니 선생님은 물론 친구들도 걱정스러워했다.

"그래, 말하기 힘들면 꼭 답변하지 않아도 괜찮아, 하영아. 여하튼 축하한다."

"선생님, 얘기할 수 있어요. 공부를 잘하는 친구들이 모두 꿈을 갖고 있는 것은 아니에요. 정확한 이유는 모르겠지만, 그 마음을 이해할 수가 있을 것 같아요."

하영이는 눈물을 글썽이면서도 힘을 내어 말을 이어갔다. 교실 안은 숨소리도 들리지 않았다. 예쁜데다 공부 잘하고 매사에 똑 부러지던 하영이가 운다. 그야말로 '공신'인 하영이가 지금 눈물을 흘리고 있다. 이제야 수희는 첫날의 궁금증이 풀렸다. 하영이 같은 애가 왜 진로 동아리에 들어왔을까 하는 궁금증이 풀린 것이다. 하영이는 공부는 누구보다 잘하지만, 정작 자신만의 꿈이 없었다. 공부는 으레 잘해야 하는 것으로 알아서 열심히 했고, 잘하니까 칭찬을 들었고, 그 칭찬을 듣기 위해 계속 잘하고 싶었다. 초등학교 때는 그 칭찬에 힘이 났지만, 중학교에 올라온 이후에는 오히려 부담이 되었다. 그래서 성적이 떨어질까 봐 두려워서 더 열심히 공부한 것이다.

"여러분, 우리 하영이가 자신의 어려움을 솔직히 이야기했어요. 그리고 그 꿈의 빈자리를 채우기 위해 하영이는 바로 이 자리에 있는 것이지요. 하영이는 방금 우리 친구들 모두의 마음을 대변해 주었어요. 하영아, 솔직하게 얘기해 주어 진심으로 고맙다."

그 순간, 누가 시키지도 않았는데 한두 사람이 박수를 치자 모두 따라서 박수를 치기 시작했다. 다들 하영이를 향해 격려의 박수를 치고 있었다. 그리고 그 박수는 하영이가 고개를 들어 친구들을 보며 슬며시 웃는 순간까지 계속되었다. 하영이는 눈물 고인 눈으로 친구들에게 미소를 보냈다. 아무 말도 하지 않았지만 서로의 눈은 이렇게 말하고 있었다.

'우리, 꼭 꿈을 찾자. 공부하는 이유를 찾자, 모두 함께.'

그 모습을 보고 있던 이민구 선생님은 가슴이 뭉클했다. 그동안 꿈도 없이 그저 공부에만 매달렸던 학생들을 봐 왔던 이민구 선생님은 이제야 비로소 자신의 꿈이 이루어지기 시작하고 있음을 느꼈다.

'대부분의 아이들이 공부하는 이유도 모른 채 공부하고 있다. 나 역시 그렇게 자라 왔다. 나의 꿈은 이런 아이들에게 꿈을 심어 주는 진로 교사가 되는 것이었다. 그리고 지금 나는 그 꿈을 이루어 가고 있다. 이 아이들의 빈 마음을 채우는 것이 나의 역할이고, 이것이 바로 나의 꿈이다. 그래서 나는 지금 꿈을 이루고 있는 것이다.'

수업의 도입이 잘 이루어졌다. 문제 제기도 확실하게 이루어지고 있다. 이 흐름을 타고 교실 앞 화면에는 사진 하나가 떴다.

"얘들아, 말이 나온 김에 선생님이 결정적인 자료 하나를 보여 줄게. 물론 이 자료에서 선생님은 정확하게 사실만을 소개할 거야. 그러면 너희들이 이 자료가 전하는 메시지를 찾아내는 거야. 1985년부터 2007년까지 미국의 명문 대학에 입학한 한국인 학생 1,400명이 있었다. 이들이 입학한 이후 졸업할 때까지의 과정을 모두 조사한 결과가 2008년에 나왔지. 그런데 놀랍게도 1,400명 중에 44퍼센트인 616명이 도중에 학교를 그만두고 한국으로 돌아갔다. 공부를 포기한 거지. 이 충격적인 자료가 보여주는 메시지는 무엇일까. 미국 대학 중퇴율 그래프를 보면 그 숫자의 의미가 눈에 더욱 잘 들어올 거야."

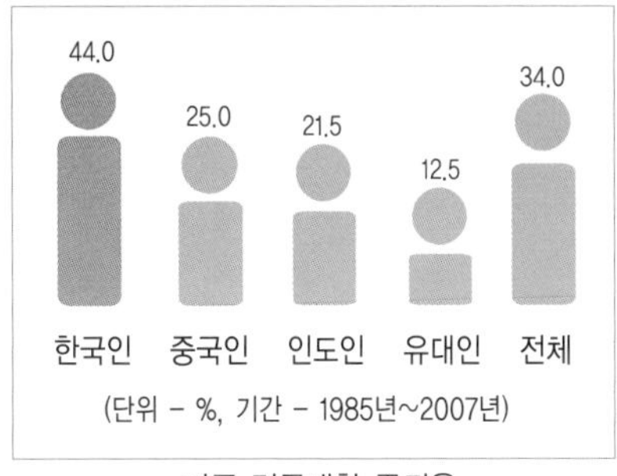

미국 명문대학 중퇴율

"한국인은 외국 명문 대학을 정말 많이 가는군요. 그런데 선생님, 실제 그 연구 결과에 그 이유가 나와 있는 거죠?"

"교빈이 생각에는 어떤 분석이 나왔을 것 같니?"

"선생님, 제가 질문을 했는데 다시 제게 질문을 하시네요. 이 질문에 대한 답변은 저의 베프(베스트 프렌드) 승헌이가 할 겁니다."

"뭐? 왜 갑자기 나를 끌어들이는 거야. 물귀신도 아니고. 저기 그러니까…… 제 생각은요. 한국 학생들이 공부를 잘해서 입학은 했지만 그곳의 문화나 공부 방식 등에 잘 적응하지 못했던 거 아닐까요?"

"어떤 차이가 있기에 적응을 못했을까?"

"예? …… 그 답변은 다시 교빈이가 하겠습니다."

"이 친구들은 첫 수업 때 발표도 번갈아 가면서 하더니, 진짜 베프가 맞네. 알았어. 그럼, 교빈이가 얘기해 볼까?"

"외국 명문 대학의 공부 방식이 정확히 어떤지는 모르겠지만, 적어도 우리가 배운 방식과는 달랐겠죠. 우리에게는 늘 시험이 중요하고, 중요한 이유는 경쟁해야 하고, 시험을 잘 보려면 짧은 시간에 정답 위주로 외워야 하고, 그러다 보니 다양하게 생각하기 어렵게 되고요. 그게 반복되다 보니 내 생각은 없어지고, 머릿속에 정답만 남죠. 그러니까 그렇게 열심히 공부를 해도 정작 공부를 해야 하는 이유를 모를 수밖에 없는 거죠. 물론 이 얘긴 전부 제 얘기예요."

"늘 낙천적이고 생기발랄한 교빈이도 이 부분에서는 꽤 심각해지는구나. 야! 이번 발표는 교빈이의 재발견이다. 모두 박수!"

나는 '왜' 공부를 할까

조별로 책상 위에 CD 한 장이 주어졌다. CD의 내용을 보고 역시 오늘 수업의 핵심 주제를 찾아내는 미션이다. 문제 제기는 앞의 도입 활동에서 충분히 해 보았으므로 이제는 수업의 핵심 주제를 찾아 결론을 향해 나아가야 한다. 도입 활동에서 제기된 문제는, 공부하는 이유도 모르는 채 공부하는 삶의 어려움을 미리 느껴 보는 것이었다. 그러면 이제 남은 것은, 공부를 하는 이유가 무엇이며 그 이유를 어떻게 찾느냐 하는 것이다. 이번 조별 미션은 바로 그 부분을 해결하기 위한 활동이다.

"이번 활동에서는 오늘의 일일 선생님을 선발할 것이다. 조별로 영상의 내용을 이해한 뒤에 발표자 한 명을 선발하기 바란다. 그리고 그 친구가 실제 화면에 해당 영상 및 정지 화면을 사용하면서 교사처럼 설명해 줄 거야. 중요한 것은, 설명 이후에 질문에 대한 답변도 해야 되니, 조별로 내용을 꼼꼼하게 파악해야 한다는 것이지. 훌륭한 가르침과 날카로운 질문 기대할게. 행운을 빈다. 지금부터 조별로 컴퓨터 중심으로 활동 시작!"

CD 안에는 텍스트 문서와 편집 영상이 들어 있었다. 학생들은 먼저 문서를 함께 읽어야 한다. 문서에는 영상의 풀 스토리가 요약되어 있다. 그리고 편집된 영상은 핵심 주제를 이해할 수 있는 부분 중심으로 구성되어 있다. 초기 5분 정도는 내용을 이해하는 시간으로 사용되었다. 그리고 이후 10분 정도는 조별로 왁자지껄 시끄럽게 의논을 하였다.

조별 토론이 끝난 뒤에 조별로 선발한 일일 교사가 발표를 진행했다. 그런데 모든 조가 하나같이 발표는 짧게 하고, 다른 학생들의 질문에 대해서는 시원하게 답변을 하지 못했다. 그래서 더더욱 이제 마지막 남은 한 조에 기대가 쏠리고 있었다. 바로 하영이가 발표자로 나서는 조다.

"직접적으로 사람을 돕는 일을 하고 싶습니다."

"제 능력을 단순히 돈을 버는 것만이 아닌, 사회 및 세상을 위해 사용하고 싶습니다."

"세계보건기구와 같이 정말 도움이 필요한 곳에 도움을 주는 국제기구에서 일하고 싶습니다."

하영이는 먼저 영상의 핵심 부분을 찾아서 보여 주었다. 영상 속 주인공인 곽주원 학생은 프린스턴 대학교에서 의학을 공부하는 이유에 대해 진지하게 인터뷰를 하고 있었다.

"여러분은 오늘부터 저 하영이의 가장 소중한 친구예요. 저의 눈물을 보았기 때문이죠. 앞으로 잘 지내봐요. 음, 지금부터는 제가 선생님입니다. 저는 어릴 적 스쳐 가는 마음으로 '교사'의 꿈을 꾼 적이 있어요. 물론 아주 어릴 때였죠. 그런데 오늘 일일 교사로 서게 되니 기분이 새로워요. 영상에 나온 학생도 공부를 열심히 했습니다. 그런데 그냥 엄마가 시켜서 억지로 한 것 같지는 않아요. 그가 공부를 하는 이유는 의사가 되기 위해서죠. 그리고 의사가 되려고 하는 이유는 세계보건기구에 들어가고 싶어서이고, 세계보건기구에 들어가려고 하는 이유는 사람들에게 도움을 주기 위해서라고 했죠. 아름답지 않나요? 우리 초등학교 때 했던 것처럼 한번 따라 해 볼까요?"

"다함께 큰 목소리로, 공부하는 이유는 진로에서 찾자!"
"공부하는 이유는 진로에서 찾자!"
"그렇다면 어떤 것이 먼저인가요. 공부인가요, 진로인가요?"
"상민 학생, 좋은 질문이에요. 당연히 진로죠. 공부하는 이유를 알고 하면 그야말로 자기 주도적인 공부가 되겠죠."
"그럼요, 선생님. 아직 진로를 발견하지 못한 사람은 공부하는 이유가 없는 것이고, 그렇다면 공부할 필요도 없겠네요?"
"네? …… 얘기는 맞는데……."
짓궂은 질문이었다. 질문의 주인공은 이번 수업부터 새로 들어온 찬형이었다. 1주차에 결석을 해서 몰랐다가 이번 두 번째 수업에 처음 얼굴을 알린 친구인데 매우 까칠했다. 하영이네 조에 앞서 발표한 4개 조를 초토화시킨 장본인이었다. 말에 논리가 있어서 쉽게 반박하기도 어려웠다. 똑똑한 하영이도 찬형이의 논리에 말문이 막혔다. 그래도 하영이는 미소를 지으며 가볍게 위기를 모면했다.
"참 똑똑한 학생이에요. 바로 그 부분이 우리가 이 하이라이트 클럽에 모인 이유겠지요. 진로가 선명하지 않은데, 우리는 현재 학생이니 이유를 모른 채 공부를 하는 상황이잖아요. 질문의 수준이 너무 높아서 제 답변이 충분치 못할 거예요. 그래서 이 질문에 대한 답변은 제가 가장 존경하는 이민구 선생님이 해 주실 거예요. 선생님을 박수로 모시죠!"
"야! 날카로운 질문을 던진 찬형이도 대단하고, 당황하지 않고 나에게 화살을 돌려 버린 하영이의 침착함도 대단한데! 오늘 이 두 친구는 가장 중요한 두 가지 이슈를 이미 이야기했다. 먼저 하영이는 선생님이 오늘 준비한 메시지 카드의 내용을 정확하게 맞혔다. 아까 하영이를 따라서 외쳤던 말이 뭐였지. 다시 한 번 외쳐 볼까. 시~작!"
"공부하는 이유는 진로에서 찾자!"
"오케이. 수업 끝나고 나눠 줄 카드를 미리 나눠 줄게. 받자마자 바로 꺼내 보는 거야."
"어~얼~ 똑같다. 하영이가 정확하게 맞혔네!"
"하영이는 다음에 선생님 하면 잘할 것 같다."

여기저기서 하영이를 칭찬하는 소리가 들렸다.

"대단하지! 하영이는 앞으로 종종 선생님과 함께 교사 역할 좀 해야겠다. 그럼 이번에는 찬형이가 맞힌 콘셉트는 무엇일까? 바로 우리의 현재 모습이다. 공부하는 이유가 진로인데, 아직 진로가 결정되지 않았다면 공부할 이유가 없는 것이니 공부할 필요도 없다는 딜레마인 거잖아. 이것이 바로 오늘 선생님이 너희들과 함께 나누려고 했던 핵심 이슈이다. 이 시간에 함께 보고 싶은 영상이 있는데, 특히 대사를 잘 새기면서 보렴."

화면의 영상에는 교실에 학생들이 시큰둥하게 앉아 있다. 교생 선생님이 떠드는 아이들을 조용히 시키지만, 도저히 말을 듣지 않는다. 바로 그때 담임선생님이 들어와 떠드는 아이들을 바라보더니 진지한 표정으로 뭔가를 이야기한다.

"지금부터 너희들에게 진실을 알려 주마."
"진실이요?"
"사실 학교 선생님들은 공부를 못한다."
"그게 무슨 소리예요?"
"너희들도 얼핏 느끼곤 있었지? 평소 너희들이 보는 시험을 선생님들이 본다면 너희들 같은 점수를 받지는 못한다. 어른이 되면 공부를 못하게 된다. 너희들이 지금 하고 있는 입시 공부는 시간이 지나면 다시는 쓸 일이 없게 되고 말기 때문이다. 고생해서 들어간 대학에서 배우는 공부는 훨씬 더 아무짝에도 쓸모가 없다."

"선생님, 그럼 공부를 안 해도 된다는 건가요?"

"아니, 공부는 하는 게 좋다."

"아무짝에도 쓸모없다면 할 필요가 없는 거잖아요."

"다만……."

"다만, 뭔데요?"

"『벌새의 물 한 방울』이라는 이야기 아니?"

영상을 보다가 『벌새의 물 한 방울』이라는 제목이 나오자 이민구 선생님은 영상을 멈췄다. 그리고는 조별로 각각 3장의 카드가 들어 있는 묶음을 나눠 주었다.

"지금부터 지식 검색 대회를 개최한다. 주어진 시간 동안 앞에 놓인 3장의 카드를 키워드로 활용하여 공통점을 찾아 앞에서 보았던 영상의 뒷이야기를 이어 보렴. 아마 이 작업을 하는 동안 '공부하는 이유' 에 대한 답변도 찾을 수 있을 거야."

첫 번째 카드는 '벌새' 이미지이고, 두 번째 카드는 대나무 종류 가운데 '모죽' 의 이미지이다. 그리고 세 번째는 나다니엘 호손의 『큰 바위 얼굴』이라는 소설의 이미지이다.

"야, 『큰 바위 얼굴』은 너희 둘이 인터넷에서 검색하고, 영훈이 너는 얼른 도서관에 가서 책 빌려와. 다른 조보다 먼저 가야 돼, 알겠지?"

"교빈아, 그런데 첫 번째 카드는 도대체 무슨 새인 줄 알아야 찾지."

"야, 주석아! 아휴~ 답답하기는…… 아까 영상 기억 안 나니. 수업 시간에 집중을 해야지. 영상 속의 선생님이 『벌새의 물 한 방울』에 대해 이야기하다가 영상이 끝났잖아. 그럼 이 새는 무슨 새겠니?"

"벌새구나."

"두 말하면 잔소리지."

"그럼…… 두 번째 카드는 뭐야? 얼핏 보기에는 대나무인데……."

"그거? 그건 나도 모르겠는데……. 야, 우리 조 포인트 남은 거 있니? 저번에 발표해서 받은 포인트 말이야. 그것으로 질문 찬스 써 보자."

수업 시간의 발표와 게임을 통해 간식의 양도 조절되지만, 학생들에게 별도의 포인트가 지급된다. 그 포인트는 누적되어 다른 활동에 질문이나 찬스로 사용할 수 있다. 이번 활동은 조별로 주어진 큰 활동지에 내용을 기입하는 것이다. 그런데 내용을 이해하는 단계에서부터 숨겨진 의미까지 찾아내는 순서로 진행하도록 구성되어 있다. 일단 각각 카드의 의미를 찾아내고, 그 속에서 핵심 특징을 알아내며, 그 특징들을 비교하여 공통점을 꺼낸다. 그리고 그 공통점이 과연 공부하는 이유와 진로의 관계를 이해하는 이번 수업과 무슨 관련이 있는지 토론해야 한다.

잠시 후, 벌새카드에 대해 이민구 교사와 수희의 대화가 시작되었다.

"선생님, 벌새 이야기는 남미에서 전해 내려오는 '민담'이라고 해요. 산불이 나서 동물들이 저마다 자신의 터전을 버리고 숲을 떠나는데, 유독 작은 벌새 한 마리가 부리에 물을 머금고 다시 숲으로 들어가 둥지와 나무에 붙은 불을 끄고 있었어요."

"그런다고 뭐가 달라질까?"

"다른 동물들도 선생님과 같은 말을 벌새에게 했대요."

"벌새의 대답은?"

"'난…… 내가 할 수 있는 일을 하고 있을 뿐이야.' 라고 했어요. 물론 벌새가 숲에 난 불을 다 끌 수는 없을 거예요."

" 숲은커녕 나무 한 그루에 붙은 불도 끌 수 없겠지."

"그렇다면 아무것도 하지 말았어야 할까요?"

"1퍼센트의 실현 가능성도 없는 헛수고일 수 있지만, 그래도 그것은 의미가 있다. 다른 친구들은 어떻게 생각하니?"

"저 같으면 그런 쓸데없는 행동은 하지 않을 거예요. 미련해요!"

"맞아요, 어리석어요!"

여러 친구들의 의견이 분분했다. 1퍼센트의 가능성만으로도 충분히 노력할 가치가 있다는 친구들과 그것은 어리석고 무모한 행동이라는 친구들이 확연하게 갈리고 있었다. 과연 벌새 이야기는 '공부' 또는 '진로'와 무슨 상관이 있을까. 이 부분에 대해서는 하영이네 조가 의견을 발표했다. 발표자는 소민이다.

"우리는 오늘 진로가 곧 공부하는 이유라는 것을 앞에서 배웠어요. 그런데 한 가지 문제가 생겼죠. 진로를 아직 정하지 않았다면 공부할 이유가 없는 것이니 공부할 필요가 없지 않겠느냐는 것이었어요. 실제로 많은 학생들이 그런 이유로 공부의 이유와 재미 그리고 필요를 잃고 시간을 낭비하고 있어요. 공부하라는 말이 잔소리로 들리는 게 당연하죠. 그런데 벌새 이야기를 바로 이 공부에 연결해 본다면, 당장은 공부하는 이유가 보이지 않기 때문에 쓸데없는 일처럼 보이지만 1퍼센트의 가능성을 위해서라도 우리가 할 수 있는 공부를 해야 하지 않을까 하는 생각이 들어요. 이것이 저희 조의 토론 결과입니다."

"에이~ 이번 활동도 왠지 하영이네 조가 포인트 쓸어 갈 것 같다. 적이지만 칭찬하고 싶도다. 어쩌면 저렇게 가려운 곳을 시원하게 긁어 주냐!"

교빈이가 소민이의 발표를 듣고 너스레를 떨었다.

모죽 카드에 대해서는 철만이가 오랜만에 발표했다. 철만이는 말 더듬는 횟수가 조금씩 줄어들고 자신감은 부쩍 커지고 있었다. 그런 철만이의 발표에는 친구들이 더 큰 박수를 쳐주었다.

"모죽이라는 대나무는 처음 심고 나서 5년이 될 때까지는 전혀 자랄 기미를 보이지 않는 품종입니다. 그래서 딱 욕먹기 좋은 나무이죠. 그런데

5년을 채우고 나면 그때부터 하루에 70~80센티미터씩 자라기 시작하여 무려 30미터까지 자란답니다."

모죽 이야기를 들은 이민구 선생님이 철만이에게 질문을 했다.

"5년 동안은 도대체 왜 자라지 않는 것일까?"

"오, 오년 동안은 뿌리를 깊이 내리는 기간이랍니다. 그 뿌리가 4킬로미터까지 뻗친대요."

"그럼 철만이네 조의 다른 친구들에게 질문하는 건데, 모죽 이야기와 벌새 이야기의 공통점은 무엇일까? 아까 조별토론에 열심히 참여했던 친구가 대답해 볼까? "

"보이지 않는 싸움이요."

"무슨 뜻이지? 표현을 아주 그럴 듯하게 했는데…… 쉽게 얘기해 줄 수 있을까?"

"벌새의 노력은 자신의 몸집만큼이나 작고 의미 없어 보이지만, 자신이 할 수 있는 그 일을 하는 것에 의미가 있다고 했잖아요. 당장의 열매가 없더라도 가야 하는 길이죠. 모죽도 마찬가지라고 생각해요. 5년 동안 뿌리를 내리는 일은 눈에 보이는 열매가 없는 노력이잖아요. 하지만 시간이 충분히 흘렀을 때에 결국 열매를 거두게 되죠. 바로 그런 점이 같지 않을까요?"

'큰 바위 얼굴' 이야기는 승헌이가 발표했다. 교빈이가 손을 들더니, 어니스트가 큰 바위 얼굴을 바라보듯이 자신을 바라보는 친구가 있다면서 승헌일 추천했기 때문이다.

"어쩌면 어니스트는 자신의 꿈이 없이 다른 사람의 꿈에 기대어 살았던 청소년일 수도 있을 것 같아요. 마을에 전해 내려오는 전설을 믿으며, 사람 얼굴을 하고 있는 큰 바위와 닮은 영웅이 나타나기를 평생 기다리잖아요."

"그럼, 배울 점이 전혀 없는 대상이구나."

"그렇지 않아요. 영웅을 기다리는 과정에서 어니스트는 자신이 해야 할 일을 찾아 노력했다는 것이에요. 광장에서 사람들에게 강의를 하며 깨우침을 주는 노력을 했지요. 바로 그러한 노력 때문에 어니스트 자신의 얼굴이 큰 바위 얼굴을 닮아 가지 않았을까 하는 생각이 들어요. 어쩌면 벌새 이야기나 모죽 이야기보다도 더 우리에게 필요한 이야기라는 생각이 들어요."

"어떤 면에서 그런 생각이 들지?"

"이곳 하이라이트 클럽에는 꿈이 없는 친구들이 모여 있어요. 심지어는 공부를 잘하면서도 꿈이 없는 친구도 있어요. 이제 우리 모두 각자의 진로를 찾아갈 거잖아요. 그런데 그 과정이 다소 길 수도 있어요. 그럼에도 진로를 찾아가는 과정 동안 우리는 계속 공부를 할 거예요."

이민구 선생님의 이어지는 질문에 승헌이는 하나씩 침착하게 답변해 나갔다. 바로 그때, 비판적인 찬형이가 느닷없이 찬물을 끼얹으며 이야기를 꺼냈다. 순간 승헌이뿐 아니라 이민구 선생님도 긴장했다. 마무리하는 단계에서 순조롭던 분위기가 깨질까 봐 걱정이 됐던 것이다.

"말은 그럴싸한데, 과연 모든 학생들이 그 이야기에 동의할까? 지금 당장 왜 공부를 해야 하는지, 내가 무엇이 되려고 이 공부들을 해야 하는지 스스로에게 설명할 수 없는데, 정말 1퍼센트의 가능성만으로 공부할 의욕이 생길까. 솔직히 난, 보이지 않는 미래 가능성을 아무리 떠올려도 지금 하기 싫은 공부를 억지로 하기는 힘들거든. 나에게 좀 더 시원한 설명을 해 줄 수 있겠어?"

"찬형아, 고맙다. 정말 중요한 질문을 통해 우리의 답답함을 시원하게 풀 수 있는 기회를 줘서."

찬형이는 승헌이가 당황해하거나 혹 말문이 막히면 어쩌나 했는데 오히려 자신을 칭찬하는 말에 다소 민망해졌다. 이민구 선생님 역시 승헌이의 여유에 안도의 한숨을 내쉬었다.

"찬형이의 말이 맞아요. 아직 꿈이 없고, 꿈을 찾는 과정에 있으면서도 공부를 해야 하는 이유에 대해 좀 더 시원한 답변이 필요합니다. 이쯤 해서 저도 하영이를 한번 따라 해 볼까요? 이 질문에 대한 답변은 민샘께서 해 주시겠습니다, 여러분 박수!"

"민샘? 그건 뭐니, 너희들 나를 그렇게 부르기로 했니?"

"모르셨어요? 저희들끼리는 민샘으로 불러요. 친근하죠?"

이날부터 이민구 선생님은 학생들 사이에서 '민샘'으로 불리게 되었다. 발표할 상황이 잦고 질문이 자유로운 분위기다 보니 말문이 막히는 상황 역시 잦았지만, 학생들에게는 민샘이 있어 늘 든든했다. 실제로 민샘은 학생들이 고민할 만한 모든 종류의 경우의 수를 다 준비해 왔다. 어쩌면 그 모든 질문은 민샘 자신이 학창 시절에 지겹도록 외쳤던 물음이었다. 이미 알고 있었다는 듯이 이민구 선생님은 화면의 폴더를 열어 예쁜 편지지에 적힌 글귀를 펼쳤다. 그 편지에는 록펠러라는 사람이 마치 편지를 쓰듯이 학생들에게 이야기하는 내용이 들어 있었다. 아이들은 모두 편지의 내용에 집중하였다.

"도, 도저히 포기할 수 없어요."

"이제 더 이상은 못 봐주겠소. 도대체 나온다던 금은 나오지 않고 돌멩이만 가득하잖소. 내가 투자한 돈을 모두 돌려주어야겠소!"

"저, 저기, 선생님! 한 번만 더 도와주십시오. 한 번만! 딱 한 번만 더 땅을 파보겠습니다. 이번에는 분명 금이 나올 것입니다."

"한 번만, 한 번만……, 그렇게 얘기한 게 지금 벌써 몇 번째인지 알기나 해요? 당신의 허황된 꿈에 속아 내 돈만 낭비했단 말이오!"

저는 고개를 숙였습니다. 제가 금을 캐기 위해서는 투자자가 필요한데, 여기서 투자를 중단한다면 사람도 쓸 수 없고, 장비도 사용할 수 없게 됩니다. 하염없이 눈물이 흘렀지요. 금을 캐기 위해 땅을 파던 인부들도 모두 장비를 내려놓고 떠날 태세였답니다. 저는 떠나는 인부들을 향해 이렇게 이야기했습니다.

"여러분, 지금까지 저와 함께해 주셔서 정말 고맙습니다. 금을 캐기 위해 그렇게 오랜 시간 함께 땅을 팠지만 결국, 금은 나오지 않았어요. 이제 포기할 때가 되었습니다. 하지만 여러분! 만약 혹시 만약, 우리가 땅 파기를 멈춘 바로 그 밑에 금이 있다면 어떨까요? 이보다 억울한 일이 또 있겠습니까. 한 번만 더 참고 파면 금이 나올 텐데 말이죠."

저는 진심 어린 눈으로 사람들을 바라보며 호소했습니다. 마지막 부탁이었죠. 결국 땅을 한 번 더 팔 수 있게 되었지요. 자, 여러분 그럼 금이 나왔을까요? 결국, 금은 나오지 않았습니다. 그 이후로도 몇 번을 더 설득했지요. 금이 나왔을까요? 흠, 미안하지만 나오지 않았습니다. 제 이야기는 결국 절망으로 막을 내릴까요? 포기하지 않고 끝까지 팠지만 금은 나오지 않았습니다. 그 대신, 바로 그곳에서

석. 유. 가. 나. 왔. 습. 니. 다!

보물찾기는 이어진다

"어때! 뭔가가 좀 느껴지니? 공부는 1퍼센트의 가능성이다. 인생의 꿈이 너희들 눈에 들어왔을 때, 거기에 필요한 공부가 되어 있어야 그 꿈을 실현할 수 있지 않겠니? 기회는 준비된 사람에게 오는 법이고, 또 준비된 사람이라야 그 기회를 잡을 수 있지 않을까? 만약 자기 꿈을 이루는 데 대학에 갈 필요가 있다면 더더욱 지금의 공부가 중요하지. 가능성을 키워 가는 것, 그것이 바로 지금의 공부가 아니겠니. 어때, 찬형이도 이제 좀 시원해졌니?"

"네? 네, 네~."

민샘은 앞에서 보여 주다 만 '교실 영상'의 후반부를 마저 보여 주었다. 영상 앞부분에 나왔던 벌새 이야기가 이어졌다.

"벌새의 노력처럼, 1퍼센트의 가능성을 위해 우리는 공부를 해야 한다. 그런 의미에서 공부는 인생의 '보물찾기'이다."

"보물찾기요?"

"그래. 어디 있을지 모르는 그 보물을 찾기 위해 1퍼센트의 가능성을 가지고 노력하는 과정 말이야. 어디에 있을지 모르는 보물을 찾는 과정은 헛수고의 연속이지. 그렇다고 그것을 헛수고라고만 여겨 보물찾기를 포기하면 거기서 끝이다. 자신이 포기한 바로 그 한 발 앞에 보물이 있을지 모른다. 그래서 포기할 수 없는 거지. 상상해 보자, 그 보물을 찾은 순간을 말이야! 99퍼센트의 헛된 노력 끝에 1퍼센트의 가능성이 열린다. 99번을 뒤져서 허탕을 치지만 결국 100번째에 보물을 찾게 되는 거지. 그렇다면 그 99번이 과연 헛수고일까? 명심해라. 포기하지 않는 한 헛수고는 헛수고로만 끝나지 않는다."

헛.수.고.는. 헛.수.고.로.만. 끝.나.지. 않.는.다.

하영이는 영상을 보며 자신도 모르게 한 문장을 따라 하고 있었다. 헛수고는 헛수고로만 끝나지 않는다. 지금 자신이 하는 공부, 즉 헛수고는 보물을 찾기 위한 과정이었다. 그리고 보물을 찾은 순간, 그때까지 했던 공부는 모두 꿈을 이루는 밑거름이 되는 것이다. 하영이의 입 꼬리가 살며시 올라갔다. 그리고 친구들 몰래 눈물을 훔쳤다. 의미 없이 힘겹게 해온 공부……, 이제 비로소 자신의 공부에 의미가 생긴 것이다.

그동안 남몰래 아파해 온 힘겨운 시간들이 헛되지 않았다는 생각에 자꾸자꾸 눈물이 났다. 그런 하영이를 민샘은 그윽이 바라보고 있었다. 눈이 마주치자 민샘은 고개를 끄덕이며 웃어 주었다. 그리고 또 한 사람, 찬형이도 닫힌 마음의 빗장을 조금씩 열고 있었다. 다들 두 번째 수업에서 행복감을 느끼며 똑같은 말을 마음속으로 속삭였다.

'이 수업…… 참 좋다!'

민샘은 화면에서 본 록펠러의 편지와 같은 모양으로 인쇄된 편지지와 봉투를 마련하여 학생들에게 나눠 주었다. 이 자상한 배려에 민샘의 마음이 담겨 하이라이트 클럽 전체 학생들에게 전해졌다. 다들 뭉클하고 눈시울이 붉어졌다.

꼭! 작성해 보세요 | 포트폴리오 활동 1

'진로'는 현재에서 미래로 건너가는 다리

영상에 나온 곽주원 학생에게는 진로가 바로 '공부하는 이유'였습니다. 곽주원 학생의 특징을 분석하면서 '생각의 단계'를 정리해 볼까요? 그리고 그에 따라 자신의 경우도 적어 주세요. 4단계의 미래 부분은 영상에 나온 내용입니다. 그리고 5단계부터 8단계의 현재 부분은 영상에 없는 부분이니 예상해서 적어 보세요. 쓸 수 없는 부분은 비워 두세요. 그 빈 칸이 바로 앞으로 채울 부분이니까요.

구분	단계	생각의 내용	실제 준비	나의 경우
미래	1단계	공부하는 이유	사람과 세상을 치료하는 삶	
	2단계	구체적으로 돕고 싶은 위치		
	3단계	그 역할에 이르기 위해 가져야 할 직업		
	4단계	의사가 되기 위해 거쳐야 할 진학 목표		
현재	5단계	진학을 위해 갖추어야 할 준비 1(공부)		
	6단계	진학을 위해 갖추어야 할 준비 2(습관)		
	7단계	진학을 위해 갖추어야 할 준비 3(경험)		
	8단계	진학을 위해 갖추어야 할 준비 3(지식)		

'진로'는 현재에서 미래로 건너가는 다리

영상에 나온 곽주원 학생에게는 진로가 바로 '공부하는 이유'였습니다. 곽주원 학생의 특징을 분석하면서 '생각의 단계'를 정리해 볼까요? 그리고 그에 따라 자신의 경우도 적어 주세요. 4단계의 미래 부분은 영상에 나온 내용입니다. 그리고 5단계부터 8단계의 현재 부분은 영상에 없는 부분이니 예상해서 적어 보세요. 쓸 수 없는 부분은 비워 두세요. 그 빈 칸이 바로 앞으로 채울 부분이니까요.

구분	단계	생각의 내용	실제 준비	나의 경우
미래	1단계	공부하는 이유	사람과 세상을 치료하는 삶	아이들에게 지식 나눔
	2단계	구체적으로 돕고 싶은 위치	세계보건기구	초등학교, 낙후된 지역
	3단계	그 역할에 이르기 위해 가져야 할 직업	의사	교사
	4단계	의사가 되기 위해 거쳐야 할 진학 목표	프린스턴 대학교 의과대학	서울교육대학교
현재	5단계	진학을 위해 갖추어야 할 준비 1(공부)	꾸준한 내신 관리 수학, 과학 유학을 위한 영어	내신 성적 관리 특히 내가 약한 수학
	6단계	진학을 위해 갖추어야 할 준비 2(습관)	시간 관리 습관 예습과 복습 습관 영어 단어, 듣기 훈련	신문과 뉴스 친해지기 시간 관리 습관 일기 쓰기
	7단계	진학을 위해 갖추어야 할 준비 3(경험)	지속적인 봉사 동아리 방학 때 외국 대학 탐방	봉사 동아리 방학 때 교대 탐방 틈틈이 선생님 인터뷰
	8단계	진학을 위해 갖추어야 할 준비 3(지식)	외국 대학의 입학 자료 롤모델에 대한 독서 세계 문화 이해 독서	교대 전형 요소 확인 독서를 통한 배경 지식

꼭! 작성해 보세요 | 포트폴리오 활동 2

스토리의 힘으로 살아나기

진로를 찾아 떠나는 여행과 그 과정은 우리 인생의 드라마입니다. 드라마는 이야기입니다. 이야기는 우리의 마음에 가장 큰 울림을 주는 친구입니다. 그런 의미에서 하이라이트 클럽의 수업에 담긴 이야기들은 우리의 마음을 든든하게 지지해 주는 버팀목이 될 수 있을 것입니다. 그러기 위해서 내용을 좀 더 선명하게 기억하고 자신의 것으로 만들어 봅니다.

단계	벌새 이야기	모죽 이야기	큰 바위 얼굴
내용			
핵심 주제			
공통점			
진로와 공부의 관계로 적용			

내친구 포트폴리오 살짝 엿보기

스토리의 힘으로 살아나기

진로를 찾아 떠나는 여행과 그 과정은 우리 인생의 드라마입니다. 드라마는 이야기입니다. 이야기는 우리의 마음에 가장 큰 울림을 주는 친구입니다. 그런 의미에서 하이라이트 클럽의 수업에 담긴 이야기들은 우리의 마음을 든든하게 지지해 주는 버팀목이 될 수 있을 것입니다. 그러기 위해서 내용을 좀 더 선명하게 기억하고 자신의 것으로 만들어 봅니다.

단계	벌새 이야기	모죽 이야기	큰 바위 얼굴
내용	숲에 불이 났고, 다른 동물들을 모두 도망가는데, 벌새 한 마리는 부리에 물을 머금고 불을 끄려고 애쓴다. 그대로 최선을 다해 보겠다는 것이다.	모죽은 처음 5년 동안은 자라지 않는다. 그런데 5년이 지난 다음부터는 하루에 70~80센티미터씩 자라서 무려 30미터까지 자란다.	어니스트라는 소년은 마을에 내려오는 전설을 믿고 있다. 산 위의 큰 바위 얼굴을 닮은 사람이 나타날 거라는 확신이다. 평생을 기다려도 영웅은 나타나지 않고 오히려 자신이 큰 바위 얼굴을 닮아 간다.
핵심 주제	포기하지 않고 자신의 역할에 최선을 다한다.	당장 성과가 없어도 뿌리를 내리며 준비한다.	꿈을 바라보며 간절히 원하면 결국 닮아 간다.
공통점	당장 눈에 띄는 결과가 없지만, 포기하지 않고 기다리고 노력하면 결국은 열매를 맺는다.		
진로와 공부의 관계로 적용	지금 공부하는 이유나 즐거움을 아직 모를지라도, 1퍼센트의 가능성으로 공부에 최선을 다할 것이다.	인생의 목표는 멀리 있는 것 같고, 공부의 성과는 나지 않아 낙심이 되지만 모죽처럼 기다리면서 공부의 뿌리를 내려야겠다.	내 인생의 꿈을 다른 사람에게서 찾으려고만 했는데, 이제는 나만의 꿈을 찾아 정확하게 바라보면서 노력할 것이다.

꼭! 작성해 보세요 | 포트폴리오 활동 3

나는 왜 공부를 하는 걸까

'진로'는 지금 내가 공부하는 '이유'입니다. 그래서 이제부터 진로를 찾으려고 노력할 것입니다. 만약 진로를 찾을 때까지 공부할 이유가 없다고 한다면, 우리는 공부를 행복하게 받아들이기 어렵죠. 그래서 배운 것이 '1퍼센트의 가능성'과 '보물찾기'였습니다. 배웠던 내용을 간단히 요약하고 그것을 사용하여 '진로'와 '공부'의 관계를 넣어 자신만의 에세이를 써 보세요.

에세이 기본 개요 참고:
서론: 이전의 모습(진로에 대한 확신과 그에 따른 공부의 필요)
본론: 사례를 통한 깨달음(벌새, 모죽, 큰 바위 얼굴, 록펠러)
결론: 앞으로의 다짐(자신만의 각오, 명언 만들기)

제목 : ______________________________

내친구 포트폴리오 살짝 엿보기

나는 왜 공부를 하는 걸까

'진로'는 지금 내가 공부하는 '이유'입니다. 그래서 이제부터 진로를 찾으려고 노력할 것입니다. 만약 진로를 찾을 때까지 공부할 이유가 없다고 한다면, 우리는 공부를 행복하게 받아들이기 어렵죠. 그래서 배운 것이 '1퍼센트의 가능성'과 '보물찾기'였습니다. 배웠던 내용을 간단히 요약하고 그것을 사용하여 '진로'와 '공부'의 관계를 넣어 자신만의 에세이를 써 보세요.

에세이 기본 개요 참고:
서론: 이전의 모습(진로에 대한 확신과 그에 따른 공부의 필요)
본론: 사례를 통한 깨달음(벌새, 모죽, 큰 바위 얼굴, 록펠러)
결론: 앞으로의 다짐(자신만의 각오, 명언 만들기)

제목 : 1퍼센트 가능성을 붙잡고 간다!

처음에는 명확한 목표가 없어서 공부하는 의미를 찾지 못했다. 그 누구도 나에게 공부하는 이유를 설명해 주지 않았다. 나 혼자 그 이유를 찾기에는 어려움이 많았다. 그래서 지나간 시간이 너무 아깝다. 그런데 이제 내가 공부하는 이유가 바로 '진로'라는 것을 깨달았다.
하지만 그 진로의 내용이 아직 무엇인지는 모른다. 그래서 다시 고민이 생겼다. 나의 인생 목표가 무엇인지 찾아가야 하는데, 그 과정을 얼마나 버틸 수 있을지 자신이 없다. 참고 공부를 할 만한 힘이 내 안에 없는 것 같다.

오랜 시간 자라지 못하고 제자리에 멈춰 있던 모죽은 그 인내의 시간이 지나가자 무섭게 자라나는 식물이다. 과연 나도 모죽처럼 기다릴 수 있을까? 뿌리를 깊이 내리는 마음으로 참고 기다리며 내 꿈을 찾는 여행을 할 수 있을까?

그래, 한번 해 보자. 1퍼센트의 가능성을 붙잡고 진로를 찾는 여행을 해 보자. 그 과정에서 공부가 힘들 수 있지만, 훗날 꿈을 만나는 그때 마치 보물을 찾은 것처럼 행복해할 내 모습을 떠올리며 힘을 내자. 적어도 나는 아무 이유도 모른 채 공부하던 때에서 이미 훌쩍 성장해 있다.

생생! 직업인 이야기

분석력보다 더 중요한 것은 마음의 힘입니다

증권 및 외환 딜러

'TV나 신문에서 보신 적이 있나요? 책상 위에 모니터 4대를 이어 놓고 그래프와 숫자들을 주시하고 있는 사람 말이죠. 바로 접니다. 저는 국제 금융 시장의 변동 상황을 분석하여 매매를 중개하고, 외화를 매매하여 그 수수료로 이익을 얻는 사람입니다. 아마 최근 발표되는 대부분의 직업 전망 자료에서 저와 같은 일을 하는 금융 전문가들이 꼭 연봉 순위 상위에 속해 있다는 것을 알고 있습니다.

그래서 수학을 꽤 잘하는 학생들은 대부분 고등학교에서 이과 계열을 선택하고, 그 중에서도 많은 학생들이 경영 컨설턴트, 회계사, 금융 전문가 등을 꿈꾼다는 것도 익히 알고 있답니다. 그래서 이 글을 통해 청소년들에게 꼭 말해 주고 싶은 게 있습니다. 저와 같은 일을 하는 사람에게 필요한 것은 직관력, 통계학적 판단력, 결단력, 정보 분석력, 예측 능력 등입니다. 듣기만 해도 차갑다는 느낌이 들죠.

그런데 이런 능력보다 더 필요한 것이 있습니다. 그것은 바로 마음의 힘이랍니다. 이런 일을 하는 사람은 순간의 판단이 만들어 내는 결과가 얼마나 큰지 알고 있습니다. 늘 고도의 긴장감을 유지해야 하기에 스트레스가 상당합니다. 이런 스트레스가 지속되거나 자신의 판단으로 큰 손실이 발생했을 때는 자칫 거대한 절망 속으로 빠질 수 있습니다. 이때 자신을 지켜 주는 것이 바로 마음의 힘입니다. 스스로를 인정하고 사랑하며 격려할 수 있는 힘 말입니다. 만약 자신의 꿈이 저와 같은 금융 전문가인 청소년이 있다면, 저의 당부를 꼭 기억하시기 바랍니다. 날카로운 분석력과 더불어 넉넉한 마음의 힘을 함께 키워야 합니다.

03 아름다운 이정표

무엇을 보고 갈까

우리들의 고민 편지

부산에서 중학교를 다니는 H군. 진로에 대한 중요성과 필요에는 공감한다. 그런데 어디서부터 어디까지 준비해서 고등학교에 진학해야 되는지 구분이 되지 않는다. 그리고 자신이 현재 진로의 전체 과정 중에 어디쯤에 있는지도 궁금하다. 진로도 다른 공부처럼 전체 공부의 양과 단계를 알 수는 없을까.

– 온라인 캠프에 올라온 진로 고민 편지

하나같이 비슷한 빙고

"와! 빙고 게임이다."

"빙고 게임의 방법을 수희가 소개할 수 있겠니?"

"선생님이 주신 주제를 잘 듣고 주어진 칸에 알맞은 단어를 다 채웁니다. 단어가 불릴 때마다 자신의 칸에 같은 단어가 있으면 지우는 거죠. 결국 그렇게 지운 단어가 가로, 세로, 대각선의 선을 이루게 되어 목표 개수를 채우면 '빙고' 라고 외칩니다."

"고맙다. 지금 설명은 매우 일반적인 방법이고, 빙고 게임의 고수라는 교빈이가 달인의 비법을 소개해 줄래?"

"그럼 지금부터 빙고 게임의 비법을 소개할게요. 이건 저만의 필살기인데...., 에고, 나의 경쟁력이 떨어질 텐데 모르겠다. 잘 들어 보세요."

빙고 게임 방법

빙고 게임의 핵심 비법은 바로 단어 선택에 있습니다. 대부분의 칸은 자신의 머리에 떠오른 가장 쉬운 단어들을 쓰면 됩니다. 그래야 다른 친구들과 비슷한 단어가 겹칩니다. 그런데 몇 개의 칸에는 친구가 쓸 수 없는 자신만의 소중한 단어를 넣어야 합니다. 대부분의 빙고는 한두 개 차이로 승부가 나죠. 쉽게 얘기하면 남이 부른 단어는 내게 있고, 내가 부른 단어는 남에게 없어야 이긴다는 것입니다.

"좋아, 설명은 다 된 것 같다. 이제 주제를 준다. 주제는 직업이다. 자신이 과거와 현재 꿈꾸는 직업을 포함하여 떠오르는 직업을 모두 채우는 것이다. 자, 그럼 시작!"

경찰	의사	변호사	요리사
가수	교사	CEO	판사
축구 선수	교수	외교관	디자이너
회계사	바리스타	조종사	대통령

칸을 모두 채운 뒤에 전체 학생이 빙고게임을 시작했다. 자신의 순서에 따라 직업을 외쳤다.

"변호사!", "와아~ 있다, 있어."

"교사!"

"또 있다."

"요건 없을걸! 외교관."

"외교관? 당연히 있지!"

"소방관, 경찰관, 요리사, CEO, 가수……."

"바리스타!"

"……."

상민이가 '바리스타' 를 외치자 침묵이 흘렀다. 대부분의 학생들이 쓴 직업군이 겹치는데 바리스타는 상민이만 썼던 것이다. 결국 '소믈리에' 와 '바리스타' 를 적은 친구가 한두 개 차이로 마지막 빙고를 외쳤다. 빙고게임을 통해 즐겁기도 했지만, 결국 모두 비슷한 생각을 하고 있다는 것을 확인할 수 있었다. 많은 직업군 중에 학생들이 떠올릴 수 있는 직업은 아주 비슷한 수준이었다. 민샘으로서는 충분히 예상했던 결과였다.

"지금부터 10분의 시간을 줄게. 각 조별로 컴퓨터 바탕 화면에 있는 '청소년의 직업 인식' 이라는 폴더를 열어 토론해 보자. 앞에서 했던 직업 빙고의 결과와 탐색한 자료가 무슨 관련이 있는지 분석하는 토론이다."

청소년 희망직업 순위

1. 중등학교 교사	6. 간호사
2. 음악가	7. 경찰
3. 디자이너	8. 매니저
4. 의사	9. 기계공학 기술자
5. 초등교사	

청소년의 희망 직업 순위 자료와 교과서에 실린 직업 소개에 대한 자료가 함께 올라 왔다.

그리고 또 하나의 자료를 열어 보니 그 곳에는 몇 개의 인터뷰 기사가 들어 있었다.

"이제 결과에 대해 모두 함께 의견을 모아 볼까? 먼저 조별로 살펴본 자

중고등학교 교과서에 실린 직업

총 표현 횟수 : 65회
표현된 직업의 종류 : 22개
가장 많이 언급된 직업 : 판사(12회)
대통령, 변호사, 검사(각 6회)
국무총리, 공무원, 경찰, 농부(각 3회)

"엄마들이 초등학생 자녀에게 권하는 직업은 의사, 변호사, 교수 등 5가지뿐인 것 같다."
– 초등엄마 교과서(박성철)

"중고생들이 장래희망으로 꼽는 직업은 30개를 넘지 않는 진로 쏠림 현상이 뚜렷하다."
– 부산시교육청 창의인성복지과 장학사(이미선)

료들의 공통점은 무엇일까? 그 자료들의 공통점을 각각 상징적인 한편의 창의적인 광고 포스터로 제작해 달라는 미션은 모두 완성해 낸 거지? 자, 그럼 모두 교실 뒤에 조별로 전시한 스케치북 주위로 모여 볼까?"

"1조 발표자 박진구입니다. 저희 조는 군맹무상이라는 고사를 사용했어요. 앞이 안 보이는 사람들이 각각 코끼리의 다른 부분을 만지면서 다른 생각을 하는 것이죠. 자신의 평생 진로를 결정하는데 마치 군맹무상처럼 자기만의 방식으로 해석하고 가는 경우죠. 저희가 읽은 자료는 바로 이런 내용을 담고 있는 것 같아요. 특정 직업이 마치 정답이라고 여기는 모습 말이에요."

2조는 '책 한 권만 읽은 사람' 이미지를 넣었다. 책 한 권만 읽은 사람은 자신이 알고 있는 한 가지 지식이 전부라고 주장하는데, 그런 사람과는

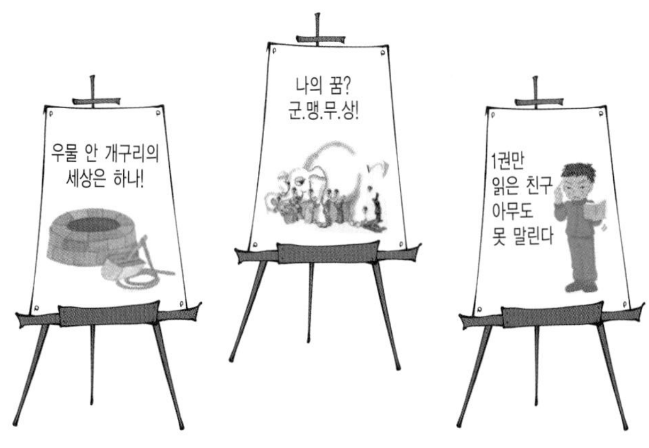

토론하기 힘들다는 것이다. 바로 이런 특성을 담아 진로를 위한 직업 정보도 한두 가지 화려한 직업에만 집중하는 것을 비판했다. 그런 의미에서 1조의 '군맹무상'과 같은 맥락이었다. 3조의 '우물 안 개구리' 버전도 비슷한 의미를 담고 있었다. 서로 다른 조가 해석을 했지만, 공통된 의미를 꺼냈다는 것도 학생들에게는 매우 의미 있는 작업이었다.

"1조, 2조, 3조는 사이좋게 비슷한 내용을 표현했다. 직업의 일부분을 그것이 전부인 줄 알고 자신의 진로를 쉽고 막연하게 알고 있는 경우를 표현한 것이지. 그런데 4조, 5조는 느낌이 약간 다르네. 한번 발표를 들어볼까?"

"4조 발표자 한상민입니다. 저희는 『혹성 탈출』이라는 영화 포스터를 사용하여 표현해 보았어요. 우주로 날아간 우주선이 미행성에 불시착하여 지구로 돌아오기 위해 그곳의 생명체인 원숭이족과 싸우는 내용을 담고 있어요. 그런데 영화의 마지막에 강력한 반전이 있어요. 저희 조 작품을 보고 그 반전이 무엇인지 맞혀 보실까요?"

"말 타고 가는 사람이 쓰러져 있고, 자유의 여신상이 부러져 있네. 혹시?"

"민샘 말이 맞아요. 우주의 미행성으로 알았던 바로 그곳이 지구의 미래였어요. 우주로의 시간 여행을 떠났다가 우주선 고장으로 불시착했는데 그곳은 사실 지구였어요. 인류가 멸망하고 원숭이가 지구의 주인으로 살고 있었던 거죠."

"그런데 이 반전이 앞에서 본 직업 자료와 무슨 상관인지 이해가 되지 않는데?"

"자, 청소년들이 진짜 좋아하는 직업은 몇 개의 직업에 몰려 있어요. 모두 그것이 아름다운 자신의 미래가 될 것처럼 몰려들죠. 그런데 중요한 순간에는 반전이 기다리고 있을지 몰라요. 모두가 다 그 꿈을 이루지는 못해요. 꿈을 이루었다고 하더라도 자신에게 안 맞는 일일 수도 있어요."

"그러네. 그거 어쩌면 영화보다 더 무서운 반전일 수 있겠구나."

"민샘, 알면서 모른 척하시는 거죠?"

"아냐, 정말 몰라서 물어 보았던 거야. 노려보지 마!"

이제 모두의 관심은 5조에게 쏠리고 있었다. '현대판 맹모삼천지교' 라고 적혀 있고, 그 아래에는 공부하는 학생의 모습이 그려져 있다. 예상하기가 쉽지 않았다. 5조 발표자는 찬형이었다. 찬형이는 전혀 감을 잡지 못한 다른 조 친구들이 궁금해하는 표정을 짓자 회심의 미소를 날렸다. 그리고 특유의 날카로운 목소리와 약간의 거만한 태도로 설명하기 시작했다.

"다들 궁금하시죠? 저희 조는 다른 조와 접근법이 달라요. 똑같은 얘기를 하고 싶지는 않거든요. 일단 '맹모삼천지교' 의 뜻은 다들 알고 있죠?"

"당근이죠! 맹자의 교육 환경을 위해 시장, 공동묘지, 서당 등으로 이사를 가는 이야기잖아요."

"교빈 학생, 답변이 마음에 들어요. 엄마에 의해 맹자의 공부 환경이 결정되고 있죠. 사실 맹자는 훌륭한 인물이 되었어요. 하지만 여기에 함정이 있어요. 우리가 아까 컴퓨터를 통해 살펴보았던 직업 정보들은 대부분 우리가 꿈꾸는 직업이라기보다는 부모님이 꿈꾸는 직업들이에요. 더 정확히 이야기하면 우리가 그 직업을 갖게 되기를 꿈꾸는 것들이죠. 그래서 우리는 그 분들의 뜻에 따라 판사, 검사, 변호사, 교사, 의사 등의 몇 가지 유망하고 안정된 직업에 몰리게 되는 것이죠. 이것이 바로 현대판 '맹모삼천지교' 입니다. 중요한 것은 우리 모두가 맹자가 될 수는 없다는 것이에요. 바로 그런 점을 비판한 광고입니다."

"찬형아, 그럼 말이야. 발표한 김에 한 가지 더 물어봐도 될까?"

"그러세요, 선생님."

"이런 내용이 앞서 했던 '직업 빙고' 와는 어떤 관련이 있을까? 원래 이 활동의 취지는 앞서 직업 빙고와의 관련성을 밝히는 거였잖니."
답변하기 전에 찬형이는 자신을 바라보는 하이라이트 클럽 친구들을 둘러보았다. 그리고 전체 친구들에게 물어보았다.
"친구들! 오늘 빙고 게임은 정말 신나지 않았어? 직업을 외치는 족족 자신의 빙고 칸을 칠하는 즐거움이 있었지?"
"맞아. 오늘 진짜 재미있었어!"
"신났어!"
몇몇 친구들의 답변을 들은 뒤, 찬형이는 이야기를 이어갔다.
"그건 바로, 우리 머릿속에 대부분 몇 개의 직업만 공통적으로 들어 있기 때문이야. 부모님이 기대하고 사회가 인정하는 몇 개의 직업에 익숙하기 때문에 서로 겹치는 게 많았던 거야. 게임은 재미있었지만 결코 좋은 현상은 아니지."

아무래도 이 길이 아닌가 봐

"야! 오늘은 도입 활동부터 불꽃이 팍팍 튄다. 다른 수업 시간에도 그랬지만 오늘은 더 몰입이 빨리 되는 것 같아. 어쩌면 선생님이 준비해 온 자료에 대해 이미 너희들이 설명을 다 해 버린 셈이야. 앞에서 나눴던 이야기를 기억하면서 선생님이 화면에 보여 주는 그림을 한번 완성해 볼까? 각 조의 컴퓨터 폴더에도 파일이 들어 있으니 자세히 보고 설명하기."
"선생님, 좀 어려운 미션이에요. 일단 그림이 복잡해요."
"천천히 살피고 조별로 대화하다 보면 분명 내용이 나올 거야."
"선생님, 포인트 받은 것으로 질문 기회 사용해도 되나요?"
"당연하다. 조별로 단어 카드가 지퍼 백에 들어 있으니 모두 꺼내서 살펴보았던 진로 탐색의 문제점을 하나의 그림으로 종합해 보렴."

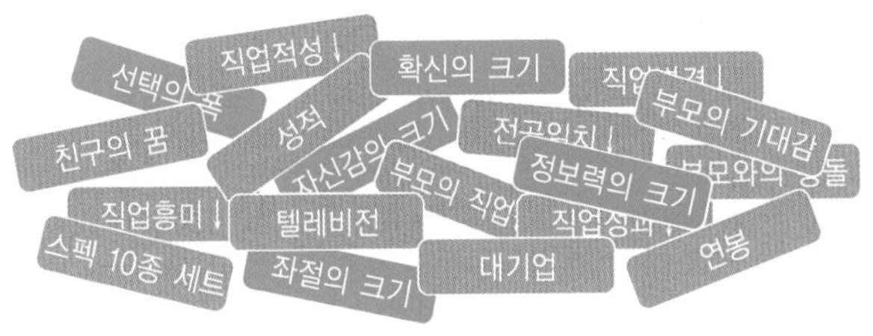

"선생님, 그러니까 저 큰 그림의 빈 칸에 적절한 단어를 넣어서 전체적인 내용을 만들어 보라는 거죠. 그리고 이 내용은 우리가 앞에서 나눴던 진로 문제를 종합한 것이고요?"

"그렇지, 교빈아."

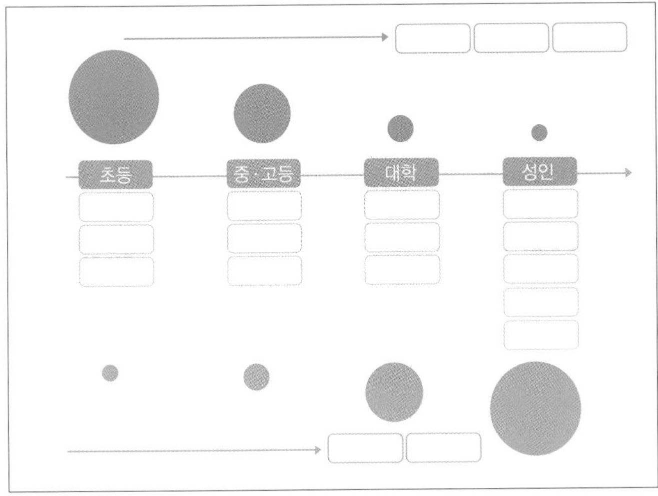

초등 · 중 · 고등 · 대학, 성인이라는 연령만 나와 있고, 나머지는 모두 빈 칸이다. 과연 어떤 내용을 채울 수 있을까? 민샘도 이번 활동은 조금 어려워할 것이라고 예상했다. 용어 자체가 생소하고, 전체 구조가 복잡하기 때문이다. 하지만 꼭 정리하고 넘어 가기로 했다. 진로의 단계를 계속 배워 나가기 전에 전체 과정의 흐름을 미리 살필 필요가 있고, 제대로 된 과정을 이해하기에 앞서 다소 번거롭더라도 청소년들이 일반적으로 만나게 될 진로의 과정을 냉정하게 확인할 필요가 있기 때문이다.

그냥 설명할 수도 있지만 민샘은 하나부터 열까지 모두 학생들이 활동을 통해 알아 가는 방식을 꿈꿔 왔다. 그리고 지금 그 꿈을 실험하고 있는 것이다.

"자, 이제 조별로 빈 칸에 모두 단어를 붙였지. 그럼 이렇게 해 볼까. 5개 조가 만든 패널을 모두 앞에 세워 두고 서로 내용을 비교해 보자. 안 맞는 부분에 대해서는 옆 조에게 물어 봐서 수정해도 된다. 그렇게 해서 자신의 조가 나열한 방식에 확신이 든다면 그대로 제출해도 된다."

학생들은 조별로 이리저리 단어들을 맞춰 보고 내용을 의논했다. 모르는 단어를 검색하기도 했다. 예를 들어 '전공 일치' 라는 단어가 막히면 인터넷으로 검색하여, 그것이 대학 때의 전공과 대학 졸업 이후의 직업이 일치하는지를 나타내는 말임을 이해하는 것이다. 그렇게 단어의 뜻을 알게 되면 '전공 일치' 가 4단계 중에서 '성인' 단계에 해당하는 단어임을 추론하게 된다. 그리고 조별 정리가 끝난 뒤에 모두 패널을 앞에 세워 두고 다른 조와 비교한다. 간혹 단어 위치가 다르면 옆 조의 의견을 물어보며 서로 의견을 교환한다. 이렇게 해서 거의 모든 조가 비슷한 내용으로 결론을 만들어 냈다.

"선생님! 조별로 활동하라는 것은 다양하게 생각하여 서로 다른 의견을 만들어 보자는 것 아닙니까? 그런데 이번에는 조별로 내용을 비교하여 수정한 뒤 거의 똑같은 내용으로 만들게 하셨네요. 결국 비슷한 내용이 될 거라고 미리 아신 거죠?"

"매우 날카로운 질문이다. 승헌이 너의 말이 맞다. 이번 활동은 사실 정답이 있는 활동이었어. 그래서 의견을 조율하게 한 것이다. 그리고 너무나 중요한 문제점을 정리한 것이기에 정확하게 확인할 필요가 있어서 수렴적 사고를 원했던 것이다. 의견을 절충하여 정답을 도출해야 한다."

"선생님, 창의적으로 사고하라는 말을 요즘 귀가 닳도록 듣는데요. 이번 활동은 창의적이지 않은 것 같아요."

"교빈이가 무엇을 지적하는지 알겠다. 하지만 너희들에게 몇 가지 팁을 주고 싶다. 창의적 사고라고 해서 단순히 다양하게 확장하는 사고만을 말하지는 않는다. 엄밀히 말하면 창의성은 다섯 가지 항목을 포함한다. 바로 정확성, 유창성, 융통성, 정교성, 독창성이지. 때로는 정확하고 정교하게 표현하는 것도 창의성이다. 교빈아, 이제 선생님의 의도를 알겠니?"

"네~ 머리에 쏙쏙 들어오는데요!"

"그럼, 이제 일치된 의견으로 만든 '진로 과정의 문제점'을 살펴볼까? 이 그림은 너희들이 현재 지나가고 있는 과정이기도 하고, 선배들이 거쳐 간 과정이기도 해. 이번 발표는 학생 멘토인 수희가 대표로 설명하면 어떨까?"

수희는 민샘이 화면에 띄운 슬라이드를 보면서 깜짝 놀랐다. 자신들이 토론을 통해 만든 결론과 똑같은 그림이 이미 컴퓨터 파일로 만들어져 있었기 때문이었다. 민샘의 말대로 우리가 정말 정확하게 결론을 만들어 낸 것이다. 이것도 '창의성'의 하나라고 했던 말이 다시 떠올랐다. 수희는 멘토답게 침착하고 간결하게 내용을 설명했다.

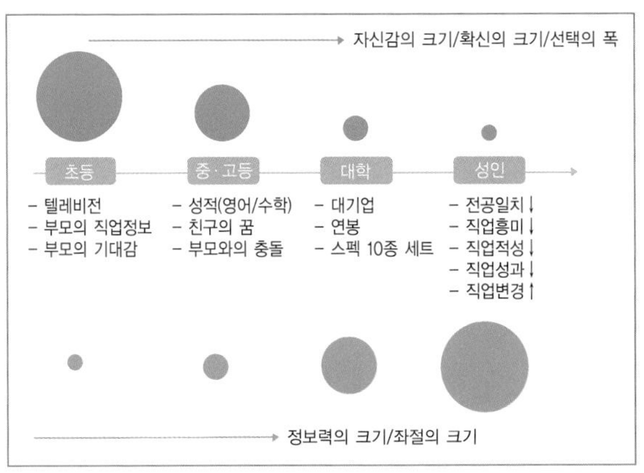

"저희 조가 이 패널에 붙인 제목이 '퇴로' 입니다. '진로' 의 반대 의미로 만든 것이죠. 전진하는 길[進路]이 아닌 후퇴하는 길[退路]이라는 뜻이에요. 우리가 초등학교 때 보통 진로에 대해 처음 깨닫는 것은 텔레비전이었어요. 그래서 방송, 예능, 스포츠 스타 등을 꿈꾸죠. 그나마 부모님의 도움을 받는다고 해도 대개 부모님이 아는 직업 정보에 따라 결정됩니다. 그러다 보니 널리 알려지고 안정된 몇 개의 직업을 꿈꾸죠. 더군다나 이 시기에는 부모님의 기대감과 칭찬에 민감하게 반응합니다. 그런데 중학교에 올라가면 구체적으로 성적이 나오죠. 그 성적에 따라 꿈이 조금씩 퇴보하기 시작합니다. 이 시기에는 나의 꿈을 찾기보다는 친구들의 문화 속에서 꿈을 찾기도 합니다. 한편 초등학교 때 부모님의 기대감에 순응하여 꿈을 세우던 친구들이 이제는 부모님의 뜻과 충돌하여 자신의 꿈을 즉흥적이고 거칠게 표현합니다. 그러다가 성적에 맞춰 대학에 들어가죠. 자신의 적성도 모르고 목표도 없이 대학 생활을 보내다가 다른 친구들과 똑같은 꿈을 또 꿉니다. 대기업 입사와 높은 연봉을 위해 스펙을 쌓는 것이죠. 그래서 대학 내내 취업 준비를 합니다. 이렇게 해서 들어간 회사는 결국 자신의 전공과는 아무 상관이 없을 때가 많죠. 자신의 적성과 맞지 않으니 억지로 회사 일을 하게 되죠. 당연히 성과는 안 나오고, 결국 이직을 반복합니다. 이것이 일반적인 진로 과정의 문제점이고, 우리 하이라이트 클럽 멤버들이 절대로 가지 말아야 할 길입니다. 우리에게는 '퇴로' 가 아니라 '진로' 가 있을 거예요."

모든 친구가 감탄한 나머지 벌린 입을 다물 줄 몰라 했다. 달리 멘토가 아니구나! 하영이는 자신과 수희가 비교되는 느낌을 받았다. 자신보다 훨씬 더 발표를 잘하는 수희에게 살짝 샘이 난 것이다. 분명히 공부는 자신이 훨씬 더 잘하는데, 왠지 동아리에만 오면 수희 앞에서는 작아지는 느낌이었다. 주먹을 불끈 쥔 하영이가 손을 들었다. 팽팽한 긴장감이 감돌았다.

"샘, 빼 먹은 게 있는데요. 그림의 위, 아래에 있는 크고 작은 원을 설명하지 않았어요."

"야! 긴장감이 감도는데, 그럼 그 부분은 하영이가 설명해 볼까?"

"위쪽의 원은 점점 작아지고 있는 반면 아래의 원은 점점 커지고 있죠. 진로 정보가 부족하고 텔레비전 등을 통한 자극만 있는 초등학교 시기에는 자유롭게 꿈을 꿀 수 있지요. 그래서 원의 크기가 큽니다. 그만큼 자신감이 충만하고, 꿈을 이룰 것이라는 확신이 크고, 한편으로 그 시기에는 꿈을 한결 자유롭게 바꿀 수도 있습니다. 그런데 이 세 가지 의미의 원이 점점 작아지죠. 중학교를 지나면서 자신감이 줄어들고, 이전에 꾸었던 꿈의 확신도 작아지고, 자신의 성적에 따라 선택의 폭도 점점 좁아집니다. 하지만 아래쪽의 원은 점점 커지죠. 그것은 정보력이 점점 커진다는 의미예요. 초등학교 및 중 · 고등학교 시절에는 진로 탐색이 미약하고, 대학교에 들어가서 뒤늦게 학과 정보나 직업 정보 같은 진로 정보를 만나지만 그때는 이미 선택의 폭이 좁아진 상태입니다. 그래서 좌절의 크기가 커진다는 얘기죠."

하영이의 스마트한 설명을 들은 뒤, 진구가 민샘에게 물었다.

"선생님, 그렇다면 이제 우리가 제대로 가야 할 진로 과정도 소개해 주실 거죠?"

"당연하지. 그 과정을 소개하기 위해 앞의 활동을 한 거란다. 발전하는 사람들의 공통점은 먼저 냉정하게 진단을 한다는 것이다. 마치 의사가 적절한 치료를 위해 환자를 진찰하고 병을 진단하는 것처럼 말이지. 우리가 본 그림과 같은 '실패하는 진로' 로 가지 않을 방법은 없을까? 선생님은 그 고민으로 오랜 시간을 보냈다. 지금부터 함께 그 아름다운 진로의 과정을 확인해 보자."

바로 이 길이 나의 길이야

이번에는 조별 활동이 아니라 개개인이 전체 안에서 활동하는 것이었다.

민샘은 각 학생에게 지퍼 백 봉투를 하나씩 나눠 주었다. 그 안에는 2개의 종이 카드가 붙어 있었다. 하나의 카드에는 단어가 적혀 있고, 다른 하나에는 질문이 적혀 있다.

"선생님, 단어 카드와 질문 내용이 서로 안 맞는 것 같아요."

"하영이는 눈치가 참 빠르구나. 선생님이 '게임 시작!' 하고 외치면 너희들 모두는 일어나서 최대한 빠른 시간 안에 다른 친구들을 만나 카드 내용을 확인해야 한다. 그리고 자신의 단어 카드와 질문 내용이 일치하도록 서로 카드를 바꾼다. 그러니까 자신에게 필요한 단어 카드를 가지고 있는 사람을 빨리 찾아서 바꾸는 것이 중요하겠지. 이렇게 해서 가장 먼저 짝이 맞는 단어와 질문 세트를 만들어 자리에 앉는 친구에게 포인트를 주겠다. 어때, 어렵지 않지?"

"선생님, 그런데 제 것은 단어와 질문이 조금 어려워요."

"당연하다. 승헌아, 여기에 나온 내용들은 우리 하이라이트 클럽이 앞으로 계속 수업을 하면서 배워 나갈 부분이야. 오늘은 과정의 흐름을 이해하는 것이다. 그리고 너희들 수준에서 서로 대화하다 보면 충분히 단어와 질문을 연결할 수 있다. 혼자서 고민하면 어렵겠지만, 함께 부딪히고 소통하다 보면 결과에 근접할 수 있단다. '백문이 불여일견' 이다. 지금 바로 시작!"

학생들은 조별 활동이 아닌 전체 활동에 대해 새로운 즐거움을 만끽하고 있었다. 이름을 부르고 소리를 지르며 만나서 서로의 카드 내용을 확인하는 동안 학생들은 마냥 재미있어했다. 서먹했던 친구와 친해지기도 했다. 몇몇 학생들이 먼저 앉았고, 남은 수가 점점 줄어들었다. 마지막까지 남은 친구들은 정확하게 뜻을 이해하지 못했지만 남게 되다 보니 단어와 질문이 맞아 떨어졌다. 모두 정확하게 일치된 카드를 들고 있는지 확인하기 위해 역시 이번에도 전체 활동을 하면서 수정하는 시간을 가졌다. 각 단어 카드와 질문 카드는 코팅되어 있고, 그 뒷면에 종이 자석이 붙어 있어서 교실 앞의 자석 화이트보드에 붙일 수 있게 되어 있었다. 단어와 카드를 붙이면서 전체적으로 일치되었는지 확인해 보았다.

단어 카드	질문 카드
흥미	나는 무엇을 좋아하는가?
정체감	나는 누구인가?
진로 준비도	진로에 대해 구체적으로 준비하고 있는가?
재능	나는 무엇을 잘하는가?
직업 인식	나는 직업을 무엇이라고 생각하는가?
진로 결정	나는 중요한 순간에 진로에 대한 결정을 하는가?
직업 연봉	나는 직업마다의 연봉 수준을 살펴보았는가?
가치	나는 무엇을 소중히 여기는가?
직업 선호	사람들은 어떤 직업을 좋아하는가?
효능감	나는 주어진 일을 할 수 있는가?
정보 습득률	나는 진로와 관련된 정보를 확인하고 있는가?
진로 정체감	나는 나의 진로를 확신하는가?
가족 일치도	나는 나의 진로에 대해 가족과 대화하고 있는가?
강점	나는 어떤 잠재력을 갖고 있는가?
직업 현장 체험	나는 실제 직업 현장에 대한 체험을 하고 있는가?
진로 합리성	나의 진로와 관련된 타인의 의견을 수용하는가?
직업 흐름	나는 직업의 변화에 대해 살피고 있는가?
진로 탐색	나는 다양한 직업의 유형에 대해 살피고 있는가?
직업 만족	실제 직업인들은 자신의 직업에 만족하는가?
성향	나는 어떤 것이 편안한가?
롤모델 만남	나는 나의 희망 직업의 롤 모델을 만나 보았는가?
직업 지식	나는 독서와 검색을 통해 진로 지식을 쌓는가?
자존감	나는 나 자신을 인정하고 사랑하는가?

몇 개의 내용을 제외하고는 거의 모든 단어와 질문을 제대로 연결시켰다. 막상 전체 내용을 한 번에 다 나열하고 보니 꽤 많은 내용이 있다는

사실에 다들 놀라 집중했다. 과연 이런 내용들이 자신이 배우고 진행해야 할 진로의 아름다운 과정이라고 생각하니 더더욱 관심이 가는 모양이었다.

"애들아! 그런데 혹시 이상한 거 없니? 이렇게 단어와 질문은 연결이 잘 되었는데 뭔가 답답함이 밀려오지 않니?"

"맞아요. 정신이 없어요. 뭔가 순서가 없는 거 같아요. 만약 이런 내용들을 진로를 찾는 과정으로 진행한다면 어떤 순서가 있을 것 같아요."

승헌이의 답변을 듣고 다른 친구들도 고개를 끄떡이며 수긍하였다.

"맞다. 그래서 이어지는 게임을 준비했다. 바로 '그룹핑' 게임이다."

"네! 그룹핑이요?"

"자신이 가지고 온 단어와 질문 카드를 다시 들고 들어가서, 이번에는 서로 관련이 있는 내용으로 그룹을 짓는다. 그런데 그냥 모이기에는 뭔가 기준이 없어 어려울 것 같아 6개의 피켓을 준비했다. 관련 있는 내용끼리 모인 친구들은 그에 맞는 피켓을 가져가서 자신들의 그룹 맨 앞 사람이 들어주면 그 조가 우승하는 것이다."

이번 활동 역시 쉽지 않을 것이라고 예상했다. 그래서인지 많은 친구들이 피켓만 만지작거리고 있었다. 먼저 기준을 고민해야 자신이 어느 기준에 해당되는지 파악할 수 있었다.

처음에는 시행착오를 겪더니 어느 정도 시간이 지난 뒤에는 몇 개의 그룹이 빠져 나가면서 속도가 붙기 시작했다. 가장 먼저 그룹을 만들어 빠져 나간 쪽은 '자기 이해' 그룹이었다. 그 다음에는 '진로 진단' 그룹이 완성되었다. 그렇게 모든 그룹이 자리를 잡자 민샘은 스크린에 슬라이드를 띄웠다. 슬라이드를 보자마자 여기저기서 학생들이 소리를 질렀다.

"와! 우리 조 맞았다!"

"야, 너 이리와. 이쪽이잖아."

"어? 나는 잘못 와 있다."

'진로 탐색'을 가진 친구와 '가족 일치도'를 가진 친구가 다른 그룹에 가 있었다면서 머리를 긁적이며 자신의 그룹을 찾아갔다. 민샘은 진로 찾기의 자세한 과정을 설명하지는 않았다. 이미 학생들이 서로 대화하고 시행착오를 겪으면서 어느 정도 흐름을 이해했다고 믿었던 것이다. 그리고 각각의 세부 커리큘럼을 이제부터 하나씩 진행할 것이기에 마음이 급하지는 않았다. 오히려 너무 많은 지식을 한꺼번에 넣는 것을 더 경계했다. 전체적인 그림을 보니 정말 생각이 탁 트이는 느낌이 들었다. 몇몇 친구들이 자신의 소감을 표현하였다.

"선생님, 이렇게 전체적인 흐름과 기준을 아니까 속이 시원해요. 막혔던 부분이 탁 트이고 이제 길이 보여요. 안개가 걷힌 거 같아요. 민샘, 고맙습니다."

"선생님, 이런 과정을 실제로 다 할 건가요?"

"민샘, 우리만 하기에는 아까워요. 다른 친구들은 모르고 그냥 지나갈 것 같아서 안타까워요."

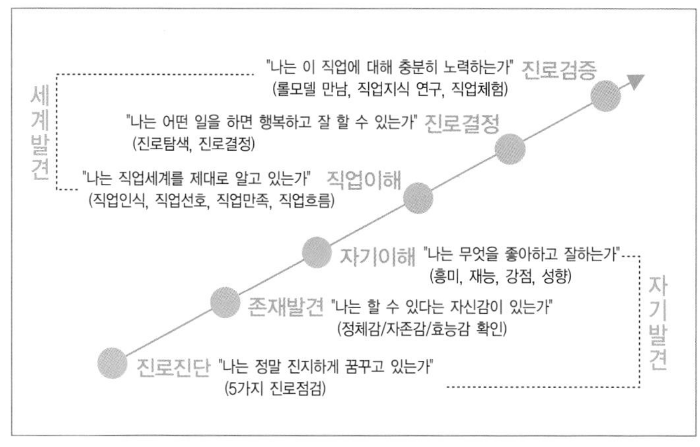

이런저런 이야기가 더 쏟아져 나왔다. 이제 세 번째 수업을 했는데, 학생들은 너무나 새로운 정보와 가치를 만나고 있었다. 새로운 방식의 참여 수업을 통해 수업의 주인이 되어 가고 있으며, 더구나 자신의 진로 방향을 하나씩 체계적으로 알아 가는 희열을 느끼고 있는 것이다. 한 번의 수업을 위해 민샘이 쏟아 붓는 에너지는 상당했다. 그저 복사지나 화면 자료에 의지하여 말로 때우지는 않겠다고 결심했기 때문이었다. 최대한 친절하게 학생들의 참여를 유도하고 수업을 학생들이 주도하도록 배려하는 것이 민샘의 아름다운 고집이었다.

"알았다, 알았어. 너희들 마음에 기대감이 싹트고 있는 게 느껴진다. 이런 좋은 진로 정보와 수업을 더 많은 친구들도 경험하면 좋겠다는 생각이지? 그런 착한 마음에 감동한 선생님이 한 가지 약속하마. 우리가 배운 내용을 재미있게 정리하여 다른 친구들도 함께 누릴 수 있도록 진로 축제를 기획해서 함께 진행하겠다."

'진로 축제' 라는 말이 나오기가 무섭게 교빈이의 연속적인 질문이 속사포처럼 쏟아졌다.

"와! 언제 할 거예요?"

"학교 축제 기간에 하면 어떨까요?"

"노래와 춤을 준비해도 돼요?"

민샘의 계획 속에는 이미 '진로 축제' 가 자리 잡고 있었다. 처음 이 동아리를 만들기 이전부터 그는 멋진 그림을 그리고 있었던 것이다. 그리고 민샘은 학교 축제를 넘어 이러한 내용을 전국에 알리는 진로 박람회에 참여하는 꿈도 이미 꾸고 있었다. 다만 학생들에게는 아직 비밀이었다.

"자, 그러면 이제 교실 뒤쪽의 게시판에 우리의 진로 과정 모형을 붙여 보자. 그래서 잠시라도 우리가 갈 길에 대해 잊지 않도록 하자."

이렇게 하여 3주째 수업이 마무리되었다. 민샘은 교실을 나가는 학생들과 일일이 인사하며 메시지 카드와 CD 케이스 한 장씩을 나눠 주었다. 이제 세 번째 수업이지만 학생들은 이미 메시지 카드에 익숙했다. 어떤 학생은 오늘의 메시지가 무엇일지 다른 친구와 알아맞히는 내기도 했다. 마음이 급한 학생은 교실 문을 나가기도 전에 봉투를 열어 내용을 읽어 보고 있었다. CD 안에는 이번 수업과 다음 수업을 연결시켜 주는 영상이 들어 있었다. 일주일 동안 꼭 보고 오라는 당부와 함께 민샘은 학생들을 각자 자기 반 교실로 떠나보냈다.

꼭! 작성해 보세요 | 포트폴리오 활동 1

나의 진로 이정표 점검

수업에서 다룬 진로에 대한 다양한 문제 상황을 적절하게 인용하여 자신의 글을 씁니다. 인용 여부 칸에 표시하고, 그 내용을 인용합니다.

통계 적용

연구 결과	내 용	인용 여부
청소년 희망 직업 순위	교사, 음악가, 디자이너, 의사, 경찰	
교과서의 직업 표현	판사, 변호사, 검사, 정치인	
부모의 기대 직업	의사, 변호사, 교수	

예화 적용

연구 결과	내 용	인용 여부
우물 안 개구리	진로에 대한 좁은 시야	
군맹무상	기준 없이 자기 방식으로 진로 해석	
책 한 권만 읽은 사람	진로에 대한 정보력 부족	
맹모삼천지교	부모가 주도하고 기대하는 진로	
혹성 탈출	기준 없이 가는 진로의 충격적 결과	

〈에세이 글쓰기 개요〉
서론: 통계를 제시하며, 공통적인 문제점 표현하기
본론: 문제점에 대한 원인을 예화를 통해 설명하기
결론: 자신의 경우에 적용하고 앞으로의 개선점 기술하기

내친구 포트폴리오 살짝 엿보기

나의 진로 이정표 점검

수업에서 다룬 진로에 대한 다양한 문제 상황을 적절하게 인용하여 자신의 글을 씁니다. 인용 여부 칸에 표시하고, 그 내용을 인용합니다.

통계 적용

연구 결과	내 용	인용 여부
청소년 희망 직업 순위	교사, 음악가, 디자이너, 의사, 경찰	√
교과서의 직업 표현	판사, 변호사, 검사, 정치인	
부모의 기대 직업	의사, 변호사, 교수	√

예화 적용

연구 결과	내 용	인용 여부
우물 안 개구리	진로에 대한 좁은 시야	√
군맹무상	기준 없이 자기 방식으로 진로 해석	
책 한 권만 읽은 사람	진로에 대한 정보력 부족	
맹모삼천지교	부모가 주도하고 기대하는 진로	√
혹성 탈출	기준 없이 가는 진로의 충격적 결과	

〈에세이 글쓰기 개요〉
서론: 통계를 제시하며, 공통적인 문제점 표현하기
본론: 문제점에 대한 원인을 예화를 통해 설명하기
결론: 자신의 경우에 적용하고 앞으로의 개선점 기술하기

많은 학생들이 비슷한 직업을 꿈꾼다. 교사, 판사, 변호사, 의사가 직업의 전부는 아닌데도 말이다. 어쩌면 그것은 부모님의 기대감에 의해 만들어진 환상일 수도 있다.

이것은 우물 안의 개구리처럼 전체를 보지 못하는 태도이다. 과거 중국의 맹자 어머니는 자식 교육을 위해 세 번이나 이사를 갔는데, 그 결과 맹자는 훌륭한 사람이 되었다. 그런데 모두가 맹자가 될 수는 없다고 생각한다. 오히려 이 시대에 자녀의 진로까지 부모가 주도하는 것은 결국 자녀의 진로에 독이 될 수도 있을 것이다.

내 생각에 부모는 좋은 환경을 만들어 주되, 한 발짝 떨어져 주는 센스가 필요하다. 그리고 청소년은 좀 더 주인 의식을 가지고 다양하게 정보를 살펴야 한다. 이것이 바로 진로의 출발이 될 것이다. 나 역시 나 스스로 진로에 대한 노력을 기울일 것이다. 내 인생이니까!

꼭! 작성해 보세요 | 포트폴리오 활동 2

아름다운 진로 이정표 그리기

다음 진로 찾기의 세부적인 기준 흐름을 보고, 빈 칸에 적절한 단어를 넣어 전체 커리큘럼을 완성합니다. 단어를 쓰기 어려울 경우, 표 아래에 제시된 단어들 중에 선택하여 넣으세요.

구분		주제	핵심 질문
자기 발견	진로 진단	진로 정체성	나는 나의 진로를 확신하는가?
		가족 일치도	나는 나의 진로에 대해 가족과 대화하고 있는가?
		진로 합리성	나의 진로와 관련된 타인의 의견을 수용하는가?
		진로 준비도	진로에 대해 구체적으로 준비하고 있는가?
		정보 습득률	나는 진로와 관련된 정보를 확인하고 있는가?
		정체감	나는 누구인가?
		자존감	나는 나 자신을 인정하고 사랑하는가?
		효능감	나는 주어진 일을 할 수 있는가?
	자기 이해		나는 무엇을 좋아하는가?
			나는 무엇을 잘하는가?
			나는 어떤 잠재력을 갖고 있는가?
			나는 어떤 것이 편안한가?
			나는 무엇을 소중히 여기는가?
			나는 직업을 무엇이라고 생각하는가?
			나는 직업마다의 연봉 수준을 살펴보았는가?
			사람들은 어떤 직업을 좋아하는가?
			실제 직업인들은 자신의 직업에 만족하는가?
			나는 직업의 변화에 대해 살피고 있는가?
	진로 결정	진로 탐색	나는 다양한 직업의 유형에 대해 살피고 있는가?
		진로 결정	나는 중요한 순간에 진로에 대한 결정을 하는가?
		직업 지식 축적	나는 독서와 검색을 통해 진로 지식을 쌓는가?
		직업 현장 경험	나는 실제 직업 현장에 대한 체험을 하고 있는가?
		직업 인물 만남	나는 나의 희망 직업의 롤모델을 만나 보았는가?

가치, 직업 흐름, 재능, 직업 만족, 강점, 직업 선호, 존재 발견, 세계 발견, 흥미, 성향, 직업 연봉, 직업 인식, 직업 이해, 진로 검증

내친구 포트폴리오 살짝 엿보기

아름다운 진로 이정표 그리기

다음 진로 찾기의 세부적인 기준 흐름을 보고, 빈 칸에 적절한 단어를 넣어 전체 커리큘럼을 완성합니다. 단어를 쓰기 어려울 경우, 표 아래에 제시된 단어들 중에 선택하여 넣으세요.

구분		주제	핵심 질문
자기 발견	진로 진단	진로 정체성	나는 나의 진로를 확신하는가?
		가족 일치도	나는 나의 진로에 대해 가족과 대화하고 있는가?
		진로 합리성	나의 진로와 관련된 타인의 의견을 수용하는가?
		진로 준비도	진로에 대해 구체적으로 준비하고 있는가?
		정보 습득률	나는 진로와 관련된 정보를 확인하고 있는가?
	존재 발견	정체감	나는 누구인가?
		자존감	나는 나 자신을 인정하고 사랑하는가?
		효능감	나는 주어진 일을 할 수 있는가?
	자기 이해	흥미	나는 무엇을 좋아하는가?
		재능	나는 무엇을 잘하는가?
		강점	나는 어떤 잠재력을 갖고 있는가?
		성향	나는 어떤 것이 편안한가?
		가치	나는 무엇을 소중히 여기는가?
세계 발견	직업 이해	직업 인식	나는 직업을 무엇이라고 생각하는가?
		직업 연봉	나는 직업마다의 연봉 수준을 살펴보았는가?
		직업 선호	사람들은 어떤 직업을 좋아하는가?
		직업 만족	실제 직업인들은 자신의 직업에 만족하는가?
		직업 흐름	나는 직업의 변화에 대해 살피고 있는가?
	진로 결정	진로 탐색	나는 다양한 직업의 유형에 대해 살피고 있는가?
		진로 결정	나는 중요한 순간에 진로에 대한 결정을 하는가?
	진로 검증	직업 지식 축적	나는 독서와 검색을 통해 진로 지식을 쌓는가?
		직업 현장 경험	나는 실제 직업 현장에 대한 체험을 하고 있는가?
		직업 인물 만남	나는 나의 희망 직업의 롤 모델을 만나 보았는가?

가치, 직업 흐름, 재능, 직업 만족, 강점, 직업 선호, 존재 발견, 세계 발견, 흥미, 성향, 직업 연봉, 직업 인식, 직업 이해, 진로 검증

학문 전달을 넘어 사람에 대한 관심이 필요해요

대학 교수

보기에는 어떠세요. 존경받는 직업 그리고 안정적인 직업으로 보이죠. 저는 대학 교수입니다. 맞습니다. 아직은 존경받고 있습니다. 하지만 안정적인 직업은 이미 아니라고 말하고 싶군요. 정말 안정을 추구하는 학생이라면 교사나 공무원을 꿈꾸십시오. 그리고 10년 정도 지나고 나면, 아예 '안정'이라는 직업 가치를 포기해야 할지도 모릅니다. 여하튼 지금의 교수들은 연구 실적으로 정해진 기간마다 심사를 거쳐야 정교수 직을 연장할 수 있습니다. 그리고 연구 실적 및 심사에 따라 연봉도 재계약을 한답니다.

제가 청소년들에게 전하고 싶은 말은 이런 안정성과 연봉제, 변해 가는 평가 제도가 아닙니다. 바로 교수 본연의 역할을 말하려는 것입니다. 청소년들 중에 탐구하는 것을 좋아하는 친구들은 학문을 하면서 가르칠 수 있는 대학 교수직이 적합할 수 있습니다. 하지만 여기에 꼭 필요한 한 가지가 있습니다. 바로 사람을 사랑하는 마음입니다. 대학 교수는 해당 분야를 연구하는 일과 더불어 학생들을 가르칩니다. 이 두 가지 일의 균형이 필요합니다. 과거보다 지금과 미래의 대학생들은 학문적인 가르침 이외에도 인생의 조언을 구할 멘토를 필요로 합니다. 굳이 우선순위를 두자면 학문이 당연히 먼저겠지요. 하지만 사람을 사랑하고 사람에게 관심을 가지며, 정보를 전달하는 것을 넘어 그 사람의 성장과 성숙에 관심을 가지는 시선을 가지고 있다면 최고의 교수가 될 가능성이 있습니다. 그리고 그러한 시선은 바로 지금 청소년 시기부터 키워야 합니다.

04 너의 꿈을 믿니?

이 꿈이 정말 내 것일까

동영상 강의

우리들의 고민 편지

수원 오산의 중학교 2학년 J양은 최근 고민이 깊다. 자신은 나름대로 진로에 대해 생각해 왔고 나름 확신도 있었다. 그런데 정말 자신이 제대로 가고 있는지 의심이 고개를 들기 시작했다. 스스로 자신의 진로 상태를 점검할 객관적 기준을 알지 못한다면, 그 어떤 확신도 주관적일 수밖에 없기 때문이다. 이제 확신이 조금씩 꺾이고 있다.

– 온라인 캠프에 올라온 진로 고민 편지

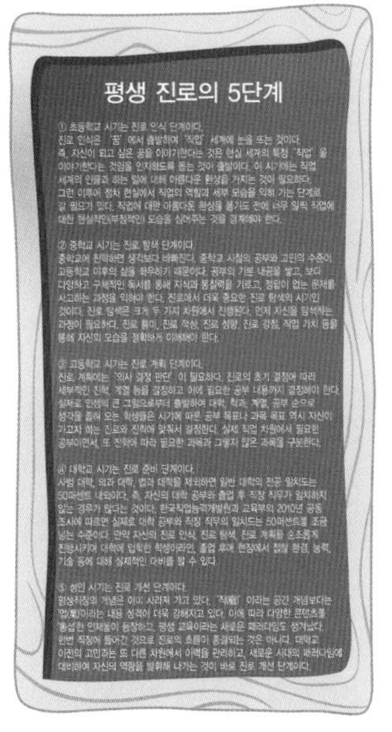

평생 진로의 5단계

① 초등학교 시기는 진로 인식 단계이다.
진로 인식은 '꿈' 에서 출발하여 '직업' 세계에 눈을 뜨는 것이다.
즉, 자신이 되고 싶은 꿈을 이야기한다는 것은 현실 세계의 특정 '직업' 을 이야기한다는 것임을 인지하도록 돕는 것이 출발이다. 이 시기에는 직업 세계의 인물과 하는 일에 대해 아름다운 환상을 가지는 것이 필요하다. 그런 이후에 점차 현실에서 직업의 역할과 세부 모습을 익혀 가는 단계로 갈 필요가 있다. 직업에 대한 아름다운 환상을 품기도 전에 너무 일찍 직업에 대한 현실적인(부정적인) 모습을 심어주는 것을 경계해야 한다.

② 중학교 시기는 진로 탐색 단계이다.
중학교에 진학하면 생각보다 바빠진다. 중학교 시절의 공부와 고민의 수준이 고등학교 이후의 삶을 좌우하기 때문이다. 공부의 기본 내공을 쌓고, 보다 다양하고 구체적인 독서를 통해 지식과 통찰력을 기르고, 정답이 없는 문제를 사고하는 과정을 익혀야 한다. 진로에서 더욱 중요한 진로 탐색의 시기인 것이다. 진로 탐색은 크게 두 가지 차원에서 진행된다. 먼저 자신을 탐색하는 과정이 필요하다. 진로 흥미, 진로 적성, 진로 성향, 진로 강점, 직업 가치 등을 통해 자신의 모습을 정확하게 이해해야 한다.

③ 고등학교 시기는 진로 계획 단계이다.
진로 계획에는 '의사 결정 판단' 이 필요하다. 진로의 초기 결정에 따라 세부적인 진학, 계열 등을 결정하고 이에 필요한 공부 내용까지 결정해야 한다. 실제로 인생의 큰 그림으로부터 출발하여 대학, 학과, 계열, 공부 순으로 생각을 좁혀 오는 학생들은 시기에 따른 공부 목표나 과목 목표 역시 자신이 가고자 하는 진로와 진학에 맞춰서 결정한다. 실제 직업 차원에서 필요한 공부이면서, 또 진학에 따라 필요한 과목과 그렇지 않은 과목을 구분한다.

④ 대학교 시기는 진로 준비 단계이다.
사범 대학, 의과 대학, 법과 대학을 제외하면 일반 대학의 전공 일치도는 50퍼센트 내외이다. 즉, 자신의 대학 공부와 졸업 후 직장 직무가 일치하지 않는 경우가 많다는 것이다. 한국직업능력개발원과 교육부의 2010년 공동 조사에 따르면 실제로 대학 공부와 직장 직무의 일치도는 50퍼센트를 조금 넘는 수준이다. 만약 자신의 진로 인식, 진로 탐색, 진로 계획을 순조롭게 진행시키며 대학에 입학한 학생이라면, 졸업 후에 현장에서 접할 환경, 능력, 기술 등에 대해 실제적인 대비를 할 수 있다.

⑤ 성인 시기는 진로 개선 단계이다.
평생직장의 개념은 이미 사라져 가고 있다. '직(職)' 이라는 공간 개념보다는 '업(業)'이라는 내용 성격이 더욱 강해지고 있다. 이에 따라 다양한 콘텐츠를 통섭한 인재들이 등장하고, 평생 교육이라는 새로운 패러다임도 생겨났다. 한번 직장에 들어간 것으로 진로의 흐름이 종결되는 것은 아니다. 대학교 이전의 고민과는 또 다른 차원에서 이력을 관리하고, 새로운 시대의 패러다임에 대비하여 자신의 역량을 발휘해 나가는 것이 바로 진로 개선 단계이다.

"오늘은 매우 의미 있는 수업이다. 우리가 만나고 나서 1개월을 마무리하는 수업이야. 어때, 시간이 매우 빠르지?"

"네, 정말 빨라요. 왠지 아주 오랜 시간 함께한 것 같아요."

"맞아요. 수업마다 정말 많은 생각을 함께해서 그런가 봐요."

"여하튼, 이 수업은 농도 100퍼센트 엑기스 오렌지주스 같아요."

여러 학생들이 자유롭게 자신의 생각을 꺼냈다. 본 수업에 들어가기 전에 민샘은 한 달 간의 수업을 먼저 간단히 정리하는 시간을 가지려 했다. 먼저 처음 보는 패널을 하나 보여 주었다.

"이 패널은 우리가 함께할 진로 동아리 수업을 뛰어넘는 평생의 정보이다. 우리는 여기에 표현된 5단계 중에 3단계까지의 내용만 다루게 된다."

이 부분은 너무나 중요한 정보이기 때문에 교실 뒤의 진로 이정표 옆에 붙여 두기로 했다. 지나다닐 때마다 한 번씩 눈 여겨 보도록 하기 위해서다. '평생 진로의 5단계' 라고 적힌 패널의 내용은 다음과 같다.

초등학교	중학교	고등학교	대학교	성인
진로 인식	진로 탐색	진로 계획	진로 준비	진로 개선

① 초등학교 시기는 진로 인식 단계이다.

진로 인식은 '꿈' 에서 출발하여 '직업' 세계에 눈을 뜨는 것이다. 즉, 자신이 되고 싶은 꿈을 이야기한다는 것은 현실 세계의 특정 '직업' 을 이야기한다는 것임을 인지하도록 돕는 것이 출발이다. 이 시기에는 직업 세계의 인물과 하는 일에 대해 아름다운 환상을 가지는 것이 필요하다. 그런 이후에 점차 현실에서 직업의 역할과 세부 모습을 익혀 가는 단계로 갈 필요가 있다. 직업에 대한 아름다운 환상을 품기도 전에 너무 일찍 직업에 대한 현실적인(부정적인) 모습을 심어 주는 것을 경계해야 한다.

② 중학교 시기는 진로 탐색 단계이다.

중학교에 진학하면 생각보다 바빠진다. 중학교 시절의 공부와 고민의 수준이 고등학교 이후의 삶을 좌우하기 때문이다. 이 시기는 진로에서 더욱 중요한 진로 탐색의 시기이다. 진로 탐색은 크게 두 가지 차원에서 진행된다. 먼저는 자신을 탐색하는 과정이 필요하다. 강점, 흥미, 재능, 성향, 가치 등을 알아보는 것이다. 다음으로는 세계 탐색이 필요하다. 이는 직업 세계의 기준과 변화 등을 분석하는 과정이다.

③ 고등학교 시기는 진로 계획 단계이다.

진로 계획에는 '의사 결정 판단'이 필요하다. 진로의 초기 결정에 따라 세부적인 진학, 계열 등을 결정하고 이에 필요한 공부 내용까지 결정해야 한다. 실제로 인생의 큰 그림으로부터 출발하여 대학, 학과, 계열, 공부 순으로 생각을 좁혀 오는 학생들은 시기에 따른 공부 목표나 과목 목표 역시 자신이 가고자 하는 진로와 진학에 맞춰서 결정한다. 실제 직업 차원에서 필요한 공부이면서, 또 진학에 따라 필요한 과목과 그렇지 않은 과목을 구분한다.

④ 대학교 시기는 진로 준비 단계이다.

사범 대학, 의과 대학, 법과 대학을 제외하면 일반 대학의 전공 일치도는

50퍼센트 내외이다. 즉, 자신의 대학 공부와 졸업 후 직장 직무가 일치하지 않는 경우가 많다는 것이다. 한국직업능력개발원과 교육부의 2010년 공동 조사에 따르면 실제로 대학 공부와 직장 직무의 일치도는 50퍼센트를 조금 넘는 수준이다.

만약 자신의 진로 인식, 진로 탐색, 진로 계획을 순조롭게 진행시키며 대학에 입학한 학생이라면, 졸업 후에 현장에서 접할 환경, 능력, 기술 등에 대해 실제적인 대비를 할 수 있다.

⑤ 성인 시기는 진로 개선 단계이다.

평생직장의 개념은 이미 사라져 가고 있다. '직(職)'이라는 공간 개념보다는 '업(業)'이라는 내용 성격이 더욱 강해지고 있다. 이에 따라 다양한 콘텐츠를 '통섭'한 인재들이 등장하고, 평생 교육이라는 새로운 패러다임도 생겨났다. 한번 직장에 들어간 것으로 진로의 흐름이 종결되는 것은 아니다. 대학교 이전의 고민과는 또 다른 차원에서 이력을 관리하고, 새로운 시대의 패러다임에 대비하여 자신의 역량을 발휘해 나가는 것이 바로 진로 개선 단계이다.

"선생님, 그런데 조금 혼란스러워요. 평생 진로의 단계를 들으니 지난 시간에 했던 진로 이정표 등과 막 섞이면서 생각이 복잡해져요."

"다른 친구들도 소민이의 생각과 같을 것 같은데, 그렇다면 간단히 전체 그림을 한번 정리해 볼까. 어차피 오늘은 1년 수업의 1개월을 마무리하며 새로운 출발을 준비하는 날이니 충분히 의미가 있을 것 같구나."

사람이 평생 가야 할 진로의 큰 그림은 대개 다섯 단계로 나뉜다. 그 중에서 하이라이트 클럽에서 함께할 수업은 3단계까지의 내용이다.

하이라이트 클럽에서 배울 내용			대학교	성인
진로 인식	진로 탐색	진로 계획	진로 준비	진로 개선

그리고 그 3단계의 내용을 체계적으로 나누어서 동아리의 1년 커리큘럼을 펼치면 12개의 주제가 나온다.

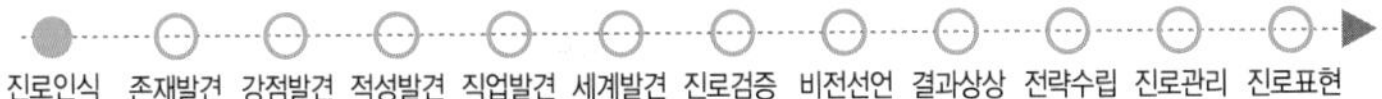

12개의 주제 중에서 특히 중요한 것은 '진로를 찾아가는 과정' 인데, 그것은 '진로 이정표' 라고 해서 그림을 만든 것으로 세 번째 수업의 결과물이다.

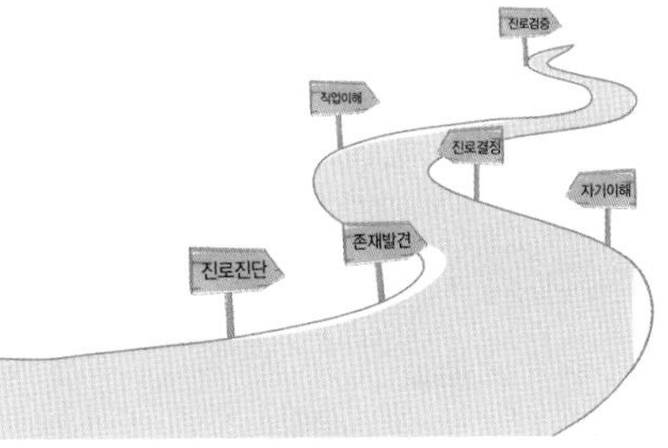

그리고 그 이정표의 세부 내용은 학생들이 카드를 배열하면서 만들었던 커리큘럼이다.

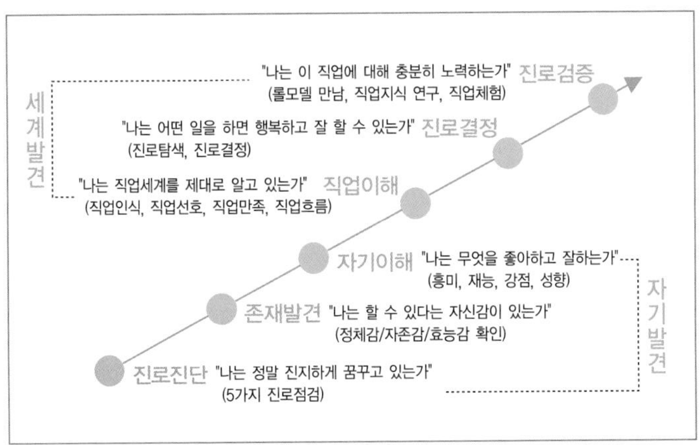

이것을 전체의 그림으로 합쳐서 순서대로 보여 주면 다음과 같은 그림이 된다.

"선생님, 아주 깔끔하게 이해가 되는데요. 길을 알고 가니 마음이 편안해져요. 그런데 1년 동안 배우는 내용 중에 '비전 선언' 부터 시작되는 부분은 진로를 찾는 과정에 포함되어 있지 않다면, 필요 없는 것을 배우는 건가요?"

비전선언 결과상상 전략수립 진로관리 진로표현

"소민이가 이 부분을 이야기하는구나."

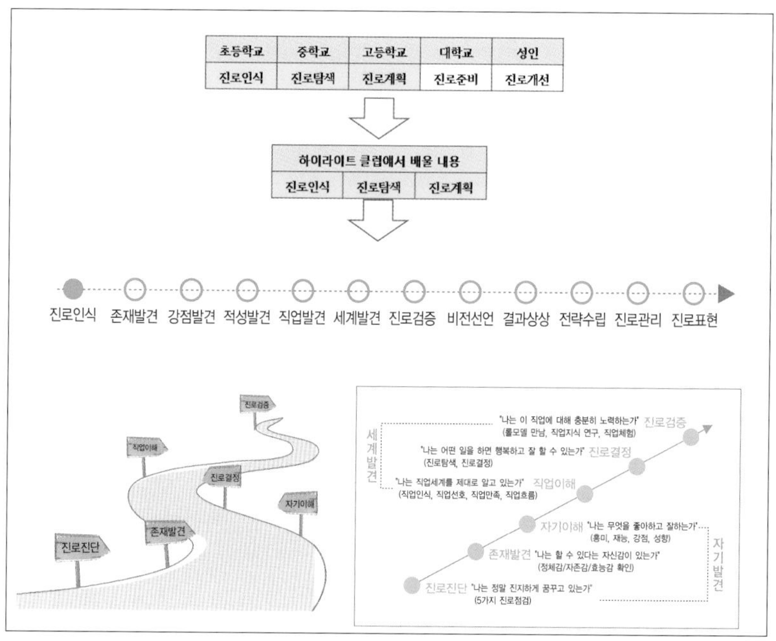

"필요 없는 수업을 할 리가 없지. 이 부분은 앞부분의 진로 찾기 부분만큼이나 중요하다. 자신의 진로를 비전으로 다듬어 정리하고, 미래의 모습을 생생하게 시각화하며, 그 진로 계획을 진학 계획이라는 '공부'로 연결시키는 작업을 할 거란다. 진로 찾기를 잘해 내더라도 그 진로를 다듬고 관리하며 현재의 공부로 연결시키지 않는다면, 다시 처음으로 돌아가는 것이다."

"알겠어요, 명심할게요. 그러고 보면 우리가 함께하는 이 과정이 커다란 인생의 퍼즐을 맞춰간다는 느낌이 들어요. 아주 흥미로운 퍼즐이요!"

"그럴듯한 표현이구나, 소민아. 인생의 퍼즐이라~ 만약 그렇다면 한 가지 꼭 기억할 것이 있다. 퍼즐 게임을 시작할 때 절대로 놓치면 안 될 중요한 절차가 있단다. 그게 뭔지 알겠니?"

"겨, 결과."

"오랜만에 철만이가 입을 열었구나. 맞다. 결과다. 퍼즐을 다 맞추었을 때의 결과 이미지를 알아야 퍼즐을 시작할 수 있겠지. 사실 철만인 선생님과 처음 만났을 때 '피구 라인 그리기' 를 배웠지?"

"네…… 지금도 자, 잘 그, 그리고 있어요."

"좋아. 철만이가 말한 '결과', 즉 우리가 만들어 가야 할 결과는 아주 구체적인 열매여야 한다. 추상적인 마음의 확신 정도로는 부족해. 그래서 우리가 만들 구체적인 열매를 위해 선생님이 특별한 것을 준비했다."

"선생님, 이게 뭐예요?"

"선물이야."

"정말이요? 와!"

갑작스런 선물에 학생들은 무척 좋아했다. 색깔별로 고를 수 있는 예쁜 바인더였다. 내용을 잘 찾을 수 있도록 인덱스 스티커도 붙어 있고, 속에는 깨끗한 비닐이 있어 종이를 예쁘게 모을 수 있게 되어 있다. 그런데 이미 노트가 있는데 왜 또 이런 바인더를 주었을까? 학생들은 민샘의 입을 쳐다보았다. 민샘은 말없이 화면에 한 페이지의 신문을 띄웠다. 신문에는 대학생처럼 보이는 한 남자 사진이 있고, 그 옆에 기사가 실려 있었다.

공학 기술 분야의 최고 경영자 귀하

한 공대 졸업생이 한 달 동안 무보수로 일하면서 회사에 쓸모가 있는지 보여 주고 싶은데 허락하시겠습니까? 저는 귀사에 성실, 신뢰, 인내, 동료와의 친화력, 지칠 줄 모르는 열정, 호감 가는 성격, 시간 엄수, 배움에 대한 지속적인 열정, 그리고 공대를 졸업한 학업 성적을 보여 줄 수 있습니다.

"선생님, 이게 정말 신문에 실린 내용이 맞나요? 기사는 아닌 것 같고, 그렇다고 보통 광고 같지도 않은데……."

"교빈이가 키워드를 꺼냈구나. 사실 광고 맞다. 존 웨슬리 애쉬톤이라는 대학생이다.

이 친구는 미국 동부의 한 공과 대학을 졸업한 후, 기업가가 상품을 광고하는 식으로 자신의 가치를 광고하기로 결심했다. 우선 그는 자신이 어떤 종류의 직책을 원하고 얼마만큼의 급여를 원하는지 정했다. 그 다음에는 모든 일간지에 앞의 내용을 광고로 실었던 거지."

"와~ 진짜 용기 대단하다!"

"용기보다는 돈이 많은 것 같은데. 돈만 있으면 누구나 해!"

오랜만에 또 찬형이가 특유의 냉소적인 코멘트로 흐름을 끊었다. 하지만 이제 친구들은 찬형이의 표현법에 익숙해진 듯했다. 교빈이는 편지 주인공의 다음 이야기가 너무 궁금해 성급하게 물었다.

"선생님, 결과가 궁금해요! 어떻게 되었어요, 그 선배?"

"이 광고가 나간 이후에 존 앞으로 300통 이상의 답장이 왔지. 대기업인 US강철사의 고위 간부가 보낸 편지에는 이런 내용이 적혀 있었어."

다음 주 수요일에 본사로 나를 찾아오십시오. 당신이 광고에서 말한 내용과 일치한다면 짐을 꾸려서 현지 회사로 함께 갈 준비를 하고 오시기 바랍니다.

"애쉬톤은 강철사의 간부와 인터뷰할 때, 자신에 관한 모든 것을 산뜻하게 타이핑해서 꾸민 가죽 정장의 바인더를 건네주었지. 거기에는 학력, 사회봉사 내용, 취미, 대학 신문과 개인 자료에서 뽑은 자신에 대한 기사는 물론이고 최근의 사진과 참고 자료도 들어 있었어. 그야말로 자신이 꿈을 찾은 과정부터 꿈을 준비한 모든 과정이 깔끔하게 정리된 역사적인 작품집이었던 거야."

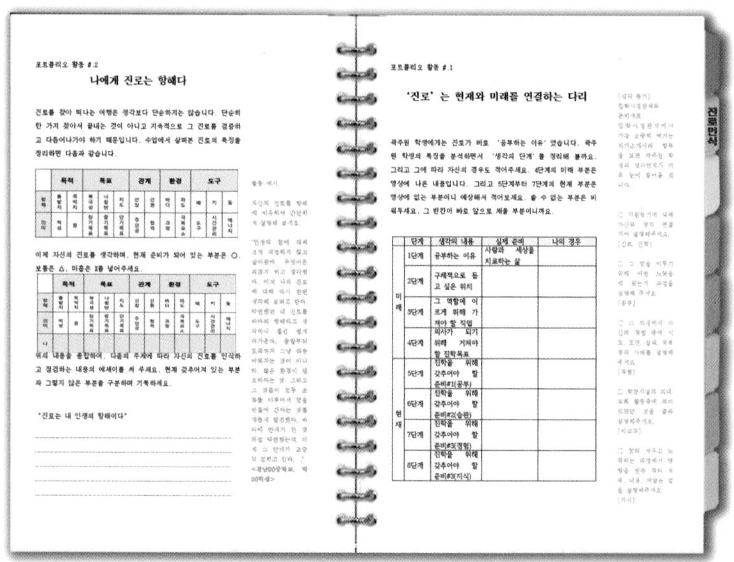

바인더에 모은 진로 1주차 포트폴리오

"와~ 멋있어요. 샘. 감 잡았어요. 지금 나눠 주신 이 바인더가 바로 애쉬톤의 바인더라는 거죠? 우리도 만들어 보라는 거고요."

"교빈이가 이렇게 좋아할 줄을 몰랐구나. 그렇다. 그래서 선물로 준비한 거야. 첫 시간부터 진행한 내용과 앞으로 진행할 모든 내용을 여기에 모으면서 정리하자. 그러면 1년 뒤에는 너희들의 바인더에도 아름다운 이야기가 가득할 거야."

"민샘, 상상만 해도 즐거워요. 혹시 겉표지를 자기 마음대로 꾸며도 돼요?"

"당근이다. 소민이가 원하는 스타일로 꾸며 봐. 일단 지난번에 작업했던 포트폴리오 자료를 찾아서 바인더 앞부분부터 한번 차곡차곡 끼워 보렴."

"민샘, 아주 예뻐요. 1년 지나면 정말 폼 나는 포트폴리오 모음집이 될 것 같아요."

"그럼 약속할 수 있지? 이 바인더를 소중히 여기겠다고. 소민이뿐만 아니라, 여기 모든 친구들도 함께 약속하자. 매주 차근차근 포트폴리오 퍼즐을 채워 가겠다고."

"네~!"

모두 한 목소리로 외쳤다. 지금껏 낱장으로 따로 놀던 자료를 한 곳에 정돈하여 모을 수 있게 된 아이들은 무척 기뻐했다. 민샘 역시 아이들이 행복해하는 모습을 보며 가슴 뭉클한 뿌듯함을 느꼈다. 아이들의 포트폴리오 바인더는 1년 후에 과연 어떤 그림이 될까? 궁금하고 기대되었다.

마음의 밧줄 끊기

한편, 민샘은 수업 시작부터 한 학생의 얼굴을 유심히 살피고 있었다. 바로 철만이다. 발표를 한 번 하기는 했지만, 오늘 따라 유난히 얼굴이 어두워 보였다. 티를 안 내려고 하지만 그럴수록 민샘은 더 마음이 쓰였다.

"지난 시간에 과제로 내 준 자료를 모두 보고 왔니?"

"……."

"그럴 줄 알았다. 과제로 준 CD는 선물로 알고, 그냥 오늘 함께 자료를 보도록 하자."

민샘은 수업 분위기를 믿고 집에서도 으레 잘할 거라고 여긴 생각이 잘못이라는 걸 깨달았다. 집에서는 학교에서처럼 열심일 수 없다는 걸 인정하기로 했다.

그래서 앞으로는 수업 시간에 모든 과정을 소화해야겠다고 마음먹었다. 조별로 컴퓨터 수업 폴더에 들어 있는 자료와 영상을 보는 시간을 주고 내용을 파악하고 공통점을 찾는 미션을 주었다.

"우리는 지난주에 미래의 방향을 잡아 줄 이정표를 확인했다. 오늘은 바로 지금 우리의 진로 상황을 판단할 수 있는 고민의 기준을 살피는 것이 주요 활동이다."

"선생님, 너무 진지해지시면 무서워요. 릴렉~스!"

"교빈아, 선생님이 너무 진지했니? 모든 수업이 중요하지만 오늘 수업은 더 없이 중요하다. 너희들이 진로 동아리에 들어오기 전까지 왜 진로의 꿈이 뒤엉켜 있었는지를 알 수 있고, 어떻게 하면 현명하게 판단하고 고민할 수 있는지를 밝히는 시간이기 때문이다."

"그래서 오늘 수업은 지난 한 달을 마무리하고 새로운 한 달을 준비하는 시간이라고 말씀하셨던 거죠?"

교빈이의 말을 듣고 민샘은 이런저런 생각이 들었다. 이렇게 말도 잘하고 상황 판단도 빠른 아이들이 도대체 왜 자신들의 진로 문제를 지금껏 그렇게 방치해 왔을까? 사실 그건 아이들을 도와주지 못한 어른들이 문제였다. 민샘 역시 같은 어른으로서 미안한 마음이 들었다.

조별로 정보 탐색에 들어갔다. 그런데 이번에도 조별로 보는 정보가 달랐다. 각각 다른 정보를 살핀 뒤에 함께 의견을 모으도록 하기 위한 의도였다. 이는 수업의 긴장감과 집중력을 유지하기 위한 전략이었다. 자신이 아는 내용을 발표할 때 듣는 학생의 집중력은 현저히 떨어지기 때문이다.

"빅터는 자신을 바보로 부르는 사람들 속에서 철저히 바보로 살았던 아이예요. 그런데 사실 빅터는 바보가 아니라 천재였어요. 나중에는 그 사실을 알게 되었지만, 너무나 오랜 시간을 돌아온 거죠."

"범버는 미국을 대표하는 흰머리 독수리예요. 올림픽 개막식을 위해 멋진 비행 훈련을 시키지만 너무 오랜 시간 닭장 같은 곳에 갇혀 살았기 때문에 날지 못하고 죽은 친구랍니다. 한 마디로 닭이 된 독수리죠."

"서커스단의 주인공 코끼리 샤록은 어릴 적 자신의 발목에 묶인 줄을 커서도 달고 다녀요. 이제는 힘이 커져서 충분히 끊을 수 있는데도 그냥 순순히 줄에 묶여 있어요. 어릴 적 아무리 애써도 끊을 수 없었던 기억을 지금도 가지고 있어요."

"저희 조는 아주 어이없는 벼룩 영상을 보았어요. 병 안에 가두자 자꾸 뛰어올라도 뚜껑에 부딪히는 일이 반복되었고, 머리가 아팠는지 그 다음부터는 뚜껑 아래까지만 뛰더라고요. 그런데 나중에는 뚜껑을 열어 놓아도 병 밖으로 나올 생각을 못 하는 거예요. 진짜 어이없죠!"

상민이, 승헌이, 하영이, 진구가 순서대로 각각의 조를 대표해서 내용을 소개하였다. 공통점이 무엇일까? 바보로 살았던 빅터, 날지 못하는 독수리 범버, 얇은 줄에 묶여 도망치지 않는 코끼리 샤록, 그리고 병 안에서만 뛰는 벼룩. 네 가지 이야기의 주인공은 과연 어떤 비슷한 특징이 있을까? 여러 학생들의 자유로운 답변이 이어졌다.

"자신의 꿈을 펼치지 못해요. 마음껏 살지도, 날지도, 달리지도, 뛰지도 못해요. 그야말로 묶여 있는 삶이에요."

"그들을 그렇게 묶어 놓고 있던 것은 과연 무엇일까?"

"줄이요."

"사람이요."

"뚜껑이요."

"좀 더 근본적인 이유, 공통적으로 적용할 만한 것은 없을까?"

"……."

"마, 마, 마음."

"철만아, 좀 더 자세히 얘기해 줄래?"

"마, 마음이 묶여 있어요."

"무엇에 묶여 있을까?"

"하, 할 수 없다는 생각에."

"혹시 철만이의 마음도 어떤 생각에 묶여 있니? 철만이가 꿈꾸는 삶에 대해서 말이야."

"저, 저는 꿈이 없어요."

"처음부터 없었니?"

"있었지만 지금은…… 어, 없어요."

철만이는 질문에 대답한 게 아니라 자신의 이야기를 꺼낸 것이었다. 사실 민샘은 오늘 철만이의 얼굴이 어두운 이유를 짐작하고 있었다. 초등학교 때 함께 공을 차던 친구가 소속된 중학교 축구팀이 클럽 대항전에서 우승했다는 소식을 들었기 때문이었다. 철만이의 꿈은 오로지 축구에 있었지만 축구팀이 있는 중학교에 가지 못해서 그 꿈을 더 이상 키울 수 없게 되었다. 지금 이렇게 새삼 꿈 찾기를 하고 있는 자신이 그 친구와 비교되어 우울했을 것이다. 철만이의 처진 목소리를 들은 교빈이가 크게 밝은 목소리로 이야기했다.

"철만아, 괜찮아. 걱정하지 마. 그래서 우리가 여기 모인 거잖아. 철만이 너는 공 잘 차잖아. 전설의 철만이. 학기 초에 골키퍼까지 11명을 제치고 골을 넣은 그 전설을 우리 학교에서 모르는 사람이 없어!"

"아얏! 왜 꼬집어?"

"교빈아…… 그거 아니야. 잠자코 있어."

수희가 귓속말로 교빈이를 타일렀다. 철만이 얘기를 수희도 알고 있었다. 위로는커녕 불난 집에 기름을 끼얹는 것 같아서 교빈이를 살짝 꼬집은 것인데, 교빈이가 과장해서 큰소리를 지르자 그 소리에 수희가 더 놀랐다.

"괘, 괜, 찮아!"

민샘은 괜찮다는 철만이의 말에 더 가슴이 아팠지만, 이 흐름을 살려서 이참에 아예 철만이가 안고 있는 것과 같은 예체능에 대한 고민을 짚고 넘어가기로 했다. 어차피 언젠가는 넘어야 할 관문이었다. 그림, 음악, 운동 등의 예체능에 재능이 있고 좋아하기도 하는데 어릴 때부터 전문적으로 훈련받을 기회는 없고, 또 다른 영역에서는 그다지 재능이 보이지는 않으니 시간은 가는데도 자꾸 옛날 생각에만 묶여 있는 것이다. 그래서 진로 인식 차원에서 냉정하게 판단할 수 있는 기준이 필요했다. 그리고 이 고민의 기준을 찾는 것이 바로 오늘 수업의 목표였다.

"철만이가 정확하게 답변해 주었다. 빅터와 범버, 샤록과 벼룩을 묶고 있던 것은 경험과 기억에서 오는 생각의 밧줄이었어. 스스로 자신의 한계를 만들어 버린 거지. 그렇다면 어떻게 하면 그 밧줄을 풀어내고 훨훨 날 수 있을까?”

“빅터는 자신의 지능이 실제로는 높다는 사실을 알아야 해요.”

“범버는 자신이 독수리라는 사실을 깨닫고, 다른 야생의 독수리 틈새에서 생활을 시작해야 해요.”

“샤록은 자신이 실제로 밧줄을 끊을 수 있을 정도의 힘을 가진 어른 코끼리라는 사실을 알아야 해요.”

“벼룩은 자신이 부딪히던 뚜껑이 없다는 사실을 알아야 해요.”

“여러 친구들의 답변에서 이미 공통점이 나왔다. 공통점이 무엇일까? 철만이가 한번 대답해 볼까?”

“네…… 저, 정확히 아, 알아야 해요.”

“바로 그거야. 고맙다, 철만아. 항상 수업의 결정적인 순간이나 친구들의 답변이 막힐 때마다 철만이가 대답해 주었던 거 알고 있니? 이 수업에서 철만이는 매우 특별한 존재야. 오늘 수업은 철만이의 마음을 묶고 있는 밧줄도 끊는 수업이 될 거야. 철만이 말처럼 우리 한번 정확하게 알아볼까?”

“네.”

철만이의 얼굴에 약간의 기대감이 보였다. 피구 라인을 잘 그리게 되었을 때의 표정으로 조금씩 돌아가고 있었다. 타이밍을 놓치기 전에 민샘은 철만이를 주인공으로 진로에 대한 현재 상태의 성숙도를 측정하는 활동을 진행해 보기로 했다. 민샘은 드림 중학교에 오기 전에 이미 많은 청소년들의 진로를 설계해 주는 삶을 살았다. 그 중에 철만이와 비슷한 경우의 학생이 한 명 있었다. 오세빈이라는 학생이었다. 그 역시 축구를 좋아하고 잘해서 선수를 꿈꿨다. 세빈이의 부모는 고민이 컸다. 과연 축구 선수가 될 정도로 재능이 있는 건지가 걱정이었다. 게다가 축구 말고는 다른 건 아예 거들떠보지도 않는다는 게 더 걱정이었다. 그래서 부모는 용기를 내어 세빈이가 초등학교 때 축구 클럽에서 축구를 배우고 공을 찰 수 있게 해 주었다. 그곳에서 얼마 동안 축구를 하던 세빈이는 스스로 고민에 빠졌다. 학교에서는 축구라면 자기가 짱이라고 여겨 충분히 선수가 될 수 있다고 믿었는데, 막상 그곳에 가서 축구를 해 보고서는 자신의 실력에 의문이 들었다. 자기보다 월등한 친구들이 너무나 많았던 것이다.

민샘은 그런 세빈이와 함께 특별한 작업을 했었다. 그 작업은 세빈이가 고등학교 3학년이 될 때까지 계속되었고, 민샘은 세빈이의 꿈 변천사를 몇 가지 기준을 가지고 정리해 놓았었다.

	진로 구분			진로 점검				
	직업명	시기	지속	진로 정체감	가족 일치도	진로 합리성	정보 습득률	진로 준비도
1	축구 선수	초등	X	X	X	O	X	X
2	가수	중등	X	X	X	X	△	△
3	작가	중등	X	X	O	O	O	△
4	국어 교사	고등	O	O	O	O	O	O

세빈이의 진로 점검표

세빈이는 축구 클럽에서 공을 차면서 조금씩 자신의 막연한 꿈이었던 축구 선수에 대해 확신이 줄어들기 시작했다. 축구를 정말 잘하는 친구들이 모인 곳에서 뛰다 보니 보다 냉정하게 자신을 평가할 수 있게 되었다. 더구나 코치 선생님의 전문적인 조언을 통해 자신의 장단점을 명확하게 알게 되었다. 그 이후 세빈이는 파란만장한 꿈의 변천사를 거쳤다. 결국 세빈이는 지금 국어 교사의 꿈을 키워 가고 있다.

바로 그런 세빈이의 꿈의 변천사와 고민의 과정을 몇 개의 기준으로 정리하여 표를 만들어 보았다. 동아리 학생들은 세빈이의 진로 점검표를 훑어보았다. 자료를 보다가 뭔가가 기억이 난다는 표정으로 교빈이가 이야기했다.

"민샘, 뭔가 익숙한 게 나왔어요. 진로 발견의 이정표에서 앞부분에 살폈던 5개의 질문있잖아요?"

"그래, 기억하는구나. '진로 진단'에서 다루는 5개의 질문에 해당하는 거다."

"민샘, 그렇다면 내용은 진로를 찾아가는 과정에서 첫 번째 관문이네요?"

"선생님이 수업을 시작할 때 얘기했지. 오늘 수업은 지금까지의 수업을 마무리하는 한편, 앞으로의 수업을 본격적으로 시작하는 단계라고."

"샘, 뭔가 긴장감이 감돌아요. 불안해요."

"무슨 긴장감?"

"뭐랄까…… 지금까지는 재미있게 놀면서 수업했는데 앞으로는 진짜 무섭게 공부만 할 것 같은 그런 불안감이랄까요."

"그런 걱정이라면 붙들어 매라. 우리 수업은 앞으로도 계속 지금까지 너희들이 경험했던 방식으로 진행될 거야. 괜히 어려운 방식으로 너희들을 괴롭히진 않을 테니 안심해라. 샘을 믿어라. 알겠지?"

구분		주제	핵심 질문
자기 발견	진로 진단	진로 정체성	나는 나의 진로를 확신하는가?
		가족 일치도	나는 나의 진로에 대해 가족과 대화하고 있는가?
		진로 합리성	나의 진로와 관련된 타인의 의견을 수용하는가?
		진로 준비도	진로에 대해 구체적으로 준비하고 있는가?
		정보 습득률	나는 진로와 관련된 정보를 확인하고 있는가?
	존재 발견	정체감	나는 누구인가?
		자존감	나는 나 자신을 인정하고 사랑하는가?
		효능감	나는 주어진 일을 할 수 있는가?
	자기 이해	흥미	나는 무엇을 좋아하는가?
		재능	나는 무엇을 잘 하는가?
		다중 지능	나는 어떤 잠재력을 갖고 있는가?
		성향	나는 어떤 것이 편안한가?
		가치	나는 무엇을 소중히 여기는가?
세계 발견	직업 이해	직업관 인식	나는 직업을 무엇이라고 생각하는가?
		직업 연봉 인식	나는 직업마다의 연봉 수준을 살펴보았는가?
		직업 선호도	사람들은 어떤 직업을 좋아하는가?
		직업 만족도	실제 직업인들은 자신의 직업에 만족하는가?
		직업 흐름 인식	나는 직업의 변화에 대해 살피고 있는가?

<table>
<tr><th colspan="2">구분</th><th>주제</th><th>핵심 질문</th></tr>
<tr><td rowspan="5">세계 발견</td><td rowspan="2">진로 결정</td><td>진로 탐색</td><td>나는 다양한 직업의 유형에 대해 살피고 있는가?</td></tr>
<tr><td>진로 결정</td><td>나는 중요한 순간에 진로에 대한 결정을 하는가?</td></tr>
<tr><td rowspan="3">진로 검증</td><td>직업 지식 축적</td><td>나는 독서와 검색을 통해 진로 지식을 쌓는가?</td></tr>
<tr><td>직업 현장 경험</td><td>나는 실제 직업 현장에 대한 체험을 하고 있는가?</td></tr>
<tr><td>직업 인물 만남</td><td>나는 나의 희망 직업의 롤 모델을 만나 보았는가?</td></tr>
</table>

진로 점검 기준표

"네!"

이민구 선생님은 학생들의 이해 정도와 마음을 끊임없이 살폈다. 전체 과정이 방대하고 체계화되어 있다 보니, 학생들이 각각의 수업에 몰입하다가 전체의 길을 잃을 수도 있다는 것을 잘 알고 있었다. 그래서 수업의 앞에나 뒤에 필요할 때마다 전체의 흐름을 놓치지 않도록 자료를 다시 보여 주곤 했다.

"자, 그렇다면 세빈 선배의 꿈의 역사를 보면서 진로 점검의 기준을 한번 살펴보자. 세빈이의 꿈은 어떻게 바뀌어 왔을까? 화면에 보이는 세빈이의 진로 점검표를 보고 해석하는 게 미션이다. 참고로 표, 그림, 그래프, 이미지, 삽화 등의 자료를 보고 내용을 해석하는 것은 아주 중요한 소통 능력이라는 것을 꼭 기억했으면 좋겠다. 실제로 국어 능력 시험을 보면 이러한 자료를 해석하는 문제가 꼭 나온다는 사실을 기억해야 한다. 자, 그럼 여러분의 능력을 보여 줄 시간이다. 조별로 준비에 들어가 볼까."

진로 점검의 다섯 가지 기준에 대해서는 학생들이 어느 정도 의미를 이해하고 있었다. 각각의 의미를 이해한 상태에서 이제 오세빈 학생의 진로 점검표를 분석했다. 5개의 조에게 각각 1단계씩의 미션을 주었고, 특별히 철만이가 속한 조에는 축구를 좋아하는 철만이와 관련된 미션을 주었다. 이것은 철만이를 위한 민샘의 배려였다. 철만이 조에 속한 희성이가 발표를 하였다.

	진로 구분			진로 점검				
	직업명	시기	지속	진로 정체감	가족 일치도	진로 합리성	정보 습득률	진로 준비도
1	축구 선수	초등	X	X	X	O	X	X

"저희 조는 세빈 선배의 첫 번째 진로 점검 내용을 분석했습니다. 초등학교 때 축구 선수의 꿈을 가지고 있었죠. 결국 지속되지는 않았지만요. 그 이유를 진로 점검의 다섯 가지 내용으로 설명할게요. 일단 축구를 좋아했고 잘했는데 가족들이 충분히 지지해 주지 않았습니다. 자신의 꿈에 대해 가족과 뜻이 맞지 않은 거죠. 더구나 축구팀이 있는 학교에서 선수로 활동해 보지 않았기 때문에 축구 선수가 되는 과정의 정보가 부족했으며, 그 때문에 꿈이 막연했을 거라는 생각이 들어요. 그러다가 축구 클럽에 들어가 공을 차는 과정에서 진로에 대한 확신이 낮아진 것이죠. 그런데 한 가지 해석이 안 되는 게 있어요. 진로 합리성이 있다고 표시되어 있는데, 자신의 진로에 대해 타인의 의견을 수용하는 특징일 텐데 이게 부모님의 의견인지, 축구 전문가의 의견인지 뚜렷하지가 않아요."

"희성이의 설명이 탁월하다. 이 정도면 내년에는 후배들을 위해 진로 상담을 해 주어도 되는 수준이야. 하하하! 그리고 진로 합리성 부분은 축구 클럽의 코치에게 자신의 축구 실력에 대한 냉정한 이야기를 들었던 것이다. 물론 의견일치가 안 된 부모님의 생각도 관련이 조금은 있겠지."

	진로 구분			진로 점검				
	직업명	시기	지속	진로 정체감	가족 일치도	진로 합리성	정보 습득률	진로 준비도
2	가수	중등	X	X	X	X	△	△

"발표자 한상민입니다. 저희 조는 세빈 선배의 두 번째 꿈인 가수에 대한 진로 점검표를 분석했습니다. 가족은 여전히 반대했던 것 같습니다. 아니면 무관심했을 수도 있죠. 그런데 이번에는 진로 합리성이 낮게 나왔네요. 가수라는 직업으로서의 가능성에 대한 가족이나 타인의 의견을 수용하기가 싫었나 봐요. 반면 정보 습득률과 진로 준비도는 중간 정도로

표시되어 있어요. 이것을 보았을 때, 나름 가수가 되기 위한 오디션 정보나 과정 등을 알아보았을 수 있습니다. 그리고 열심히 노래를 부르거나 친구들과 함께 연습하면서 진로 준비도가 올라갔을 수도 있죠. 결국 가수는 직업으로서의 확신은 없는 것으로 나왔고, 이 꿈 역시 오래 가지 못한 것 같아요."

	진로 구분			진로 점검				
	직업명	시기	지속	진로 정체감	가족 일치도	진로 합리성	정보 습득률	진로 준비도
3	작가	중등	X	X	O	O	O	△

"발표자 박진구입니다. 세 번째 꿈은 작가네요. 이 선배는 좋은 꿈은 다 꾸었네요. 세 번째 꿈에서 진로 점검 내용이 많이 바뀌었어요. 일단 가장 눈에 띄는 것은 가족 일치도입니다. 부모님이 작가라는 직업에 대해서는 지지해 주셨나 봐요. 작가라는 진로에 대한 세빈 선배의 꿈이 생기는 과정에서 외부 전문가나 교사 또는 부모님의 의견을 듣고 수용한 것 같습니다. 나름대로 작가라는 직업에 대한 정보를 알아보았으며 글쓰기와 같은 준비도 했다고 봅니다. 그런데 정말 궁금한 점이 있어요. 그 전의 꿈에서는 부정적인 점검 사항이 많았다가, 어떻게 '작가'의 꿈에서 이렇게 긍정적인 변화가 많아졌는지 이해가 안 돼요. 그리고 또 궁금한 게 있어요. 긍정적인 변화가 많아졌는데도 왜 진로 정체감이 낮아졌을까요? 저라면 확신이 들 것 같은데요."

"세빈이의 중학교 시절 마지막 진로 목표는 작가였다. 일단 세빈이가 작가의 꿈을 꾸는 과정에서는 강점과 적성 등의 여러 가지 검사와 탐색이 있었단다. 그 과정에서 전문가의 의견도 들었고, 또 한편으로는 언어 면에서의 재능에 대해 부모님도 동의해 주셨기에 진로 합리성과 가족 일치도가 함께 높아졌다. 그런데 진로에 대한 확신이 낮아진 것은 이유가 있었다.
흥미, 재능, 다중 지능 및 성향 등에서 분명 작가로서의 언어적인 가능성을 발견했으나 '직업 이해' 과정에서 작가의 불안정한 연봉 통계를 보았

자기 이해	흥미	나는 무엇을 좋아하는가?
	재능	나는 무엇을 잘 하는가?
	다중 지능	나는 어떤 잠재력을 갖고 있는가?
	성향	나는 어떤 것이 편안한가?
	가치	나는 무엇을 소중히 여기는가?
직업 이해	직업관 인식	나는 직업을 무엇이라고 생각하는가?
	직업 연봉 인식	나는 직업마다의 연봉 수준을 살펴보았는가?
	직업 선호도	사람들은 어떤 직업을 좋아하는가?
	직업 만족도	실제 직업인들은 자신의 직업에 만족하는가?
	직업 흐름 인식	나는 직업의 변화에 대해 살피고 있는가?

던 거지. 더군다나 '직업 가치'를 찾는 과정에서 세빈이는 '보수'와 '안정'을 중요한 가치로 여기고 있다고 나타났어. 그러다 보니 그 '가치'와 '연봉'이 충돌한 거란다. 결국 긍정적인 변화가 있었음에도 불구하고 정체성이 낮았고, 결국 포기했단다."

"야! 정말 다양하게 살펴야 하는 거군요. 이런 분석 참 재미있어요."

"다소 딱딱할 수도 있는 분석인데 하영이가 흥미롭게 봐주어서 고맙구나. 하지만 분석의 주인공인 세빈이 본인에게는 이 과정이 매우 아픈 시기였단다. 물론 이렇게 분석을 연습한 뒤에는 우리 모두 자신의 진로 점검표를 만들어 볼 거다."

	진로 구분			진로 점검				
	직업명	시기	지속	진로 정체감	가족 일치도	진로 합리성	정보 습득률	진로 준비도
4	국어 교사	고등	O	O	O	O	O	O

"저희 조는 세빈 선배의 고등학교 시절의 진로 점검 내용을 분석했어요. 많은 시행착오를 거친 뒤에 마지막으로 진로의 확신을 가지고 진학을 준비하게 되었네요. 모르는 사람이지만 이렇게 분석하다 보니 매우 친근하게 다가와요. 결국 국어 교사의 꿈으로 결정하게 되었습니다. 작가라는 직업의 특성을 이어간 것 같고요. 그러면서도 보수의 안정성도 유지할 수 있는 직업이에요. 스스로의 확신, 가족의 지지, 전문가의 의견 모두 높아요. 정보를 충분히 알아보면서 준비하는 과정도 긍정적이었습니다.

그런데 선생님, 세빈 선배는 지금 어떻게 되었어요?"

"궁금하니? 걱정 마라, 승헌아. 우리 동아리에 꼭 한번 초청해 미니 특강을 해 줄게. 발표 잘 들었다. 자, 그럼 이러한 과정을 거친 세빈이가 자신의 진로 점검의 결과로 만든 진로 비전을 살펴볼까. 이번 내용은 철만이네 조가 맡았지, 혹시 철만이가 발표를 하니?"

"아니요. 서, 선생님. 찬형이가 해요."

"철만이가 하기를 기대하셨죠? 철만이가 저를 강력히 밀었어요. 비록 제가 발표하지만 사실 철만이의 생각이 많이 들어갔다는 거 꼭 기억해 주세요."

퍼즐은 미래에도 이어진다

민샘은 발표 내내 철만이의 표정을 살폈다. 사실 세빈이의 진로 점검은 철만이와 관련이 깊었다.

그래서 더욱 철만이가 이번 분석으로 희망을 찾았으면 하는 바람이 간절했다. 조별로 분석하는 과정에서 실제로 철만이는 의견을 많이 냈고 다행히 한결 밝아진 표정이었다.

"참 신기해요. 그냥 어떤 직업 하나를 꿈꾸는 것도 쉽지 않은데, 그 안에서 계속 새로운 꿈을 꾸면서 발전하는 그림인 것 같아요.

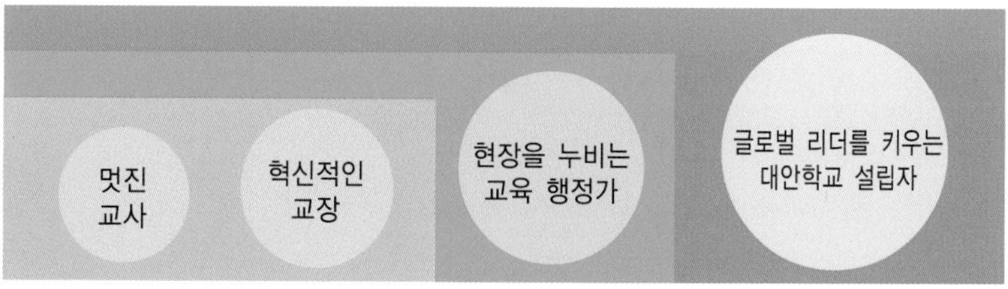

멋진 교사	혁신적인 교장	현장을 누비는 교육 행정가	글로벌 리더를 키우는 대안학교 설립자
1st CAREER	2nd CAREER	3rd CAREER	4th CAREER
• 국어교사 • 최고의 수업 • 교사 축구 모임 • 교사 밴드 모임	• 수석교사 승진 • 소통하는 교감 • 경청하는 교장 • 교장모임 결성 • 나의 책 출간	• 교육정책 참여 • 교육시장 개방 참여 • 교사들의 행복 • 교사 페스티벌 • 자서전 출간	• 해외 명문학교 순회탐방 • 해외 명문학교 단기운영 • 꿈의 대안학교 설립 • 한국의 푸름학교로 통합 • 정식학교로 국가 인증

세빈 선배는 결국 교사가 되는 비전을 그렸네요.

저희 조가 분석하는 중에 철만이가 가장 강조했던 것은 바로 '교사 축구 모임'과 '교사 밴드 모임'이에요. 그러니까 정말 좋아했지만 냉정하게 진로에서 제외했던 꿈을 충분히 취미로 이어갈 수 있는 그림을 그린 거죠. 이 얘기하면서 철만이는 자신도 이렇게 살고 싶대요. 여하튼 세빈 선배의 진로에 대한 그림은 이렇게 완성되었습니다. 그리고 나중에 꼭 진짜 어떻게 되는지 만나보고 싶어요."

"철만아, 어때? 찬형이가 한 이야기가 맞니?"

"네, 선생님! 일단 제 진로 점검을 해 보아야 하겠지만 세빈 선배의 그림을 보면서 저도 이렇게 살면 좋겠다는 희망이 생겼어요. 이런 멋진 길이 있다는 것을 저, 정말 몰랐어요."

"철만아, 그런데 너…… 이번에는 말을 잘 안 더듬네. 하하하! 자, 철만이에게 박수를! 오늘 수업의 주인공은 철만이다. 너희들 꼭 기억하길 바란다. 꿈의 퍼즐은 미래에도 계속 이어진다는 사실을. 그러니 지금의 모습을 넘어 미래를 보는 눈이 필요하다."

모든 친구들이 찬형이의 발표와 철만이 이야기에 박수를 보냈다. 이제 본격적으로 자신의 진로 점검을 하게 될 학생들의 마음은 이미 뿌듯했다. 다소 어려운 내용을 이렇게 이해하고 자신에게 적용할 수 있다는 것에서 오는 행복감이랄까.

내 마음의 밧줄 끊기

구체적인 이야기나 비유를 통해 핵심 내용을 이해하고 표현하는 습관은 위대한 성취자들의 특징입니다. 수업에서 배운 네 가지 비유를 다시 한 번 정리해 보고, 비유를 사용하여 자신의 이야기로 표현해 보세요. 자신의 마음에 스스로 한계를 만들어서 자신감을 가질 수 없었던 경험, 꿈 등의 내용을 가벼운 에세이로 기록해 봅니다.

소 재	내 용	인용
바보로 살았던 천재 빅터	자신의 재능을 알지 못하고 사람들이 부르는 대로 바보처럼 살았던 천재	
날지 못하는 독수리 범버	우리 안에서 닭처럼 살다 보니 독수리의 날갯짓을 깨닫지 못하고 죽음	
어릴 적 밧줄에 묶인 샤록	어릴 적 자신을 묶고 있던 밧줄의 기억이 있어 어른 코끼리가 되었음에도 그 기억 때문에 밧줄을 끊으려고도 하지 않음	
뚜껑 이상으로 뛰지 못하는 벼룩	병 속에서 뛸 때마다 뚜껑에 부딪힌 기억 때문에 뚜껑을 열어도 더 이상 뛰지 않는 벼룩	

〈에세이 글쓰기 개요〉
서론: 예화 중에 하나를 넣어 간단히 그 이야기를 서술하여 읽는 이의 관심을 집중시키기
본론: 그 예화와 비슷한 자신의 이야기를 담담하게 표현하기
결론: 결국 마음을 묶고 있던 한계의 밧줄을 끊고 노력할 것에 대한 다짐을 선포하기

내친구 포트폴리오 살짝 엿보기

내 마음의 밧줄 끊기

구체적인 이야기나 비유를 통해 핵심 내용을 이해하고 표현하는 습관은 위대한 성취자들의 특징입니다. 수업에서 배운 네 가지 비유를 다시 한 번 정리해 보고, 비유를 사용하여 자신의 이야기로 표현해 보세요. 자신의 마음에 스스로 한계를 만들어서 자신감을 가질 수 없었던 경험, 꿈 등의 내용을 가벼운 에세이로 기록해 봅니다.

소 재	내 용	인용
바보로 살았던 천재 빅터	자신의 재능을 알지 못하고 사람들이 부르는 대로 바보처럼 살았던 천재	
날지 못하는 독수리 범버	우리 안에서 닭처럼 살다 보니 독수리의 날갯짓을 깨닫지 못하고 죽음	
어릴 적 밧줄에 묶인 샤록	어릴 적 자신을 묶고 있던 밧줄의 기억이 있어 어른 코끼리가 되었음에도 그 기억 때문에 밧줄을 끊으려고도 하지 않음	
뚜껑 이상으로 뛰지 못하는 벼룩	병 속에서 뛸 때마다 뚜껑에 부딪힌 기억 때문에 뚜껑을 열어도 더 이상 뛰지 않는 벼룩	√

〈에세이 글쓰기 개요〉
서론: 예화 중에 하나를 넣어 간단히 그 이야기를 서술하여 읽는 이의 관심을 집중시키기
본론: 그 예화와 비슷한 자신의 이야기를 담담하게 표현하기
결론: 결국 마음을 묶고 있던 한계의 밧줄을 끊고 노력할 것에 대한 다짐을 선포하기

벼룩에 대한 재미있는 실험이 있었다. 벼룩 한 마리를 잡아 병 속에 넣어 두었다. 처음에 벼룩은 열심히 뛰어올랐지만 번번이 병뚜껑에 부딪히고 말았다. 계속 실패하고 머리가 아팠던지 벼룩은 이제 병뚜껑에 부딪히지 않을 정도로만 뛰었다. 얼마 후 병뚜껑을 열어 놓았으나 벼룩은 뚜껑이 없는데도 뚜껑 이상의 높이로 뛰어오르지 않았다.

나에게도 벼룩과 비슷한 모습이 있다. 바로 공부에 대한 자신감이다. 사실 멋진 꿈을 꾸지 않은 것도 아니다. 그러나 중학교에 올라온 뒤 성적이 잘 나오지 않으니 자꾸 꿈이 위축되고 작아진다. 자신감도 점차 잃게 되었다. 하지만 이제 나를 묶고 있는 밧줄을 끊어 볼 것이다. 공부 때문에 꿈을 작게 가지는 것이 아니라, 꿈을 크게 가지고 그 꿈을 이루기 위해 공부를 열심히 하면 된다.

나의 진로 성숙도 점검

다섯 가지 진로 성숙도의 기준에 따라 자신의 꿈 히스토리를 살펴봅니다. 초등학교 때의 꿈부터 가장 최근의 꿈까지 어떤 과정이 있었는지, 왜 꿈이 바뀌었는지 다섯 가지 기준에 따라 표시해 봅니다.

	진로 구분			진로 점검				
	꿈 이름	시기	지속	진로 정체감	가족 일치도	진로 합리성	정보 습득률	진로 준비도
1								
2								
3								
4								

진로 성숙도의 기준에 따라 체크한 내용을 바탕으로 자신의 꿈 히스토리를 간단한 에세이로 표현해 봅니다.

〈에세이 글쓰기 개요〉
서론: 가장 처음 가졌던 꿈과 현재의 꿈을 표현하면서 변화에 대한 궁금증 유발하기
본론: 꿈이 바뀌게 된 과정을 진로 성숙도의 분석 내용을 토대로 설명하기
결론: 현재의 꿈 또는 앞으로 꿈을 찾는 과정에서 어떤 기준에 맞춰 더 노력할 것인지 다짐하기

꼭! 작성해 보세요 | 포트폴리오 활동 2

나의 진로 성숙도 점검

다섯 가지 진로 성숙도의 기준에 따라 자신의 꿈 히스토리를 살펴봅니다. 초등학교 때의 꿈부터 가장 최근의 꿈까지 어떤 과정이 있었는지, 왜 꿈이 바뀌었는지 다섯 가지 기준에 따라 표시해 봅니다.

	진로 구분			진로 점검				
	꿈 이름	시기	지속	진로 정체감	가족 일치도	진로 합리성	정보 습득률	진로 준비도
1	피아니스트	초등	X	○	X	○	X	○
2	통역사	중등	○	○	○	△	△	○
3								
4								

진로 성숙도의 기준에 따라 체크한 내용을 바탕으로 자신의 꿈 히스토리를 간단한 에세이로 표현해 봅니다.

〈에세이 글쓰기 개요〉
서론: 가장 처음 가졌던 꿈과 현재의 꿈을 표현하면서 변화에 대한 궁금증 유발하기
본론: 꿈이 바뀌게 된 과정을 진로 성숙도의 분석 내용을 토대로 설명하기
결론: 현재의 꿈 또는 앞으로 꿈을 찾는 과정에서 어떤 기준에 맞춰 더 노력할 것인지 다짐하기

아름다운 피아니스트를 꿈꾸던 소녀는 이제 스마트한 통역사의 꿈을 새롭게 꾸고 있다. 피아니스트를 꿈꾸던 당시에는 내게 재능이 분명 있는 줄 알았다. 그래서 정체감은 매우 높았다. 하지만 레슨을 통해 선생님들의 의견을 듣고 나는 생각을 바꾸게 되었다. 내가 피아노를 즐겁게 치면서 살 수는 있지만, 피아니스트가 될 정도의 재능은 아니라는 사실을 받아들이게 된 것이다. 지금 생각해 보니 진로에 대한 합리성이 높은 수준이었던 것 같다. 하지만 지금 나는 행복하다. 부모님께도 인정받는 통역사의 꿈을 새롭게 꾸고 있기 때문이다. 진로를 점검하는 기준을 알았으니, 이제는 다른 사람에게 의존하지 않고 스스로 나의 진로 상태를 점검하면서 꿋꿋이 달려갈 것이다.

생생! 직업인 이야기

이상과 현실을 직시하면, 제대로 즐길 수 있어요

학교 교사

청소년들이 가장 희망하는 직업 1위, 남자들이 가장 선호하는 배우자 선호도 1위. 기분 좋은 통계입니다. 저는 교사입니다. 그러고 보면 직업 선택을 아주 잘한 거죠. 가장 많은 사람들이 꿈꾸는 직업을 가지고 있으니 말입니다.

그런데 이런 좋은 통계만 있는 것은 아닙니다. 다소 불명예스러운 것도 있어요. 가장 변화를 싫어하는 직업 1위, 꿈꾸던 삶과 가장 거리가 먼 직업 등 슬픈 결과들도 많이 있답니다. 그리고 제가 막상 교사가 되어 현장에 있어 보니 충분히 이해가 됩니다. 한 가지 분명한 것은 밖에서 바라보는 것과 실제로 안에서 직업인으로 일해 보는 것은 너무나 다릅니다. 생각해 보세요. 청소년들이 가장 희망하는 직업이지만 너무 경쟁률이 높아서 교사가 되기는 쉽지 않습니다. 남자들이 가장 선호하는 배우자인데 막상 학교 현장은 여성 교사가 너무 많아서 남자를 만나기가 쉽지 않습니다. 더욱이 학교 현장에서 가장 중요한 교사와 학생 간의 문화 공유나 의사소통이 쉽지가 않습니다. 그러다 보니 꿈꾸던 삶과 현실의 격차를 크게 느끼는 것이지요.

이렇게 이야기하면 교사가 되지 말라는 말처럼 들릴지도 모릅니다. 하지만 이런 현실을 정확히 알고 충분히 준비하여 교단에 선다면, 세상에서 가장 아름다운 직업이 바로 교사입니다. 가장 좋은 방법은 변화를 잘 이해하는 능력을 키우는 것입니다. 청소년 문화의 변화, 다양한 교육 정보의 변화, 기술의 변화, 시스템의 변화 등에 관심을 가지고 스스로 그 변화를 파악하고 대처하는 힘을 키운다면 충분히 교사가 될 자격이 있습니다. 멋진 미래의 교사들을 기대합니다.

존재발견

2

05 인생의 심장 박동소리

나는 의미 있는 존재인가

우리들의 고민 편지

영등포 Y중학교 3학년 S군은 진로와 관련된 다양한 강의를 듣고는 있지만, 그 어떤 내용도 귀에 들어오지 않는다. 그 모든 아름다운 진로의 성공 사례가 자신과는 상관없는 특별한 친구들의 이야기로만 들렸기 때문이다. 평상시에도 자신감이 없어 보여 선생님의 마음을 안타깝게 했던 S군. 그는 어린 시절 부모님에게서 칭찬보다 꾸중을 많이 들었다. 중학생이 된 지금도 S군은 자신의 존재가 특별할까, 꼭 필요할까 묻곤 한다. 진로 상담 교사의 관심으로 이제 조금씩 자신의 마음을 보고 있지만, 도대체 어디서부터 꼬인 부분을 풀어야 할지 모르겠다.

– 온라인 캠프에 올라온 진로 고민 편지

내 인생의 심장 박동

"선생님, 교빈이가 자기 것을 잘 안 보여 줘요!"

교빈이와 짝을 이룬 친구가 볼멘 소리를 꺼냈다. 그동안의 밝고 쾌활한 교빈이의 모습과는 너무 달랐다. 수업 초반부터 교빈이와 한참을 씨름했다. 교빈이답지 않게 시무룩해하며 활동을 하지 않는 것이었다. 겨우 설득해서 그래프의 내용을 완성했는데, 이번에는 옆 친구와 그 내용을 나누는 활동을 하지 않으려 했다. 이번 활동에서는 교빈이 말고도 내용 공개를 불편해하는 친구들이 더러 있었다.

"이번 활동은 표현의 자유를 존중해 주자. 어떤 친구에게는 이 내용이 민감할 수도 있고, 숨기고 싶을 수도 있기 때문이야. 그러니 원하는 사람만 자신의 내용을 조원들에게 공개하는 것으로 하자. 그럼 먼저 선생님의 내용을 한번 공개해 볼까."

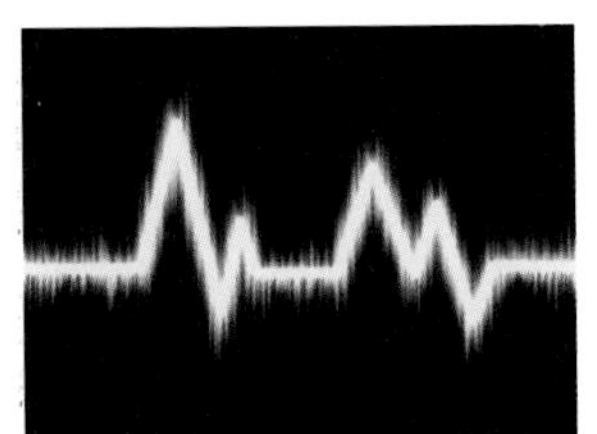

"우잉! 샘, 이건 심장 박동 그래프잖아요!"

"맞아, 심장 박동 그래프다."

"인생 그래프를 보여 주신다더니 웬 심장 박동 그래프래요?"

"비슷하기 때문이지."

심장 박동 그래프처럼 보이는 이미지

몇몇 학생들이 심장박동 그래프라고 말을 꺼낸 뒤, 실제 인생그래프를 보니 정말 비슷했다. 민샘의 인생 그래프는 심장 박동 그래프와 닮았다. 그런데 마우스를 클릭하자 꼭짓점마다 사건 내용이 채워졌다. 이것이 민샘의 인생 그래프였다. 절망과 희망이 끊임없이 교차하는 모습에 학생들은 입을 벌리며 쳐다보았다. 민샘은 자신의 인생 전체가 아니라 중학교 때까지의 그래프만 끊어서 보여 주었다. 학생들이 소화할 만한 정도만 꺼낸 것이다.

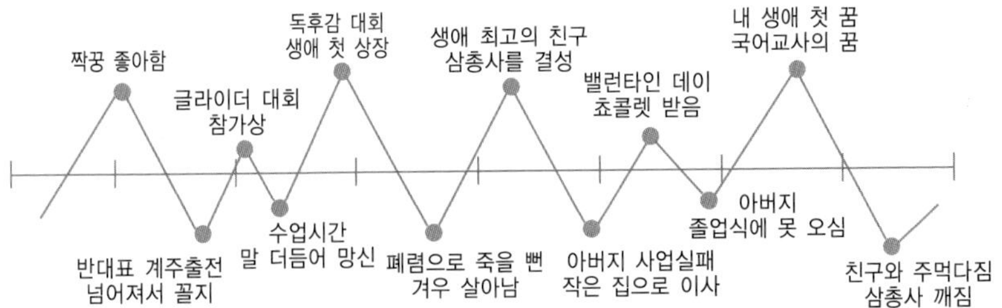

"샘, 파란만장하시네요. 선생님의 학창 시절이 한눈에 보이는데요."

"저랑 비슷한데요. 그럼 저도 나중에 샘처럼 멋진 선생님이 되겠네요!"

교빈이가 오늘 따라 조용하니, 희성이와 상민이가 자주 이야기를 꺼내며 분위기를 이끌어가고 있었다. 어릴 적 말을 더듬었다는 내용을 보는 철만이의 눈이 반짝거렸다. 그런데 좀처럼 교빈이의 표정은 밝아지지 않았다. 선생님의 굴곡 많은 그래프를 보았음에도 교빈이는 자신의 그래프가 여전히 불편한 모양이었다. 민샘은 화면에 있는 그래프에 한 번 더 변화를 주었다. 곡선은 부드럽게 변하고 눈금과 나이가 들어가 그럴 듯한 인생 그래프가 나왔다.

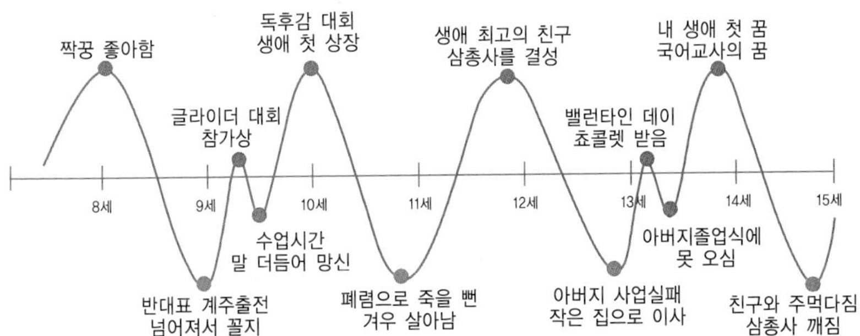

"민샘, 나머지 인생도 보여 줘요. 고등학생 때도 궁금해요!"

"미안하다, 상민아. 이 정도만 봐 주렴. 나머지 내용은 소화하기 어려운 내용도 있단다."

"그래도 보여 줘요! 보여 줘! 보여 줘! 보여 줘!"

학생들이 한 목소리로 민샘을 재촉하였다.

"이런~ 녀석들, 그럼 나머지 부분 중에 고등학교 때의 내용을 소개할게. 선생님은 중학교 학예회 때 대사를 까먹어서 연극을 망친 일이 있었다. 고등학교 체육 대회 때는 단체 줄넘기 예선전부터 번번이 나 때문에 반 전체가 진땀을 뺀 일이 있었다. 결국 체육 대회 당일에 아프다고 학교에 가지 않았단다. 비겁했지. 그런데 실제로 열이 났다. 열이 나게 해달라고 기도했거든. 모든 친구들이 어떤 종목이든 반드시 한 경기 이상 출전해야 하는 학교 전통이 있어서 운동 신경에 저주를 받았던 나는 어쩔 수 없이 줄넘기팀에 들어갔고 친구들은 그런 나를 못 마땅해했다. 그리고 샘은 공부를 열심히 한 만큼 성적이 안 나오는 대표적인 학생이었다. 고등학교 시절 가장 아래에 있는 곡선의 꼭짓점은 좋아하는 여학생에게 고백을 했다가 보기 좋게 퇴짜를 맞은 것이다. 그때 나는 결심했다. 내가 먼저 좋아한다고 말하지 않으리라고. 그래서 그 이후에는 좋아하는 여학생이 있어도 끝까지 고백하지 않았는데, 그 여학생이 샘의 친구와 사귀게 되었고, 나중에 알고 보니 정작 나를 좋아했었다고 한다. 고백할걸 그랬지? 정말 되는 일이 없는 인생이었지. 그래도 중간 중간 희망의 파도가 있단다. 어때? 선생님의 인생 그래프를 보고 나니 혹시 용기가 생기는 사람이 있지 않니?

자, 이제 누가 선생님처럼 자신의 인생 그래프를 한번 소개해 볼까? 강요하진 않을 테니 원하는 사람만 소개하도록 해. 중요한 점은 발표를 하든지 안 하든지 너희들 각자의 인생 그래프는 모두 소중하다는 것이다. 선생님은 너희들의 삶을 있는 그대로 존중한다."

"제가 해 볼게요, 선생님."

승헌이가 손을 번쩍 들었다. 친구들은 똑똑하고 리더십이 있는 승헌이의 그래프는 분명 위쪽의 행복 라인에서 넘실거리는 모습일 거라고 다들 지레 짐작했다. 민샘은 그래프를 다른 친구들이 모두 볼 수 있도록 승헌이에게 동의를 구했다. 그런 뒤 사진을 찍어서 슬라이드 화면으로 크게 보여 주었다. 어렵게 용기를 냈지만 막상 자신의 인생 그래프가 공개되자 승헌이도 다소 부담이 되는 모양이었다. 화면이 열리자, 친구들은 가볍게 탄성을 질렀다. 생각보다 부정적인 곡선이 많았기 때문이다.

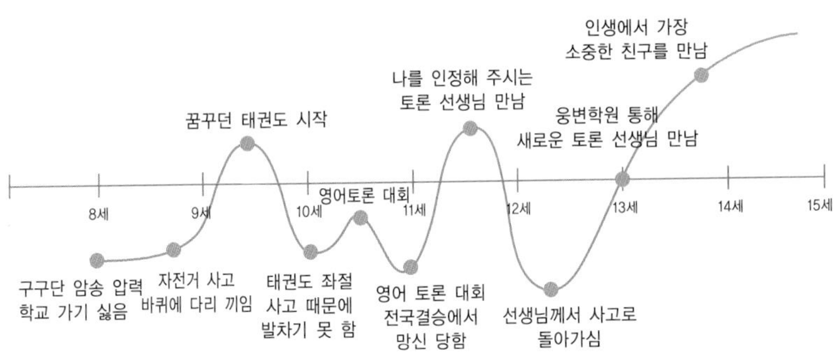

"제 그래프를 보니 놀랍죠? 차도남 저의 그래프라고는 상상이 안 될 거예요. 그려 보고 나서 사실 저도 놀랐어요. 저의 기억은 구구단으로 시작해요. 초등학교에 입학할 무렵 제 주변은 온통 구구단 암기 바람이 불었어요. 저는 아무리 외워도 도저히 구구단이 외워지지 않는 거예요. 그래서 저는 입학과 함께 좌절감을 느꼈죠. 아홉 살엔 아빠가 운전하는 자전거 뒤에 타고 가다가 바퀴에 발이 끼는 사고가 있었어요. 그렇게 꿈꾸던 태권도를 시작했지만, 결국 자전거 사고로 인해 발차기가 잘 되지 않아 구박만 받고 태권도를 그만두게 되었어요. 영어 토론이라는 새로운 가능성을 발견했지만 전국 대회에서 완전 망신을 당했죠."

"어휴~."

승헌이는 담담하게 이야기를 꺼냈지만 어린 시절 뭔가를 시도했다가 거의 실패해 쓴맛을 봐야 했던 기억으로 발표하는 중에 미세하게 목소리가 떨려 나왔다. 친구들도 느꼈는지 간간히 터져 나오는 탄식 소리를 빼고는 숨소리도 들리지 않았다.

"영어 토론 대회에서 망신당한 이후, 다시는 토론 대회에 나가지 않기로 결심했어요. 그런데 4학년 때 학원을 옮긴 이후 저를 정말 아껴 주시던 선생님을 만났고, 다시 토론을 배우고 도전을 시작했습니다. 그런데 저도 모르게 한 가지 불안함이 있었어요. 제가 뭔가를 시작하면 결국 실패로 끝나고 말 거라는 불안함이었죠. 태권도를 시작했지만 다리 때문에 그만두었고, 영어 토론을 시작했지만 망신을 당하고 그만두기도 했죠. 그런데 정말 일어나서는 안 될 일이 벌어졌어요. 저를 그토록 아껴 주시던 토론 선생님이 교통사고로 돌아가신 거예요."

"어휴!"

이후 승헌이는 다른 웅변 학원을 다니면서 새로운 선생님을 만났다고 했다. 그리고 다시 웅변과 토론을 배우면서 리더십을 키워 가고 있는 중이었다. 중학교에 올라오면서 승헌이는 자신의 인생에서 가장 소중한 친구를 만났다고 한다. 우울하기만 하던 승헌이의 인생에 가장 높은 위치에 점이 찍혀 있었다. 친구들은 궁금해했다.

"승헌아, 누구를 만난 것인지 얘기해 줘! 궁금해."

"궁금하다고? 그 사람은 바로 여기 있어."

승헌이의 한 마디가 울리는 순간 친구들의 눈이 다들 휘둥그레졌다. 민샘은 그런 이야기를 하도 많이 들어서 자연스럽게 귀가 열렸다. 학생들에게 소중한 사람으로 여겨진 적이 많았기 때문이었다. 하영이는 애써 담담한 척하고 있지만, 승헌이의 다음 말이 기다려졌다. 혹시 자신의 이름을 부르는 게 아닐까 싶은 기대감이 들자 쑥스러워졌다. 그리고 수희도 자신도 모르게 그런 기대감이 들자 자신의 그런 마음이 불편해졌다. 그런데 교빈이는 고개를 푹 숙이고 앉아 있었다. 교빈이는 중학교에 들어오고부터 승헌이와 친구가 되었다. 다른 친구들 눈에는 리더십이 넘치는 승헌이 옆에 붙어 다니는 교빈이의 존재가 너무 작아 보였다. 교빈이 자신도 그걸 아는지라 '설마 승헌이가 내 이름을 부르지는 않겠지' 라는 생각을 하고 있었다. 마침내 승헌이가 입을 열었다.

"교빈이요……."

"와~!"

승헌이는 오늘따라 유난히 축 처진 교빈이에게 힘이 되어 주고 싶었다. 그렇다고 거짓말을 한 건 아니었다. 승헌이에게는 교빈이가 정말 소중했다. 어쩌면 교빈이 때문에 승헌이가 항상 더 돋보이곤 했는지도 모른다. 교빈이는 중요한 순간마다 승헌이라는 존재를 불러들여 말할 수 있는 기회를 주곤 했다. 그런 교빈이와 함께 지내면서 승헌이는 그 이전의 많은 아픔을 잊고 다시 리더십과 자신감을 회복하게 되었다. 그런데 오늘따라 교빈이의 낙심한 모습을 보니 승헌이도 더 없이 안타까웠다. 승헌이의 말을 듣고 모든 친구들이 교빈이를 향해 박수를 보냈다. 그래도 교빈이는 어색하게 한번 웃을 뿐 도무지 풀리는 기색이 없었다. 승헌이의 발표 이후 조별로 짝을 지어 다른 친구와 내용을 공유하는 시간을 가졌다. 민샘은 교빈이 옆에 앉았다.

나를 바라보는 또 다른 눈

"교빈이답지 않게 이상하네."

"죄송해요."

"불편하니? 그래서 선생님이 얘기했잖아. 어떤 그림이든 다 소중하다고 말이야. 괜찮아."

"처음에는 쓰고 싶지 않았는데……. 에고, 쓰다 보니 너무 자세히 써 버렸어요."

"그래서 친구들과 나누기가 어려웠던 거구나."

"선생님은 볼 수 있을까?"

"아니요……."

이것이 오늘 수업에서 교빈이와의 마지막 대화였다. 결국 교빈이는 그 대답 직후 화장실에 간다고 나가서는 들어오지 않았다. 왜 그랬을까? 그렇게 활달하던 교빈이가 왜 이 수업에서 그렇게 민감하게 반응했을까?

학교 수업이 끝나고 민샘은 교빈이를 기다리고 있었다. 예상대로 교빈이가 상담실로 찾아왔다. 민샘은 교빈이가 올 거라고 믿었고, 교빈이는 민샘이 자신을 기다리고 있을 거라고 믿었다.

"죄송해요, 선생님. 친구들에게도 미안해요……. 그리고 부끄러워요."

"친구들이 걱정 많이 했어. 지금은 좀 괜찮니?"

"아니요. 더 복잡해졌어요, 선생님……."

교빈이는 그 다음 말을 꺼낼 듯하다가 입을 닫았다. 뭔가 결심한 듯 보였다. 민샘은 기다렸다. 왠지 불안한 느낌이 들었다. 그 이야기만큼은 나오지 않았으면 좋겠다고 민샘은 마음속으로 기도했다.

"그만…… 두고 싶어요. 진로 동아리에 다시 못 들어갈 것 같아요. 너무 부끄러워요. 정말 보이고 싶지 않은 부끄러운 모습을 들킨 것 같아 괴로워요."

"그 이야기만큼은 나오지 않으면 좋겠다고 생각했는데…… 결국 나왔네. 교빈아, 선생님은 네 결정을 존중한다. 하지만 지금까지 잘해 왔잖니. 너무 아쉽다. 이제야 본격적으로 시작인데 여기서 그만두는 건 너무 아쉬워. 이유가 뭘까, 선생님한테 말할 수 없겠니?"

"……."

교빈이는 다섯 번째 수업에서 도입 활동으로 진행한 인생 그래프에서 마음이 얼어 버렸다. 자신의 숨기고 싶은 과거를 들켜 버리면 어쩌나 하는 두려움이 밀려들었다. 지금껏 쾌활하게 활동해 온 자신의 모습과는 전혀 딴판인 다른 모습을 드러내야 할 것 같은 수업 내용에 크게 당황한 것이다. 또 그런 자신의 모습을 보고 친구들이 수군거리는 것 같아 하루 종일 괴로웠다. 그래서 마치 아무 일도 없었다는 듯이 예전처럼 밝은 모습으로 진로 동아리 활동을 계속할 자신이 없었다. 고민 끝에 민샘에게 고백하고 진로 동아리를 탈퇴하고 싶다고 했다.

"샘에게 한 번만 기회를 줄 수는 없겠니? 딱 한 달만 시간을 주렴."

"한 달이요?"
"그래, 한 달만 다오. 한 달 동안 샘이 교빈이와 일대일로 수업을 하고 싶다."
"네! 선생님께서 저하고만 따로 수업을 하신다고요. 어떻게?"
"존재 발견과 관련된 이번 한 달간의 수업은 교빈이하고만 따로 진행하겠다는 거야. 그러고 나서도 한 달 후에 진로 동아리를 나가겠다고 하면, 샘도 그땐 잡지 않겠다. 반대로, 한 달 후에 교빈이만 괜찮다면 다시 다른 친구들과 함께 진로 동아리에서 수업을 하는 거다."
"괜찮을까요?"

이렇게 새로운 약속이 이루어져 민샘은 교빈이와 한 달을 더 만나기로 했다. 교빈이는 끝까지 자신을 포기하지 않으려는 선생님의 모습에 가슴이 먹먹해졌다. 그런데 민샘은 궁금했다. 교빈이는 왜 갑자기 태도가 돌변하여 수업 중에 말을 잃고 소심해졌으며, 심지어는 수업을 그만두겠다고까지 했을까? 민샘과 교빈이의 수업은 진로 동아리 교실 수업의 2개월째 내용과 동일하다. 똑같은 내용을 동아리 친구들은 교실에서 함께 진행하고, 교빈이는 민샘의 상담실에서 따로 시간을 잡아 진행하는 차이만 있을 뿐이다. 교빈이를 위한 별도의 수업을 진행할 수도 있었지만 민샘은 두 가지 이유로 동아리와 같은 수업을 진행하기로 결심했다. 첫째는 교빈이가 다시 진로 동아리로 돌아왔을 때 다른 친구들과 똑같은 수업을 진행하는 데에 어려움이 없도록 배려한 것이다. 둘째는 교빈이가 어려움을 겪고 있는 부분을 피해 가지 않고 이를 극복할 수 있도록 돕고 싶었다. 이렇게 하여 민샘과 교빈이 둘만의 존재 발견 수업이 시작되었다.
"와우! 샘 것과 비슷하네. 역동적인 심장 박동이야."
"저도 승헌이처럼 되는 일이 하나도 없었어요. 그래서 기억하고 싶지 않았어요. 이 그래프를 그리는 순간 잊고 있던 슬픔이 다 떠올랐어요. 도대체 왜 이런 활동을 하는지 이해할 수가 없었어요."

"샘이 그 부분을 설명하지 않았구나. 잠깐 기다려라, 교빈아. 일단 중요한 이야기부터 해야겠다. 교빈이의 인생 그래프가 심하게 요동치는 그림으로 그려진 것에 안심해야 한다."

"네! 좋지 않은 쪽으로 굴곡이 심한데 왜 안심하라는 거죠?"

민샘은 교빈이에게 영상을 보여 주었다. 한 사람이 응급 구조 차량에 실려 왔다. 의식을 잃고 심장이 멈춰 간다. 의사는 심폐 소생술을 하고 마지막으로 전기 충격기까지 동원하여 멈춰 가는 심장을 다시 살리려 한다. 심장 박동은 점차 희미해진다. 포기하라는 간호사들의 만류에 의사는 한 번 더 해 보겠다며 전기 충격을 준다. 이대로 죽일 수는 없다며 환자의 가슴을 치면서 절규하는 장면이다. 바로 그 순간 멈춰 있던 심장 박동 그래프가 다시 움직이기 시작한다.

"심장 박동이 활발하다는 것은 살아 있다는 증거이지."

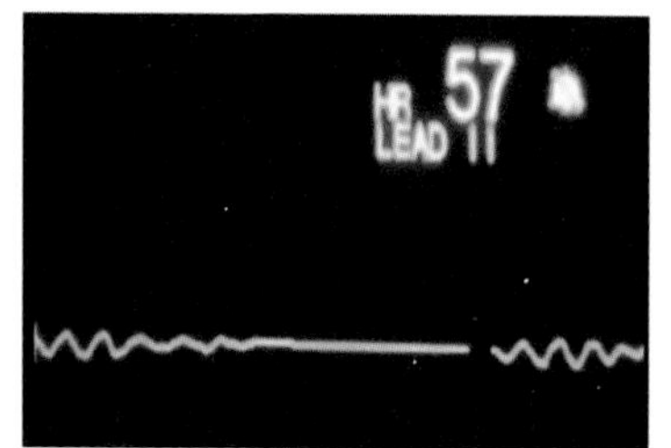

"그런데 정말 궁금해요. 이 활동을 왜 하는 거죠? 존재 발견 프로그램이 진로 찾기의 과정에 왜 들어 있는지 알고 싶어요."

전체 12개월 중에 첫 1개월은 '진로'를 인식하는 과정이었다. 이제 2개월째는 '자신'을 인식하는 과정이다. 보다 정확하게 표현하면 '자기 발견'이라기보다는 '존재 발견'에 가깝다. 이후 3,4개월 차에 배울 내용은 직업의 기초가 되는 '자기 발견'이기 때문에 이번 2개월 차에는 자신을 보다 긍정적으로 바라볼 수 있는 건강한 존재감, 자존감, 그리고 자신감과 같은 특성을 다루게 된다. 이런 과정이 필요한 이유는, 건강한 자기 인식이 없다면 그 다음 과정의 자기 관찰 및 강점 발견이 쉽게 이뤄지지 않기 때문이다.

일대일 수업으로 교빈이는 민샘에게 마음을 열었다.

"교빈이 그래프에는 형 이야기가 많네. 이상한데? 여기 그래프에 형이 대회에서 상을 받았는데 교빈이 그래프는 왜 슬픔 쪽으로 내려와 있는 거니? 여기도 그러네. 어? 그러고 보니 전체적으로 형 이야기가 많구나."

인생 그래프 활동 방법

인생 사건 곡선(Life Event Cycle)으로도 불리는 그래프이다. 맨 오른쪽 척도에 현재의 나이를 쓰고, 가운데 눈금에 나이 구분을 짓는다. 그래프의 위쪽은 긍정적인 감정이 느껴지는 구간이고, 아래쪽은 부정적인 감정이 느껴지는 구간이다. 살아온 과정에서 긍정적인 또는 부정적인 감정으로 기억에 남아 있는 사건이나 이슈를 나이 눈금에 맞춰, 위 또는 아래에 점을 찍으면서 기록한다. 그런 다음 점을 곡선으로 연결하면 인생 그래프가 그려진다.

"제 형은 뭐든 너무 잘해요. 저하고는 반대로 너무 잘난 거죠. 형이 축하받는 날은 제가 부끄러워지는 날이었어요. 늘 형과 비교되는 삶에 지쳤어요."

이제야 이유를 알 것 같았다. 교빈이의 인생 그래프에는 형과의 비교 의식 때문에 아팠던 시절이 고스란히 담겨 있었다. 교빈이가 영원히 덮어버리고 싶었던 그 부분이 오늘 수업 시간에 드러나게 되어서 교빈이는 이전과는 완전히 딴판인 태도로 수업을 거부하게 된 것이다. 덮고 갈 수도 있지만, 언젠가는 또 교빈이의 발목을 잡게 될 이 부분을 민샘은 이참에 명확하게 도와주고 싶었다.

더구나 한 달 뒤부터는 객관적인 자기 발견 탐색이 시작될 것이므로 자신에 대한 건강한 시선이 꼭 필요했다.

"샘, 무슨 공포 영화 포스터 같아요. 목이 없잖아요."

"하하하! 겁먹지 마라. 보다 쉽게 설명하기 위해 일부러 이렇게 표현한 것뿐이야. 바로 이 그림은 앞에서 그려 보았던 인생 그래프와 관련이 있어. 교빈아, 이 두 그림의 차이점을 설명해 볼 수 있겠니? 바로 이 그림을 통해 교빈이의 인생 그래프 보는 방법을 익혀 볼 거야."

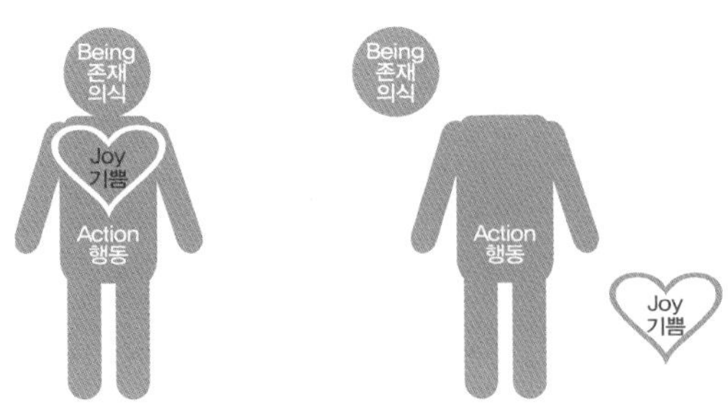

존재 의식 모형

"일단 3개의 단어는 모두 같네요. 그런데 그 중에 2개는 위치가 다르고, 나머지 하나는 같은 위치에 있어요. 존재 의식을 지닌 사람은 기쁨이 마음속에 있고요. 존재 의식이 밖에 있는 사람은 기쁨도 역시 밖에 있어요. 여기까지밖에 모르겠어요."

"교빈이의 인생 그래프에는 긍정 곡선이 많니, 아니면 부정 곡선이 많니?"

"부정 곡선이요."

"주로 어떤 이슈일까? 교빈이가 부정 곡선에 그린 내용들 말이야."

"아까 말씀드렸잖아요. 저는 하는 일마다 안 되는 아이였어요. 그림, 운동, 공부…… 뭐 하나 제대로 하는 게 없었어요. 그런데 형은 그 반대였고요. 그래서 늘 형하고 비교 당하면서 꾸중을 들었어요. 형의 기쁨은 늘 저의 슬픔이었던 거죠."

"여기 하나 이상한 게 있네. 독후감 대회에서 상을 받은 게 왜 부정 곡선에 들어 있지?"

"처음으로 상을 받아서 정말 칭찬을 듣고 싶었어요. 특히 아버지의 칭찬을 원했는데 대수롭지 않게 여기신 거예요. 소가 뒷걸음치다 쥐 잡은 격으로 어쩌다 한 번 받은 거겠지, 하시고 만 거죠. 과연 부모님이 생각하신 대로 저는 그 뒤로 한 번도 상을 받지 못했어요. 그날 상을 받긴 했지만 그게 오히려 제 마음만 더 상하게 해서 부정 곡선에 그려 넣은 거예요."

"휴! 그래서 다른 친구들과 나누기가 어려웠구나. 교빈이는 가족의 칭찬과 꾸중에 따라 기쁨과 슬픔이 교차하는구나. 그리고 주로 슬픔이 많았고……. 그런데 어쩌지? 중요한 게 바뀌지 않으면 교빈이는 계속 이런 인생 그래프를 그리게 될 텐데."

민샘은 교빈이의 인생 그래프와 존재 의식 모형을 함께 설명해 주었다. 스스로의 존재 가치를 충분히 자각하지 못한 상태에서는 주로 외부의 칭찬, 평가, 성적, 비교 우위 등을 통해 기쁨이 만들어진다. 그런 기쁨을 얻기 위해 행동이 일어난다. 문제는 이런 외부적인 자극이 계속 바뀐다는 것이다. 성적이 떨어지거나, 꾸중을 듣거나, 부정적인 평가를 들으면 기쁨이 슬픔으로 바뀌고 행동은 위축된다.

"딱, 제 이야기네요. 국어 샘이 좋아서 국어 공부를 열심히 하다가 국어 샘이 다른 친구를 예뻐하면 화가 나서 국어 공부를 하지 않는 것과 비슷하네요."

"맞다. 그래서 이 구조가 바뀌지 않으면 아무리 열심히 살아도 주변 환경에 따라 마음이 천당과 지옥을 수시로 오가게 된다. 교빈이가 인생 그래프를 보여 주지 않으려 했던 것도 바로 이런 이유 아니겠니?"

"샘! 어떻게 하면 바뀔 수 있을까요?"

"이 그림을 보렴. 자신의 존재 가치를 잘 알고 있다면 외부 평가와 상관없이 자신의 마음속에서 기쁨이 일어난단다. 바로 이런 움직임이 교빈이의 인생 전체에 영향을 주는 거지. 더구나 진로를 찾아가는 과정에서 이렇게 자신을 건강하게 이해하고 인정하지 않는다면 분명 이후의 과정에서 어려움이 나타난다."

"사실 그래요. 만약 직업을 찾는다 해도 다른 친구들의 꿈과 저의 꿈을 비교하게 될 거예요. 많은 사람들에게 인정받는 진로를 찾으려고 제게 맞지 않는 꿈을 꾸게 될지도 모르죠. 샘, 어떻게 하면 저의 존재 가치를 깨닫고 이런 그림으로 변화시킬 수 있을까요? 저는 이렇게 형하고 비교

당하면서 구박만 받고 자라 와서 그런지 제가 형만큼 가치 있는 사람이라고는 생각되지 않거든요."

"그래서 자신의 정체감을 알아야 하는 거란다."

"정체감이요?"

정체감이란?

자아 정체감은 자신에 관한 통합된 관념을 말한다. 자아 정체감의 형성은 자신의 성격, 취향, 가치관, 능력, 관심, 인간관, 세계관, 미래관 등을 어느 정도 명료하게 이해하고 있으며, 그런 이해가 지속성과 통합성을 지닌 상태를 말한다. 이것은 개인의 이상과 행동 및 사회적 역할을 통합하는 자아의 기능에 의해서 이루어진 결과이다. 유아기의 특정한 반응이나 거울에 비친 자신의 모습에 대한 인식 등에서 관찰될 수 있는 신체에 대한 지각, 유아기에 나타나는 '나'라는 대명사 사용과 도전적 태도 및 특정한 역할 수행 등에서 최초로 자아 출현이 나타난다.

"이제부터 다시 인생 그래프를 그려 보는데, 아까와는 다른 그림이다. 다른 사람의 평가, 칭찬, 질책 같은 외부 요소들은 모두 빼고, 교빈이가 스스로 이루어 낸 내용을 쓰고 다시 한 번 인생 그래프를 그려 보는 거지. 그리고 다른 사람의 부정적인 평가를 빼고 스스로 이루어 내지 못한 부분만 부정 곡선에 표시하자.

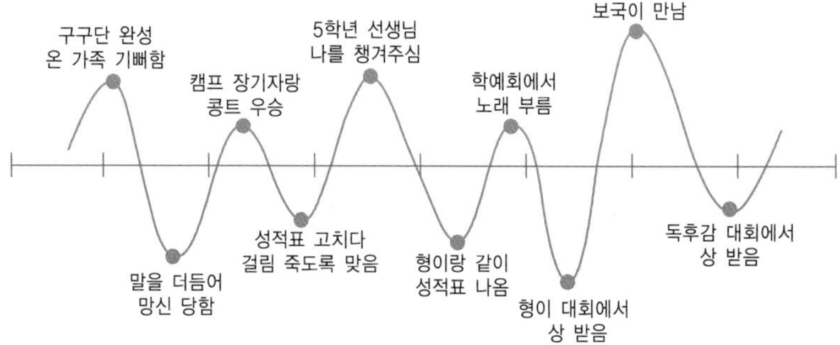

그러자 신기한 일이 벌어졌다. 분명 같은 사람의 같은 인생을 그린 것인데, 그 내용이 확연히 달라졌다. 가만 생각해 보니 위쪽에 적을 만한 게 몇 가지 떠올랐다. 갑자기 교빈이의 표정이 조금씩 밝아지는 게 한눈에 보였다. 그림 하나를 통해 자신을 바라보는 눈이 바뀌니 자신의 인생을 바라보는 해석도 바뀐 것이다.

실패도 하나의 과정일 뿐

15세에 집을 잃고 길거리로 쫓겨남. 23세에 사업 실패. 24세에 주 의회 선거에서 낙선. 25세에 사업 파산(이 빚을 갚기 위해 17년간 고생했음). 26세에 약혼자 갑작스런 사망. 28세에 신경 쇠약으로 입원. 30세에 주 의회 의장직 선거에서 패배. 32세에 정 · 부통령 선거위원 출마 패배. 35세에 하원 의원 선거 낙선. 36세에 하원 의원 공천 탈락. 40세에 하원 의원 재선거 낙선. 47세에 상원 의원 선거 낙선. 48세에 부통령 후보 지명전 낙선(100표 차). 50세에 상원 의원 출마 낙선.

"누구를 얘기하는 걸까?"
"누군지 모르겠지만 정말 되는 일이 하나도 없군요. 만약 제가 옆에 있었다면 정치 쪽으로는 아예 꽝이라며 말렸을 텐데요."
"에이브러햄 링컨 대통령이야."
"네? 저, 정말이요? 그런데 어떻게 대통령이 됐어요?"
이처럼 27번이나 연속으로 실패를 겪은 그는 다름 아닌 '미국 역사상 가장 위대한 대통령'으로 존경받는 에이브러햄 링컨이다. 링컨이 실패를 거듭하자 그의 친구들은 칼이나 면도날 같은 모든 위험한 물건들을 그의 주변에서 다 치워 버렸다고 한다. 혹시 자살할까 봐 걱정한 것이다. 그러나 링컨은 낙선 결과를 접하자마자 곧바로 식당으로 달려간다. 그리고는 배가 부르도록 실컷 먹는다. 그 다음 이발소로 가서 머리를 곱게 다듬고 기름도 듬뿍 바른다.
"이제 아무도 나를 실패한 사람으로 보지 않을 것이다. 왜냐하면 난 곧바로 또 시작했으니까. 배가 든든하고 머리가 단정하니 걸음걸이가 곧을 것이고 목소리는 힘이 넘칠 것이다. 내 스스로 다짐한다. 다시 힘을 내자, 에이브러햄 링컨!"

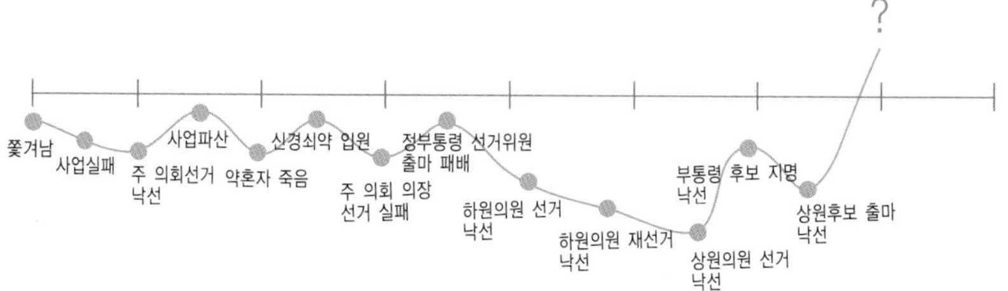

이것이 그의 역사이다. 그의 역사를 그래프로 정리한 것이다. '실패의 역사' 를 그려 보는 것은 말할 수 없는 감동을 준다. 당시에는 죽을 만큼 힘들었으나 그 시기를 지나 돌아보는 것은 살아남은 사람의 '아름다운 특권' 이다.

인생 그래프를 그리는 작업은 전체를 보는 안목을 키워 준다. 또 반복된 특정 경험에 사로잡힌 좁은 시야를 활짝 열어 넓게 틔워 준다. 단순한 경험과 지식을 넘어 통찰과 지혜의 문을 활짝 열어 준다. 실패 그 자체보다도 실패를 어떻게 해석하느냐가 중요한 것이다.

"마지막 물음표는 뭐예요?"

"뭘까?"

"대통령이 되는 거겠죠?"

"물론이다. 실패를 실패로 보지 않고, 과정으로 인식하는 사람은 결국 꿈을 이루게 된다. 자, 이제 분석의 단계로 들어가 보자."

"분석이요?"

"그래, 분석! 더 잘게 쪼개서 구체적인 교빈이의 인생 포인트를 찾아보는 거야. 숨겨진 보석을 찾는 거지."

"어떻게요?"

"샘이 예전에 가르쳤던 학생의 인생 분석 그래프를 보여 주지."

인생 분석 그래프 활동

인생 그래프에 기록한 이슈 중에 그래프가 크게 바뀌는 사건을 찾아서, 그 사건에 담긴 의미와 깨달음을 분석한다. 이 활동을 통해 자신이 살아온 과정 속에 숨겨진 다양한 가치를 긍정적으로 바라보게 되고, 실패 속에서도 교훈과 강점을 찾아낼 수 있도록 훈련한다. 이로써 자신의 과거를 긍정적으로 바라보게 되고, 그로 인해 현재의 자신을 따뜻하게 인식하도록 돕는 활동이다.

이제 보다 깊이 들어가 보자. 인생의 구체적인 상황 속에서 자신이 발견하게 된 깨달음과 강점 및 수행 역량을 찾아보는 과정이다. 상황이나 대상을 쪼개어 생각하는 것을 '분석' 이라고 한다. 즉, 자신이 성장하는 과정에서 발생한 핵심 사건과 이슈에 대해 세부적인 환경, 대상, 입장, 결과, 행동, 원인, 성찰 등으로 나누어서 분석한다. 이 과정을 통해 자신이 자라면서 습득했던 세부적인 성찰과 역량을 다시 한 번 돌아보고, 그러한 강점을 심화시킨다.

	제목	상황	입장	행동	결과	숨은 배경	깨달음
1	체육 대회	초등학생 반 대표로 이어달리기	두렵고 떨림	학교 끝나고 달리기 연습	청팀 우승에 기여함	밤마다 엄마를 만나러 시장에 뛰어가던 습관	나에게도 잘하는 것이 있다는 확신
2	물건 훔침	슈퍼마켓, 문방구에서 훔치다 잡힘	문제의식 없이 물건을 훔침	잘못을 뉘우침	경찰서에 끌려감. 아버지에게 맞음	다른 친구들에 대한 열등감	열등감보다 수치심이 더 무섭다는 사실
3	진로 고민	롤모델을 만남	축구 선수의 꿈을 꾸며 설렘	정말 내가 할 수 있는 직업에 대해 고민	축구 선수의 꿈을 처음 접게 됨	축구 선수는 실제로 어렵다고 판단	막연한 꿈 대신 현실적인 꿈을 찾기 시작
4	대학 입학	입학 원서를 작성하는 시기의 학교	축구 선수를 접고, 체육 교사 목표	체육 교사가 되기 위한 모든 준비	부모님과 담임이 나의 목표를 인정	운동에 대한 소질과 가르침에 대한 꿈	꿈과 현실적 안정감의 절충점을 찾음

인생 분석 그래프

"예를 들어서 이 친구의 초등학교 체육 대회를 볼까. 어떤 환경이었지?"
"초등학생 대표로 이어달리기를 했어요."
"마음이 어땠을까?"
"무척 떨렸나 봐요."
"결과는 어때?"
"팀의 우승에 기여를 했어요. 와우! 좋았겠는데요."
"그러한 결과를 얻기 위해 어떤 행동을 했다고 나와 있니?"
"학교 끝나고 달리기 연습을 했대요."
"또 다른 도움이 되었던 원인은 없니?"
"밤마다 엄마를 만나러 시장에 뛰어간 게 도움이 되었나 봐요. 왜 밤마다 엄마를 만나러 시장에 가죠?"
"이 친구 엄마가 시장에서 야채 장사를 하셨거든. 이제 다 되었네. 그럼 마지막으로 이 친구가 이 사건을 통해 깨달은 자신의 강점은 무엇일까?"
"나에게도 분명 잘하는 것이 있다는 확신이 생겼다고 해요."
"어때? 처음에는 어려워 보였지만 막상 하나씩 풀어 가다 보니 긍정의 힘이 보이지? 이제 교빈이의 인생 분석 그래프를 한번 그려 볼까?"
"네?"
"걱정하지 마. 집에 가서 한번 해 봐. 부담 갖지는 말고."
민샘은 교빈이에게 분석 과제를 꼭 해야 한다고 말하지 않았다. 그리고 CD 한 장을 선물로 주었다.

나의 존재 의미 모형 그리기

교빈이가 본 존재 모형 그래프 2개를 참고로 자신의 존재 모형을 생각해 봅니다. 왼쪽의 모형과 오른쪽의 모형 중에 자신에게 가까운 것을 그려 봅니다. 만약 오른쪽의 모형을 선택했다면, 자신의 행동을 만드는 자극이 내면이 아니라 외부에 있다는 것을 의미합니다. 어떤 환경에 따라 주로 자극이 되는지 써 주세요. (예: 칭찬, 꾸중, 인정, 평가 등)

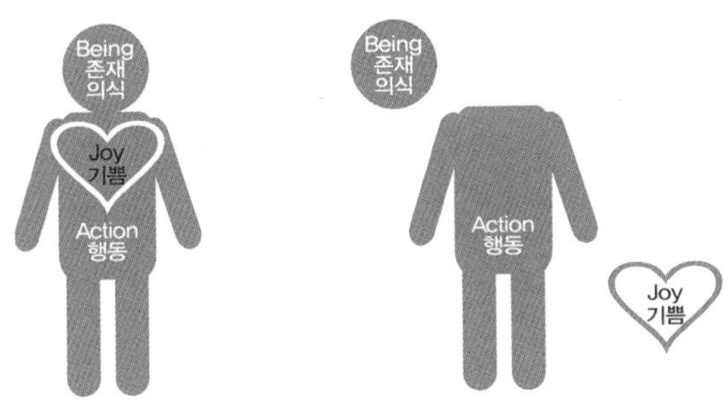

위의 존재 모형을 보고 자신의 마음이 가까운 쪽을 선택하여 그렸다면, 그 그림을 보며 자신의 과거와 현재를 간단히 돌아보며 기록합니다. 그리고 앞으로의 다짐을 해 봅니다.

내친구 포트폴리오 살짝 엿보기

나의 존재 의미 모형 그리기

교빈이가 본 존재 모형 그래프 2개를 참고로 자신의 존재 모형을 생각해 봅니다. 왼쪽의 모형과 오른쪽의 모형 중에 자신에게 가까운 것을 그려 봅니다. 만약 오른쪽의 모형을 선택했다면, 자신의 행동을 만드는 자극이 내면이 아니라 외부에 있다는 것을 의미합니다. 어떤 환경에 따라 주로 자극이 되는지 써 주세요. (예: 칭찬, 꾸중, 인정, 평가 등)

나의 존재 모형

위의 존재 모형을 보고 자신의 마음이 가까운 쪽을 선택하여 그렸다면, 그 그림을 보며 자신의 과거와 현재를 간단히 돌아보며 기록합니다. 그리고 앞으로의 다짐을 해 봅니다.

나는 오른쪽 존재 모형의 삶을 살았다. 내 모습을 보며 나는 행복을 느낀 기억이 많지 않다.
그러다 보니 자꾸 주변의 눈치를 보며 살았다. 부모님께 칭찬받는 것이 나에게는 꿈이었고,
친구들 틈에 끼어서 행복을 찾으려 했다. 늘 사람들의 말과 나를 바라보는 눈빛에 심장
이 뛰고, 희망과 절망을 오가며 살았던 것 같다.
중요한 것은 내가 어떤 사람인지 이해하고, 바로 거기서 나의 행복을 찾는 것임을 깨달았다.
지금부터 나는 주변의 눈치를 보는 삶이 아니라 스스로를 믿는 떳떳한 삶을 살 것이다.

내 인생의 감정 그래프

교빈이의 인생 그래프를 참고하여 자신의 인생 그래프를 그려 봅니다. 먼저 나이 구간을 그리고 위쪽에는 긍정적인 감정을, 아래쪽에는 부정적인 감정을 그립니다. 해당 나이 또래의 특정한 감정이 발생하는 이슈에 점을 찍고 내용을 기입한 뒤, 그 점들을 선으로 부드럽게 연결하면 됩니다.

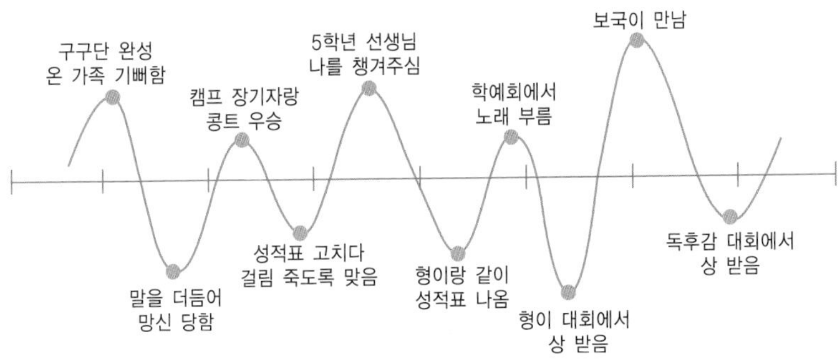

내친구 포트폴리오 살짝 엿보기

내 인생의 감정 그래프

교빈이의 인생 그래프를 참고하여 자신의 인생 그래프를 그려 봅니다. 먼저 나이 구간을 그리고 위쪽에는 긍정적인 감정을, 아래쪽에는 부정적인 감정을 그립니다. 해당 나이 또래의 특정한 감정이 발생하는 이슈에 점을 찍고 내용을 기입한 뒤, 그 점들을 선으로 부드럽게 연결하면 됩니다.

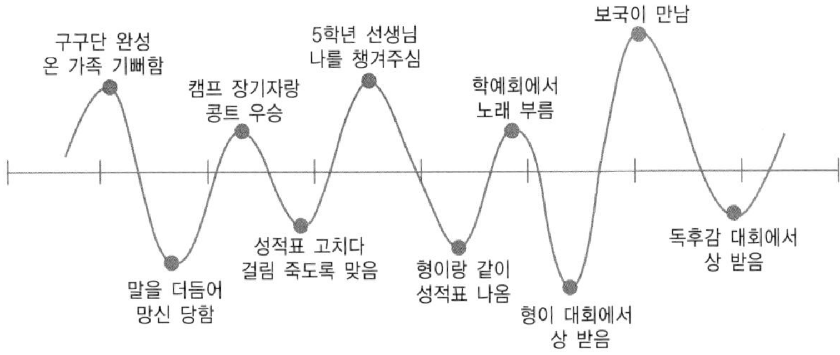

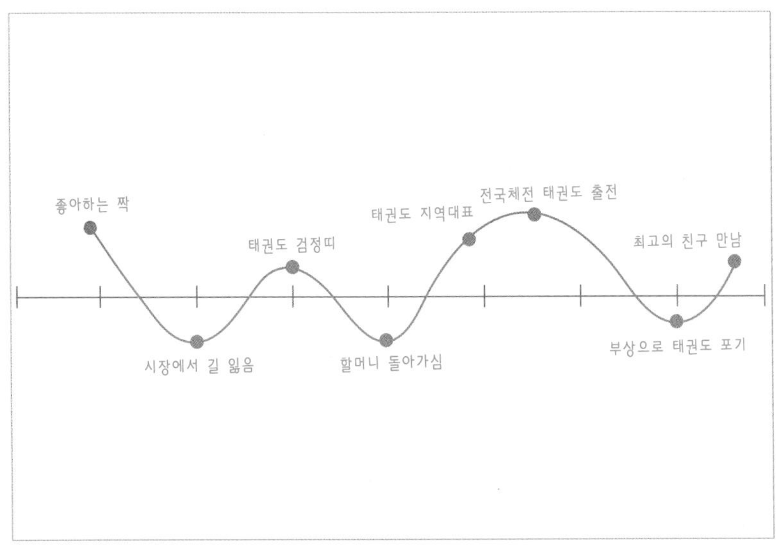

생생! 직업인 이야기

장애를 바라보는 따뜻한 시선이 먼저 필요해요

특수학교 교사

특수학교 교사라는 직업을 알고 있나요? 많은 청소년들이 그냥 '교사'를 희망하지만 교사 안에도 다양한 직종이 있다는 것을 알 필요가 있답니다. 그 중에서도 가장 높은 에너지와 준비가 필요한 것이 바로 특수학교 교사입니다. 이는 신체적(청각, 시각, 지체부자유) 장애 또는 정신적(정신 지체) 장애를 가진 학생들을 가르치는 교사를 말합니다. 듣기만 해도 힘들겠다는 생각이 들지요? 막연히 교사를 꿈꾸면서 높은 경쟁률 앞에서 좌절하기보다는 다양한 시각으로 교사의 영역을 바라볼 필요가 있습니다. 특히 장애인에 대한 인식, 제도 등이 많이 바뀌고 개선될 것이기에 특수학교 교사도 분명 눈여겨볼 필요가 있답니다.

그런데 특수학교 교사에게는 좀 다른 특별한 무언가가 요구됩니다. 그것은 바로 장애를 바라보는 따뜻한 시선입니다. 만약 공부를 많이 하고 임용고시에 수석으로 합격을 했다 할지라도 장애를 바라보는 데 선입견이 있다면 능력과 무관하게 어려움을 겪을 수 있습니다. 장애를 가진 사람들의 90퍼센트 이상은 후천적 장애입니다. 사고나 질병을 통해 장애가 되는 경우이죠. 즉 누구나 장애를 가질 수 있다는 인식, 그들도 모두 소중한 존재라는 확신이 먼저 필요합니다. 만약 이런 마음을 가진 학생이라면 꼭 학교에서 교사 신분으로 만나고 싶습니다. 한번 꿈꿔 보세요!

06 너는 아주 특별하다

나는 차이를 인정하는가

우리들의 고민 편지

안동에 사는 중학교 2학년 G양은 진로에 관한 강의, 캠프, 수업 그 어떤 것도 쉽게 받아들이지 못한다. 유난히 말수가 없던 G양은 쉽게 생각을 꺼내지 못하는 어려움이 있다. 그 이유는 비교 의식 때문이다. 습관적으로 남과 자신을 비교하고 자신의 부족함에 대해서 자책하며 살아왔다. 말하기, 공부, 운동 그 어떤 것도 남보다 잘하지 못한다고 여기다 보니 진로에 대한 그 어떤 긍정적인 조언도 안 먹힌다.

– 온라인 캠프에 올라온 진로 고민 편지

"교빈아, 선생님이 준 CD 내용 다 보았니?"

"네, 아주 감동적인 내용이었어요. 정말 많은 사람들이 나오던데, 그 사람들 모두 하나같이 불행으로 시작하여 행복으로 바뀌는 이야기였어요. 보면서 답답하기도 했지만 그래서 더 감동적이었어요."

"그런 감동적인 이야기가 교빈이와는 무슨 상관이 있을까?"

"글쎄요. 그냥 좋은 내용이니까 도움은 되겠죠."

"CD에 들어 있는 24명의 인물 이야기에는 몇 가지 공통점이 있다. 그 공통점이 바로 교빈이에게 필요한 부분이고, 그 내용은 지난 시간의 수업과 이번 시간의 수업을 연결해 주는 다리 역할을 한다. 그렇다면 공통점을 찾아야겠지?"

민샘은 24명의 이야기가 담긴 24장의 카드를 내밀었다. 영상을 통해 살핀 내용이 카드에 고스란히 정리되어 있었다. 영상을 통해 보았던 이야기가 다시 생각났다. 정말 인생의 불행을 온몸으로 간직하고 살아야 했던 24명의 사람들이었다. 교빈이가 보기에는 도저히 희망이 보이지 않는 사람들이었다. 그런데 이러한 사람들의 이야기가 과연 교빈이 자신과 무슨 관계가 있는지 아직 답이 떠오르지 않는다.

"24개의 카드를 다시 훑어보면서 2개의 그룹으로 나눠 보자. 기준은 교빈이가 정하는 거야. 그런데 설마 남자와 여자로 구분하지는 않겠지?"

'살아 있는 사람과 죽은 사람? 아냐, 카드로만 보아서는 알 수 없는 기준이야.'

이리저리 카드를 옮기더니 결국 2개의 그룹으로 만들어 놓았다. 진로 동아리의 특성을 살려서 직업군을 기준으로 나눈 것이다. 왼쪽에는 일반 직업군을 모았고, 오른쪽에는 음악 관련 직업군을 모았다. 나름 의미가 있었다.

"그런데 왼쪽에 있는 '강원래' 씨는 잘못 놓은 거 아닐까? 이 사람은 가수잖아."

"물론 사고를 당하기 전에는 가수였죠. 그런데 지금은 가수인지 모르겠어요. 그래서 왼쪽에 두었어요."

"알겠다. 그럼 동아리 친구들이 구분한 것을 보여 줄까?"

"네! 그 친구들도 같은 활동을 했어요?"

"그래, 교빈이는 혼자 수업을 하니 아마도 친구들이 함께 토론하는 것만큼의 힘을 내기는 어려울 거야. 그래서 친구들이 만든 결과를 바로 보여 주는 거다. 섭섭해하지는 말아라."

"섭섭한 게 아니라 동아리 얘기가 나오니까 마음이 복잡해서요."
민샘은 교빈이가 구분해 놓은 카드를 다시 이리저리 옮겨서 새로운 그룹을 만들었다. 그 모습을 본 교빈이는 도무지 어떤 기준으로 나누고 있는지 이해가 되지 않았다.

24명을 다시 왼쪽과 오른쪽으로 구분해 놓았다. 교빈이는 그 구분의 기준을 쉽게 찾지 못했다. 처음에는 불행으로 시작했다가 결국 불행을 극복하고 꿈을 성취한 사람들이라는 기본적인 공통점 외에 다른 정보를 찾는 데는 한계가 있었다.
생각이 막히다 보니 자꾸 동아리 친구들이 떠오르는지 마음의 변화가 표정으로 보인다. 하영이나 승헌이, 찬형이, 철만이라면 분명 기준을 찾아냈을 것이라고 생각하는 것 같다. 민샘은 하나의 그래프를 추가로 보여주었다.

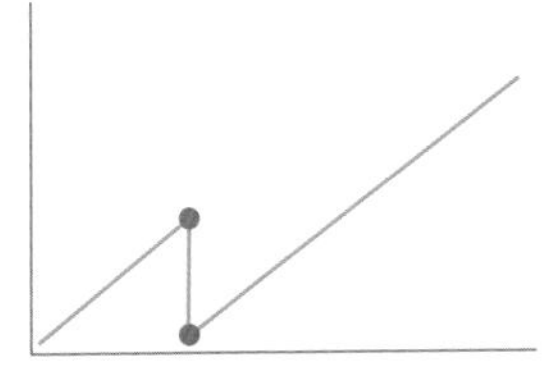

"괜찮다. 선생님이 이야기해 줄게. 왼쪽 카드의 사람들은 태어날 때부터 장애의 한계를 가지고 태어났다. 반면에 오른쪽 카드에 등장하는 사람들은 살면서 장애를 얻게 되었다. 그러니까 선천적인 장애와 후천적인 장애 그룹으로 나눈 것이다. 자, 그러면 다음 그래프는 왼쪽과 오른쪽 카드 중 어느 쪽을 의미할까?

그리고 그래프에 보이는 2개의 변곡점, 즉 방향이 바뀌는 2개의 점은 과연 무엇을 의미할까?"

"오른쪽 카드요."

"왜 그렇게 생각하지? 그리고 2개의 점은 각각 무엇을 의미하니?"

"위의 점은 장애를 갖게 된 순간을 말하고요. 아래의 점은…… 글쎄요. 최악의 상황?"

"잘 보았다. 그런데 아래의 점은 보기에 따라 다를 수 있어. 최악의 상황은 맞지만 또 다른 면을 볼 수 있지 않을까?"

"바닥을 치고 올라가고 있어요. 새로운 희망을 발견한 게 아닐까요?"

"정확하다. 바로 그거야. 터닝 포인트!"

"터~닝 포인트요?"

"인생의 방향이 송두리째 바뀌는 변화의 출발점을 말한다. 단어 자체도 방향이 바뀌는 지점이라는 뜻이야."

"인생의 방향이 바뀐다는 게 무엇이죠?"

"그것은 교빈이가 이 카드들을 통해 찾아야 해. 24명은 모두 결정적인 변화가 있었기에 불행을 딛고 꿈을 성취하는 삶을 살게 되었다. 바로 그 변화의 시작은 무엇이었을까? 이것이 오늘 수업의 핵심이다."

서로 다르다는 건 아름다운 차이

"대부분 신체적인 장애가 있는데요. 그 장애가 사라진 것은 아니에요."

"그렇지."

"그렇다면 답은 나왔는데요. 새로운 기회를 만나요."

"예를 들면?"

"조엘은 자신을 그렇게 만든 트럭 운전수를 용서했고요. 강영우 박사는 미국으로 건너갔어요. 에블린 글레니는 북을 치는 친구의 모습에 반하여 드러머의 인생을 꿈꾸기 시작해요."

"기회를 만나기 전의 상황은 어땠는지 기억나니?"

"네, 오스틴은 전신 화상으로 얼굴이 괴물처럼 일그러졌고요. 강영우 박사는 앞이 안 보였어요. 글레니는 음악을 하는 데에 가장 중요한 귀가 들리지 않았어요."

"기회가 먼저 생긴 것일까, 아니면 생각이 먼저 바뀐 것일까?"

"음…… 생각이 먼저 바뀌지 않았을까요? 생각이 바뀌지 않으면 기회가 보이지도 않았을 테니까요."

"생각이 어떻게 바뀐 것일까? 자신의 모습을 타인과 비교했을 때 너무나 부족하다고 느꼈을 텐데 말이야."

"야~ 여기가 마지막 관문 같은데요. 잘 맞혀야 할 텐데……."

교빈이의 발랄한 표정과 장난스러운 표현이 조금씩 살아나기 시작했다.

"자신의 장애를 받아들인 거요!"

"바로 그거다, 받아들인 거! 그런데 받아들인다는 것이 무슨 뜻인지 알고 말한 거니?"

"네? 받아들인다는 것은…… 글쎄요. 아~ 이럴 때 승헌이가 있었다면 떠넘겼을 텐데……."

"어렵지? 그럼, 이 영상을 보면서 '받아들인다는 것'의 개념을 생각해 보자."

맥스 루케이도가 지은 『너는 특별하단다』에는 '펀치넬로'라는 나무 인형이 등장한다. '엘리'라는 목공이 만든 '웸믹'이라는 나무 인형들의 이야기이다. 인형들이 마치 사람처럼 생활을 하는데, 그 속에서 유독 적응을 못하는 펀치넬로가 존재감을 찾아가는 내용이다. 이 이야기는 많은 이들에게 사랑을 받았다. 연극으로도 만들어졌고, 애니메이션 시리즈도 DVD로 구입하여 볼 수 있다. 이 이야기가 많은 부모들과 아이들에게 공감을 주는 이유는, 그 좌충우돌 캐릭터를 우리 주위에서도 흔히 볼 수 있고, 어쩌면 나 자신의 모습이기도 하기 때문이다. 다른 인형들은 한 가지 이상의 재능이 있어서 칭찬 받으며 사는데, 유독 펀치넬로만 도무지 잘하는 것이 없다. 한번 밉상이 되면 하는 일마다 다 미워 보이게 마련이다. 펀치넬로가 딱 그 꼴이다. 실수를 연발하고 걸핏하면 넘어지는가 하면 다른 사람의 일을 망치기 일쑤이다. 칭찬받을 일이라곤 하나도 없다. 다른 인형에게 자신의 재능을 칭찬받으려고 늘 기웃거리지만 그 행복한 무리 속에 끼어들지 못하고 외딴집에서 혼자 살아간다.

이야기 후반에 펀치넬로는 자기를 만든 목수 엘리를 만나 자기는 형편없고 쓸모없는 존재라고 하소연한다. 그러자 엘리는 펀치넬로의 존재 의식을 깨우쳐 주고 분명히 필요한 존재라고 격려한다.

"교빈아, 펀치넬로의 가장 큰 슬픔은 무엇이었을까?"

"다른 친구들과는 달리 자신은 제대로 하는 게 하나도 없다는 사실요."

"그렇지. 뭔가를 잘할 때는 별을 붙여 주고 못할 때는 점표를 붙이는데, 펀치넬로는 다른 웸믹 인형들과는 달리 온 몸에 점표가 가득했지. 어때? 이쯤 되면 교빈이의 마음과 조금 비슷하지?"

"비슷한 게 아니라, 바로 제 이야기인데요."

"그럼 여기서의 별표나 점표는 무엇을 의미할까?"

"칭찬이나 꾸중이겠죠."

"그런데 이상하지 않니? 루시아라는 여자 인형은 왜 아무런 스티커가 몸에 없었지?"

"그 비밀은 이야기의 끝에 나오는 것 같아요. 펀치넬로가 뭔가를 깨닫는 순간, 자신의 몸에 붙어 있던 점 스티커가 하나씩 떨어져 나갔거든요."

"그래, 펀치넬로는 무엇을 깨달았을까?"

"음…… 모두 다르다는 것, 다르게 만들어졌다는 것, 그렇기 때문에……."

"그렇기 때문에……."

"음…… 같은 기준으로 비교할 수 없다는 것!"
"빙고!"
"그래서 책 제목이 『너는 특별하단다』였구나! 알겠어요. 자신의 존재가 특별하다는 것을 깨닫기 위해서는 자신이 다른 사람과 다르다는 것을 인정해야 해요."
"자, 그럼 아까 하던 얘기를 마저 해 볼까? 24명의 사람들은 자신의 모습을 받아들이는 순간 인생의 터닝 포인트를 경험했다고 했지. 여기서 받아들인다는 것의 뜻을 얘기하다가 말았잖니."
"이제 알 것 같아요. 자신의 모습을 있는 그대로 받아들인다는 것은 자신과 다른 사람의 차이를 인정한다는 것이에요!"
"하하하, 드디어 깨달았구나, 나의 제자여!"
"샘, 동아리 수업에서는 이 부분을 누가 맞혔어요?"
"누가 맞혔을 것 같니?"
"철만이 아닐까요?"
"허참, 그 녀석 이젠 돗자리 깔아도 되겠다."

지난 5주차에 자신의 인생 그래프를 그리면서 자신의 현재를 만들어 준 성장 과정을 이해하고, 그 성장 과정을 다른 눈으로 보는 작업은 '정체성'을 형성하는 중요한 수업이었다.
이번 6주차에는 자신을 긍정적으로 바라보는 과정에서 가장 큰 방해가 되는 '비교 의식'을 넘어서는 방법을 다루고 있다. 타인과의 비교 속에서 자신을 보는 것은 늘 피곤하고 불안한 롤러코스터를 타게 만든다. 이를 넘어서려면 자신의 모습을 있는 그대로 받아들여야 한다. 바로 자신이 타인과 다르다는 점을 인정한다는 것이다. 이러한 깨달음이 있어야 비로소 자신을 인정하고 사랑하게 되는데, 이것이 바로 '자존감'이다. 이번 수업은 이러한 자존감을 다뤘다.

자존감이란?

자존감은 자아 존중감(self-esteem)을 말한다. 자아 존중감은 자신을 존중하고, 자신을 존경하며, 자신을 인정하는 태도를 말한다. 이는 자기 자신을 가치 있고 긍정적인 존재로 평가하는 개념이다. 자아 효능감이 특정한 과제 극복에 대한 자기 자신의 기대 수준에 따라 달라질 수 있다면, 자아 존중감은 자기 자신에 대한 보다 광범위하고 포괄적인 긍정 또는 부정적인 평가를 의미한다. 일반적으로 자아 정체감과 자아 존중감은 혼용해서 사용하기도 하며, 자아 존중감은 자아 정체감의 영역에서 평가의 측면을 강조한 특별한 유형으로 설명되기도 한다.

"희망의 이름을 새기고 싶다"

이승복
(재활전문의)

- 18세, 올림픽 체조 대표 꿈나무
- 경추 마비, 평생 휠체어 신세
- 상황을 원망하지 않기로 결심
- 조무사에게 소개받은 책 한 권
- '하워드 러스크 박사의 자서전'
- 뉴욕대, 콜럼비아대, 하버드 의대
- 존스 홉킨스 재활의학 수석전문의

"이제 저를 사랑할 수 있어요"

이지선
(상담전문가)

- 이화여대 유아교육과 4학년 때 사고
- 보스턴대학교대학원 재활상담학
- 타인의 잘못, 자신의 불행, 해석
- 죽음 앞 "여기가 끝은 아니다"음성
- 눈썹과 털의 소중함을 깨닫다
- 고난이 준 축복을 바꾸지 않겠다

"이제 구체적으로 자아 존중감의 단계를 알아보자. 2개의 카드에 나오는 인물을 보렴. 공통점이 보이니?"

"사고를 당해서 인생의 꿈이 송두리째 사라져 버렸어요. 더구나 그 이전의 꿈이 너무나 아름다운 것이에요."

"그렇지. 너무 아름다운 꿈이었기에 절망이 더 깊었겠지. 그런데 교빈아, 솔직하게 이런 상황에 처하게 되면 어떤 마음이 들까?"

"포기하고 싶을 거예요."

"맞다. 선생님이라도 그런 마음이 들었을 거야. 그런데 우리가 앞서 이야기를 나눴듯이 이 사람들은 어떤 태도를 보였지?"

"받아들였어요. 바꿀 수 없는 그 상황을 그대로 인정했어요."

"그래, 그렇게 인정했을 때 어떤 일이 벌어졌지?"

"기회가 찾아왔어요."

"이승복에게는 어떤 기회가 있었니?"

"간호조무사가 소개해 준 책 한 권이 인생을 바꾸었어요."

"한번 정리해 볼까. 우선 차이를 인정했고, 인정하는 순간 기회가 보였다는 거지."

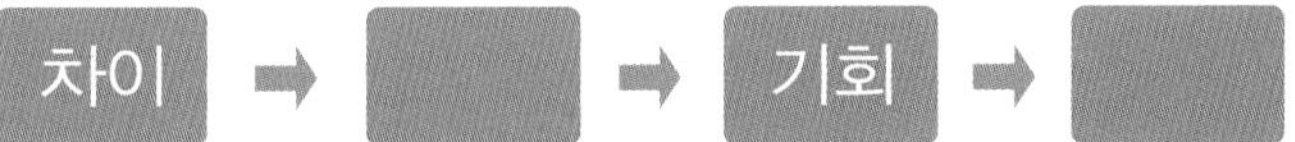

민샘은 4장의 카드를 융판에 붙였다. 2장의 카드에는 '차이'와 '기회'라는 단어가 이미 들어 있다. 다른 사람과의 차이를 인정하는 순간 새로운 기회가 보인다는 흐름이다. 그런데 바로 그 사이에 2개의 카드가 더 연결되었다. 교빈이는 깊은 생각에 잠겼다. 과연 무엇일까? 다시 이승복과 이지선의 카드를 만지작거리며 생각에 잠겼다. 하지만 쉽게 떠오르지 않는다. 민샘은 다른 인물 2명을 더 공개했다.

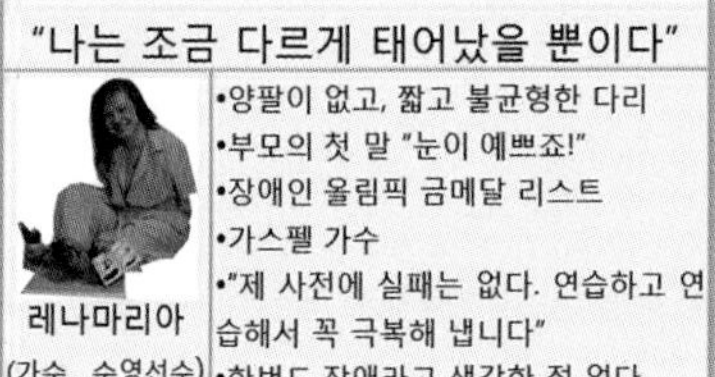

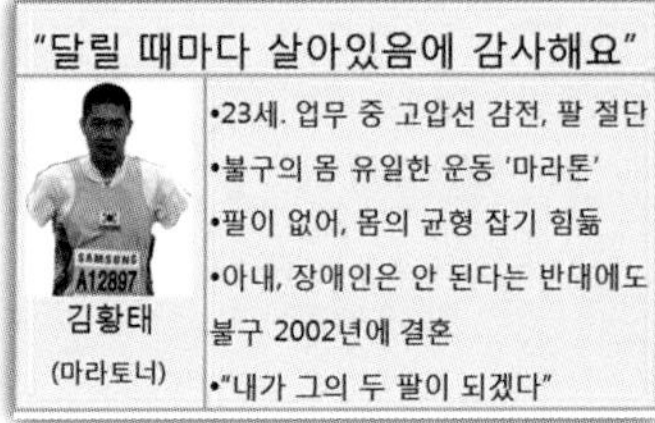

"생각이 막힌다면 다른 2명의 인물을 통해 찾아보자. 레나 마리아와 김황태 기억나지?"

"네, 이 사람들 역시 차이를 받아들였어요. 레나 마리아는 양팔이 없고 다리는 짧은데, 그나마 길이가 다르게 태어났죠. 그리고 김황태는 두 팔을 자르게 되죠. 팔이 없다는 것을 다른 사람과의 차이로 인정했어요."

"그래, 맞다. 차이를 인정하는 순간 기회가 찾아오는데, 바로 그 기회를 잡기가 매우 어렵다. 차이와 기회 사이에는 무엇이 들어갈까?"

"다른 사람과의 차이를 받아들이는 자체만으로는 기회를 만날 수 없다. 어쩌면 원망과 좌절을 넘어서는 정도로 끝날 수 있다. 차이를 받아들이되 보다 더 발전적인 가능성도 함께 찾아야 한다. 레나 마리아와 김황태는 어떤 가능성을 볼 수 있었지?"

"목소리! 그리고 다리요!"

"설명을 좀 해 줄래?"

"자신의 처지를 그대로 인정하는 것은 원망에서 벗어날 수 있도록 돕는 역할을 하죠. 하지만 거기서 머물러서는 곤란해요. 즉, 자신에게 남아 있는 다른 가능성을 찾는 눈이 필요해요. 레나 마리아는 아름다운 목소리가 있다는 것을 깨달았어요. 그리고 김황태는 건강한 다리가 있다는 것을 발견했어요."

"대단하구나. 그럼 두 번째 빈 칸은 교빈이가 직접 적어 줄래?"

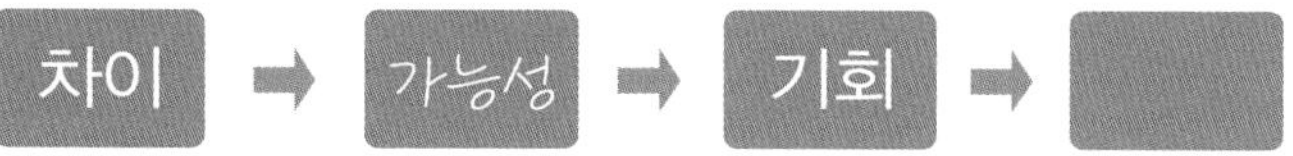

"좋다. 그럼 이전에 막혔던 부분을 마저 해결해 볼까. 이승복과 이지선은 어떤 가능성을 깨달았을까?"

"이승복은 전신이 마비되었으나 아직 미세하게 움직일 수 있는 팔과 손이 있어요. 이지선은 얼굴이 변했지만 여전히 자신의 교육자적 지성과 전달력, 마인드가 남아 있어요."

"이제 마지막 카드 빈 칸이 신경 쓰이지 않니?"

"힌트를 주세요. 다른 인물을 보여 주세요. 준비하고 계시죠?"

"창의적인 도전이 기회를 만든다"	
 에블린글레니 (음악인)	•8세부터 청력감퇴. 12세 완전상실 •12세. 북 치는 친구의 모습에 반함 •장애로 오케스트라 입단 불가 •포기하지 않고 솔로로 활동 시작 •청각장애 어린이 음악치료 지원하는 런던 베토벤 기금 단체 회장 •"나는 청각장애 음악인이 아니라, 청각에 약간 문제가 생긴 음악가.."

"오직 사람들에게 희망을 주고 싶어요"	
 이희아 (피아니스트)	•양손 손가락2개씩, 무릎 이하 다리 없음 •선천성 사지기형 1급 장애 •"꼭 꿈을 꾸십시오. 꿈은 꾸는 사람의 몫입니다" •연필이라도 잡을 힘을 키우기 위해 피아노를 시작, 하루 10시간씩 연습 •나를 있게 한 것은 '어머니'이다

"에블린 글레니와 이희아는 어떠니?"

"사실 이희아의 희망 콘서트에 간 적이 있어요. 희아는 양손의 손가락이 모두 4개밖에 없었어요. 무릎 아래도 없었고요."

"일단, 자아 존중감의 발전 단계에 맞춰 두 사람의 요소를 말해 볼 수 있겠니?"

"글레니는 들을 수 없다는 것을 인정한 뒤에 자신에게는 남보다 뛰어난 촉각이 있음을 깨달아요. 그 촉각으로 음의 진동을 느끼게 되죠. 희아는 자신에게 4개의 손가락이 남아 있다는 것에 감사하고 거기서 가능성을 깨닫죠. 그리고 두 사람 모두에게 기회가 와요."

글레니는 청력을 완전히 상실한 그 해에 친구가 북을 치는 모습을 보고 결정적인 터닝 포인트를 경험하게 된다. 이희아는 연필이라도 쥘 힘을 키우기 위해 피아노를 배우기로 결심하게 되고, 바로 그때 이희아의 어머니가 간호사로 있는 병원에 입원했던 한 사람이 이희아에게 피아노를 가르쳐 주겠다고 한다. 그야말로 기회가 만들어진 것이다.

"하지만, 한 가지가 더 필요하다. 왜냐하면 이들은 다른 사람보다 몇 배나 더 힘들게 거쳐야 하는 관문이 기다리고 있기 때문이지. 참고 이겨내면서 꿈을 이루기 위해서는 뭔가 강력한 끈이 필요해. 그것이 무엇일까? 바로 마지막 카드이다."

"힌트 좀 주세요."

"그들의 직업에 주목해 보렴."

"이승복은 재활 전문의, 이지선은 재활 상담가, 에블린은 음악 치료사, 이희아는 희망 콘서트 피아니스트……. 자신이 찾아낸 가능성이 모두 직업과 관련이 있어요!"

"그렇지. 바로 여기에 감동이 있다. 자신이 아파했던 부분까지 모두 고스란히 담아서 비슷한 아픔이 있는 사람들을 돕는 꿈을 꾼 거야. 바로 여기서 강력한 에너지가 발생한다. 마지막 카드는 선생님이 써 주마."

차이 ➡ 가능성 ➡ 기회 ➡ 역할

그러고 보니, 카드에 등장하는 대부분의 사람들이 자신의 불행을 딛고 일어서서 타인을 돕는 역할을 하고 있다. 오토다케 히로타다는 그야말로 머리와 몸통 하나만 있는 사람이다. 그런 그가 학교 강단에 서서 턱과 목 사이에 분필을 끼고 수업하는 그 자체는 수많은 학생들에게 감동과 희망을 준다. 그 유명한 영화 『슈퍼맨』의 주인공 크리스토퍼 리브는 승마 사고로 전신이 마비되었지만, 자신의 남은 평생을 장애인과 마비 환자들을 위해 살고 있다. 자신의 역할을 찾아서 하는 것이다.

"불편한 것이 불행은 아니다!"	
 오토다케 (초등교사)	•'존재'만으로도 희망을 주는 인생 •태어날 당시부터 팔, 다리가 없음 •부모"개성 있다. 비교하지 말자!" •참여정신, 친구들 '오토의 룰'제정 •고등학교 농구선수,임원,축구코치 •와세다대학 졸업, 32세에 교사 •턱과 어깨사이에 펜을 잡고 쓰다

"나는 여전히 희망을 주는 존재이다"	
 크리스토퍼 리브 (영화배우)	•1995년 5월. 승마사고. 전신마비 •"이제 나를 떠나도 돼"아내에게... •"당신과 함께 할 거예요"남편에게. •미의회 연설. 척추장애자의 권익 •96년 아카데미 시상식. 장애인들에 대한 영화인의 관심 요청 •크리스토퍼 리브 마비 재단 설립

"그럼 이번에는 교빈이와 샘이 이와 같은 방식으로 게임을 해 볼까. 상대방이 카드를 뽑으면 앞에서 진행한 방식으로 설명을 해 보자."

"제가 불리해요. 샘은 벌써 동아리 친구들과 수업을 해 보셨잖아요."

"그건 그래. 그럼, 하지 말까?"

"아뇨. 그건 아니고요!"

"한계로 나를 규정하지 말라"	
 피스토리우스 (육상선수)	•무릎 아래 뼈가 없는 채로 태어남 •생후 11개월. 양 무릎 아래 절단 •장애인육상 100,200,400 세계기록 •일반인과 올림픽에서 겨루는 꿈 •"의족 때문에 일반인과 겨루지 못 한다는 것은 억울하다. 나는 그들보다 더 열심히 훈련한다"

"자, 샘이 먼저 카드를 하나 선택한다. 교빈이가 이야기해 볼래?"

"아까 그 카드의 흐름처럼 설명해야 되죠?"

"당근이지. 차이, 가능성, 기회, 역할 순서로 말이다."

"오스카 피스토리우스는 태어날 때부터 무릎 아래에 뼈가 없었어요. 결국 생후 11개월 되는 때에 양 무릎 아래를 절단해야 했어요. 저라면 세상과 운명을 원망하며 다 포기했을 것 같은데, 이 사람은 자신에게 다가온 일을 받아들이고 다른 사람과의 차이를 인정했어요."

"차이, 오케이!"

"차이를 인정하고 의족을 달고 살았는데, 자신이 의족을 달고도 잘 달릴 수 있다는 새로운 가능성을 발견하게 되었어요."

"가능성, 오케이!"

"그러던 어느 날 학교에서 달리기 경주를 하는데 건강한 몸을 가진 친구들보다 더 잘 달려서 사람들을 놀라게 한 것이죠. 그 뒤 장애인 올림픽에도 출전합니다."

"그것이 바로 '기회' 구나. 좋아. 그럼 마지막 '역할' 은 뭘까?"

"음, 피스토리우스는 몸이 불편한 사람들에게 희망을 주는 삶을 살고 싶어 해요. 자신에게 다가온 불행 때문에 평생을 슬퍼하기보다는 그것을 넘어설 수 있다는 사실을 온 세상에 보여 주려고 해요. 이것이 그가 지금도 달리는 이유죠. 바로 그의 '역할' 입니다."

"브라보! 해석이 너무나 탁월한데."

"좋아요. 이번에는 제 차례예요. 긴장하셔야 됩니다."

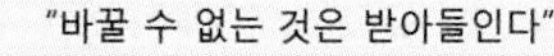
"바꿀 수 없는 것은 받아들인다"

김은중
(축구선수)

- 중3 때 축구공에 맞아 왼쪽 눈 실명
- 사실을 그대로 받아들이기로 결심
- 집중력을 위해 더 열심히 연습
- 외눈으로 선수생활을 했다는 사실이 나중에 밝혀짐
- 같은 외눈 감독 이태호의 배려

"김은중 선수네. 김은중은 중학교 3학년 때 축구를 하던 중 공에 맞아 왼쪽 눈을 실명하게 되지. 축구 선수로서는 치명적인 일이었지만 그는 꿈을 포기하지 않고 오른쪽 눈으로만 볼 수 있다는 사실을 받아들이지. 다른 선수들보다는 불리하지만 그것 때문에 축구를 포기하지 않고 차이를 인정한 거야."

"'차이' 를 설명하신 거죠?"

"그런데 한쪽 눈으로 보면서 축구를 한다는 것은 매우 어려운 일이었어. 균형을 잡기도 힘들고, 특히 시야가 넓지 않아서 더더욱 곤욕이었지. 그러다 보니 더욱 '집중력' 이 필요했어. 결국 다른 사람보다 매우 민감하고 뛰어난 집중력을 갖게 되지. 이 정도면 가능성이 되겠지?"

"네, 계속 하세요. 너무 잘하시니까 재미없어요."

"놀라운 집중력으로 축구를 계속하는데, 사실 동료들은 모두 그 사실을 모르고 있었던 거야. 그 사실이 알려진 후에 무엇보다도 그는 자신을 이해하는 멘토를 얻었단다. 선배 축구 선수 겸 감독인 이태호 감독이야. 그 역시 한쪽 눈이 잘 보이지 않았지만 국가 대표로 활약했던 선수였지. 한편 김은중 선수가 일본에 있을 때도 비슷한 아픔을 극복한 동료가 있었단다. 한쪽 눈으로 보지만 다른 선수들보다 더 높은 집중력으로 정교하고 날카로운 패스를 잘한다고 하여 별명이 '샤프(Sharp)' 였어. 한국과 일본에서 김은중에게는 자신을 알아주는 기회가 열린 거지."

"샘, 스포츠 신문 기자예요? 어떻게 그렇게 자세히 아세요."

"그런데 교빈아, 김은중 선수가 발견한 '역할' 은 과연 무엇일까?"

"글쎄요. 그걸 제가 어떻게 알아요."

민샘은 노트북을 펴서 사진 한 장을 보여 주었다. 사진 속의 김은중 선수는 골을 넣은 뒤에 독특한 세러머니를 펼치고 있었다. 은중 선수는 "일어나라! 영록아!"라고 적힌 옷을 관중에게 보여 주고 있었다.

"일어나라! 영록아? 무슨 말이에요, 샘?"

"같은 동료 선수 중에 신영록이라는 공격수가 있었다. 그런데 그 선수가 어느 날 경기 중에 심장 마비로 쓰러져서 의식을 잃었거든. 의식을 잃고 일어나지 못하는 후배 선수가 꼭 일어나기를 바라는 간절한 마음을 담아 세러머니를 준비한 거야. 그 선수가 일어날 때까지 골을 넣으면 계속 같은 세러머니를 했던 거야."

"골을 넣는 이유가 단순히 관중에게 즐거움을 주는 것만이 아니라 따뜻한 목표가 있었군요. 좋아요. '역할' 까지 잘 설명하셨어요. 샘이 이겼어요."

내가 존재하는 이유와 목적

"샘, 죄송해요."

"무슨 소리니? 느닷없이 죄송하다니."

"오늘 수업을 통해 어떤 도움을 저에게 주시려고 하는지 알 수 있을 것 같아요. 하지만…….”

“하지만?”

“다른 사람들의 감동적인 이야기는 좋지만, 사실 저의 이야기는 아니잖아요. 이 사람들은 저와 달라요. 가능성이라는 것이 있잖아요. 그러니까 한 가지씩은 재능이 있기에 가능성도 있는 것이잖아요. 저에게는 그런 것조차 없어요.”

“안타깝구나, 교빈아. 내가 너에게 어떤 도움을 주려고 하는지 알 수 있을 것 같다고 했지만, 솔직히 말하면 잘못 이해했다. 아직 모르는 것 같아.”

“뻔한 이야기 아니에요? 불행이 닥쳤지만 다른 점을 인정하고 차이를 발견하면 그 차이에서 기회가 생기고, 결국 꿈을 이루게 되고 다른 사람들을 위한 역할을 한다는 것이잖아요. 그 모든 것의 출발이 차이인데, 저에게는 다른 사람과의 차이가 될 만한 저만의 것이 없다는 거예요.”

“눈이 멀었다는 것이 뭔가 잘할 수 있는 재능이 될 수 있니?”

“아니요.”

“귀가 들리지 않는 것이 남다르게 내세울 만한 차이일까?”

“아……니죠.”

“그럼, 손이 없다는 것도 역시 특별한 조건이라고 생각하니?”

“아……니요.”

“그러니까 잘못 이해하고 있다는 거야. 안타깝고 답답하지만, 선생님은 너의 마음을 충분히 이해한다.”

“네……. 말씀하세요.”

“차이란, 똑같은 기준으로 보지 말자는 거야. 어쩌면 24명의 사람들에 대한 기준 역시 너를 판단하는 잣대는 될 수 없어. 그냥 네 자신의 현재 모습 그 자체를 인정하는 거야. 그냥 그 정도의 따뜻한 시선이면 너에게서도 분명 가능성의 씨앗이 보일 거야. 지금은 아닐지라도 말이야.”

"따뜻한 시선이요."

"그래, 교빈이는 어린 시절부터 늘 형을 바라보며 비교 의식의 시선으로 자신을 바라보았잖니."

"네……."

"그리고 지금 불행을 행복으로 바꾼 사람들의 이야기를 볼 때도 역시 비교하는 마음으로 자신을 바라보고 있었던 거야. 그런 차가운 눈 말고, 이제는 좀 따뜻한 눈으로 자신을 바라보렴."

"어떻게요?"

"펀치넬로처럼."

"펀.치.넬.로!"

수업 중에 나눴던 이야기와 보았던 영상이 스쳐 지나갔다. 다른 사람의 시선으로 자신을 바라보지 않게 된 순간 펀치넬로의 몸에서 부정적인 스티커들이 사라진 이야기였다. 피상적으로 이해하고 끄덕이던 내용들이 마음속으로 좀 더 깊이 스며드는 느낌이 들었다. 하지만 거기까지였다. 그 이상의 느낌을 선명하게 잡기는 어려웠다.

"이게 뭐예요?"

"사용 설명서야."

"그건 당연히 알죠. 여기 쓰여 있잖아요."

"우리 주변의 모든 물건들은 각각의 쓰임이 있다. 사용법이 너무 쉬운 것은 굳이 사용 설명서가 필요 없지.

예를 들면 국자는 모양만 봐도 알지. 포크도, 숟가락도 그렇고. 그런데 정말 정교하고 비싼 제품은 대부분 사용 설명서가 있다. 사용 설명서를 자세히 보면 그 제품을 잘 사용할 수 있지. 교빈이도 분명 존재하는 이유와 목적, 쓰임이 있다. 아직 사용 설명서를 발견하지 못했을 뿐이야."

"저도 존재하는 이유와 목적, 쓰임이 있다고요?"

"무조건 차이를 인정하라고 하면 어려울 수 있어. 정말 중요한 것은 자신에 대한 믿음이야. 아직 찾지는 못했지만 분명 가능성이 될 만한 차이가 있을 거라는 믿음 말이야."

"이런, 제가 마치 펀치넬로가 된 기분이에요."

"그럼 나는 엘리 아저씨겠네, 펀치넬로야!"

"그냥 차이를 받아들이기 전에 나 자신이 존재하는 이유와 목적이 있다는 사실을 믿으라는 거죠? 그것은 곧 다른 사람과 차이가 있는 이유가 있다는 거고요."

"그렇지. 그리고 아직 그 차이를 구체적으로는 보지 못했지만, 좀 더 인내를 가지고 따뜻하게 자신을 바라보자는 것이다."

금세 잡힐 듯하다가도 잡히지 않는다. 교빈이의 머릿속은 아직 복잡한 미로와 같다. 한참 동안 미로를 헤매다가 지칠 무렵에서야 바닥에 떨어진 미로의 전체 지도를 발견한 기분이다. 완전하게 뚫린 것은 아니지만 조금씩 나아지고 있다는 생각은 든다.

'나는 늘 비교하며 살아왔어. 그런 나는 다른 사람과는 차이가 있고, 거기에서 가능성을 찾는다면…… 정말 나에게도 세상을 위한 역할이 생긴다는 거지. 어쩌면 그 역할이 바로 내가 존재하는 이유와 목적일 수 있겠구나. 그래 찾아보자. 내 인생의 사용 설명서…….'

"이게 뭐예요?"

"24명의 사람들을 액자에 넣었어. 교빈이 방에 걸어 두고 보라고."

"와~ 고마워요, 샘. 보면서 생각할게요. 오늘 함께 대화했던 내용들을 떠올려 볼게요."

"하고 싶은 일이 있으면 충분하다"
"달릴 때마다 살아있음에 감사해요"
"약점을 강점으로 바꾸라"
"불가능, 그것은 핑계일 뿐이다"
"들리지 않아도 상상할 수 있다"
"바꿀 수 없는 것은 받아들인다"
"나는 여전히 희망을 주는 존재이다"
"잃은 것이 아닌 남은 것에 집중하겠다"
"남아 있는 강점을 극대화하라"
"바닥까지 가면 기회가 생긴다"
"불행한 운명을 거부한다"
"이제 저를 사랑할 수 있어요"
"꿈은 외모와 환경을 넘어선다"
"꿈이 있으면 미래가 있다"
"원망으로 삶을 낭비할 수 없다"
"불편한 것이 불행은 아니다!"
"배가 고파도 좋아하는 것을 포기할 수 없다"
"오직 사람들에게 희망을 주고 싶어요"
"희망의 이름을 새기고 싶다"
"자신에게 절망할 시간을 주지 말라"
"나는 조금 다르게 태어났을 뿐이다"
"한계로 나를 규정하지 말라"
"상처 입은 치유자로 살다"
"창의적인 도전이 기회를 만든다"

진로는,
차이를 인정할 때
비로소 열리는
문이다.

불행을 행복으로 바꾼 직업인들

다음은 이번 활동에서 다룬 24명의 인물 이야기를 정리한 것입니다. 내용을 다시 한 번 읽고, 직업인으로서 각 인물의 삶에 대한 느낌을 담아 간단히 제목을 쓰고 소감을 정리해 보세요.

제목 : ______________________________

____

____

____

____

____

내친구 포트폴리오 살짝 엿보기

불행을 행복으로 바꾼 직업인들

다음은 이번 활동에서 다룬 24명의 인물 이야기를 정리한 것입니다. 내용을 다시 한 번 읽고, 직업인으로서 각 인물의 삶에 대한 느낌을 담아 간단히 제목을 쓰고 소감을 정리해 보세요.

제목 : 있는 그대로 받아들이기

태어날 때부터 불행한 사람도 있지만 내가 보기에 더 안타까운 사람은 불의의 사고로 장애를 입은 사람이다. 춤을 추던 강원래, 예쁜 예비 교사 이지선, 금메달리스트 이승복. 이들에 비하면 나는 너무나 건강한 몸을 가지고 있다. 늘 불평하고 부모님을 원망하던 나 자신이 부끄러워진다. 지금 내 모습 있는 그대로를 받아들이기로 결심했다. 그래서 불행을 넘어선 직업인들처럼 나도 보란 듯이 꿈을 이루겠다.

꼭! 작성해 보세요 | 포트폴리오 활동 2

차이에서 시작하여 역할 찾기

앞에서 언급한 24명의 인물 중에서 민샘과 교빈이의 다음 대화를 참고하여, '차이-가능성-기회-역할'의 설명을 이해하고, 이를 자신에게 적용하여 간단한 에세이를 작성해 보세요.

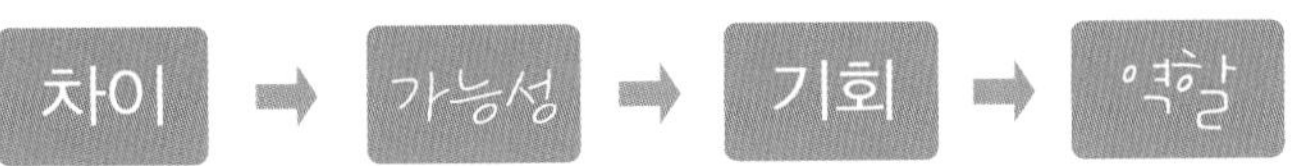

"오스카 피스토리우스는 태어날 때부터 무릎 아래에 뼈가 없었어요. 결국 생후 11개월 되는 때에 양 무릎 아래를 절단해야 했어요. 저라면 세상과 운명을 원망하며 다 포기했을 것 같은데, 이 사람은 자신에게 다가온 일을 받아들이고 다른 사람과의 차이를 인정했어요."
"차이, 오케이!"
"차이를 인정하고 의족을 달고 살았는데, 자신이 의족을 달고도 잘 달릴 수 있다는 새로운 가능성을 발견하게 되었어요."
"가능성, 오케이!"
"그러던 어느 날 학교에서 달리기 경주를 하는데 건강한 몸을 가진 친구들보다 더 잘 달려서 사람들을 놀라게 한 것이죠. 그 뒤 장애인 올림픽에도 출전합니다."
"그것이 바로 '기회'구나. 좋아. 그럼 마지막 '역할'은 뭘까?"
"음, 피스토리우스는 몸이 불편한 사람들에게 희망을 주는 삶을 살고 싶어 해요. 자신에게 다가온 불행 때문에 평생을 슬퍼하기보다는 그것을 넘어설 수 있다는 사실을 온 세상에 보여주려고 해요. 이것이 그가 지금도 달리는 이유죠. 바로 그의 '역할'입니다."

→ 나에게 적용하기

제목 : ______________________________

____

____

____

____

____

____

내친구 포트폴리오 살짝 엿보기

차이에서 시작하여 역할 찾기

앞에서 언급한 24명의 인물 중에서 민샘과 교빈이의 다음 대화를 참고하여, '차이-가능성-기회-역할'의 설명을 이해하고, 이를 자신에게 적용하여 간단한 에세이를 작성해 보세요.

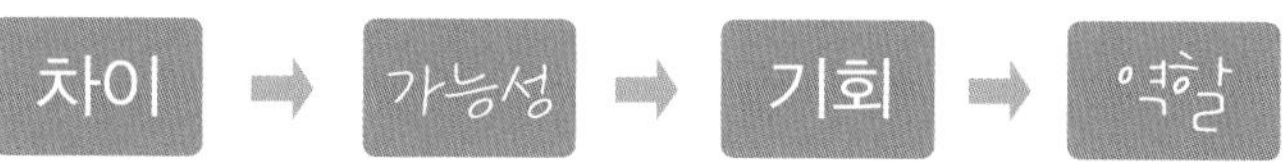

"오스카 피스토리우스는 태어날 때부터 무릎 아래에 뼈가 없었어요. 결국 생후 11개월 되는 때에 양 무릎 아래를 절단해야 했어요. 저라면 세상과 운명을 원망하며 다 포기했을 것 같은데, 이 사람은 자신에게 다가온 일을 받아들이고 다른 사람과의 차이를 인정했어요."

"차이, 오케이!"

"차이를 인정하고 의족을 달고 살았는데, 자신이 의족을 달고도 잘 달릴 수 있다는 새로운 가능성을 발견하게 되었어요."

"가능성, 오케이!"

"그러던 어느 날 학교에서 달리기 경주를 하는데 건강한 몸을 가진 친구들보다 더 잘 달려서 사람들을 놀라게 한 것이죠. 그 뒤 장애인 올림픽에도 출전합니다."

"그것이 바로 '기회'구나. 좋아. 그럼 마지막 '역할'은 뭘까?"

"음, 피스토리우스는 몸이 불편한 사람들에게 희망을 주는 삶을 살고 싶어 해요. 자신에게 다가온 불행 때문에 평생을 슬퍼하기보다는 그것을 넘어설 수 있다는 사실을 온 세상에 보여주려고 해요. 이것이 그가 지금도 달리는 이유죠. 바로 그의 '역할'입니다."

→ 나에게 적용하기

제목 : 마음은 마비되지 않았다.

영화 『슈퍼맨』의 주인공으로 유명한 크리스토퍼 리브는 말에서 떨어져 몸이 마비되었다. 그는 아무것도 할 수 없는 존재가 되었지만 자신과 같은 마비를 겪는 사람들에게 희망이 될 수 있겠다는 가능성을 깨달았다. 그는 미국 의회에서 기회를 얻어 척추 장애인의 권리를 위한 연설을 하게 된다. 이후 그는 더 큰 협회를 만들어 평생 척추 장애를 겪는 사람들을 위한 역할을 하게 된다. 나 또한 남과 비교하여 나에게 없는 것을 슬퍼하기보다는 차이를 인정하고 아름다운 역할을 하며 살고 싶다.

생생! 직업인 이야기

생각은 갈등을 통해 자라지요

판사

싸움 구경하기를 좋아하고, 싸움 말리는 것을 즐기는 학생이 있나요? 싸움 구경은 인간이라면 누구나 좋아하는 본능입니다. 하지만 싸움 말리는 것은 다들 살며시 피하죠. 괜히 말려들었다가 피해를 볼까 싶어서 그런 겁니다. 불의를 보고 참지 못하고, 싸움이 있는 곳을 지나치지 못하는 학생이 있다면 판사라는 꿈을 꿀 만한 작은 씨앗이 있다고 생각합니다.

하지만 그것만으로는 부족합니다. 저와 같은 일을 하는 사람들에게 꼭 필요한 두 가지를 꼽으라면 주저 없이 공정성과 논리성을 들겠습니다. 이 두 가지를 어떻게 키울 수 있을까요? 방법을 소개해 드릴게요. 이 시대의 다양한 갈등에 대해 나름의 생각을 정리하고 의견을 말하거나 적어 보세요. 다양한 갈등은 신문이나 뉴스를 통해 확인할 수 있답니다. 흔히 많은 사람들은 갈등에 대해 고민하기를 싫어합니다.

하지만 미래의 판사를 꿈꾸는 학생이라면 꼭 기억하세요. 생각은 갈등을 통해 자랍니다. 첨예하게 엇갈린 논쟁의 토론, 신문의 사설 등을 보면서 나름대로 분석하고 판단을 내려 보며 갈등을 중재하는 연습을 해 보세요. 아마도 자신의 생각이 훌쩍 커 가는 것을 확인할 수 있을 겁니다.

07 실패 속에 감춰진 교훈

계속 도전할 수 있을까

우리들의 고민 편지

유독 의욕이 없는 중학생 S군. 스스로 말하기를, 초등학교 때는 전혀 다른 모습으로 살았다고 한다. 호기심이 많고 끊임없이 뭔가를 시도해 보는 학생이었다. 그런 그가 지금의 자신을 바라보며 쓴웃음을 짓는다. 처음에는 이런저런 시도 그 자체에 박수를 치고 격려를 해 주던 사람들도 시간이 지나자 '아무래도 안 될 것 같다', '또 해 봤자 실패할 거야'와 같은 시선으로 바라보기 시작했다고 한다. 그림 그리기, 발명 대회, 모형 비행기 제작 등에서 그들의 예언은 적중했다. 그래서 이제는 시도조차 하지 않는다. 자신의 진로를 찾아가는 과정도 S군에게는 또 하나의 실패로 남을 것 같아 망설여진다.

– 온라인 캠프에 올라온 진로 고민 편지

"저 이거 알아요. '젠가 게임' 이잖아요. 하나씩 빼다가 무너지면 지는 거죠?"

"조심해야 할 거야. 샘은 이미 대회에서 우승한 경험도 있거든."

"'젠가 대회' 라는 게 있어요? 샘은 참 특이한 것도 하시네요."

"뭐야? 젠가의 세계를 아직 모르는구나. 좋아, 오늘 샘이 제대로 보여 주지."

젠가 게임 방법

같은 모양과 크기의 작은 막대를 가로 세로로 엇갈리게 쌓아 올린 탑을 소재로 하는 게임이다. 참가자가 번갈아 가며 조심스럽게 막대를 하나씩 빼는 과정에서 탑이 무너지면 지는 방식이다. 전체 구조를 볼 수 있는 관찰력과 정교한 손놀림으로 승패가 좌우된다.

민샘과 교빈이는 나뭇조각을 하나씩 빼 나갔다. 무너질 듯 무너질 듯 아슬아슬하게 버티면서 은근히 오래 게임이 이어졌다. 교빈이의 차례였다. 아슬아슬하게 막대를 빼내는 데 성공했다. 그런데 바로 그 순간 '와르르' 무너졌다. 무너질 듯 무너질 듯 무너지지 않다가 결국 한 조각에 의해 와르르 무너진 것이다.

"어때? 샘 실력 대단하지?"

"인정할 수 없어요. 샘의 실력이 대단한 게 하니라 제가 못하는 거예요."

"녀석, 고집 한번 세구나. 알았다. 젠가 이야기는 잠시 접고 배웠던 거 이야기해 보자."

"샘과 함께 일대일로 활동을 한 게 벌써 오늘로 세 번째

예요."

"정체감이란?"

"자신이 누군가에 대해 건강하게 자신의 역사를 바라볼 수 있는 것이요."

"자존감이란?"

"자기 자신을 인정하고 존중하며 사랑하는 태도요. 그러니까 자신을 받아들이는 것이죠."

"받아들이는 것이 무엇이라고 했지?"

"다른 사람과 다르다는 차이를 인정하는 것이요."

"차이를 인정하기 위해서 먼저 꼭 믿어야 할 게 있다고 했지?"

"네, 사용 설명서요."

"좀 자세히 이야기해 줄래?"

"그러니까 남들과는 다른 자신만의 쓰임이요. 마치 사용 설명서에 나와 있는 것처럼 저만의 쓰임, 이유, 목적이 있다는 믿음이라고 하셨어요."

"그럼 이제 다 되었다."

"뭐가요?"

뭐가 되었다는 것일까? 교빈이는 배운 내용을 정리하여 이야기할 수 있었다. 민샘의 질문에 답변했던 것처럼 '인생 그래프'를 통해 자신의 성장 과정을 보다 따뜻하게 바라볼 수 있었다. 그러한 시각의 변화는 매우 의미 있는 것이었다. 교빈이도 그 부분을 충분히 받아들이고 있었다. 한편, 자존감을 통해 비교하지 않고 자신만의 '차이'를 인정하는 것을 깨닫게 되었다. 그리고 언젠가는 그 차이를 구체적인 재능으로 발전시켜 자신이 세상에 기여할 수 있는 역할이 있을 것이라는 희망도 품게 되었다. 하지만 아무래도 교빈이는 아직 후련하지가 않다. 아무리 다르게 생각하고 바라본다 할지라도 지금 당장 달라지는 것은 없기 때문이었다. 지금 당장 자신은 무엇 하나 잘하는 게 없다는 사실, 그리고 여전히 비교

당하고 있다는 점, 어떤 것이든 성공하지 못한다는 점이 가슴 한구석을 꽉 막고 있었다.

"이젠, 자신감을 가지고 교빈이의 아름다운 미래를 찾아갈 수 있겠지?"

"사실, 그렇지 않아요. 샘, 곰곰이 생각해 보았는데 분명 저 자신을 바라보는 눈이 바뀐 것은 사실이에요. 다른 사람과 비교하지 않기로 스스로 다짐도 했어요. 나 자신을 있는 그대로 존중하기로 마음먹었다고요. 그런데……."

"그런데?"

"뭐가 달라지죠? 제가 어떤 것도 성공할 수 없었다는 사실과 현재도 제대로 할 줄 아는 게 없다는 사실이 바뀌는 건 아니잖아요."

"그렇구나. …… 아직 한 가지가 남아 있다."

"뭔데요?"

"할 수 있다는 믿음!"

"할.수.있.다.는 믿음이요?"

'정체감'과 '자존감'에 이은 '효능감'의 영역으로 들어간다. 정체감이 자신을 바라보는 '눈'을 뜨게 하는 것이고, 자존감이 자신을 인정하는 '마음'을 키우는 것이라면, 효능감은 자신이 구체적으로 무엇을 해 낼 수 있다는 '신념'을 말한다.

"민샘, 그런데 젠가 게임은 왜 하셨어요? 샘과 함께하는 모든 것은 뭔가 의미가 있잖아요."

"할 수 있다는 믿음을 심어 주기 위해서야."

"어떻게요?"

"젠가 게임을 하다 보면 언젠가는 무너진다. 그런데 아슬아슬하게 버티던 젠가 탑이 어느 한순간 무너지는 때가 있다. 그 얘기는 곧 무너지는 순간을 만들어 내는 최종 자극이 있다는 것이지. 그것을 임계점이라 한다."

"임계점이요?"

"그래, 아주 결정적인 순간을 말하지. 온도나 압력 따위의 변화 때문에 물질의 상태나 속성이 바뀌는 순간, 그 경계가 되는 순간이 바로 임계점이다."

"젠가 게임에서 제가 마지막에 꺼낸 막대기 하나가 바로 임계점이었군요. 결국 무너지게 만들었잖아요."

"바로 그거야."

"그렇다면, 젠가 게임을 통해 제가 무너지는 것을 연습한 건가요?"

"정반대다."

"정반대요?"

실패는 안 되는 길을 깨달아 가는 과정

"물을 계속 가열하면 점점 뜨거워진다. 그러나 온도가 99도까지 올라가도 뜨겁기는 하지만 결코 끓지는 않는다. 몇 도까지 올라가면 물이 끓지?"

"100도요."

"그 1도가 바로 임계점이다."

"임계점이 될 때까지는 계속 노력하란 얘기죠."

"교빈이는 실패를 얼마나 경험해 보았니?"

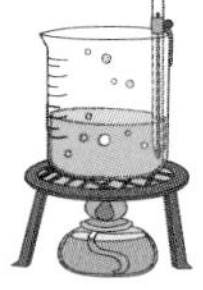

"아픈 데 자꾸 건드리지 마세요. 제가 얘기했잖아요. 되는 게 하나도 없었다고요."

민샘은 3장의 카드를 꺼냈다. 실패를 거듭한 사람들의 사례가 상징적으로 담긴 그림이다. 첫 번째 카드는 에디슨이 발명한 '전구', 두 번째 카드는 베르너 폰 브라운이 발명한 '로켓', 세 번째는 김득신이라는 선비가 쓴 『독수기』라는 작품이다. 에디슨은 전구를 발명하기까지 2,000번의 결정적인 실패를 거듭한다. 그럼에도 그는 실패감에 빠져서 포기하지 않는다. 베르너 폰 브라운은 로켓을 발명하는 실험에서 6만 5,121번의 실패를 기록한다. 김득신은 아무리 책을 읽어도 내용이 머릿속에서 정리되지 않는다. 무려 11만 3,000번을 읽었으나 사마천의 『사기』 중에 「백이전」 역시 기억이 나지 않는다고 했다.

"임계 상황에 도달하기까지 그들이 치른 실패의 대가가 대단하지 않니?"

"할 말이 없네요. 저번에 이야기해 주신 링컨의 27번 실패가 오히려 하찮게 느껴져요."

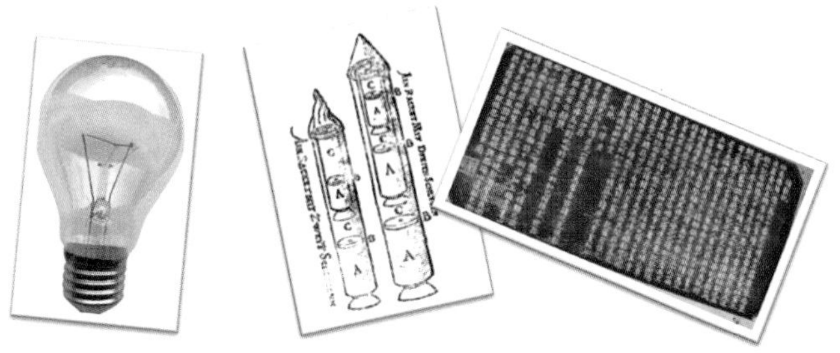

"단순히 많은 실패를 말하고 싶은 것은 아니다."

"성공의 임계점이 있다는 것이죠? 그 임계점까지는 가야 한다는 것!"

"카드의 뒷면을 돌려 봐. 이 카드는 교빈이에게 주는 선물이다."

"고마워요, 샘."

"정확히 언제일지는 모르지만, 필요하다 싶을 때 꺼내서 읽어 보면 분명 도움이 될 거야."

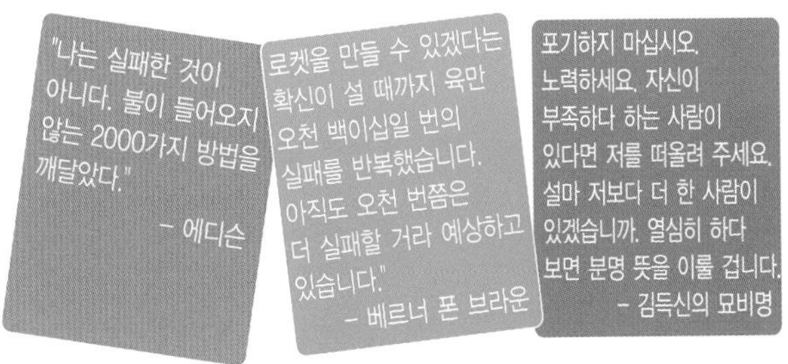

"우리가 임계점을 얘기하다가 여기까지 왔지? 한번 정리해 보자."

"네."

"실패의 영웅들과 임계점을 연결해 보렴."

"젠가 게임도 관련이 있죠?"

"그럼."

"자꾸 실패를 거듭하지만, 어느 순간이 되면 임계점에 도달하게 된다는 것, 맞나요?"

"그 다음은?"

"날아가는 거죠, 뭐. 헤헤헤!"

"그럼, 꼭 그렇게 실패가 많아야 하는 걸까? 실패가 많아야 임계점에 이를 수 있는 건가?"

"그건…… 잘 모르겠어요."

"에디슨이 했던 말을 떠올려 보렴."

"실패가 아니라 불이 들어오지 않는 방법 2,000가지를 깨달았다. 불이 들어오지 않는……."

"유레카! 드디어 깨달았구나."

"실패 그 자체가 중요한 게 아니라, 실패가 주는 교훈을 깨닫는 게 중요해요. 어때요?"

"빙고! 실패보다 더 무서운 것은 '실패감' 이다. 실패를 하면서 좌절감을 쌓아 가는 것이지. 좌절감 역시 임계점이 있어서, 결국에는 '좌절감' 이 '절망감' 으로 넘어가는 순간이 발생한다. 교빈이가 깨달은 것은 바로 그 반대이지. 실패를 통해 성공할 수 있는 방법들을 깨닫는 거야. 그래서 거듭된 실패를 절망으로 여기지 않는 거야. 그리고 그때마다 성공으로 가는 길이 아닌 것은 하나씩 제거하지. 이것이 바로 에디슨의 교훈이다."

그러면서 민샘은 2장의 카드를 보여 주었다. 모두 그래프가 그려져 있

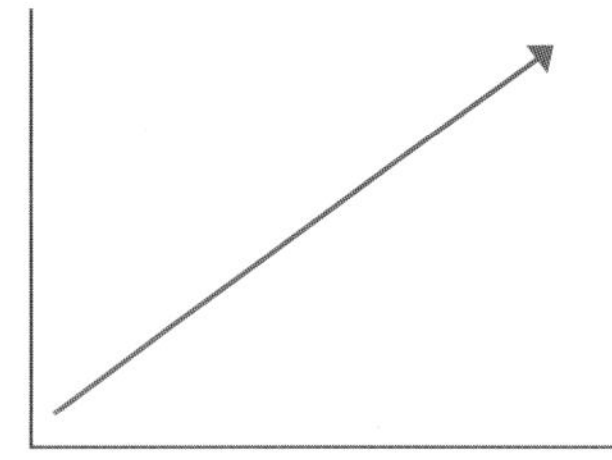

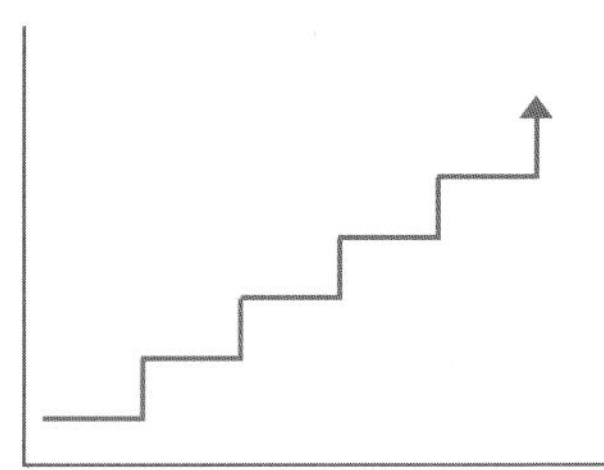

다. 점진적으로 상승하는 그래프와 계단식으로 상승하는 그래프였다.
"우리는 이렇게 날마다 상승하는 그래프를 꿈꾸며 산다. 하지만 실제로 모든 노력이 이렇게 성공으로 이어져 아름다운 상승을 이루지는 못한다. 실제로는 다양한 실패들이 도사리고 있지. 문제는 실패를 어떻게 바라보느냐이다. 그래서 수없이 시도하고 실패하는 과정을 통해 '깨달음' 을 얻고, 깨닫는 순간 '유레카!' 를 외치며 '빅뱅' 이 일어나는 것이다. 바로 그 순간 계단과 같은 점프가 일어나게 된다. 결국 우리가 살아가는 발전의 그래프는 계단에 가깝다."

민샘은 한 장의 카드를 교빈이에게 또 건네 주었다. 앞에서 설명해 준 2장의 그래프 카드와는 약간 다른 그림이다.

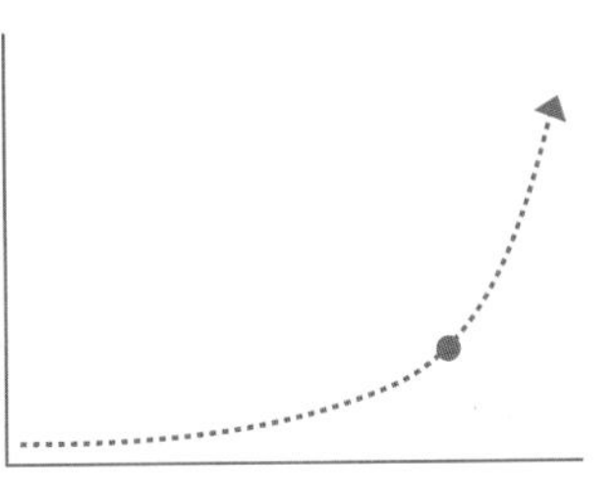

"선생님, 이건 좀 심하게 올라가는데요?"

"계단식으로 올라가는 것이 실제 모습에 가깝다고 했지. 그런데 큰 뜻을 이룬 사람들은 또 하나의 그래프를 가지고 있다.
여기서 큰 뜻을 이룬 사람들은 이상하게도 실패를 통한 준비 기간이 길었던 사람들이야. 바로 교빈이처럼!"

"에이, 놀리지 마세요. 제가 무슨 큰 뜻을 이루는 사람이겠어요."

"선생님은 나름 근거를 통해 말하는 것뿐이야. 교빈아, 비교 의식을 가지고 자신을 바라보는 것이 얼마나 무서운 것인지 지난 시간에 배웠잖니. 그런데 말이야. 다른 측면에서는 타인을 거울로 삼아 나를 바라볼 필요가 있다. 다른 사람의 실패와 성공 과정을 통해 나의 적용점을 배우는 거야. 이 그래프를 다시 보렴. 오랜 시간 지루하게 멈춰 있는 것 같지 않니?"

"맞아요. 답답할 것 같아요."

"잘 봐. 중간에 끊어진 지점이나 포기하여 바닥으로 내려간 지점이 혹시 있니?"

"없는데요……. 샘, 무슨 뜻인지 알겠어요. 그런데 궁금해요. 도대체 언제까지 포기하지 않아야 임계점에 이를 수 있을까요?"

"이젠 한 단계를 건너뛰어서 질문하는구나. 수준이 상당히 높아졌어."

"그래프를 보면 곡선이 바뀌는 점, 바로 그 지점까지 얼마나 걸릴지가 궁금한 거지?"

할 수 있다는 신념인 '효능감'을 심어 주는 일은 '정체감'이나 '자존감'보다 어렵다. 구체적인 성공 경험이 없고 실패 경험만 가득할 때 '효능감'보다는 '실패감'이 이미 깊이 뿌리를 내리고 있기 때문이다. 민샘은 상담실 책상에 세워져 있는 액자 하나를 교빈이 가까이 끌어당겼다. 액자 속 사진에는 물 위에 비행기가 떠 있고, 많은 사람들이 비행기의 날개 위에 서 있다. 교빈이는 궁금증이 일어 얼굴을 가까이 대고 자세히 살펴보았다.

"'허드슨 강의 기적'이라는 제목의 사진이야."

"허드슨 강의 기적이요?"

"정말 전부 살았어요?"

"그렇다."

"어떻게요?"

'허드슨 강의 기적'이란?

2009년 1월 16일 승객 155명을 태운 US에어 소속 비행기가 이륙 4분 만에 허드슨 강으로 추락할 뻔했다가 가까스로 착륙해 모든 승객이 안전하게 구조된 사건을 말한다. 당시 비행기 엔진에 빨려 들어간 철새들이 고장을 일으켜 비상 착륙할 수밖에 없었는데, 강에 추락하는 대신 수면을 스치듯이 비행해 승객 전원이 무사히 구출되었다. 보통의 경우라면 있을 수 없는 기적이 일어난 것이다.

"이런 기적이 가능했던 이유는 당시 기장이 최고의 조종사였기 때문이야. 사고 여객기의 기장 체슬리 슐렌버거는 공군 조종사 시절부터 무려 1만 9,000시간의 비행 기록을 가지고 있는 최우수 조종사였거든."

"1만 9,000시간! 와~ 대단하네요."
"이것을 보통 '1만 시간의 법칙' 이라고 한다. 또는 '10년의 법칙' 이라고도 하지."
"정말 1만 시간을 채워야 임계점이 온다는 거예요? 지금 저 죽으라는 이야기시죠."
"걱정 마라. 1만 시간을 하루로 쪼개면 3시간이다. 자신의 존재를 긍정적으로 바라보고, 꿈을 찾고, 꿈을 이루기 위해 노력하는 시간을 하루에 3시간씩만 들인다면 교빈이는 25세쯤이면 1만 시간의 법칙을 달성할 수 있어. 그리고 이것은 노력과 반복, 임계점에 대한 이야기니 너무 부담을 갖진 마라. 사람마다 그리고 재능에 따라 약간의 차이는 있을 수 있단다."

"퀴즈다!"
"위의 그림과 숫자를 연결해서 의미를 만들어 보렴."
"달리기와 4, 갓난아기와 2000, 권투 선수와 100……."
"이걸 어떻게 알아요?"
"당연히 모르지. 임계점과 연결시켜 보렴. 참고로 첫 번째 그림은 마라톤 선수이다."
"임계점, 반복해서 노력, 실패하더라도 포기하지 않고 다시 시도한다, 혹시?"
"혹시?"
"다른 도움말은 더 없어요?"
교빈이는 머리를 긁적였다. 진로 동아리에서는 쉽게 풀릴 문제였다. 집단 지성의 힘이 있기 때문이다. 조별로 토론을 시키면 서로 의견을 모으면서 생각을 만들어 내기가 쉽다. 하지만 교빈이 혼자 꺼내기에는 어려운 문제일 수밖에 없었다.

"마라톤 선수가 풀코스인 42.195킬로미터를 완주하기 위해서는 지구 4바퀴 정도를 달린다고 해. 갓난아기가 스스로 일어나 걷기 위해서는 몇 번 정도 넘어질까?"

"쉽네요. 2,000번이요. 에디슨의 실패 경험과 비슷하네요."

"권투 선수가 12라운드의 경기를 소화하기 위해서 몇 라운드나 연습할까?"

"100라운드겠죠."

"교빈아, 1만 시간의 법칙은 일단 의미 자체로 받아들이자. 중요한 것은 실패 그 자체의 기억에 머무르지 않고, 실패의 의미를 깨달아 지속적으로 노력하는 거야. 바로 그럴 때 한 가지 신념이 조금씩 마음에서 싹트기 시작한다. 교빈이한테는 지금 그것이 필요해."

"그게 뭐죠?"

자신감의 사다리 오르기

"자! 지금부터 차트 쇼를 진행한다."

"샘, 혼자 수업하니까 그렇게 썩 분위기가 나지는 않아요. 그냥 편안하게 하세요."

"야~ 왕년에 교빈이는 분위기 살리는 달인이었는데, 많이 녹슬었구나. 샘이 열심히 준비한 거니까 분위기 좀 살려 주렴."

"알았어요. 어떻게 하는 거예요?"

"간단해. 한 사람이 가려져 있는 종이를 떼어 내면 상대방이 그것을 읽고 점수판을 들어 주는 거야. 점수는 1점부터 5점까지다."

교빈이는 문장 하나하나에 대해 자기 스스로에게 점수를 주었다. 놀랍게도 자신의 능력에 대한 긍정적인 신념에는 거의 모두 1점을 주었다. 그리고 자신의 능력에 대한 불신감에는 모두 높은 점수를 주었다. 본격적으나는 계획대로 일을 수행할 수 있다.

나는 일을 해야 할 때 바로 일을 시작하지 못하는 문제점이 있다.

나는 어떤 일을 첫 번에 잘못했더라도, 나는 될 때까지 해 본다.

로 구체적인 내용을 확인해 보니 교빈이는 또 다시 감정의 기복을 보인다. 이처럼 교빈이는 내면이 매우 불안한 상태로 지금껏 살아왔다. 눈치를 살피고 주변의 반응을 통해 살아온 것이다. 더구나 자신의 능력으로 뭔가를 시도하고 성취해서 능력을 인정받은 경험이 거의 없으니 자신의 성취 신념이 매우 낮았던 것이다. 민샘은 교빈이의 답변을 듣고 그 결과를 그래프에 표시한 다음 보여 주었다.

1	나는 계획대로 일을 수행할 수 있다.					
2	나는 일을 해야 할 때 바로 시작하지 못하는 문제점이 있다.					
3	나는 어떤 일을 첫 번에 잘못했더라도 될 때까지 해 본다.					
4	나는 중요한 목표를 설정하면 성취할 수 있다.					
5	나는 어떤 일을 끝마치기도 전에 포기한다.					
6	나는 어려운 일에 부딪히는 것을 피한다.					
7	나는 어떤 일이 너무 복잡해 보이면 해 볼 생각조차 안 한다.					
8	유쾌하지 않은 일을 할 때도 끝마칠 때까지 반드시 한다.					
9	나는 뭔가 할 일이 있을 때 바로 그 일을 시작한다.					
10	새로운 어떤 일을 배우려고 시도할 때 성공할 것 같지 않으면 처음에 바로 포기한다.					
11	예기치 못한 문제가 일어나면 잘 대처할 수 없다.					
12	나는 어떤 새로운 일이 너무 어려우면 배우려고 하지 않는다.					
13	실패는 나로 하여금 더 열심히 노력하도록 만들 뿐이다.					
14	어떤 일을 할 수 있는 내 능력에 대해 불안함을 느낄 때가 있다.					
15	자신감이 있다.					
16	나는 무슨 일이든 쉽게 포기한다.					
17	인생에 부딪히는 거의 모든 문제들을 다룰 능력이 없는 것 같다.					

"오른쪽에 나온 점수가 중요한 것은 아니야."

"그래도 점수가 보이는걸요."

"왼쪽의 질문을 더 소중히 여겼으면 한다. 교빈이 너 자신을 알 수 있는 구체적인 질문이야."

"그래도 아주 괴롭지는 않아요. 정체감과 자존감이 아주 조금이나마 마음에 깔려 있거든요. 배운 효과가 있어요."

"구체적인 질문을 함께 본 이유가 있다."

"구체적인 질문을 보니, 구체적으로 얼굴이 화끈거렸어요."

"효능감은 매우 실제적인 신념이기 때문이야. 추상적이고 따뜻한 말만으로는 부족해. 이 질문들은 모두 효능감을 확인할 수 있는 것들이다."

"이제야 효능감이 나오는군요."

효능감이란?

특정한 문제를 자신의 능력으로 성공적으로 해결할 수 있다는 자신에 대한 신념이나 기대감이다. 높은 자기 효능감은 과제에 대한 집중과 지속성을 통하여 성취 수준을 높일 수 있다. 그 결과 긍정적인 자아상(self-image)을 형성하는 데 도움이 된다.

"이 질문들을 교빈이의 친구로 삼았으면 좋겠어."

"어떻게요?"

"자주 보면서 자신에 대한 믿음을 키워 나가는 거야."

"잘 될지 모르겠어요. 약간 말이 어렵기도 하고, 구체적이지는 않아요."

"그럼 좀 더 쉽게 접근해 보자. 효능감보다 좀 더 쉬운 말이 있어. 그게 뭘까?"

"자신감이요. 그런데 왜 그렇게 어려운 말을 쓰세요. 그냥 자신감이라고 하면 되죠."

"알았다. 선생님이 잘못했다. 자신감을 확인하는 질문은 좀 더 쉬운 방법으로 확인해 보자. 교빈이의 자신감 크기를 측정해 보는 거야. 먼저 이 사다리는 20칸인데, 자신의 자신감 크기 최대치를 20으로 한다면 교빈이는 스스로의 자신감에 대해 몇 점을 줄 수 있을까?"

"5점쯤?"

"그렇다면 사다리의 5점 칸에 이렇게 빨강 별 스티커를 붙여 두자. 좋아,

그럼 구체적인 내용에 대해 각각 ○, ×로 표시한 후 ×가 몇 개인지 세어 보렴."

"음~ 13개요."

"그럼, 파랑 별 스티커를 13에 붙여라. 이번에는 조금 다른 결과가 나왔네. 구체적인 자신감의 질문을 보면서 표시했더니, 자신이 생각했던 자신감보다 더 높게 나왔어. 희망적이지 않니?"

1. 대학에 가도 성공한다는 보장이 없기 때문에 열심히 공부하지 않는다.
2. 별반 쓸모도 없는 공부에 열중하는 것은 어리석은 일이라고 생각한다.
3. 만화방, PC방, 노래방 사장이 되면 제일 편하고 좋을 것 같다.
4. 나는 마음만 먹으면 공부는 얼마든지 잘할 수 있다는 말을 믿지 않는다.
5. 천재들은 타고나는 것이라고 생각한다.
6. 공부는 부모님을 위해 하는 것이라고 생각한다.
7. 나는 공부를 해도 어느 수준 이상으로는 잘할 수 없을 것 같다.
8. '난 원래 바보야', '나는 왜 이 모양일까?'와 같은 부정적 생각을 자주 한다.
9. 나는 잘하는 것이 별로 없는 것 같다.
10. 어떤 일에 한두 번 실패하면 그 일에 재능이 없다고 판단한다.
11. 열심히 노력하다가 실패하느니, 놀다가 실패하는 게 훨씬 낫다고 생각한다.
12. 부모님이 싸우기라도 하면 내가 공부를 못해서 그러는 것만 같다.
13. 계획에 조금이라도 차질이 생기면 그 일은 완전 끝장이라고 생각한다.
14. 작은 실수에도 과도한 의미를 부여하며 절망하는 경향이 있다.
15. 자신의 성공에 대해 '아무나 할 수 있는 건데 뭐!' 하며 무시하는 편이다.
16. 만약 내가 돈 많은 부모를 만났다면 지금보다 훨씬 공부를 잘했을 것이다.
17. 선입견이나 우연한 일에도 부정적인 의미를 부여하여 새 징크스를 만든다.
18. 내가 만약 실패한다면 그것은 대부분 부모님 때문이라고 생각한다.
19. 경쟁이 너무 심해서 똑똑한 사람이 아니고는 살아남기 어렵다고 생각한다.
20. 아무튼 나는 다 잘될 거라고 생각하지 않는다.

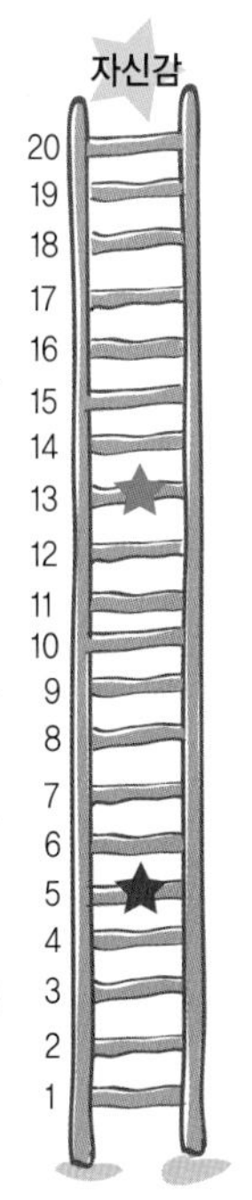

"그러네요. 그냥 불편한 질문들에 대해서 아니라고 생각해서 표시한 건데, 그것을 저의 자신감이라고 하니까 쫘~끔 기분이 좋아져요."

"그럼, 이제 교빈이의 구체적인 자신감의 내용이 되는 능력을 간단하게 확인해 보자."

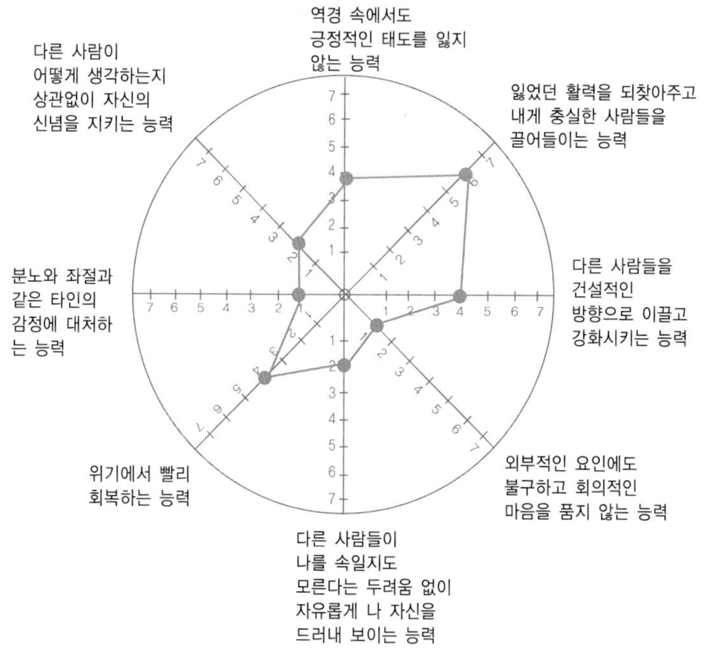

민샘이 꺼낸 종이 위에는 여덟 가지의 능력이 있고, 1점부터 7점까지의 눈금이 있었다. 교빈이는 여덟 가지 능력에 대해 스스로 생각하는 척도에 점을 찍고, 점을 모두 연결하여 그래프를 만들었다.

"그러고 보니 교빈이가 약한 부분과 강한 부분이 한눈에 보이는 것 같지 않니?"

"그러네요. 특히 저는 공통적으로 낮은 영역이 있어요. 다른 사람과의 관계 속에서 저의 마음과 신념을 지키는 부분이 모두 낮아요. 이렇게 보니까 제 자신이 구체적으로 보여요."

"여기서 중요한 게 있다. 앞에서 배웠는데, 실패보다 중요한 것은?"

"실패에서 오는 교훈을 깨닫는 거요."

"그렇지, 바로 그거야. 지금 교빈이의 자신감에서 약한 부분을 보면서 공통점을 찾고, 바로 그 부분을 개선하면 되는 거야."

"새로운 목표가 생긴 거군요."

한결 밝아진 교빈이의 얼굴 앞에 민샘은 예쁘게 포장된 선물 하나를 꺼냈다. 워낙 수업 활동이 많고 사용하는 도구가 많다 보니 또 무슨 수업 자료로 생각했는지 교빈이의 표정은 시큰둥했다.

"선물이다."

"서, 선물이요?"

예쁜 다이어리였다. 가죽 커버에 적당한 사이즈다. 교빈이는 신기한 듯 커버를 열어 속을 보았다. 그런데 이상하다. 일반적으로 판매하는 다이어리의 내용이 아니다. 민샘이 속 내용을 직접 만든 것 같다.

"맞아, 좀 다르지? 다이어리의 내용은 샘이 만든 거야."

"샘, 너무 좋아요. 그런데 내용을 잘 모르겠어요."

"제목은 '성공 다이어리'다. 이것은 교빈이의 정체감, 자존감, 효능감을 올려 주기 위해 샘이 직접 바인더로 만든 거란다."

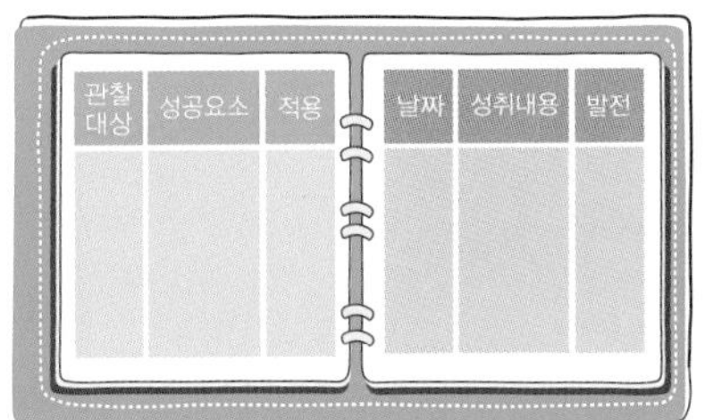

"왼쪽과 오른쪽의 내용이 좀 다르네요. 왼쪽에는 관찰 대상이 나오고, 오른쪽에는 날짜와 성취 내용이 나와요. 궁금해요."

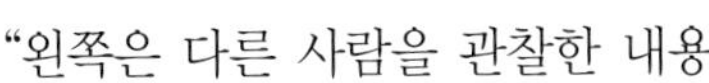

"왼쪽은 다른 사람을 관찰한 내용이고, 오른쪽은 자신을 관찰한 내용이야. 이 두 가지를 꾸준하게 동시에 진행하는 게 중요해. 부담 갖지 말고 뭔가 발견했을 때만 쓰면 돼. 시간이 지나면 조금씩 자신의 강점을 더 많이 발견하게 될 거야."

"자기만 관찰해도 될 것 같은데, 타인은 왜 관찰하는 거죠?"

"두 가지 효과가 있지. 강점을 보는 눈을 키워 주고, 또 다양한 배울 점을 받아들일 수 있게 해준다."

"샘, 저 오늘 바로 쓸 거 하나 있어요. 타인에 대한 관찰이요."

"관찰 대상은 민샘. 성공 요소는 한 사람을 섬세하게 배려하는 모습이요."

"쑥스럽네. 그럼 교빈이가 적용할 수 있는 것은 뭐가 있을까?"

"저도 주변 사람이 필요한 게 뭔지 좀 더 자세히 관찰하는 태도를 갖고 싶어요. 이게 적용이에요."

"조금 추상적이지만 그래도 좋다. 이제 시작이니까. 아무쪼록 잘 쓰기 바란다."

이름 하여 '성공 다이어리'라고 한다. 효능감을 높여 주고 자신의 삶을 개선시키는 데에 더없이 좋은 방법으로 알려져 있다. 민샘은 진로 동아리 아이들에게는 이 다이어리를 만들어 주지 않았다. 오직 교빈이를 위해 한 권만 제작했다. 사실 민샘은 오늘 중요한 이야기를 교빈이에게 하려 한다. 존재 발견을 마무리하는 8주차 수업을 진로 동아리에서 교빈이와 함께하고 싶은 것이다. 처음에는 한 달을 약속했지만, 사실 여덟 번째 수업은 꼭 함께할 이유가 생겼다. 특히 교빈이의 효능감에 결정적인 도움을 주기 위해 다른 동아리 친구들의 역할이 필요했다.

"이번 수업은 꽤 어려웠지?"

"네, 선생님. 진로 동아리 친구들도 이렇게 어려워했나요?"

"당연하지. 오늘 수업 내용은 동아리 친구들도 똑같이 진행했다. 모두 어려워했지."

"교빈아, 선생님이 한 가지 부탁할 게 있는데 말해도 되겠니?"

"샘, 갑자기 분위기 가라앉잖아요. 왜 무게 잡고 그러세요. 어색해요."

"교빈이가 진로 동아리를 그만두겠다고 했을 때 샘과 했던 약속 기억나니?"

"네, 한 달만 샘과 일대일로 수업하고 결정하기로 했어요."

"그 부분에 대해 부탁하려 해. 그걸 일주일만 앞당겼으면 한다. 정체감, 자존감, 효능감에 대한 수업은 오늘로 마무리되었다. 지난 시간에 액자 선물, 이번 시간의 카드 선물과 다이어리 선물은 선생님이 고민한 결과야. 어쩌면 교빈이와 다시 수업을 할 수 없을 것 같아서 준비했고, 또 한편으로는 교빈이를 잡고 싶어서 준비한 거야."

교빈이는 민샘의 이야기를 잠자코 듣고만 있었다. 티는 내지 않았지만 계속 고민하고 있었다. 상처가 깊은 청소년이 가질 법한 자존심을 교빈이도 가지고 있었다. 그러기에 3주 전의 수업에서 보인 모습은 상상하고 싶지 않을 만큼의 수치였다. 물론 아무도 그렇게 생각하지 않았지만 교빈이 본인에게는 다시 진로 동아리로 돌아가고 싶지 않은 이유였다. 실제로 진로 동아리 활동 이외의 학교생활에서 지나치다 만나는 동아리 친구들과도 매우 어색하고 불편했다. 친구들도 교빈이의 마음을 충분히 배려하여 진로 동아리 이야기를 꺼내지는 않았다.

민샘은 개인적으로 수업을 진행하는 동안 교빈이의 마음을 다시 처음의 자리로 되돌리고 싶었다. 교실을 뛰쳐나갔던 그 이전의 모습으로 다시 돌아갈 수 있게 하려고 노력했다. 그리고 중간 중간 교빈이에게 진로 동아리의 소식을 자연스럽게 전해 주었다. 그리움을 심어 주는 전략이었다. 그러나 알 수 없는 일이다. 교빈이의 마음이 어떤 방향으로 결정이 날지 아무도 모른다.

"지금 꼭 대답해야 돼요?"

"그건 아냐. 좀 더 생각해 보고, 가능하다면 샘한테 다음 시간 전까지 문자 부탁한다."

"그럴게요."

나의 자신감 사다리 오르기

다음은 '자신감 사다리'입니다. 스스로의 능력에 대한 믿음을 나타내는 '효능감'을 보다 구체적으로 알아보는 질문들입니다. 먼저 자신감의 사다리에 스스로의 자신감이 어느 정도일지 20점 만점을 기준으로 ★로 표시해 보세요. 이후 질문을 읽고 각각에 대해 ○, × 로 표시한 뒤, × 표의 개수만 세어서 사다리에 ◆로 표시합니다. 예측과 결과를 서로 비교해 보면서 자신의 자신감을 확인합니다.

1. 대학에 가도 성공한다는 보장이 없기 때문에 열심히 공부하지 않는다.
2. 별반 쓸모도 없는 공부에 열중하는 것은 어리석은 일이라고 생각한다.
3. 만화방, PC방, 노래방 사장이 되면 제일 편하고 좋을 것 같다.
4. 나는 마음만 먹으면 공부는 얼마든지 잘할 수 있다는 말을 믿지 않는다.
5. 천재들은 타고나는 것이라고 생각한다.
6. 공부는 부모님을 위해 하는 것이라고 생각한다.
7. 나는 공부를 해도 어느 수준 이상으로는 잘할 수 없을 것 같다.
8. '난 원래 바보야', '나는 왜 이 모양일까?'와 같은 부정적 생각을 자주 한다.
9. 나는 잘하는 것이 별로 없는 것 같다.
10. 어떤 일에 한두 번 실패하면 그 일에 재능이 없다고 판단한다.
11. 열심히 노력하다가 실패하느니, 놀다가 실패하는 게 훨씬 낫다고 생각한다.
12. 부모님이 싸우기라도 하면 내가 공부를 못해서 그러는 것만 같다.
13. 계획에 조금이라도 차질이 생기면 그 일은 완전 끝장이라고 생각한다.
14. 작은 실수에도 과도한 의미를 부여하며 절망하는 경향이 있다.
15. 자신의 성공에 대해 '아무나 할 수 있는 건데 뭐!' 하며 무시하는 편이다.
16. 만약 내가 돈 많은 부모를 만났다면 지금보다 훨씬 공부를 잘했을 것이다.
17. 선입견이나 우연한 일에도 부정적인 의미를 부여하여 새 징크스를 만든다.
18. 내가 만약 실패한다면 그것은 대부분 부모님 때문이라고 생각한다.
19. 경쟁이 너무 심해서 똑똑한 사람이 아니고는 살아남기 어렵다고 생각한다.
20. 아무튼 나는 다 잘될 거라고 생각하지 않는다.

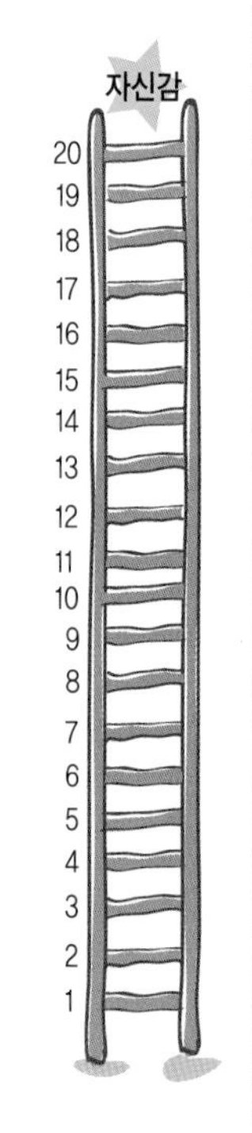

자신의 자신감 예상 점수와 결과가 일치하는지, 그렇지 않으면 어떤 결과인지 간단히 기술하고 그런 결과가 나온 이유를 써 봅니다.

____

____

____

내친구 포트폴리오 살짝 엿보기

나의 자신감 사다리 오르기

다음은 '자신감 사다리'입니다. 스스로의 능력에 대한 믿음을 나타내는 '효능감'을 보다 구체적으로 알아보는 질문들입니다. 먼저 자신감의 사다리에 스스로의 자신감이 어느 정도일지 20점 만점을 기준으로 ★로 표시해 보세요. 이후 질문을 읽고 각각에 대해 ○, × 로 표시한 뒤, × 표의 개수만 세어서 사다리에 ◆로 표시합니다. 예측과 결과를 서로 비교해 보면서 자신의 자신감을 확인합니다.

1. 대학에 가도 성공한다는 보장이 없기 때문에 열심히 공부하지 않는다. ×
2. 별반 쓸모도 없는 공부에 열중하는 것은 어리석은 일이라고 생각한다. ×
3. 만화방, PC방, 노래방 사장이 되면 제일 편하고 좋을 것 같다. ○
4. 나는 마음만 먹으면 공부는 얼마든지 잘할 수 있다는 말을 믿지 않는다. ○
5. 천재들은 타고나는 것이라고 생각한다. ○
6. 공부는 부모님을 위해 하는 것이라고 생각한다. ×
7. 나는 공부를 해도 어느 수준 이상으로는 잘할 수 없을 것 같다. ○
8. '난 원래 바보야', '나는 왜 이 모양일까?'와 같은 부정적 생각을 자주 한다. ×
9. 나는 잘하는 것이 별로 없는 것 같다. ○
10. 어떤 일에 한두 번 실패하면 그 일에 재능이 없다고 판단한다. ○
11. 열심히 노력하다가 실패하느니, 놀다가 실패하는 게 훨씬 낫다고 생각한다. ○
12. 부모님이 싸우기라도 하면 내가 공부를 못해서 그러는 것만 같다. ○
13. 계획에 조금이라도 차질이 생기면 그 일은 완전 끝장이라고 생각한다. ○
14. 작은 실수에도 과도한 의미를 부여하며 절망하는 경향이 있다. ×
15. 자신의 성공에 대해 '아무나 할 수 있는 건데 뭐!' 하며 무시하는 편이다. ○
16. 만약 내가 돈 많은 부모를 만났다면 지금보다 훨씬 공부를 잘했을 것이다. ○
17. 선입견이나 우연한 일에도 부정적인 의미를 부여하여 새 징크스를 만든다. ×
18. 내가 만약 실패한다면 그것은 대부분 부모님 때문이라고 생각한다. ○
19. 경쟁이 너무 심해서 똑똑한 사람이 아니고는 살아남기 어렵다고 생각한다. ○
20. 아무튼 나는 다 잘될 거라고 생각하지 않는다. ○

자신감
20
19
18
17
16
15 ★
14
13
12
11
10
9
8
7
6 ◆
5
4
3
2
1

자신의 자신감 예상 점수와 결과가 일치하는지, 그렇지 않으면 어떤 결과인지 간단히 기술하고 그런 결과가 나온 이유를 써 봅니다.

나의 자신감 예상은 15점 정도였으나 실제 결과는 6점이 나왔다. 차이가 너무 커서 당황스럽다. 이유가 뭘까 생각하며 체크 내용을 다시 보니 내가 나 자신을 너무 부정적으로 보고 있다는 생각이 들었다. 자신감을 가지기 위해 부정적인 시선을 먼저 바꾸어야겠다.

자신감 수레바퀴의 균형

다음은 '자신감 수레바퀴'입니다. 여덟 가지 자신감의 영역별 능력을 읽고 1점부터 7점까지의 척도 중에 점을 찍고 그 점을 이어 방사형 그래프를 만듭니다. 그런 후 자신감이 높은 영역과 낮은 영역을 구분하고, 앞으로의 개선점을 표현해 보세요.

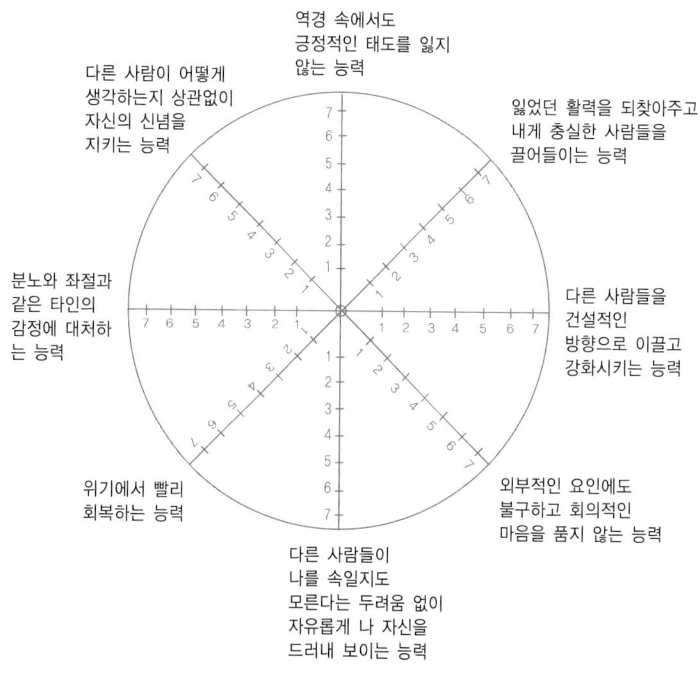

자신감 수레바퀴의 균형

다음은 '자신감 수레바퀴' 입니다. 여덟 가지 자신감의 영역별 능력을 읽고 1점부터 7점까지의 척도 중에 점을 찍고 그 점을 이어 방사형 그래프를 만듭니다. 그런 후 자신감이 높은 영역과 낮은 영역을 구분하고, 앞으로의 개선점을 표현해 보세요.

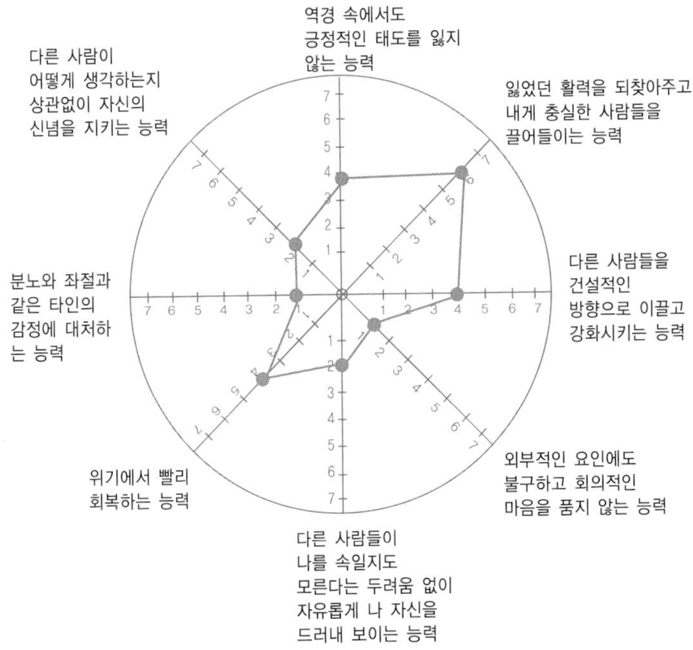

나의 자신감 수레바퀴를 보면, 한 가지 영역은 아주 높은 편이고, 네 가지 영역은 매우 낮은 편이다. 높은 부분은 다른 사람들에게 활력소가 되어 주는 역할이다. 반면 낮은 부분은 부정적인 시각, 타인의 부정적인 감정에 대처하는 능력, 다른 사람의 판단에 민감한 태도, 그리고 자유롭게 나 자신을 드러내는 솔직함 등이다. 낮은 영역은 주로 타인과의 관계에서 눈치를 보거나 민감하게 반응하는 모습들이다. 보다 솔직하고 용기 있는 태도가 필요한 것 같다.

이제 낮은 부분을 알게 되었으니, 앞으로 실제 생활에서 구체적으로 변화를 만들어 볼 것이다.

생생! 직업인 이야기

심리학이 큰 도움이 되지요

교정직 공무원

사람을 돕거나 살리는 방법도 여러 가지입니다. 아프기 전에 예방을 돕거나 건강한 몸을 만들어 주는 직업이 있는가 하면, 아픈 이후에 치료하는 직업이 있습니다. 운전을 잘할 수 있도록 훈련시키는 직업이 있는가 하면, 교통사고가 난 이후에 이를 처리해 주는 직업이 있습니다. 한편 교사처럼 기본적인 인간 사회에서의 성숙을 가르쳐서 함께 살아가는 힘을 키워 주는 직업이 있는가 하면, 함께 살아가는 질서를 깨뜨린 사람을 교정하고 바로잡아 주는 직업도 있습니다. 저는 바로 그런 일을 하는 교정직 공무원입니다.

저는 수감자 수용 시설에서 수감자의 생활과 교육을 담당하고 있습니다. 만약 이런 일을 꿈꾸는 학생이 있다면 한 가지는 안심하세요. 이 직업의 전망은 밝기 때문입니다. 법학, 행정학, 교육학, 사회학 등을 전공한다면 채용 시험에 유리하겠죠. 그런데 저는 특히 심리학 공부를 권하고 싶습니다. 수감자들의 마음을 헤아리고 행동을 이해하는 것이 이 분야에서는 아주 유용합니다. 그리고 그러한 능력을 가진 사람은 이 분야에서도 두각을 나타낼 수가 있답니다. 경찰 직종에서도 범죄 심리 분석관이 각광받는 것처럼 말이죠.

08 우리는 페이스메이커

나는 함께 가고 있는가

우리들의 고민 편지

부산 K중학교 1학년에 재학 중인 M양의 고민은 진로 활동에서 자신의 활동 내용을 쉽게 발표하지 못한다는 것이다. 선생님의 격려와 조언으로 자신의 가능성을 조금씩 꺼낼 수 있었지만, 한 가지 불안한 마음은 지울 수가 없다. 자신이 바라보는 내 모습과 타인이 바라보는 내 모습이 다르면 어떡할까. 어떻게 하면 이런 두려움을 이길 수 있을까. 진로의 과정은 결코 혼자 갈 수 있는 길이 아니기에 더욱 마음이 불편하다.

– 온라인 캠프에 올라온 진로 고민 편지

교빈이의 책상 위에는 여러 통의 편지가 놓여 있었다. 형형색색의 편지와 엽서를 보자 교빈이는 울컥 하고 눈물을 쏟을 뻔했다. 물어보나마나 친구들이 올려놓은 게 틀림없다.

"교빈아, 쿠폰은 내가 주는 거야. 내가 제일 좋아하는 게임 이용권인데, 무지 아쉽지만 너에게 주는 거야. 재미있게 해."

찬형이었다. 녀석의 건방진 목소리는 여전하다. 교빈이는 살짝 주변을 둘러보았다. 하영이가 미소를 지었다. 철만이의 어설픈 웃음도 보였다. 승헌이와는 눈이 마주쳤는데, 눈짓으로 아래를 가리켰다. 책상 아래 서랍을 열어 보니 책 두께의 엄청난 초콜릿이 들어 있었다.

'녀석, 징그럽게 초콜릿은…….'

교빈이가 불편해할까 봐 민샘은 교빈이 인사를 가볍게 받고 지나갔다. 다른 친구들도 같은 방식으로 티를 내지 않으려고 애썼다. 하지만 교빈이는 이미 친구들이 올려놓은 편지를 보고 그 마음을 읽었다.

'고마워, 얘들아. 정말 고마워. 꼭 끝까지 함께 갈게. 정말이야.'

민샘은 화면에 한 장면의 사진을 보여 주었다. 달리는 모습인데 사람 모습이 마치 그림자처럼 검게 칠해져 있다.

"힌트는 마라톤, 그림자, 진정한 1등이다. 무엇을 뜻하는 것일까?"

마라톤, 그림자, 진정한 1등의 세 가지 힌트만으로 해석해 보라는 미션이었다. 동아리 학생들은 이제 알아서 조별 토론을 진행한다. 진로 동아리 수업에서는 허락을 받고 컴퓨터와 스마트폰 사용도 가능하다. 정확하게 수업의 목표를 위해 사용하는 경우에만 한한다.

"피스 메이커야!"

"아니야, 페스 메이커야!"

"웃기지 마, 페이스메이커야!"

"야~ 차라리 커피 메이커로 하지 그래~ 어이없네, 진짜."

조별로 토론이 시작되었고 의견이 분분했다. 충분한 시간을 주지 않았던 탓일까? 정확한 명칭을 두고 자기 조가 옳다고 서로 우겼다. 어느새 교빈이도 자기 조에 들어가서 소리를 높이고 있었다.

페이스메이커란?

페이스메이커는 주로 마라톤 경기에서 우승 후보 선수들의 기록 향상을 위해 앞서 달리는 선수를 말한다. 선두 그룹 앞에서 경기 초반부터 속도를 낸다. 대개 20~30킬로미터 사이에서 임무를 끝낸다. 올림픽이나 세계 선수권 등 종합 대회에서는 페이스메이커가 뛰지 않는다.

"그만, 그만! 용어 때문에 싸우지 말자. 그래도 거의 같은 의견에 접근한 것 같다. 너희들이 찾아낸 의미 그대로야. 너희들 생각은 어때? 만약 너희들이 마라톤 선수로서의 신체 조건과 능력을 가지고 있는데도 페이스메이커의 삶을 살라고 하면 받아들일 수 있을까?"

"저는 못합니다. 비굴해요."

"너무 슬픈 인생이에요."

상민이와 진구가 실감나는 표정까지 지으며 부정적인 반응을 꺼냈다. 그럴 만하다. 실제로 페이스메이커를 통해 마라톤 우승자가 많이 나온다. 자기 팀에서 우승 선수를 만들기 위해 사력을 다해 뛰면서도 자신의 이름은 철저히 감추는 것이 슬프게 받아들여진다. 바로 그때 정적을 깨는 목소리가 들렸다.

"저라면 페이스메이커 하겠어요!"

역시 찬형이다. 남다른 생각을 통해 분위기 반전을 즐기는 사나이가 또 등장한 것이다. 민샘은 이유를 물어보았다.

"간단해요. 자신이 1등 할 자신이 있고 능력이 있으면 선수로서 당당하게 뛰면 되는 거예요. 만약 그 정도의 실력이 아직은 아니라면 보험을 드는 거죠. 자신의 역할은 일단 하고 마라톤 중간에 포기해도 계약된 금액은 받을 수 있으니 아주 안정적이잖아요. 냉정하게 따져 볼 필요가 있어요."

찬형이 이야기는 듣고 보면 늘 일리가 있다. 그런데 한 가지는 확실하다. 어쩜 이렇게 일리 있는 이야기를 싸늘한 분위기로 할 수 있을까, 이것이 찬형이의 능력이라면 능력이다.

"마라톤에서는 선두 그룹을 유지하는 것이 매우 중요하다. 그러기 위해 함께 뛰어 주는 사람이 바로 여러분이 찾아낸 페이스메이커이지. 42.195킬로미터의 전 구간 중에 중반 30킬로미터 정도까지가 가장 중요한 고비인데, 페이스메이커는 바로 그 지점까지 함께 뛰어 주는 거야. 만약 페이스메이커가 없더라도 함께 뛰는 그룹에 속해 있다는 것은 매우 중요하다."

"찬형이 이야기도 일리가 있지만, 그래도 페이스메이커들이 어떤 마음을 가지고 있는지 궁금해요. 정말 괜찮을까요, 금메달 욕심은 없을까요? 자신이 함께 뛰어 준 선수가 금메달을 목에 거는 장면을 보는 마음이 어떨까 싶어요."

"다른 친구들도 하영이와 비슷한 생각을 가지고 있을 것 같구나. 그래서 두 사람을 소개하고자 한다. 이들은 1등 제조기라 불리는 사람들이야. 유명한 페이스메이커들이지."

케냐의 키루이와 에티오피아의 베켈레는 1등 제조기로 불리는 페이스메이커들이다. 두 사람은 항상 꿈을 꾼다. 페이스메이커가 아니라 정식 선수로 1등을 꼭 해 보겠다는. 결국 두 사람은 자신의 이름을 당당히 걸고 세계 대회에 나가게 된다. 키루이는 2011년 한국의 대구 세계육상선수권 대회에 참여한다. 그보다 앞서 베켈레는 이미 오래 전에 자신의 이름으로 세계 대회에서 우승하여 과거의 아픔을 모두 씻었다고 한다.

"샘, 아까 찬형이가 한 이야기를 왠지 지지하고 싶은데요."

하영이다. 찬형이의 발표가 이미 지나갔는데 다소 늦게 하영이가 손을 든 것이다. 하영이는 조별로 자료를 조사하면서 재미있는 기사를 찾아냈다. 1999년에 나온 기사이다.

케냐의 타누이라는 페이스메이커가 계약된 코스를 다 달린 후에도 힘이 남자 나머지 코스를 완주하여 결국 우승해 버린 재미있는 기사였다. 하영이는 조별 책상의 컴퓨터를 네트워크로 연결하여 파일을 민샘의 스크린에 띄웠다. 학생들은 흥미롭게 화면을 주시했다.

페이스메이커 케냐 타누이 로마마라톤 우승

다른 선수의 속도를 조절해주는 페이스메이커가 99로마마라톤대회에서 우승했다. 보통 페이스메이커는 마라톤에서 중반까지만 뛴 후 기권하는 게 보통이지만 22일 로마마라톤에 출전한 필립 타누이(케냐)는 초반 레이스를 이끌어주다 힘이 남아돌자 막판 스퍼트, 1위를 차지한 것. 타누이는 2시간9분56초를 기록. 그러나 타누이를 페이스메이커로 고용한 필립 치르치르는 그를 쫓아가다 힘에 부쳐 2시간10분15초로 3위에 그쳤다.

"페이스메이커들의 꿈에 관한 선생님의 말씀에도 관련이 있고, 아까 찬형이의 발언에도 연결되는 거예요. 그러니까 자신의 능력을 스스로 알 수 있다는 거예요. 보통의 페이스메이커들은 마라톤 구간의 중반 정도만 뛰기 때문에 높은 에너지를 발산하여 선두 그룹에서 뛸 수 있어요. 자신이 돕는 선수가 선두 그룹에 있기 때문에 도움을 주는 것이죠. 그런데 그렇게 뛰고도 나머지 구간을 충분히 뛸 수 있다고 판단했기에 이 선수는 더 뛴 겁니다. 찬형이 표현대로라면 페이스메이커로서의 계약금도 받고, 우승 상금도 받아서 장사를 꽤 잘한 거죠."

"좋다. 충분한 지원 사격이 되었어. 하영아 고맙다. 여기서 샘이 꼭 하고 싶은 말이 있다. 바로 '함께 간다는 것'."

존재와 존재의 만남

민샘은 새로운 임무를 시작했다. 효능감에 대해 활동했던 '자신감 수레바퀴'를 한 사람에게 5장씩 새로 나눠 주었다. 딱딱한 종이를 뒤에 대어 들고 다니면서 메모할 수 있게 만들었다.

"이번 활동은 조별로 하는 게 아니다. 각자 돌아다니면서 다른 한 사람과 서로 카드를 교환한 후 상대의 자신감에 대해 표시해 주는 거지. 수희와 승헌이가 앞으로 나와서 시범을 보여 줄래?"

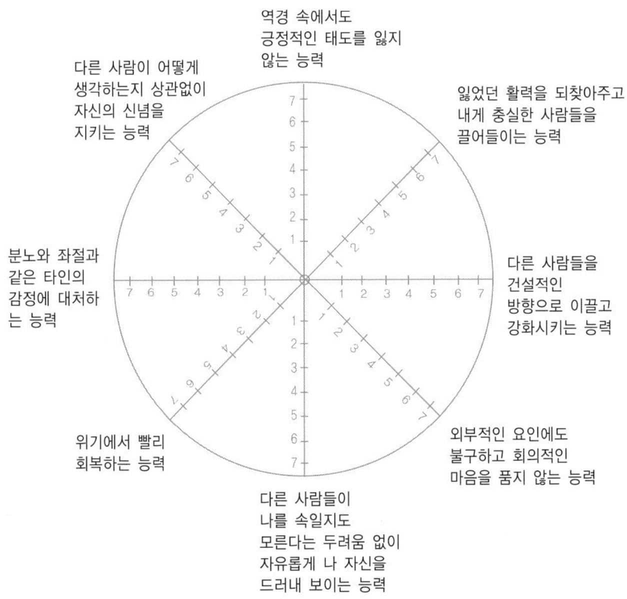

수희는 전날 민샘에게서 이미 설명을 들었고, 함께 시범을 보일 짝꿍을 고민하던 중에 승헌이에게 부탁했다. 두 사람은 나와서 마주보고 인사를 했다. 그런 뒤 각자 들고 있는 자신감 수레바퀴 카드를 교환했고, 상대방의 카드에 그 사람의 자신감에 대해 자신이 느낀 점을 점으로 찍어 되돌려 주고 인사를 했다. 이런 방식으로 5명 정도를 만나는 것이다.

그런데 또 찬형이가 곱게 지나가지 않고 까칠하게 한 마디 했다.

"샘, 지난 시간에 우리 자신의 자신감을 표현한 자료가 있잖아요. 거기에 하면 될 텐데 왜 이렇게 또 만드셨어요. 그리고 카드 하나에 5명이 번갈아 가며 점을 찍으면 되잖아요. 너무 낭비하는 거 아닌가요?"

이번에는 민샘도 조금 어이가 없었다. 조금만 생각해 보면 알 만할 텐데, 이렇게 선생님의 힘을 빼다니 참 안타까웠다. 민샘의 눈치를 보던 승헌이가 한 마디 거들었다.

"객관성 때문이야. 만약 자신이 표기한 그래프를 다른 사람에게 준다면 다른 친구들이 점을 찍을 때 원래 친구의 그래프에 영향을 받게 돼. 냉정하게 표기하기가 힘들다는 거지. 카드가 5개 필요한 것도 마찬가지야. 서로서로의 평가에 영향을 받지 않고, 자신만의 생각으로 평가할 수 있도록 돕는 거지."

승헌이의 한판승이다. 찬형이는 괜한 말을 해서 뒤통수를 세게 얻어맞은 꼴이다. 민샘은 정확하게 그런 의도로 카드를 준비했다. 그럼 왜 이 활동을 하는 것일까? 민샘은 아직 그 이유를 설명해 주지 않았다. 활동의 결과를 통해 학생들이 직접 느끼기를 바랐기 때문이다. 다행히도 학생들에게 활동 방법을 다시 설명할 필요는 없었다. 다만 한 가지는 꼭 당부했다. 일대일로 만나 상대방의 카드를 받아 평가한 뒤 다시 돌려받을 때 그 내용을 보지 말라는 것이다. 자신에 대한 상대방의 평가를 보면 그 사람에게 선입견이 생길 수 있기 때문이다. 민샘은 자칫 상처를 줄까 싶어 매우 조심스럽게 활동을 진행했다. 교빈이의 질문이 이어졌다.

"샘, 이제 어떻게 해요?"

"3명 이상 만났다면 3장 이상의 카드를 받았을 거야. 물론 각 카드는 누가 작업했는지 모르는 거지. 이제 그 카드를 잘 보고, 지난 시간에 자신의 포트폴리오 파일에 끼워 넣은 '자신감 수레바퀴'에 입력해 보도록 해."

"와우, 그렇게 되면 자신이 평가한 스스로의 자신감 영역과 타인이 바라보는 자신의 자신감 영역을 비교할 수 있겠네요."
민샘은 살며시 교빈이 옆에 와서 작업하는 것을 지켜보고 있었다. 교빈이는 각기 다른 색깔로 친구들이 평가한 카드 내용을 자신의 포트폴리오에 옮기느라 민샘이 옆에 온 줄도 몰랐다.
"어때, 교빈아. 너 자신의 평가와 친구들의 평가를 보니 어떤 생각이 들어?"
"놀랐어요. 어떤 부분은 생각보다 높게 나오고, 한두 가지는 제 생각보다 더 낮게 나왔어요."
"그게 뭘 의미하는 것일까?"
"글쎄요. 좀 더 고민해 봐야겠어요."

학생들의 활동이 마무리되자 민샘은 자신의 '자신감 수레바퀴'를 함께 보면서 설명해 보는 기회를 주었다. 예상한 대로 선뜻 나서는 사람이 없었다. 민샘은 순간 4주 전 교빈이가 수업 중에 밖으로 나가버린 기억이 떠올랐다. 갑자기 아차 하는 생각이 밀려들었다. 인생 그래프를 발표하는 중에 교빈이가 자신의 내용을 친구들에게 공개하지 않아서 문제가 시작되었던 것이다. 한 달 동안 겨우 교빈이를 도와서 다시 제자리로 데려왔는데, 이런 실수를 하다니. 민샘은 자기답지 않게 세심하게 살피지 못한 것을 자책하며 바로 수습에 들어갔다.
"그래, 시간이 많이 흘렀으니 이 부분은 발표하지 않고 그냥 샘이 설……."
"샘, 제가 발표할게요."
민샘과 친구들 모두 얼고 말았다. 교빈이가 손을 든 것이다. 반전이었다. 존재 발견 첫 수업에서 자신의 인생 그래프를 숨기다가 결국 나가 버린 교빈이가 한 달 만에 돌아왔는데, 평소에 발표를 잘하던 친구들조차 꺼리는 발표를 직접 하겠다고 손을 든 것이다. 타인에 의한 평가는 어쩌면 스스로 평가한 것보다 더 민감한 부분이다. 그러기에 민샘은 발표자가 없을 경우 그냥 설명하고 지나가려 했다. 민샘은 교빈이의 자신감 수레바퀴 그래프 결과를 사진으로 찍어 전체 화면에 크게 띄웠다. 물론 교빈이가 동의했기에 가능했다.

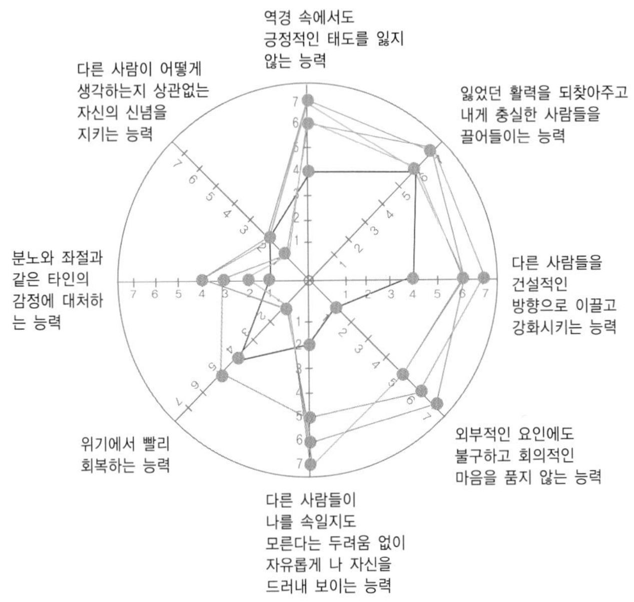

"편지 고마워요, 친구들! 정말 고맙다는 말을 하고 싶었어요."

"와~!"

"저의 자신감 수레바퀴는 원래 매우 소심한 버전이었어요. 그런데 몇몇 친구의 평가와 겹쳐 보니 이런 그림이 나왔습니다. 몇 가지 중요한 점이 있는데, 긍정적인 모습을 보이는 부분에서 특히 높은 평가를 많이 받았다는 거예요. 그러니까 제가 생각하는 제 모습보다 훨씬 좋은 결과가 나왔어요. 예전 같으면 제가 사람들을 속이고 있다고 생각했을 수도 있지만 이제는 달라요. 있는 그대로를 받아들이려고요. 친구들이 저를 높게 평가하고 긍정적으로 본다면 저는 그런 존재라는 겁니다. 그래서 용기를 내게 되었어요.

하지만 반대 영역도 있어요. 제가 생각하는 것보다 더 낮게 나온 항목도 있지요. '위기에서 회복하는 능력'은 제가 생각하는 제 모습보다 더 낮은 점수를 받았어요. 이 부분도 받아들이고 점차 개선하려고요. 저는 이 그래프를 보면서 오히려 희망을 보았어요. 민샘과 한 달 동안 정체감, 자존감, 효능감을 배우면서 제 자신을 보는 눈을 뜨게 되었어요. 그리고 자신을 바라보는 힘은 타인과 함께 가면서 더 커진다는 사실을 깨달았습니다. 저는, 저는 여러분과 함께 가는 게…… 행복해요."

목이 메여 왔다. 말을 잘 잇지 못하는 교빈이를 보며 친구들의 박수가 터져 나왔다. 그 순간 승헌이가 자리에서 일어나서 박수를 쳤다. 그러자 하영이도 일어났다. 철만이도 눈치를 보더니 일어났다. 그리고 찬형이도 수희도, 그리고 다른 친구들도 일어나서 교빈이에게 진심으로 박수를 보냈다. 교빈이의 볼에 눈물이 흐르고 있었다. 참으려고 했는데…… 가슴이 먹먹하여 북받쳐 오르는 눈물을 참을 수가 없었다.

'괜찮아, 어차피 이제 솔직하기로 했잖아. 그래, 바로 이런 느낌이다. 내가 소중하다는 느낌이 바로 이런 거구나. 고마워, 정말. 고마워, 친구들!'

민샘은 진로의 여정이 이처럼 함께 가는 구도여야 한다는 내용을 말할 계획이었다. 그래서 이 활동을 통해 그 느낌을 공유하려 했다. 그런데 교빈이의 발표를 듣고 민샘은 더 이상 다른 말은 하지 않았다. 설명이 필요 없기 때문이었다. 적어도 오늘의 주인공은 단연 교빈이었다.

분위기를 다시 정리하고, 민샘은 5장의 카드 묶음을 각 조별로 나눠 주었다. 10분 동안 기러기 이야기 카드의 순서를 맞춰서 그 이야기를 소개하는 미션이다. 역시 인터넷과 스마트폰을 사용할 수 있다. 그런데 시작하자마자 5분이 채 안 되어 모든 조가 카드 배열을 완성했다. 민샘은 기다렸다는 듯이 새로운 미션을 주었다.

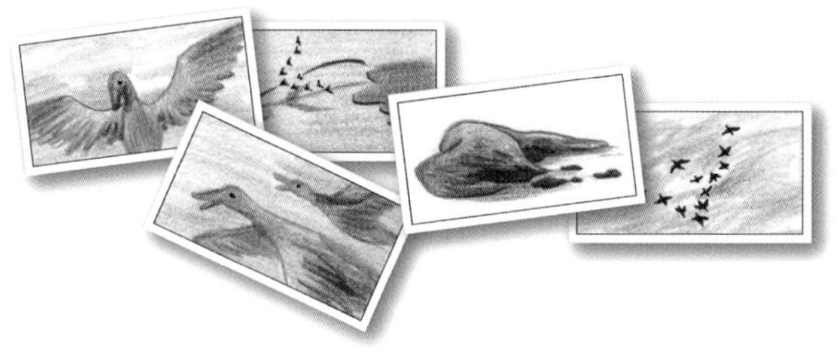

"오늘은 아주 창의적인 미션을 주려고 해. 아름다운 영상을 만드는 거야."

"아름다운 영상이요? 저희가 어떻게 만들어요."

"걱정 마. 초등학생도 할 수 있는 가장 쉬운 방법을 소개할 테니까."

"저희를 초등학생 취급하시는 거예요?"

"진구야, 그건 아냐. 그만큼 쉽다는 이야기지."

"그런데 왜 만드는 거예요?"

"자신의 컴퓨터나 휴대폰에 꿈 영상을 스스로 만들어서 자주 들여다보는 일은 이미 다른 나라에서 유행하고 있다. 물론 유행을 따라가자는 것은 아니고, 너희들이 간직한 소중한 뜻을 더 효과적인 방식으로 보관하여 지속시키는 방법을 소개하고 싶은 거야. 더구나 오늘은 존재 발견을 마무리하고 또 한 번의 새로운 출발을 하는 아주 의미 있는 시간이기 때문이지."

학생들은 그야말로 왁자지껄 의견을 모으면서 작업을 시작했다. 민샘이 기러기 카드 파일을 네트워크 폴더에 넣으면 학생들은 그 경로에서 파일을 가져가 자신들의 조 폴더에 넣었다. 컴퓨터에 능숙한 친구들이 편집을 주도하고, 나머지 친구들은 이야기를 구성하는 방식으로 서로 협력했다. 좀 시끄럽기는 해도 조별로 활동하는 모습은 진로 동아리의 가장 큰 매력이다. 생각보다 제작이 쉽게 끝나자 학생들은 마냥 신기해했다.

각 조의 작품을 하나씩 상영하기로 했다. 그 중 가장 감동적인 조는 단연 철만이네 조의 영상이었다. 음악은 민샘이 가지고 있던 「You raise me up」으로 선택하여 배경으로 넣었다.

내 휴대폰에 따뜻한 영상 넣기 단계

1단계. 내용을 이어갈 수 있는 사진 파일을 모아서 하나의 폴더에 넣는다.
2단계. 배경 음악에 넣을 감동적인 음악을 같은 폴더에 넣는다.
3단계. 컴퓨터 윈도의 시작 버튼〉모든 프로그램〉윈도 무비 메이커를 실행한다.
4단계. 사진과 음악을 불러온다.
5단계. 타임 라인에 순서대로 사진을 배열하고, 음악을 삽입한다.
6단계. 타이틀 삽입을 열어 사진마다 스토리를 자막으로 삽입한다.
7단계. 전체를 실행해 보고 완성되면 저장한다.
8단계. 스마트폰을 컴퓨터에 연결, 해당 프로그램으로 변환하여 스마트폰에 저장한다.

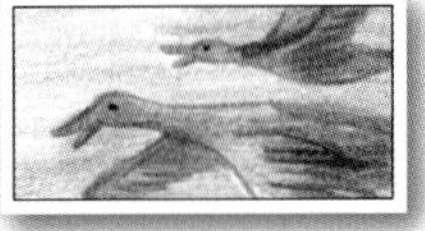

첫 번째 장면

"당신은…… 먹이와 따뜻한 곳을 찾아 4만 킬로미터를 날아가는 기러기를 아십니까? 기러기는 리더를 중심으로 V자 대형을 그리며 머나먼 여행을 합니다."

두 번째 장면

"가장 앞에 날아가는 리더의 날갯짓은 기류에 양력을 만들어 주어 뒤따라오는 동료 기러기가 혼자 날 때보다 71퍼센트 정도 쉽게 날 수 있도록 도와줍니다."

세 번째 장면

"이들은 먼 길을 날아가는 동안 끊임없이 울음소리를 냅니다. 그 울음소리는 앞에서 거센 바람을 가르며 힘들게 날아가는 리더에게 보내는 응원의 소리입니다."

네 번째 장면

"기러기는 4만 킬로미터의 머나먼 길을 옆에서 함께 날갯짓 하는 동료를 의지하며 날아갑니다. 그러다 만약 어느 기러기가 총에 맞았거나 아프거나 지쳐서 대열에서 이탈하게 되면……."

다섯 번째 장면

"다른 동료 기러기 두 마리도 함께 대열에서 이탈하여, 지친 동료가 원기를 회복해 다시 날 수 있을 때까지…… 또는 죽음으로 생을 마감할 때까지…… 동료의 마지막을 함께 지키다가 다시 무리로 돌아옵니다."

자신의 존재에 대한 소중함을 모르던 때에는 늘 다른 사람의 평가, 칭찬, 질책에 민감했다. 어쩌면 꿈도 없이 주변 사람들의 기대에 맞춰 살아왔을 수도 있다. 그래서 늘 불안해하고 눈치를 보며, 자신감이 부족했다. 그런 아이들이 정체감을 통해 자신의 인생을 따뜻하게 바라보게 되었고, 자존감을 통해 타인과 비교하지 않고 자신은 그저 남과 다를 뿐이라는 사실을 인정하게 되었다. 그리고 효능감을 통해 자신도 꾸준히 노력하고 실패의 교훈을 깨달아 간다면 분명 임계 상황에 이르게 되어 성취하게 될 것이라는 신념을 가지게 되었다. 그렇게 자신을 건강하게 인식한 학생들은 이제 타인이 자신을 바라보는 눈도 따뜻하게 해석할 수 있게 되었다. 인생 그래프로 좌절했던 교빈이가 자신감 수레바퀴 그래프를 발표할 수 있었던 것은 바로 그러한 변화를 이야기해 주고 있다.

"정체감, 자존감, 효능감은 우리가 끝까지 지켜야 할 것이다. 어떻게 하면 지킬 수 있을까?"

"기러기처럼 함께 가야 해요. 서로 격려하고 끌어 주고 따르는 관계 말이에요."

"승헌이 말이 맞다. 이 정도면 우리의 존재 발견은 잘 마무리된 것 같다. 이제 다시 출발해 보자."

내가 보는 매력, 남이 보는 매력

"펀치넬로 이야기 기억나니?"

"당연하죠. 몸에 스티커 붙인 나무 인형 이야기잖아요."

"어떤 교훈이 있었지?"

"비교하지 말라고요. 스스로를 있는 그대로 인정하는 것. 즉 차이를 받아들이라는 거죠."

"맞다. 우리도 오늘 스티커를 붙여 보자."

"스티커를 붙여요?"

"걱정 마. 펀치넬로처럼 별 스티커를 몸에 붙이는 것은 아니니까. 하하하!"

민샘과 상민이의 대화를 듣고, 학생들은 활동방법을 이해하였다. 민샘은 모든 학생들에게 카드를 하나씩 나눠 주었다. 카드에는 36가지 매력 포인트가 적혀 있다.

그리고 학생들에게 스티커를 나눠 주었다.

정해진 시간에 10명의 다른 친구를 만나야 한다. 이번에도 역시 학생 멘토인 수희가 승헌이와 시범을 보여 주었다. 두 사람은 서로 인사하고 상대방의 카드를 받는다. 그런 뒤 36개 중 5개 정도 눈에 들어오는 상대방의 매력에 스티커를 하나씩 붙인다. 그리고 다시 카드를 돌려주고 헤어진다.

"여기서 한 가지 주의할 점이 있다. 뭘까?"

"상대방이 어디에 스티커를 붙였는지 보면 안 돼요."

"역시 교빈이구나. 그래, 그게 제일 중요한 매너야. 그걸 지켜 주어야 솔직하게 붙일 수 있지.

자, 그럼 본격적으로 출발하기 전에 먼저 한 가지를 체크해 보자. 자신의 카드를 보고, 자신이 타인에게 매력으로 보이고 싶은 항목 세 가지를 눈으로 찍어 보렴. 그래야 나중에 결과를 비교해 볼 수 있지. 자, 그럼 출~발!"

속성	체크	속성	체크
너무 의리 있다	★★	늘 차분하다	
쿨하고 냉정하다	★	활동적이다	★★★★
진짜 순수하다		함께 있고 싶다	
아주 달콤하다		호감이 간다	★★
친해지고 싶다		언제나 멋쟁이다	
아주 아름답다		표정이 밝다	
항상 적극적이다	★★★★	옷이 산뜻하다	
분명한 소신이 있다	★	성격이 시원하다	
마음이 넓다	★	정말 매력 있다	★
배짱이 있다		편안한 사람이다	
박력이 넘친다		무척 친근하다	★
항상 성실하다		마음이 따뜻하다	★★
예의가 바르다		왠지 끌린다	
언제나 부드럽다		언제나 매너 있다	★★★★
애교가 있다		배려심이 깊다	★
아주 다정하다		매우 섬세하다	
진짜 사랑스럽다		능력이 있다	
꽤 귀엽다		아주 똑똑하다	★

결과를 받아 본 학생들의 표정이 엇갈렸다. 자신이 기대했던 칸에 스티커가 많은 친구는 행복한 표정을 지었고, 자신의 생각과 전혀 다른 곳에 스티커가 붙은 친구들은 다소 놀랍다는 표정을 지었다. 자신이 타인에게 이런 매력으로 보인다는 그 자체가 학생들에게는 새로운 경험이었다.

"자신이 생각했던 자신의 매력, 자신이 듣고 싶던 자신의 매력이 스티커의 개수와 일치하지 않을 수도 있다는 사실이 새롭지? 하영이는 어땠니?"

"당황스러워요."

"우리는 어떤 것을 신뢰해야 할까? 자신이 듣고 싶고 나름 애썼던 매력, 아니면 타인이 인정해 주는 매력?"

"이건 존재 발견과는 차원이 다른 것 같아요."

"바로 그거야! 존재 발견과는 다소 다른 과정을 이제부터 시작할 거야."

"그게 뭔데요?"

"자기 발견이야."

"그건 이미 알고 있어요. 앞에서 배웠잖아요."

"어떤 차이가 있는지 궁금하겠지. 방금 했던 매력 포인트 활동과 비슷한 거야."

"내가 바라보는 것과 남이 바라보는 것을 일치시키는 작업이지. 그게 바로 자기 발견이야. 그리고 이 자기 발견은 진로 탐색의 가장 중요한 핵심 활동이지. 여기서 바로 자신의 꿈에 해당하는 직업군을 찾기 시작할 거야."

설명하는 동안에도 학생들은 여전히 자신의 매력 카드를 유심히 들여다보고 있었다.

"그럼, 이제 자신이 가장 스티커를 많이 받은 매력을 꾸미는 말로 넣어서 인사를 해 보자. 조별로 돌아가며 해 볼까?"

"안녕하세요. 활동적이며 매너 있고 적극적인 남자 승헌입니다."

"안녕하세요. 똑똑하고 왠지 끌리며 사랑스러운 여자 하영입니다."

"안녕하세요. 표정이 항상 밝고…… 귀, 귀엽고, 달, 달콤한 남자, 철만입니다."

"푸하하~."

철만이의 인사말을 들은 친구들은 모두 '빵' 하고 웃음을 터트리고 말았다. 귀엽고 달콤한 남자 철만이라……. 그런데 그렇게 말하는 모습이 정말 귀엽고 달콤해 보이기도 했다.

민샘은 화면에 장대높이뛰기의 이미지를 띄웠다.

"민샘, 오늘 수업은 무슨 스포츠 특집 같아요."

"정말이에요. 앞에서는 마라톤하고, 지금은 장대높이뛰기예요."

"그러네. 샘 생각에 스포츠는 우리의 진로에 필요한 메시지가 거의 다 들어 있는 것 같다. 일단 그림을 볼까. 우리는 현재 전체 진로 여행 중에 어

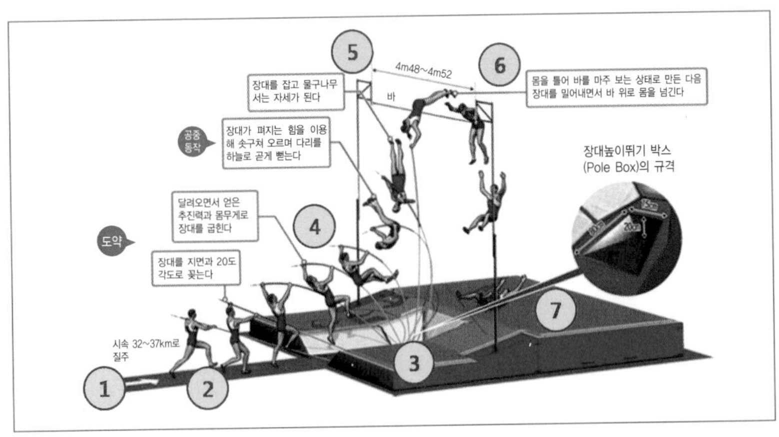

디까지 왔을까, 진로 수업을 장대높이뛰기라고 한다면 우리는 지금 어디에 있을까?"

"출발점에 서 있지 않을까요?"

"출발은 이미 했고요. 장대를 들고 달리고 있어요."

"아니에요. 박스 홈에 장대를 꽂았죠."

"제 생각에는 장대를 박스에 꽂아서 최대한 휘면서 탄력을 주는 순간인 것 같아요."

많은 친구들이 자연스럽게 다양한 의견을 꺼냈다. 장대높이뛰기에서는 모든 과정이 중요하다. 처음 한 달 동안 했던 작업은 진로를 인식하는 과정이었다. 그것은 장대높이뛰기의 출발선에 서서 숨을 고르고 자신이 달릴 길과 목표를 보는 것이다. 그리고 존재 발견은 이미 출발한 상태를 말한다. 장대를 들고 약간의 곡선을 돌아 뛰면서 이제 약간의 속력을 높이고 있는 단계이다. 하지만 아직 가장 중요한 핵심 단계에 들어가지는 않았다. 그것은 장대를 박스에 정확하게 꽂아 넣는 작업이다. 주먹만 한 크기의 홈에 장대의 끝을 정확하게 꽂으면, 달려오던 에너지가 수직 상승의 에너지로 바뀌게 된다.

"방향을 잡고 속도를 내어 달려가던 에너지는 이미 다 만들었다. 이젠 초점이 필요해."

"어떤 초점이요?"

"자신이 들고 있는 장대를 정확하게 홈에 꽂아 넣는 초점."

"그게 자기 발견이라는 거죠."

"그래, 희성이가 정확하게 얘기했구나. 매력 탐색 활동처럼 자신이 가진 것, 기대하는 것을 타인이 바라보는 것과 일치시킬 때 초점이 잘 맞는다. 바로 그때 자신만의 진로가 탄생하는 거야."

"내가 바라보는 나와 타인이 바라보는 나를 일치시키는 것이 바로 자기 발견, 맞죠?"

"그러기 위해서는 자신이 가진 것을 먼저 정확하게 알아야겠지? 8번의 수업으로 진행될 거야. 그리고 그 중에는 동아리 MT도 포함되어 있다."

"MT요? 우아~!"

학생들은 다시 시작하는 기분으로 기대감을 품고 있다. 물론 MT라는 말에 모두들 흥분하고 들떠 있다. 이제 도움닫기를 하고 장대를 홈에 꽂기 위한 여행이 시작되었다.

타인에게 묻는 나의 자신감 수레바퀴

아래 카드를 5장으로 만들어 자신을 잘 아는 5명에게 설문 조사를 합니다. 8개 영역으로 나뉜 자신감 수레바퀴에 대해 타인이 보는 눈으로 평가를 받아 봅니다. 5명의 평가와 자신이 평가한 영역을 포함하여 각각 다른 색깔로 그래프를 그려 보세요.

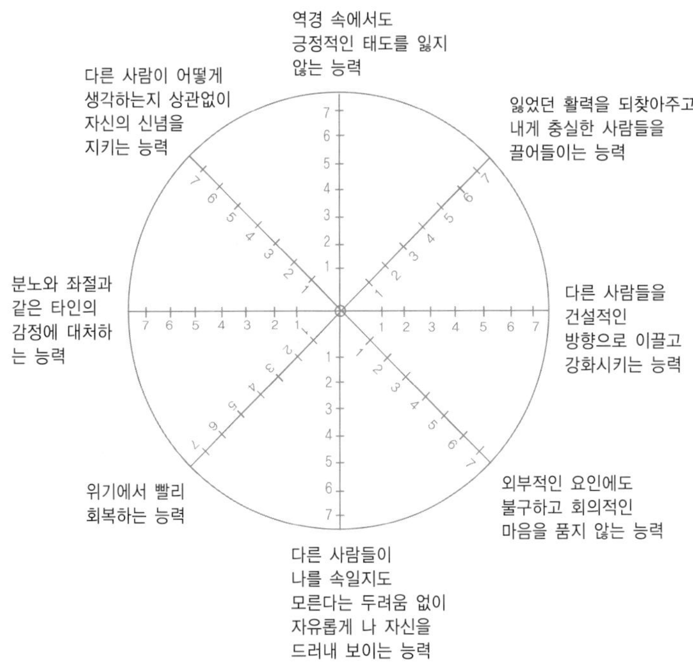

그래프를 비교하면서 결과가 일치하거나 차이가 나는 부분에 대해 설명해 보세요.

내친구 포트폴리오 살짝 엿보기

타인에게 묻는 나의 자신감 수레바퀴

아래 카드를 5장으로 만들어 자신을 잘 아는 5명에게 설문 조사를 합니다. 8개 영역으로 나뉜 자신감 수레바퀴에 대해 타인이 보는 눈으로 평가를 받아 봅니다. 5명의 평가와 자신이 평가한 영역을 포함하여 각각 다른 색깔로 그래프를 그려 보세요.

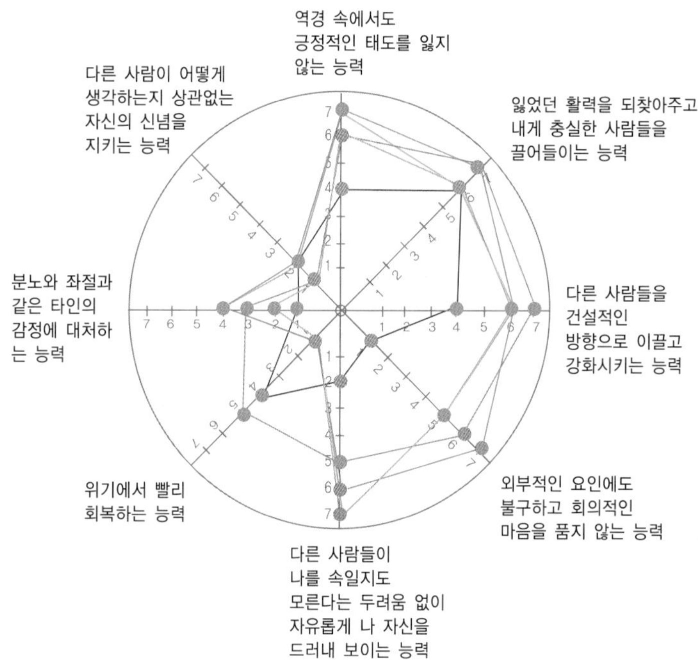

그래프를 비교하면서 결과가 일치하거나 차이가 나는 부분에 대해 설명해 보세요.

매우 신기한 작업이다. 여러 사람의 평가와 나의 평가를 비교해 보니 조금씩 내 자신이 보이는 것 같다. 특히 타인에게 활력소가 되는 부분은 공통적으로 높고, 이상하게 나는 주위의 환경에 회의적인 반응을 많이 보인다고 생각했는데, 타인들은 나를 보며 그런 느낌을 받지 않는 듯하다. 이런 차이 나는 부분을 일치시키기 위해 보다 솔직한 삶을 살아야겠다.

꼭! 작성해 보세요 | 포트폴리오 활동 2

존재 발견을 돕는 동행 마인드

존재 발견은 크게 정체감, 자존감, 효능감으로 구성되어 있습니다. 정체감은 자신의 과거와 현재를 건강하게 바라보는 눈, 자존감은 비교하지 않고 자신을 인정하는 마음, 효능감은 자신도 할 수 있다는 신념을 말합니다. 이러한 존재 발견의 건강한 힘이 지속되기 위해서는 무엇이 필요한지, 앞에서 다룬 페이스메이커 이야기와 기러기 이야기를 예화로 사용하여 에세이로 표현해 보세요.

〈기술 방법〉
서론: 페이스메이커와 기러기 이야기로 주의 집중
본론: 이야기 내용을 자신의 존재 발견과 연결 짓는 내용 전달
결론: 이야기 내용 중 인상 깊은 구절을 활용한 다짐 표현

내친구 포트폴리오 살짝 엿보기

존재 발견을 돕는 동행 마인드

존재 발견은 크게 정체감, 자존감, 효능감으로 구성되어 있습니다. 정체감은 자신의 과거와 현재를 건강하게 바라보는 눈, 자존감은 비교하지 않고 자신을 인정하는 마음, 효능감은 자신도 할 수 있다는 신념을 말합니다. 이러한 존재 발견의 건강한 힘이 지속되기 위해서는 무엇이 필요한지, 앞에서 다룬 페이스메이커 이야기와 기러기 이야기를 예화로 사용하여 에세이로 표현해 보세요.

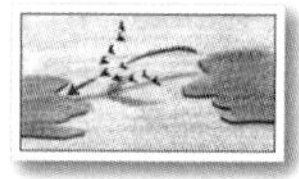

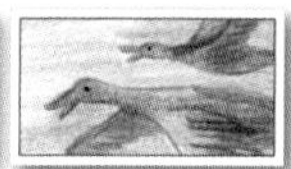

〈기술 방법〉
서론: 페이스메이커와 기러기 이야기로 주의 집중
본론: 이야기 내용을 자신의 존재 발견과 연결 짓는 내용 전달
결론: 이야기 내용 중 인상 깊은 구절을 활용한 다짐 표현

그림자 같은 마라톤 선수가 있다. 바로 페이스메이커들이다. 이들은 주로 마라톤 경기에서 우승 후보 선수들의 기록 향상을 위해 앞서 달리는 선수를 말한다. 선두 그룹 앞에서 경기 초반부터 속도를 내다가 대개 20~30킬로미터 사이에서 임무를 끝낸다. 그래서 이들은 그림자 같은 존재이다.

기러기는 4만 킬로미터를 함께 날아간다. V자 대형을 그리며 날아가기에 선두 그룹의 날갯짓이 후미 그룹이 쉽게 따라오도록 바람을 만들어 준다. 후미 그룹은 울음소리를 내며 리더를 응원한다. 그러다가 한 마리가 낙오하게 되면 두 마리가 그 한 마리를 따라가서 회복할 때까지 함께 있어 준다.

두 이야기를 보며 느낀 점이 많다. 내가 바라보는 나의 모습만으로는 온전한 꿈을 이루기 어렵겠다는 생각을 하게 되었다. 함께 가는 사람들이 있어야 한다는 생각이 들었다. 지금 이후로는 더더욱 타인들과 함께 꿈을 이뤄가는 삶을 살고 싶다.

매력을 일치시키는 자기 발견의 필요성

자신이 기대하고 평소에 생각했던 자신의 매력 포인트 세 가지를 미리 눈으로 찍어 두고, 아래 카드를 5장 만들어 자신을 아는 가까운 사람들에게 설문 조사를 합니다. 그리고 그 결과를 모아 하나의 표에 표시합니다. 그런 뒤 자신이 생각했던 내용과 일치하는지 비교하고, 앞으로 자신이 더 강화해야 할 점이나 보완해야 할 점을 기록합니다.

속성	체크	속성	체크
너무 의리 있다		늘 차분하다	
쿨하고 냉정하다		활동적이다	
진짜 순수하다		함께 있고 싶다	
아주 달콤하다		호감이 간다	
친해지고 싶다		언제나 멋쟁이다	
아주 아름답다		표정이 밝다	
항상 적극적이다		옷이 산뜻하다	
분명한 소신이 있다		성격이 시원하다	
마음이 넓다		정말 매력 있다	
배짱이 있다		편안한 사람이다	
박력이 넘친다		무척 친근하다	
항상 성실하다		마음이 따뜻하다	
예의가 바르다		왠지 끌린다	
언제나 부드럽다		언제나 매너 있다	
애교가 있다		배려심이 깊다	
아주 다정하다		매우 섬세하다	
진짜 사랑스럽다		능력이 있다	
꽤 귀엽다		아주 똑똑하다	

매력을 일치시키는 자기 발견의 필요성

자신이 기대하고 평소에 생각했던 자신의 매력 포인트 세 가지를 미리 눈으로 찍어 두고, 아래 카드를 5장 만들어 자신을 아는 가까운 사람들에게 설문 조사를 합니다. 그리고 그 결과를 모아 하나의 표에 표시합니다. 그런 뒤 자신이 생각했던 내용과 일치하는지 비교하고, 앞으로 자신이 더 강화해야 할 점이나 보완해야 할 점을 기록합니다.

속성	체크	속성	체크
너무 의리 있다	★★	늘 차분하다	
쿨하고 냉정하다	★	활동적이다	★★★★
진짜 순수하다		함께 있고 싶다	
아주 달콤하다		호감이 간다	★★
친해지고 싶다		언제나 멋쟁이다	
아주 아름답다		표정이 밝다	
항상 적극적이다	★★★★	옷이 산뜻하다	
분명한 소신이 있다	★	성격이 시원하다	
마음이 넓다	★	정말 매력 있다	★
배짱이 있다		편안한 사람이다	
박력이 넘친다		무척 친근하다	★
항상 성실하다		마음이 따뜻하다	★★
예의가 바르다		왠지 끌린다	
언제나 부드럽다		언제나 매너 있다	★★★★
애교가 있다		배려심이 깊다	★
아주 다정하다		매우 섬세하다	
진짜 사랑스럽다		능력이 있다	
꽤 귀엽다		아주 똑똑하다	★

충격이다. 내가 다른 사람에게 보이고 싶었던 매력과 다른 사람들이 나를 바라보면서 느끼는 매력이 너무 다르다. 나는 섬세함, 배려 깊음, 따뜻함 등의 항목에 표시되기를 원했는데, 막상 평가를 받아보니 적극성, 활동적, 매너 등의 항목이 많다. 그렇다고 기분이 나쁜 것은 아니다. 일단 내가 어떻게 보이는지 정확하게 알았으니 이런 매력은 충분히 살리고, 내가 정말 듣고 싶은 매력이 드러나게 하려면 좀 더 노력해야 할 것 같다.

생생! 직업인 이야기

언어 능력이 아니라 소통 능력이 필요해요

외교관

저는 외교관입니다. 많은 학생들이 외교관을 꿈꾸죠. 반기문 유엔사무총장 때문에 그 꿈은 더 확산되었습니다. 저 역시 반기문 총장을 너무 자랑스러워하고 있습니다. 하지만 한 가지 걱정이 있답니다. 우리 청소년들 중에 반기문 총장을 생각하면서 막연하게 외교관을 꿈꾸는 사람이 많다는 것입니다.

저는 여러분에게 한 가지 당부를 드리고 싶습니다. 우선 반기문 총장의 위대함이 무엇인지 정확하게 파악해야 합니다. 그가 유엔사무총장으로 선출된 이후, 또 한 번의 임기를 더 수행할 수 있게 된 것은 바로 그의 능력 때문입니다. 단순한 외국어 실력이 아니라, 다양한 국제 문제와 갈등에 적극적으로 개입하여 중재하고 문제를 해결하는 소통 능력이 중요합니다. 외교관을 꿈꾸는 학생이라면 외국어 구사 능력보다는 그것을 통한 의견 교환, 문화 이해, 갈등 조정, 마음 전달 등을 끊임없이 연습해야 합니다.

강점발견

3

09강점에서 찾아낸 행복 10나를 끌어당기는 힘 11내면의 소리에 귀기울기 12나를 찾는 교집합

09 강점에서 찾아낸 행복

나의 강점은 무엇인가

우리들의 고민 편지

경남 합천 H중학교 3학년 J양은 어렵게 자신의 생각을 꺼냈다. 분명 진로 활동 교육을 받을 때는 아름다운 인생의 진로에 대해 확신이 들지만, 막상 집에 돌아와서 아버지의 모습을 보면 학교에서 배운 내용과 전혀 다르다. 아버지는 행복하게 직장을 다니는 것 같지 않고, 보람을 얻는 것 같지도 않다. 이론과 현실이 전혀 맞지 않기에 J양은 혼란스럽다. 직업을 통해 행복을 얻는 것과 그렇지 않는 것은 어떤 차이로 만들어지는 것일까?

– 온라인 캠프에 올라온 진로 고민 편지

하나의 지능 vs 여러 가지 지능

"너희들 혹시 그 소식 알아?"

"무슨 소식?"

"모르면 됐어."

"야! 교빈아, 이야기를 꺼냈으면 시원하게 말해 봐."

"두둥! 이 소식은 아마 아무도 모를 거야. 어제 학교 끝나고 민샘께 들은 핫 이슈거든. 궁금하지?"

"야~ 교빈이, 너 정말 제자리로 돌아왔구나. 빨리 이야기해 줘. 조금씩 화가 나고 있어!"

"유승헌, 너 성격 많이 급해졌다. 알았어. 중요한 소식이 뭐냐면, 우리 학교 축제 프로그램 중에 우리 동아리가 주축이 되어 '진로 페스티벌'을 개최하기로 했다는 거야."

"뭐야? 정말!"

사실이었다. 바로 어제 교무 회의를 통해 결정된 내용이었다. 이미 민샘이 동아리를 만들 때부터 요청했던 사항이었다. 하지만 부담스러운 일이기도 했다. 드림 중학교 축제는 지금껏 이틀간 열렸었는데, 올해는 사흘간 열린다고 한다. 첫째 날은 동아리별 발표회를 중심으로 장기 자랑 대회가 있고, 둘째 날은 진로 동아리가 중심이 되어 학교 전체 진로 페스티벌을 열게 된 것이다. 그리고 마지막 날에는 체육 대회가 열린다. 진로 동아리 반 학생들의 표정이 미묘해졌다. 좋아하는 표정이 반, 근심 어린 표정이 반이다.

"너희들, 오늘 표정들이 이상하다. 벌써 소문이 난 모양이구나. 진로 페스티벌!"

"민샘, 거대한 부담이 몰려와요."

"교빈아, 뭐가 부담 되냐? 가을에 하는 거니까 시간 충분하잖아."

"우리끼리 하는 것도 아니고, 전교생을 대상으로 하는 것이니까 그렇죠?"

"샘, 너무 기대가 돼요. 우리만 알기에는 정말 아까웠어요. 진로 정보를 나누고 싶어요."
"하영이는 긍정적이네. 여하튼 알겠다. 기대 반 걱정 반이겠지. 하지만 이미 주사위는 던져졌다."

축제는 가을인데, 왜 이리 일찍 이야기를 했을까? 그것도 아직 진로 탐색의 핵심인 자기 발견도 끝나지 않은 상황에서 말이다. 민샘은 고심 끝에 오늘 이야기하기로 결심했다. 오늘이 바로 자기 발견의 출발인 '강점 탐색' 시간이기 때문이다. 바로 오늘 진로 동아리의 중요한 목표를 발표함으로써, 긴장감을 다시 심어 주고 목표 의식을 주기 위함이었다.
민샘 역시 진로 페스티벌이 부담이 되었다. 하지만 동아리 학생들이 직접 다른 학생들을 돕게 하는 것이야말로 민샘이 꿈꾸던 것이다. 최고의 열정이 발휘되는 공부는, 다른 사람을 가르치고 도울 때 생긴다는 사실을 누구보다도 잘 알고 있기 때문이다.
"지금까지 8번의 만남은 '셀프 튜터링'이었다. 그리고 지금부터의 만남은 '피어 튜터링'이 될 것이다."
"우잉! 왓?"
"수희야, 애들 표정 보이지? 설명 부탁한다."
"네, 선생님."

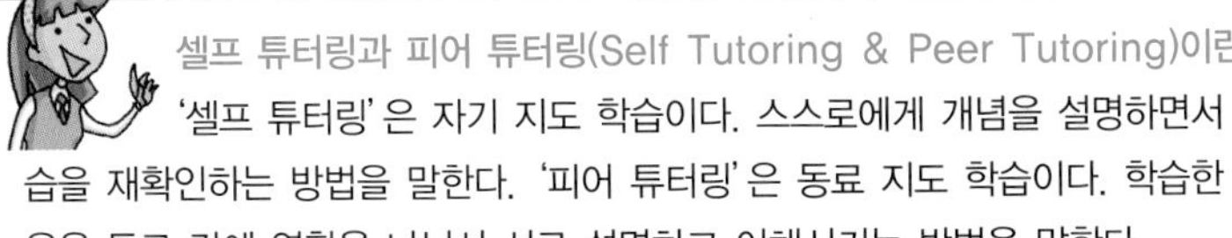

셀프 튜터링과 피어 튜터링(Self Tutoring & Peer Tutoring)이란?
'셀프 튜터링'은 자기 지도 학습이다. 스스로에게 개념을 설명하면서 학습을 재확인하는 방법을 말한다. '피어 튜터링'은 동료 지도 학습이다. 학습한 내용을 동료 간에 역할을 나눠서 서로 설명하고 이해시키는 방법을 말한다.

"다른 학생들을 돕는 진로 멘토 역할을 해야 한다면, 지금보다 훨씬 더 열심히 해야 될 것 같아요."
"걱정마라, 수희야. 가장 좋은 방법은 자기 자신에게 먼저 철저하게 적용해 보는 거야. 그래야 다른 학생들에게도 정확하게 소개할 수 있단다. 우리는 이미 두 가지 방법을 모두 사용해 왔다. 진로를 인식하는 1개월, 그리고 자신의 존재를 깨닫는 1개월 동안 끊임없이 자신을 돌아보고 가르치는 역할을 했으니까. 그것이 바로 '셀프 튜터링' 이지. 그리고 모든 수업에서 너희들이 직접 발표를 통해 참여한 그것은 '피어 튜터링' 이라고 할 수 있다."

"듣고 보니 그러네요. 참 꼼꼼하세요, 민샘. 마치 퍼즐 조각을 하나씩 맞춰 가는 느낌이에요."

"당연하지. 그래서 우리가 일전에 '퍼즐' 이야기를 한 적이 있잖니. 수희도 기억나지?"

"네, 기억이 나요!"

"……."

화면에 8명의 사람들이 보였다. 누구인지 설명은 나와 있는데, 이들이 과연 여기에 왜 모여 있는지는 의문이었다. 문대성, 반기문, 공지영, 대니 서, 유재석, 조수미, 장영실, 김영세. 과연 이들을 한 곳에 불러 모은 기준은 무엇일까?

"도움말 좀 주세요, 샘."

"줄 수 없다. 조별로 한번 무작정 토론을 해 보렴."

"야~ 민샘이 변하셨어. 옛날 같지 않아. 도움말도 인색하기가 자린고비야."
"뭐라고, 교빈아?"
"아, 아니에요."
민샘은 토론의 힘을 믿었다. 중간 중간 포인트를 사용하여 조별로 도움말을 더 얻어 갈 수는 있다. 스포츠인, 국제기구 대표, 작가, 환경 운동가, 사회자, 음악인, 발명가, 디자이너 등 너무나 다양하다. 한 가지 확실한 것은 이들이 과거와 현재에 많은 사람들에게 인정을 받았거나 받고 있는 사람들이라는 사실이다.
"혹시, 초등학교 때 지능 검사 해 본 적 있니?"
"네!"
"그럼 혹시 자신의 지능 지수가 높게 나온 사람 있니?"
"……."
"샘, 승헌이가 우리 학교 최고 지능…… 읍, 야~ 왜 입을 막아!"
"교빈이, 너! 조용히 해. 창피하게 왜 이래."
승헌이는 실제로 지능이 높게 나왔다. 당시 학교에서 제일 높은 다섯 명 안에 들었다. 그리고 그 사실은 소문이 났고 승헌이는 똑똑한 친구로 알려졌다. 처음에는 기분이 나쁘지 않았다. 그런데 중학교 2학년인 지금은 그렇지 않았다. 기대감으로 자신을 바라보는 시선이 불편했다. 그 기대만큼 살 자신도 없었다. 워낙 사람을 이끄는 것을 좋아해 반장을 도맡아 하기는 했지만 성적도 초등학교 때처럼 화려하지 않았다.
"승헌아, 아빠는 네가 의사가 되었으면 좋겠다."
"엄마도 마찬가지야. 아빠처럼 훌륭한 의사가 되었으면 해."
모든 면에서 완벽한 아버지의 모습은 어릴 적 승헌이의 우상처럼 여겨졌다. 그런데 시간이 흐를수록 자신이 아버지와 같은 사람이 될 수 없다는 생각이 마음 한구석에 자리 잡기 시작했다. 부모님의 기대감은 식을 줄 몰랐고, 중학교에 올라와서 조금씩 성적이 처지기 시작하자 아버지가 자신을 실망의 눈초리로 바라보는 것 같아 아버지의 눈을 똑바로 쳐다보지 못한 적도 많았다.

그러던 중 결정적인 사건이 있었다. 중학교 1학년 때 리더십 캠프를 떠난 승헌이가 집으로 편지를 보냈다. 캠프 기간 중에 부모님을 생각하며 편지를 쓰고, 그것을 빠른우편으로 도착하게 하는 프로그램이었다. 승헌이가 캠프 중에 집으로 보낸 편지를 승헌이 아버지는 기대를 가지고 펴 들었다. 그런데…….

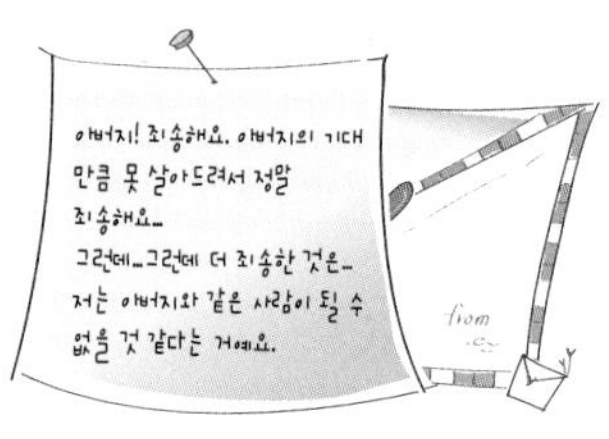

다른 친구들은 캠프를 빨리 마치고 집에 가고 싶어 했으나, 승헌이는 영원히 캠프장에 머물고 싶었다. 집에 돌아가서 아버지의 얼굴을 대할 일이 걱정스러웠기 때문이었다.

그 일이 있은 뒤, 승헌이 아버지는 승헌이에게 의사가 되라는 말은 하지 않았다. 그런데 그뿐 아니라 예전과 같은 사소한 대화까지도 줄어들기 시작했다. 학교에서는 반장으로 반을 이끌고 분위기를 주도하지만 집에만 가면 자신감이 사라졌다.

'정말 이상해. 학교에 오면 자신감이 생기고 뭐든지 할 수 있을 것 같은데, 집에만 가면 작아진다. 어디서 잘못된 것일까? 나의 꿈을 찾아 당당하게 아버지께 말씀드리고 싶다. 그래서 아버지의 격려를 받으며 그 꿈을 키우고 싶다. 그런데 도대체 어떻게 그 꿈을 찾아가야 하는 것일까?'

승헌이의 머릿속은 복잡했다.

그때의 지능 검사는 승헌이의 인생을 크게 바꿔 놓았다. 친구들과 선생님 그리고 부모님까지 승헌이에게 더 큰 기대를 갖기 시작한 계기가 되었기 때문이었다. 그리고 그런 시선은 승헌이에게 고스란히 부담으로 다가왔다. 공부도 곧잘 했고, 자연스럽게 반장이다 회장이다 하면서 리더

역할을 줄곧 도맡아 왔다. 그 흐름이 지금까지도 지속된 것이었다. 초등학교 때부터 부모님은 승헌이가 의사나 변호사가 되기를 희망했고, 그러한 바람을 자주 내비쳤다. 부모님을 실망시키고 싶지 않았기에 자연스럽게 승헌이도 부모님의 기대에 맞게 꿈을 꾸었다. 그런데 중학교에 올라온 이후 조금씩 흐름이 깨지기 시작한 것이다. 머리 좋은 것이 고스란히 성적과 연결되지 않을 수 있다는 것도 깨달았고, 더구나 똑똑하다는 것으로는 도무지 자신의 진로 가능성을 확인할 길이 없다는 사실에 더욱 답답해했다. 그런 승헌이의 불편한 기색을 민샘은 처음부터 눈치 채고 있었다.

"승헌아, 바로 그게 힌트야."

"네? 무슨 힌트요."

"화면에 보이는 8명의 사람들이 도대체 어떤 기준으로 묶인 것인지 밝혀내는 열쇠."

"저의 초등학교 때의 지능 지수가 문제를 푸는 열쇠라고요?"

"그렇다."

"샘, 혹시 저 8명의 사람들이 모두 지능이 높은가요?"

"그것은 확인해 본 적도 없다."

"그럼, 아무 관련이 없잖아요?"

"관련이 없는 게 힌트야. 누가 승헌이를 좀 도와줄까? 답은 거의 다 나왔는데."

"승헌아, 빨리 구원 요청을 해. 너를 구해 줄 사람을 찾아 봐."

"음, 하영이요."

"하영이가 한번 이야기해 볼까?"

"음, 인정을 받는 사람들인데, 지능과는 전혀 상관없이 성공한 사람들 아닐까요?"

"좋아. 그럼 무엇과 연관이 있지? 그게 바로 오늘 수업의 핵심이다."

"물론 다 똑똑한 분들이겠지만 무조건 똑똑하다고 해서 이런 수준에 오른 것 같지는 않아요."

"정답은 모르겠지만, 정답이 아닌 것은 알겠다는 거지?"

"그런 셈이죠."

"이번에는 자세한 내용을 좀 더 보자. 도움이 될지도 모르니까."

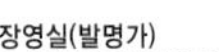

"정답이 없어요!"

"하영아, 그게 무슨 이야기니? 샘이 설마 정답이 없는 문제를 냈을 것 같니?"

"하나로 묶는 기준이 없어요. 그렇다고 뻔한 걸 물어보신 것은 아닐 거고요. 뭐, 열심히 해서 꿈을 이뤘다는 거, 좌절하지 않고 끝까지 노력했다는 거. 그런 거는 아니죠?"

"정답이다."

"네! 정답이 없다는 것이 정답이에요?"

"지능 지수 같은 하나의 기준으로는 이들을 묶을 수 없다. 이들은 모두 다른 재능을 통해 꿈을 이룬 사람들이야. 좀 더 정확히 말하자면 다른 '지능'이라고 말할 수 있지."

"지능 지수 같은 하나의 지능이 아니라, 다양한 지능으로 꿈을 이루었다고요?"

그러면서 민샘은 조별로 더 많은 인물들이 담긴 카드를 나눠 주었다. 지능의 다양성이 일치한다고 생각하는 사람들을 묶어 보라는 것이었다. 대부분의 인물은 알겠는데 몇몇은 전혀 알 수 없었다.

"누구야?"

"가우디. 유명한 건축가래."

"이 사람은?"

"파브르."

"뭐? 파브르가 이렇게 생겼어?"

"이 사람은?"

"대한민국 최고의 새 전문가 윤무부 교수님."

이렇게 학생들 서로가 카드를 보며 대화가 한창이었다. 그런데 갑자기 활동 진행 중에 교빈이와 희성이의 언성이 높아졌다. 왜냐하면 어떤 인물은 몇 가지 지능을 동시에 가지고 있었기 때문이다.

"말도 안 돼! 김제동은 이쪽으로 가야 돼."

"무슨 소리야. 언어의 마술사, 달변가 몰라? 유재석 쪽에 있어야 한다고."

"야~ 그냥 말만 잘하는 게 아니라 사람에 대한 이해가 뛰어나기 때문에 공감을 불러일으키는 거야."

"진짜 답답하네. 지금 전화 한번 해 볼까?"

"누구한테? 김제동한테?"

"아니, 우리 엄마한테……. 헤헤헤!"

학생들은 좌충우돌하면서 같은 지능으로 묶인 사람들을 찾아서 그룹으로 묶었다. 한 가지 지능이 특출할 수도 있지만, 사실은 여러 지능이 함께 뛰어난 사람도 있기에 학생들의 의견 충돌은 매우 자연스러운 현상이었다.

자기 직업이 행복한 사람들

다중 지능을 좀 더 구체적으로 알아보기 위해 조별로 영상 탐색 미션을 진행했다. 영상은 다중 지능을 다룬 EBS 다큐멘터리 「아이의 사생활 _ 다중 지능 편」이다. 여기에는 8명의 인물이 등장했고, 이들은 모두 자신의 현재 직업에 대해 불만족한 사람들이었다. 그 이유가 무엇인지를 '다중 지능'이란 검사를 통해 확인해 보았다. 그리고 반대의 경우, 즉 현재의 직업에 만족하고 꿈을 이룬 사람들의 다중 지능도 검사해 보았다.

사진	이름	현재 직업	만족도	희망 직업	다중 지능 결과
	안선미	영어 교사	낮음	수의사	자연 친화 지능
	이희원	인터넷 마케터	낮음	콘텐츠 사업가	대인 관계 지능
	김경하	금융업 종사	낮음	시인	자기 이해 지능
	박재근	전력 기관 연구원	낮음	광고 기획자	공간 지능
	조은선	IT 회사 사무원	낮음	식물 연구가	자연 친화 지능
	오영훈	정책 연구원	낮음	쇼 호스트	공간 지능
	이지영	의과 대학 1학년	낮음	방송 작가	자기 이해 지능
	정기순	인터넷 쇼핑몰 운영	낮음	성우	언어 지능

자신의 직업에 만족하지 않는 사람들

사진	이름	현재 직업	만족도	희망 직업	다중 지능 결과
	송명근	외과 의사	높음	의사	논리 수학 지능
	이상봉	패션 디자이너	높음	패션 디자이너	공간 지능
	박세은	발레리나	높음	발레리나	신체 운동 지능
	윤 하	가수	높음	가수	음악 지능

자신의 직업에 만족하는 사람들

"영상을 통해 발견한 점을 승헌이가 한번 발표해 볼까?"

"일단 핵심 숫자는 '8' 입니다. 앞에 소개된 사람들도 8명이고, 지금 영상에 나온 사람들도 8명이죠. 왜 8명인지는 다른 친구들도 알 거예요. 8가지 다중 지능 때문이에요. 그런데 자신의 다중 지능과 관련된 직업을 가진 사람들은 행복하게 일을 하지만, 전혀 다른 일을 하는 사람들은 행복하지 않을 수 있다는 거예요. 물론 앞에 8명의 유명인들은 모두 자신의 다중 지능과 맞는 일을 하기에 그런 아름다운 꿈을 이루었을 겁니다."

> **다중 지능에 관한 하워드 가드너의 멘트**
>
> 모든 사람에게는 8가지 지능이 잠재되어 있습니다. 그 중에 몇 가지 높은 지능이 강점 지능입니다. 자신의 강점 지능을 찾아 직업의 꿈을 이룬다면 행복한 삶을 살 수 있습니다. 강점 지능은 하나가 아니라 여러 가지가 나올 수 있으며, 다중 지능은 보완이 가능합니다. 더 발전되기도 하고 한편 사용하지 않으면 퇴보되기도 합니다.

"자, 그럼 다시 한 번 카드를 정리해 볼까. 처음에 보여 준 8명의 인물과 함께 인물 그룹을 일치시켜 보자. 보다 선명하게 다중 지능이 보일 거야."

"샘, 몇 가지 강점 지능을 동시에 보이는 사람도 있는 것 같아요."

"하영이가 중요한 것을 지적해 주었다. 보통 3개 정도의 강점 지능이 중요해. 상위 지능 3개 정도에서 자신의 직업 가능성을 찾는다면 의미 있는 결과를 꺼낼 수 있다는 거야."

“좋아, 그럼 이번에는 우리 자신의 다중 지능을 검사해 볼까?”

“네! 좋아요.”

“승헌이가 대표로 해 본 다음 해석하는 방법을 소개해 줄게.”

민샘은 승헌이를 앞으로 불렀다. 화면에 56개의 질문이 지나갔다. 승헌이는 친구들이 보는 가운데 직접 문제를 읽고 점수를 기입했다. 1점부터 5점까지의 점수를 넣으면 된다. 점수를 매기기 전에 민샘은 승헌이에게 두 가지를 당부했다. 너무 오래 생각하지 말라는 것과 가능하면 3점을 주지 말라는 것이다. 문제를 보고 처음에 떠오르는 느낌을 표현하는 게 가장 자신의 모습에 가깝기 때문이다. 또 판단에 자신이 없어 3점을 많이 주면 강점 지능을 찾기가 어려워진다.

“취미 생활로 악기 연주나 음악 감상을 즐긴다.”

“운동 경기를 보면 운동선수들의 장 · 단점을 잘 집어낸다.”

“어떤 일이든 실험하고 검증하는 것을 좋아한다.”

“손으로 물건을 만들고 그림 그리는 것을 좋아한다.”

“다른 사람보다 어휘력이 풍부한 편이다.”

“친구나 가족들의 고민거리를 들어 주거나 해결하는 것을 좋아한다.”

“나 자신을 되돌아보고 앞으로의 생활을 계획하는 것을 좋아한다.”

“자동차에 관심이 많고, 차종별 공통점과 차이점을 알고 있다.”

“악보를 보면 그 곡의 멜로디를 어느 정도 알 수 있다.”

“평소에 몸을 움직이며 활동하는 것을 좋아한다.”

“학교에서 배우는 과목 중 수학이나 과학을 좋아한다.”

“어림짐작으로도 길이나 넓이를 비교적 잘 알아맞힌다.”

승헌이는 자신의 진단 내용을 모두 보고 있다는 사실이 부담되었다. 그래도 흐트러지지 않고 차분하게 문제를 읽고 체크해 나갔다. 숨소리도 없이 조용한 가운데 진단이 진행되었다. 그런데 이상하다. 화면을 보는 아이들의 눈빛이 너무도 진지해 보인다. 그것은 승헌이라는 사람을 지금 알아 가고 있는 과정이기 때문일 것이다. 문항을 읽고 승헌이가 기입한 점수가 곧 승헌이의 모습이기에 친구들 입장에서는 승헌이를 더 잘 알 수 있는 시간이 된 셈이다. 어떤 것은 이미 알고 있던 승헌이의 모습과 일치하고, 또 어떤 부분은 전혀 몰랐던 새로운 내용이었다. 이런 방식으로 승헌이는 자신의 직업 탐색의 기초가 되는 강점 지능을 탐색했다.

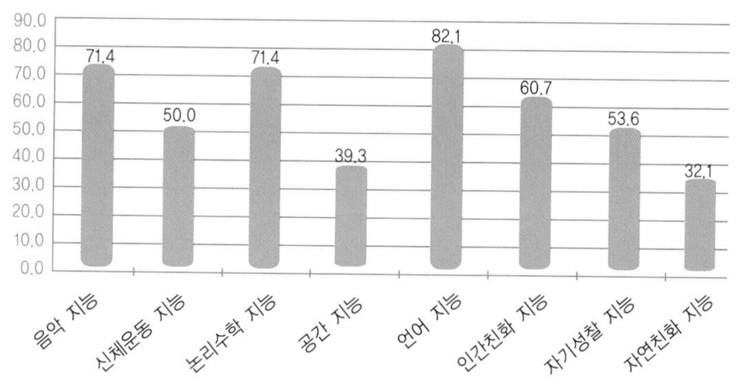

승헌이의 강점 지능 진단 결과

승헌이가 진단을 마치자 학생들은 박수를 쳐 주었다. 민샘은 승헌이의 진단 결과를 저장하고 바로 버튼을 눌렀다. 그러자 어느새 진단 결과가 그래프로 만들어져 화면에 떴다. 컴퓨터 프로그램을 사용하여 동시에 결과를 보게 한 것이다. 학생들은 탄성을 질렀다. 특히 승헌이의 눈이 커졌다. 마치 성적표를 공개한 듯한 느낌이었다.

나의 내면의 소리에 집중하기

"승헌아, 앞의 영상에서 자신의 직업에 행복해하는 4명의 사람들 기억나지?"

"네."

"그럼 그 사람들의 다중 지능 검사(전문 연구기관을 통해 진행할 것을 권함. 그 경우 더욱 정확한 결과를 얻을 수 있음) 결과, 점수가 높은 3개 중에 공통적으로 들어 있던 지능이 무엇인지 기억나니?"

"자기 이해 지능이 다 들어 있었어요."

"그래, 그 사람들은 모두 자신의 강점과 약점이 무엇인지 명확히 알고 있었어. 이처럼 자신의 강점을 아는 것은 자신의 직업을 찾아가는 과정에서 매우 중요하단다. 그런데 승헌아, 어때? 검사 결과 언어 지능, 논리수학 지능 그리고 음악 지능이 높게 나왔는데, 너와 잘 맞는다고 생각하니?"

"아주 딱 맞아 떨어지는데요."

"그럴 수밖에 없지. 네가 체크한 것에 대한 결과이니까 잘 맞을 수밖에. 그럼 지금부터 승헌이의 강점 지능에서 직업 가능성을 찾아볼까?"

승헌이의 심장이 더 빨리 뛰기 시작했다. 부모님의 기대감으로 만들어졌던 꿈이 아니라 이제 정말 자신의 꿈을 찾아가고 싶은 간절함이 생긴 것이다.

"이제 승헌이의 강점 지능에 속한 다양한 직업군을 보여 줄 거야."

"제가 가장 강한 언어 지능에 대한 직업군을 보여 주신다는 거죠?"

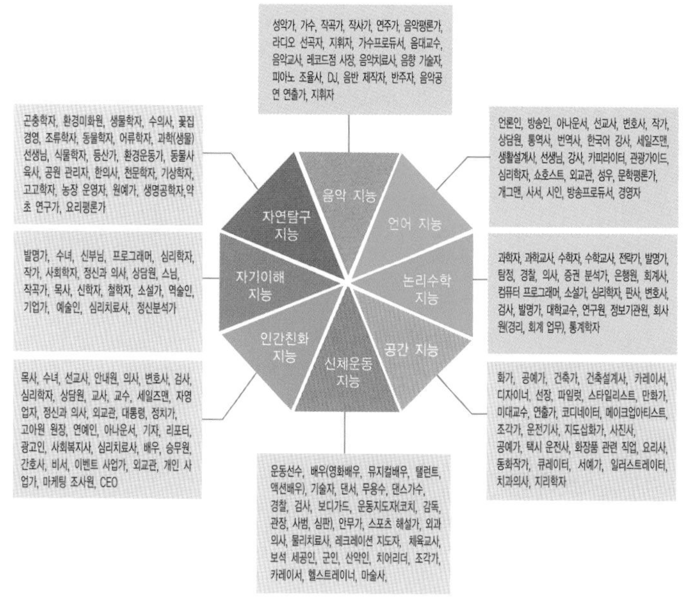

"아냐. 상위 지능 세 가지를 모두 보여 줄 거야. 그 속에서 직업 가능성을 찾으면 된다."

"와! 상당히 많네요. 이렇게 많은 직업이 저의 강점 지능에 속한 것이라고요? 몰랐어요. 이렇게 많은 줄은……."

"어때? 다른 지능에 속한 직업군보다 승헌이의 강점 지능에 속한 직업군이 더 편하게 느껴지지 않니?"

"맞아요. 샘, 여기 있는 거 다 제가 할 수 있는 것들 맞죠?"

"당연하지. 자, 그럼 지금부터 한 가지 중요한 작업이 필요하다. 세 가지 강점 지능에 해당하는 직업군 중에 더 마음에 끌리는 한두 개를 골라 보렴."

"샘, 다 하고 싶은데요."

"차분하게 생각해 봐. 그 중에서도 분명 더 눈에 들어오는 게 있을 거야."

"어려워요."

"당연해. 지금은 상징적으로 작업해 보는 거야. 시간을 두고 각각의 직업을 더 알아보는 작업이 분명 필요하니까. 부담 갖지 말고 선택해 봐."

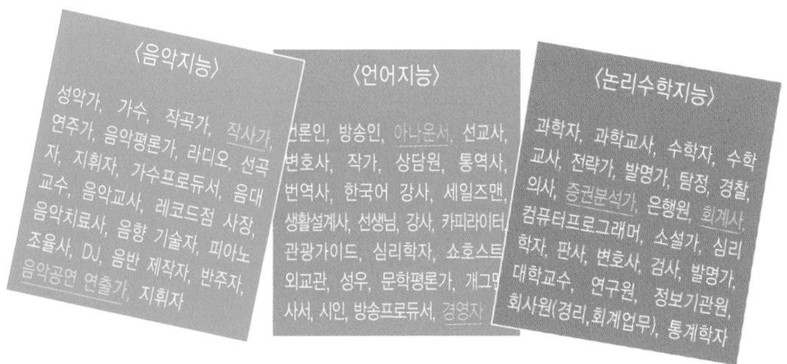

"정말 나중에 바뀔 수도 있는 거죠?"

"물론이지. 우리의 갈 길은 아직 멀다. 더 많은 탐색이 기다리고 있어. 그리고 검증의 시간도 필요하니 염려 마라. 지금은 솔직한 너의 내면의 소리에 귀를 기울이면 돼. 네 마음을 따라 끌리는 것을 선택해 보는 거야."

민샘은 세 가지 강점 지능의 직업군이 담긴 카드를 승헌이에게 주었다. 승헌이는 그 위에 2개씩의 직업에 밑줄을 그었다. 이렇게 많은 것 중에 고르는 그 자체도 기분이 새로웠다. 타인에 의해 규정된 자신의 모습이 아니라 스스로 선택하는 자체가 좋았다. 몇 개의 직업에 눈길이 머물렀다. 승헌이는 용기 있게 밑줄을 그었다. 바로 그 순간의 느낌은 정말 그 직업의 꿈을 이룬 것 같은 설렘이었다. 이 모든 과정을 동아리 학생들이 숨을 죽이며 바라보고 있었다. 승헌이는 다른 친구들이 지켜보고 있다는 것도 잊은 채, 지금은 완전히 자기 세계에 몰입해 있었다.

"증권 분석가, 회계사, 아나운서, 경영자, 작사가, 음악 공연 연출가…… 야~ 멋지다!"

"우아~ 승헌이 파이팅!"

"그러고 보니 음악 지능에서도 언어 지능과 관련된 '작사가'가 들어 있네."

"네. 그리고 사실 3개의 강점 지능에는 들어가지 않았지만, 네 번째 지능이 인간친화 지능이거든요. 저는 사람들이 좋아요. 그리고 사람들을 이끌어 가는 것도 좋고요."

"음악 지능 안에서 음악 공연 연출을 택한 것은 바로 이런 이유였구나."

"네."

"그러고 보니 언어 지능의 아나운서나 경영자 역시 사람을 이끄는 승헌이의 능력과 관련이 있네."

승헌이를 바라보는 친구들은 흐뭇했다. 마치 한 편의 공연을 보는 것 같았다. 그리고 승헌이의 자리에 자신의 모습을 대입하여 생각했다. 이제 하나의 단추를 끼웠을 뿐인데 너무나 행복했다. 지금까지 그 누구도 알려주지 않았던 방법, 고기 잡는 방법을 터득해 나가는 행복이 가득했다. 그런 아이들을 바라보는 민샘도 행복했다.

"오늘의 주인공은 승헌이다. 그리고 자신의 강점을 통해 직업의 씨앗을 찾는 방법을 알게 된 바로 너희들이 주인공이다. 승헌아, 이제 시작이다."
"샘, 고맙습니다. 정말, 고마워요. 바로 여기, 오늘부터 시작할게요."
"오늘 승헌이는 한 편의 훌륭한 공연을 했다. 비전 콘서트! 무대 위의 주인공은 승헌이다. 승헌이의 행복한 진로의 출발을 함께 축하하며 박수를 보내자."
"와~ 짱~ 승헌! 승헌! 승헌!"
"좋아. 그럼, 지금부터 너희들 각자의 다중 지능 활동을 시작해 볼까?"
"네~ 샘!"

동아리 수업을 마칠 무렵 민샘은 학생들에게 포스트잇을 하나씩 나눠 주었다. 오늘 강점 발견의 수업에 대표로 참여하여 희망을 쏘아 올린 승헌이에게 격려의 글을 적어 교실을 나갈 때 게시판에 붙여 달라는 당부를 했다. 수업이 끝나고 승헌이는 게시판 앞에 우두커니 서 있었다. 민샘도 그 옆에 나란히 서서 메모를 함께 읽어 보았다.

승헌아, 너는 세상을 이끄는 사람이 될 거야. 난 그걸 믿어. (하영)
나의 베프 승헌, 나중에 네가 이끄는 회사에 나도 함께 들어가면 안 될까? 나 절대 모른 척하지 마. 평생 같이 가자. (교빈)
승헌, 너 오늘 참 멋있었어. 인정한다! (찬형)
승헌아, 네가 무엇을 선택하든 반드시 이룰 거라고 믿어. 지켜 볼게. (수희)

잘 참고 있던 승헌이가 구석의 포스트잇을 보고 결국 눈물을 보이고 말았다. 민샘이 붙인 내용이었다.

승헌아, 이제 너의 길을 가라. 네가 멋지게 꿈을 이루는 모습을 당당하게 아버지께 보여 드리렴. 아버지가 원하는 것은, 아버지처럼 되는 게 아니라 네가 당당하게 네 인생을 사는 것이다. 이제 네가 그것을 증명해 줄 차례다.

민샘은 울고 있는 승헌이를 꼭 안아 주었다.

나의 다중 지능 탐색하기

다음은 자신의 다중 지능을 확인하는 약식의 검사 문항입니다. 각 질문을 읽고 '정말 그렇다 5점, 대체로 그렇다 4점, 보통이다 3점, 대체로 아니다 2점, 정말 아니다 1점'으로 매깁니다. 가능하면 3점을 주지 않는 것이 다중 지능을 구분할 때 도움이 됩니다. 오래 생각하기보다는 문항을 읽자마자 바로 떠오르는 느낌으로 간단히 표기하는 게 더 정확한 결과를 얻을 수 있습니다.

문항	문 항 내 용	점수
1.	취미 생활로 악기 연주나 음악 감상을 즐긴다.	
2.	운동 경기를 보면 운동선수들의 장 · 단점을 잘 집어낸다.	
3.	어떤 일이든 실험하고 검증하는 것을 좋아한다.	
4.	손으로 물건을 만들고, 그림 그리는 것을 좋아한다.	
5.	다른 사람보다 어휘력이 풍부한 편이다.	
6.	친구나 가족들의 고민거리를 들어 주거나 해결하는 것을 좋아한다.	
7.	나 자신을 되돌아보고, 앞으로의 생활을 계획하는 것을 좋아한다.	
8.	자동차에 관심이 많고, 각각의 공통점과 차이점을 잘 알고 있다.	
9.	악보를 보면 그 곡의 멜로디를 어느 정도 알 수 있다.	
10.	평소에 몸을 움직이며 활동하는 것을 좋아한다.	
11.	수학이나 과학 과목을 좋아한다.	
12.	어림짐작으로도 길이나 넓이를 비교적 정확히 알아맞힌다.	
13.	글이나 문서를 읽을 때 문법적으로 어색한 문장이나 단어를 잘 찾아낸다.	
14.	학교에서 왕따가 왜 발생하고 어떻게 해결하면 좋은지 알고 있다.	
15.	나의 건강 상태나 기분, 컨디션을 정확히 파악할 수 있다.	
16.	옷이나 가방을 보면 어떤 브랜드인지 바로 알아맞힐 수 있다.	
17.	다른 사람의 연주나 노래를 들으면 어떤 점이 부족한지 알 수 있다.	
18.	어떤 운동이라도 한두 번 해 보면 잘할 수 있다.	
19.	다른 사람의 말 속에서 비논리적인 점을 잘 찾아낸다.	
20.	다른 사람의 그림을 보고 평가를 잘할 수 있다.	
21.	나의 어렸을 때 꿈은 작가나 아나운서였다.	
22.	다른 사람들로부터 다정다감하다는 소리를 자주 듣는다.	
23.	내 생각이나 감정을 상황에 맞게 잘 통제하고 조절한다.	
24.	동물이나 식물에 관하여 많은 정보를 알고 있다.	
25.	다른 사람과 노래할 때 화음을 잘 넣는다.	
26.	운동을 잘한다는 말을 자주 듣는다.	
27.	학교생활에서 발생하는 문제를 해결하는 절차와 방법을 잘 알고 있다.	
28.	내 방이나 집을 꾸밀 때, 어떤 재료를 사용해야 하고 어떻게 배치해야 할지 잘 알아낸다.	
29.	글을 조리 있고 설득력 있게 쓴다는 말을 자주 듣는다.	
30.	학교 친구나 선생님, 선배의 기분을 잘 파악하고 적절하게 대처한다.	
31.	평소에 내 능력이나 재능을 계발하기 위해 노력하고 있다.	

문항	문 항 내 용	점수
32.	동물이나 식물을 좋아하고 잘 돌본다.	
33.	악기를 연주할 때 곡의 음정, 리듬, 빠르기, 분위기를 정확하게 표현한다.	
34.	뜨개질이나 조작, 조립과 같이 섬세한 손놀림이 필요한 활동을 잘할 수 있다.	
35.	물건의 가격이나 은행 이자 등을 잘 계산한다.	
36.	다른 사람으로부터 그림 그리기나 만들기를 잘한다고 칭찬 받은 적이 있다.	
37.	책이나 신문의 사설을 읽을 때 그 내용을 잘 이해한다.	
38.	가족이나 학교 친구, 선배 등 누구와도 잘 지내는 편이다.	
39.	내 일정을 다이어리에 정리하는 등 규칙적인 생활을 위해 노력한다.	
40.	나는 현재 동 · 식물과 관련된 활동(정보 수집, 취미 활동)을 하고 있다.	
41.	어떤 악기라도 연주법을 비교적 쉽게 배운다.	
42.	개그맨이나 탤런트, 주변 사람들의 행동을 잘 흉내 낼 수 있다.	
43.	어떤 것을 암기할 때 무작정 외우기보다는 논리적으로 이해하여 암기하곤 한다.	
44.	새로운 지식을 습득할 때 그림이나 개념 지도를 그려 가며 외운다.	
45.	국어 시간이나 글쓰기 시간을 좋아한다.	
46.	내가 속한 집단에서 내가 해야 할 일을 잘 찾아서 수행한다.	
47.	어떤 일에 실패했을 때 그 원인을 철저히 분석해서 다음에는 그런 일이 생기지 않도록 노력한다.	
48.	동식물이나 특정 사물이 갖는 특징을 분석하는 것을 좋아한다.	
49.	빈 칸을 주고 어떤 곡을 채워 보라고 하면 박자와 전체 곡의 분위기에 맞게 채울 수 있다.	
50.	연기나 춤으로 내가 전하고자 하는 것을 잘 표현할 수 있다.	
51.	어떤 문제가 생기면 성급하게 결론을 내리기보다는 여러 가지로 그 원인을 밝히려고 한다.	
52.	고장 난 기계나 물건을 잘 고친다.	
53.	다른 사람이 하는 말의 핵심을 잘 파악한다.	
54.	다른 사람들 앞에서 프레젠테이션이나 연설을 잘한다.	
55.	앞으로 어떻게 성공할지에 대해 뚜렷한 신념을 가지고 있다.	
56.	환경 문제를 해결할 수 있는 방법들을 많이 알고 있다.	

세로 항목별 총계가 높게 나타난 지능이 강점 지능입니다.

A 음악 지능		B 신체운동 지능		C 논리수학 지능		D 공간 지능		E 언어 지능		F 인간친화 지능		G 자기성찰 지능		H 자연친화 지능	
1		2		3		4		5		6		7		8	
9		10		11		12		13		14		15		16	
17		18		19		20		21		22		23		24	
25		26		27		28		29		30		31		32	
33		34		35		36		37		38		39		40	
41		42		43		44		45		46		47		48	
49		50		51		52		53		54		55		56	
세로 항목별 총계															

꼭! 작성해 보세요 | 포트폴리오 활동 2

다중 지능을 통해 살핀 나의 생활

검사 결과로 알게 된 자신의 강점 지능을 3개 체크합니다. 체크한 지능의 정의를 다시 한 번 읽고 자신의 삶에서 그러한 강점이 드러난 경험을 간단하게 서술합니다.

지능	체크	정의	활동
음악 지능		음악에 대한 전반적인 직관적 이해와 분석적이고 기능적인 능력(음에 대한 지각력, 변별력, 변형력, 표현력)	리듬 패턴, 보컬 사운드, 작곡 및 편곡 배경 선정, 악기 연주, 노래, 공연
신체 운동		신체의 운동을 손쉽게 조절하는 능력, 손을 사용하여 사물을 만들어 내고 변형시키는 능력	민속 창작 춤, 역할극, 제스처, 드라마, 무술, 운동, 무언극, 스포츠
논리 수학 지능		숫자를 효과적으로 사용하는 능력, 사물 사이의 논리적 계열성을 이해하고 유사성과 차이점을 측정하고 사정하는 능력	추상적 공식, 도표 구조화, 수열, 계산법, 부호 해독, 삼단논법, 문제 해결
공간 지능		방향 감각, 시각, 대상을 시각화하는 능력, 내적인 이미지와 사진과 영상을 창출하는 능력	항해, 지도 제작, 체스 게임, 상상력, 색채 배합, 패턴, 디자인, 그림, 데생, 인지도, 조각, 사진
언어 지능		단어를 효과적으로 사용하는 능력 (구두 · 글로 표현) 언어를 이해하고 실용적 영역을 조작하는 능력	공식 연설, 일기, 창작, 언쟁, 이야기, 만들기, 임기응변, 유머 및 농담
인간 친화 지능		다른 사람의 기분, 의도, 동기, 느낌을 분별하고 지각하는 능력, 타인에게 동기를 부여하고 변화에 대해 유추하는 능력, 감각과 대인 관계의 암시를 구별해 내는 능력, 실용적 방식으로 암시에 반응하는 능력	피드백 주고받기, 타인의 감정에 대한 이해, 협력 학습 전략, 일대일 대면, 공감, 분업, 집단 프로젝트
자기 성찰 지능		자아 이해에 관련된 지식과 그 지식을 기초로 적응하는 능력, 자신에 대해 정확히 알고 그에 따른 자아 훈련, 자아 이해 자존감을 위한 능력, 메타 인지, 영혼의 실체성 지각 등 고도로 분화된 감정들을 알아내어 상징화하는 능력	반성적 사고, 메타 인지 기술, 사고 전략, 정신 집중 기술 고도의 추론
자연 친화 지능		사물을 구별하고 분류하는 능력과 환경의 특징을 사용하는 능력. 분별 · 대처 기능으로 사물을 분별하고 그 사물과 인간의 관계를 설정하는 능력	관찰, 견학, 소풍, 여행, 하이킹, 자연 보호, 모험심 기르기, 동물 기르기

내친구 포트폴리오 살짝 엿보기

다중 지능을 통해 살핀 나의 생활

검사 결과로 알게 된 자신의 강점 지능을 3개 체크합니다. 체크한 지능의 정의를 다시 한 번 읽고 자신의 삶에서 그러한 강점이 드러난 경험을 간단하게 서술합니다.

지능	체크	정의	활동
음악 지능		음악에 대한 전반적인 직관적 이해와 분석적이고 기능적인 능력(음에 대한 지각력, 변별력, 변형력, 표현력)	리듬 패턴, 보컬 사운드, 작곡 및 편곡 배경 선정, 악기 연주, 노래, 공연
신체 운동		신체의 운동을 손쉽게 조절하는 능력, 손을 사용하여 사물을 만들어 내고 변형시키는 능력	민속 창작 춤, 역할극, 제스처, 드라마, 무술, 운동, 무언극, 스포츠
논리 수학 지능		숫자를 효과적으로 사용하는 능력, 사물 사이의 논리적 계열성을 이해하고 유사성과 차이점을 측정하고 사정하는 능력	추상적 공식, 도표 구조화, 수열, 계산법, 부호 해독, 삼단논법, 문제 해결
공간 지능		방향 감각, 시각, 대상을 시각화하는 능력, 내적인 이미지와 사진과 영상을 창출하는 능력	항해, 지도 제작, 체스 게임, 상상력, 색채 배합, 패턴, 디자인, 그림, 데생, 인지도, 조각, 사진
언어 지능	√	단어를 효과적으로 사용하는 능력 (구두 · 글로 표현) 언어를 이해하고 실용적 영역을 조작하는 능력	공식 연설, 일기, 창작, 언쟁, 이야기, 만들기, 임기응변, 유머 및 농담
인간 친화 지능	√	다른 사람의 기분, 의도, 동기, 느낌을 분별하고 지각하는 능력, 타인에게 동기를 부여하고 변화에 대해 유추하는 능력, 감각과 대인 관계의 암시를 구별해 내는 능력, 실용적 방식으로 암시에 반응하는 능력	피드백 주고받기, 타인의 감정에 대한 이해, 협력 학습 전략, 일대일 대면, 공감, 분업, 집단 프로젝트
자기 성찰 지능	√	자아 이해에 관련된 지식과 그 지식을 기초로 적응하는 능력, 자신에 대해 정확히 알고 그에 따른 자아 훈련, 자아 이해 자존감을 위한 능력, 메타 인지, 영혼의 실체성 지각 등 고도로 분화된 감정들을 알아내어 상징화하는 능력	반성적 사고, 메타 인지 기술, 사고 전략, 정신 집중 기술 고도의 추론
자연 친화 지능		사물을 구별하고 분류하는 능력과 환경의 특징을 사용하는 능력. 분별 · 대처 기능으로 사물을 분별하고 그 사물과 인간의 관계를 설정하는 능력	관찰, 견학, 소풍, 여행, 하이킹, 자연 보호, 모험심 기르기, 동물 기르기

검사 결과와 나의 평상시 모습은 그대로 일치한다. 특히 사람을 좋아하고 대화하는 것을 좋아하는 내 모습이 검사 결과에 잘 담겨 있다. 자기 성찰의 점수가 높게 나왔는데, 때로는 지나치게 반성을 많이 하는 단점도 있다. 나는 이러한 나의 강점을 인정하고 만족한다.

강점 지능과 나의 직업 선호군

다음은 여덟 가지 다중 지능별 대표적인 직업군을 정리한 것입니다. 검사 결과 알게 된 자신의 세 가지 강점 지능에 따라 목록을 보고 호감이 가는 직업을 찾아봅니다. 목록 중에 직업 정보를 몰라 고민이 된다면 따로 표기하여 이후에 정보를 찾아봅니다.

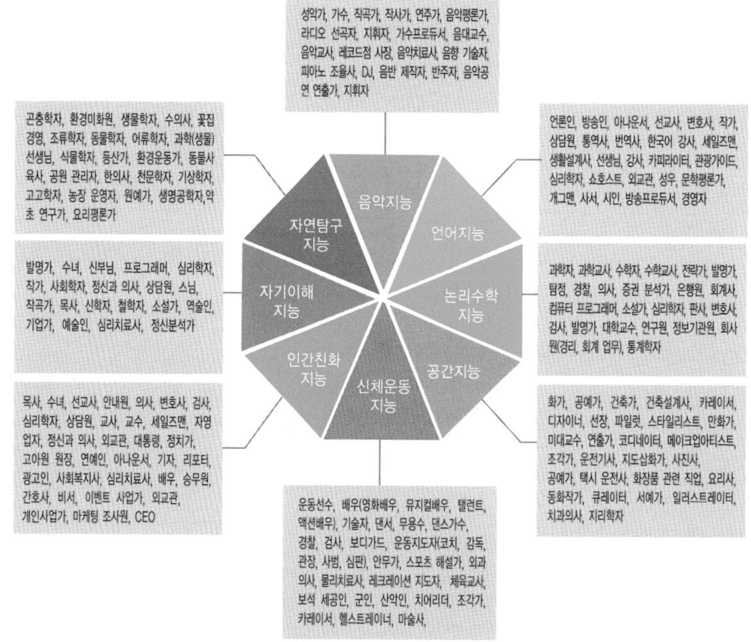

강점 지능	호감이 있는 직업 2개	더 알아보고 싶은 직업

내친구 포트폴리오 살짝 엿보기

강점 지능과 나의 직업 선호군

다음은 여덟 가지 다중 지능별 대표적인 직업군을 정리한 것입니다. 검사 결과 알게 된 자신의 세 가지 강점 지능에 따라 목록을 보고 호감이 가는 직업을 찾아봅니다. 목록 중에 직업 정보를 몰라 고민이 된다면 따로 표기하여 이후에 정보를 찾아봅니다.

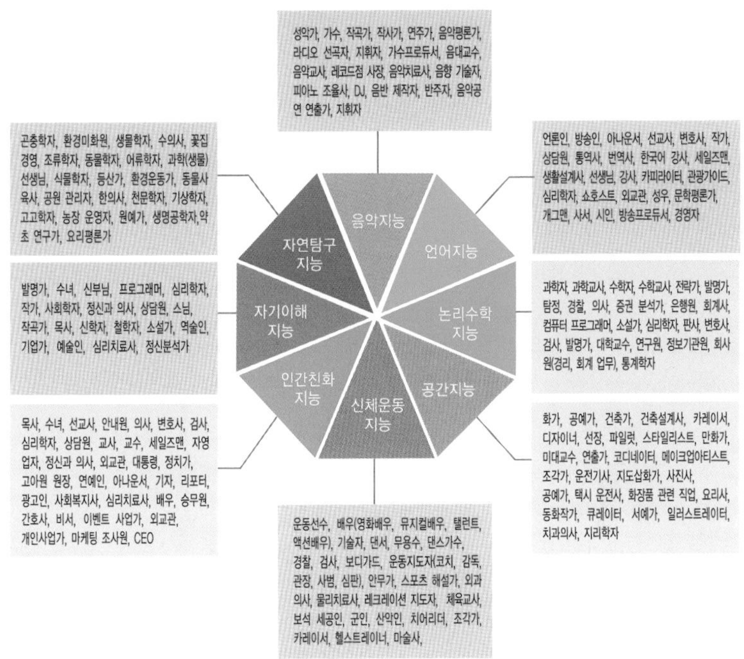

강점 지능	호감이 있는 직업 2개	더 알아보고 싶은 직업
논리수학 지능	은행원, 수학 교사	증권 분석가
공간 지능	건축 설계사, 사진사	큐레이터
인간친화 지능	교사, 아나운서, 외교관	심리 치료사, 상담가

생생! 직업인 이야기

몸에 앞서 마음을 치료하는 사람이에요

의사

의사는 인류 역사상 가장 오래된 직업 중의 하나랍니다. 아주 옛날에는 몸을 치료하는 것을 신의 영역으로 삼았었지요. 저희는 어쩌면 신의 영역을 대신하여 직업으로 봉사하는 것일 수도 있습니다. 그러기에 투철한 사명 의식이 없으면 어려운 직업이지요.

그런데 많은 청소년들이 사회적으로 존경받고 돈을 많이 버는 직업으로만 의사를 인식하는 것에 슬픔을 느낍니다. 그래서 청소년들에게 말해 주고 싶은 게 있습니다. 저희는 사람의 몸에 이상이 일어날 때 이를 치료합니다. 하지만 단순히 육체의 통증 치료에만 관심을 갖는 것은 아니랍니다. 몸이 아픈 데는 상당 부분 마음의 문제가 연결되어 있기 때문입니다. 따라서 저희는 몸과 마음을 함께 이해하려고 애쓴답니다. 물론 심리학과 철학의 영역을 건드릴 생각은 전혀 없습니다. 육체의 고통, 상처, 문제에 연결된 마음의 작용을 이해함으로써 치료를 더 잘할 수 있도록 노력하는 것이죠.

따라서 의사를 꿈꾸는 청소년들 중에 일반 대학을 거쳐 의학 전문 대학원에 진학하는 과정에서 사람의 마음을 이해하는 과목이나 학과를 선택한다면 의사의 꿈을 이루는 데 많은 도움이 될 것입니다.

10 나를 끌어당기는 힘

나는 무엇을 좋아하는가

우리들의 고민 편지

이제 막 중학교에 올라온 H군. 엄마가 최근 학부모 진로 연수에 다니신다. 그런데 첫날 집에 오더니 불쑥 대화를 하자고 하신다. 아마도 과제를 받은 것 같다. 내가 좋아하는 것을 적어 보자고 하는데, 갑작스런 질문에 나는 당황스럽다. 솔직히 모르겠다. 내가 무엇을 좋아하는지 구체적으로 떠오르지 않는다. 엄마가 좋아하는 것을 적으라고 하면 오히려 쉽겠는데, 정작 나 자신의 것을 꺼내기는 쉽지 않다. 그 부분에 대해 한 번도 나 자신을 돌아보며 생각해 본 적이 없기 때문이다.

– 온라인 캠프에 올라온 진로 고민 편지

안타까운 친구 무서운 엄마 어이없는 반장

"안타까운 친구, 무서운 엄마, 어이없는 반장. 궁금하지? 무슨 이야기일까? 간단한 사연을 확인해 볼까?"

상황 1.

다른 반과 자존심을 건 축구 시합에 우리 반 대표를 선출하려고 한다. 바로 그때, 찬수가 일어서더니 자신도 뛰겠다고 나선다. 찬수는 축구를 너무 좋아한다. 찬수의 주먹이 무서워 그 누구도 반대를 못 하지만, 그의 '주먹' 보다 더 무서운 것은 그의 '축구 실력' 이다. 지금 우리 반 모두가 떨고 있는 것은 찬수가 축구를 좋아하긴 하지만 이른바 '뻥 축구' 라는 사실을 알고 있기 때문이다.

상황 2.

주말이 되자 엄마가 특별 요리를 하겠다고 앞치마를 두르신다. 엄마는 요리하는 것을 정말 좋아한다. 얼마나 좋아하는지 요리하는 내내 콧노래를 흥얼거린다. 그러나 우리 가족은 떨고 있다. 그 콧노래가 끝나면 엄마가 해 준 요리를 먹어야 하기 때문이다. 엄마와 20년을 살아온 아빠가 정말 존경스러운 순간이다. 엄마의 정성과 순수한 기쁨을 깨면 안 되겠기에, 다들 참고 먹어 주지만 어쩌면 우리의 그런 착한 마음이 엄마로 하여금 요리를 잘한다고 착각하게 만든 것은 아닐까? 오늘도 반성한다. 이번에는 꼭 얘기하리라.

상황 3.
미술 선생님도 감탄할 정도로 그림 실력이 뛰어난 혜수는 우리 학급 반장으로, 자타가 공인하는 그림 '짱'이다. 미술 학원 한번 다닌 적이 없다. 중학생 때부터 미술 학원을 다니면서 미래의 디자이너를 꿈꾸는 다른 친구들을 모두 무색하게 만드는 실력파이다. 그런데 혜수는 미술 시간 외에는 전혀 그림을 그리지 않는다. 붓을 들기도 싫어한다. 그리고 결정적인 그녀의 한 마디. "난 그림 싫어해. 미술 시간이어서 어쩔 수 없이 그리는 거야."

"민샘, 우리 엄마 이야기예요. 진짜 우리 엄마하고 똑같아요. 저, 정말 힘들어요."
"민샘, 우리 반에 저기 저, 찬수라는 아이와 똑같은 친구 있어요. 정말 안습이에요."
"민샘, 그림은 아니고요. 피아노로 허탈하게 만드는 친구가 있어요. 피아니스트를 꿈꾸는 친구들을 쓰러지게 만들어요. 그러면서도 자기는 피아노가 싫대요. 완전 짜증나, 정말!"
"희성이, 상민이, 진구의 제보 고맙다. 우리 주변에는 이러한 사람들이 분명 존재한다. 그런데 이 세 사람의 공통점은 무엇일까?"
"좋아하는 것과 잘하는 것이 일치하지 않아요."
"희성이 말이 맞다. 진로를 찾아가는 자기 발견의 과정에서 꼭 확인해야 하는 과정이 바로 이 과정이지. 지금부터 우리는 좋아하는 것은 '흥미'로, 그리고 잘하는 것은 '재능'이라는 말로 대신하자."
"민샘, 재능이라면 지난 시간에 봤던 8명의 사람이 가진 여덟 가지 재능과 비슷한 것 아닌가요?"
"하영이가 아주 중요한 것을 얘기해 주었다. 지난 시간에 살핀 8명의 여덟 가지 재능은 물론 잘하는 것이 맞다. 그러나 정확한 용어를 다시 한번 확인하자면 여덟 가지 '지능'이다. 사람마다 다중 지능이 있는데, 그 중에 자신이 더 잘할 수 있는 영역을 강점 지능이라고 했다."

"그렇구나. 그건 지능이었고, 지금 이야기하는 것은 재능이구나."

"흥미와 재능은 지난 시간처럼 검사를 통해 알아 가는 것이 아니라 너희들의 '경험'에서 찾아낼 거야."

"경험에서 찾아내요?"

"그래, 경험. 경험을 통해 자신을 찾아가는 과정도 자기 발견에서는 매우 중요하지."

"과학적인 검사보다는 신뢰성이 좀 떨어지지 않을까요?"

"아니, 아니! 절대 그렇지 않아. 어차피 우리가 다중 지능 검사를 할 때도 결국은 자신의 경험을 떠올려서 질문에 답변하는 형식이지."

"그건 그러네요."

"그래프가 보이면 더 신뢰가 가고, 너희들의 생각에서 직접 꺼내면 신뢰가 덜 가는 것은 아니란다. 선생님의 이야기가 이해되니, 하영아?"

"알겠어요. 자신의 경험을 신뢰하라!"

"우리는 오늘 좋아하는 것과 잘하는 것으로 수업을 시작했다. 그것을 흥미와 재능이라는 단어로 바꾸었고, 그 두 가지를 구분하려면 먼저 흥미라는 것을 알아야 할 텐데, 과연 어떻게 좋아하는 것을 알 수 있을까?"

"좋아하는 것이요? 좋아하는 것은 말하지 않아도 다 알잖아요."

"정말 그럴까? 말하지 않아도 자신이 좋아하는 것을 정말 잘 알 수 있을까? 좋아, 그럼 지금부터 2명씩 짝을 지어서 좋아하는 것 말하기 게임을 해 보자."

학생들은 즐거운 표정이었다. 무슨 어려운 공식도 아니고 그냥 좋아하는 것을 떠올리면 된다. 2명씩 마주보며 마치 낱말 놀이 하듯이 좋아하는 것을 꺼내는 것이다. 시작은 좋았다. 그런데 이상한 일이 벌어졌다. 처음 친구가 꺼낸 단어가 음식이면 그 다음부터 계속 음식만 나온다. 처음에 연예인이 나오면 그 다음부터는 줄줄이 연예인 이름이 나온다. 이런 식으로는 진로를 위한 흥미를 찾을 수 없다. 학생들은 서로 소리 지르며 게임을 할 때는 신났지만, 점차 이게 아니라는 생각을 하게 되었다. 어떤 방법이 있을까?

관심

화면에 '관심' 이라는 단어가 크게 보였다. 흥미는 그야말로 '좋아하는 것' 이다. 흥미의 출발점은 '관심' 이다. 자신의 관심이 어디에 있는지를 확인하면 된다. 자신의 관심과 흥미를 아는 것은 자기 발견 과정의 첫 단추이다.
다시 화면에 5장의 카드가 보였다.
"지금부터 간단한 그룹핑 게임을 해 보자. 선생님이 카드 하나를 높이 들면 그 카드를 보고 비슷한 취향을 가진 사람끼리 모이는 거야. 구체적인 기준은 너희들 판단에 맡길게. 예를 들어 샘이 '마트' 카드를 들면 기준은 뭐가 될까?"
"마트에 가서 가장 가고 싶은 코너요."

"소민이가 센스 있게 잘 얘기해 주었다. 마트에 가면 가장 오래 머무는 코너, 가장 사고 싶은 게 많은 코너가 기준이 된다. 그러면 너희들은 5초 안에 자신과 비슷한 사람끼리 모이는 거야. 자, 그럼 말 나온 김에 바로 시작한다. 자, 모이세요. 마트!"
갑작스런 시작 외침에 동아리 교실은 시장 바닥처럼 시끄러워졌다. 하지만 서로 비슷한 친구들을 찾는 과정이 즐겁기만 했다. 그리고 한두 명 비슷

한 친구들이 모이면서 서로 마치 고향에 돌아온 형제들처럼 반가워했다.

"스포츠! 스포츠 코너 모여라!"

"식료품 모여라. 시식 코너 모여라!"

"의류, 화장품 모여!"

모여서 서로 얼싸안고 즐거워하고 있는데 갑자기 민샘이 이번에는 '서점'이 그려진 카드를 들어 올리며 외쳤다. 마트와는 달리 서점은 아이들이 초반에 어떤 기준을 잡아야 할지 몰라 다소 우물쭈물하고 있었다. 그때 하영이가 큰 목소리로 하나의 기준을 얘기했고, 그 뒤로는 다시 시장바닥으로 변했다.

"소설책 코너 모여라!"

"역사책 코너 다 모여!"

"여기는 스포츠 코너다. 다이어트도 포함되니 빨리 모여라!"

"영어 학습 코너 자주 가는 사람은 이리 와!"

거의 다 그룹을 만들어 서로 반갑다고 웃으며 서점 취미 이야기를 나누고 있었다. 그런데 중간에 교빈이가 그룹에 들어가지 않고 여기저기 기웃거리고 있었다. 얼굴에는 약간의 장난기도 보였다.

"교빈아, 너는 왜 어슬렁거리니?"

"저랑 맞는 그룹이 없어서 이렇게 난민 생활을 하고 있어요."

"너는 어떤 코너에 주로 가는데?"

"여성 잡지요."

"푸하하!"

교빈이 덕에 큰소리로 웃고 있는데, 또 갑자기 민샘이 다른 카드를 집어 들었다. 수첩이 하나 그려진 카드였다. 학생들은 갑자기 조용해졌다. 민샘이 말을 해 주지 않아 도무지 그 수첩이 무엇인지 모르겠다. 교빈이가 참지 못해 먼저 물었다.

"샘, 뭐예요? 그 책은."

"용돈 기입장이다."

"그럼, 어떤 기준이지? 어려운데요."

"기준은 간단해. 자신의 용돈을 주로 어디에 사용하는지 생각해 보는 거야."

"샘, 이번에는 움직이기가 어려워요. 용돈이 워낙 적고, 없는 친구도 있고, 뻔히 차비 쓰고 간식 먹으면 바닥이 나는데, 돈을 많이 쓰는 영역별로 모이기는 어려워요."

"아직 샘 말 안 끝났거든. 그걸 샘이 모를 리가 없지. 지금부터가 진짜 미션이야. 만약, 자신에게 100만 원의 용돈이 주어지고, 반드시 다 사용하라고 한다면 어떤 것에 사용할지 생각해 보는 거야. 그 돈으로 무엇을 가장 하고 싶은지 그게 기준이다. 자~ 즐거운 상상을 하면서 모이세요!"

"1박2일 여행 모여라!"

"게임 아이템 구입, 얼른 모여!"

"스마트폰 구입은 이쪽으로 오셔요. 공짜로 모십니다."

"옷 살 사람! 골라, 골라!"

"사고 싶었던 책 다 살 사람 혹시 있으면 이쪽으로……."

"저금하거나 투자할 사람은 나에게로 오셔!"

학생들은 게임을 통해 자연스럽게 서로의 흥미를 교감하면서 공통분모를 찾을 수 있었다.

그룹별로 모이면 그 기준에 대해 어떤 점이 비슷한지 서로 의견을 나누게 했다. 동아리 친구들은 자신의 진로를 찾아갈 뿐 아니라 서로를 알아가는 즐거움도 만끽하고 있었다. 민샘은 이 모든 과정을 통해 이 친구들이 자신의 길뿐만 아니라 다른 사람의 길도 찾아 주는 인생을 살기를 기대하고 있다. 당장 2학기의 진로 페스티벌을 이 학생들이 주축이 되어 진행해야 하니, 민샘은 학생들의 역량을 최대한 끌어올려야 하는 부담이 있는 것이다.

"너희들이 지금 하는 활동이 바로 '흥미'를 찾아가는 경험이었다. 어때 즐겁지 않았니?"

"너무 즐거웠어요. 진짜 기분이 좋았어요."

"상민이는 정말 즐거웠나 보구나. 이마에 땀방울이 맺혔네. 이 활동이 정말 재미있었던 이유는 간단해. 자신이 좋아하는 것을 꺼냈기 때문이다. 그리고 같은 것을 좋아하는 친구들끼리 만났기 때문이지. 흥미란 이렇듯 자신을 끌어당기는 것, 끌리는 것을 말한다."

흥미를 찾아내는 기준

"샘, 그런데 아까 보여 주신 카드 중에 2개의 카드를 사용하지 않으셨어요."

"주의력이 대단하구나. 뭐였는지 기억하니? 철만아."

"작은 방 같은 그림하고, 수업 시간표 같았는데요."

"대단하다. 정확하게 기억하는구나. 철만이 눈썰미는 대단한걸."

"샘, 철만이의 말 더듬는 습관이 거의 없어졌어요. 철만아, 축하해."

"고, 고, 고마워."

"정말 좋아지긴 했지만 긴장하면 다시 더듬게 되니, 이렇게 발표를 많이 하면서 계속 자신감을 끌어올리자. 철만이가 이야기한 대로 사용하지 않은 카드는 2장이다."

공부방 사진은 어떤 의미를 가질까? 그건 바로 생활 속의 습관을 말한다. 자신의 방을 둘러보면 취미가 보인다. 가장 좋아하는 것이 무엇인지 알 수 있다. 기타가 놓여 있는 친구, 연예인 사진을 붙여 놓은 친구, 기계나 로봇 조립품이 세워져 있는 친구, 특정한 분야의 책이 많이 꽂혀 있는 친구 등 각기 다양하다. 이런 것들은 생활 속의 흥미를 엿볼 수 있게 한다.

"그럼 시간표는요?"

"시간표의 쓰임을 알기 위해서는 시간표를 그려 보아야 해."

이번 활동에서도 승헌이가 나와서 활약하기로 했다. 민샘의 얘기로는, 자기 발견 수업은 승헌이를 대표로 하여 진행한다고 한다. 승헌이는 우선 시간표 과목을 다 채웠다. 승헌이의 시간표를 보고 민샘은 한 가지를 더 부탁했다.

"좋아, 승헌아. 이번에는 그 과목들을 보면서 본인이 좋아하는 시간과 과목에 색칠을 해 주겠니?"

"샘, 목요일에 있는 진로 동아리 수업은 꼭 먼저 색칠을 할게요."

"아니, 뭐 꼭 선생님이 그걸 원하는 것은 아니다.어험, 왜 이렇게 헛기침이 나오지."

"푸하하하!"

	월	화	수	목	금
1	체육	사회	국어	사회	국어
2	과학	국어	수학	음악	수학
3	국어	영어	영어	보건	기술
4	수학	음악	한문	영어	체육
5	도덕	체육	과학	국어	과학
6	영어	수학	미술	동아리 활동	사회
귀가 이후					
	수학 학원	컴퓨터 인강	수학 학원	컴퓨터 인강	수학 학원
	영어 과외	토론, 논술		영어 과외	

"수학, 과학 쪽이 일단 많구나. 방과 후 토론과 논술 시간도 좋아하네. 국어 과목은 좋을 때도 있고, 그렇지 않을 때도 있네? 승헌이의 생각이 궁금한데?"

"문학이 마음에 안 들어요. 비문학 쪽은 너무 좋은데요. 그래서 약간 차이가 있어요."
"이번에는 그냥 좋아하는 것을 떠올리지 말고, 다음과 같은 다섯 가지 질문에 따라 떠오르는 것을 적어 볼까?"

무엇을 할 때 즐겁고 행복한가?
무엇을 할 때 집중이 잘 되는가?
나도 모르게 다른 사람들에게 말을 많이 하는 분야는?
시간 가는 줄 모르고 하는 것은?
시키지 않아도 알아서 하는 일은?

"이제 구체적으로 자신이 흥미를 느끼는 것들을 찾아 정리해 보자. 역시 승헌이가 대표로 진행을 하고, 그 이후에는 지난번처럼 각자 적용해 보는 시간을 가질 거야. 그런데 이번 활동에서는 여학생도 한 명 나와서 승헌이와 동시에 자신의 흥미 목록을 적어 보도록 한다. 2명 정도의 예를 보면 나머지 학생들이 참고할 때 도움이 될 거야. 승헌아, 여학생 대표로 누구를 모시면 좋겠니?"
"네! 제가 선택해요?"
"그래. 네가 얘기를 해 주면 좋겠다."
"샘, 승헌이가 분명 말을 못할 거예요. 제가 대신 얘기해도 될까요?"
"교빈이, 너!"
민샘은 사소한 일로 미묘한 긴장감을 만들어 버렸다. 승헌이는 하영이를 말하고 싶었다. 그냥 말하면 되는데 이상하게 어려웠다. 일전 수업에서 몇 차례 수희가 자신을 불러 함께 시범을 보인 적이 있는데, 그래서인지 자신도 모르게 수희가 마음에 걸렸다. 수희 역시 승헌이가 혹시 자신을 부르지 않을까 하여 마음 쓰고 있었다. 교빈이는 승헌이가 당연히 하영이를 부르고 싶은데 지금 차마 말을 못 하고 있는 거라 여기고 자기가 나선 것이다. 승헌이는 눈을 크게 뜨고 교빈이에게 나서지 말라는 사인을 보냈다. 하지만 교빈이는 냅다 소리를 질렀다.
"승헌이가 지금 눈으로 저에게 사인을 주었는데, 하영이가 나왔으면 좋겠대요!"
"야~ 너! 어휴!"
"어, 어, 어, 얼!"
친구들의 감탄사와 함성이 터져 나왔다. 하영이는 예상했다는 눈치로 당당하게 걸어 나왔다. 그리고 승헌이 옆에 서서 자신의 흥미 목록을 떠올리고 있었다. 당황해하거나 부끄러운 기색도 보이지 않았다. 승헌이는 쑥스러워 어쩔 줄 몰라 하고, 이 모습을 보는 친구들은 그저 재미있어했다. 평소에는 못 보던 승헌이의 난처한 모습 때문이었다.
"쓸 때 참고할 수 있도록 우리가 앞에서 살핀 흥미의 기준을 화면에 나열해 줄게."

흥미의 기준	이슈
관심 속에서 찾아낸 흥미	마트나 백화점에서 주로 가는 코너 서점에서 주로 관심 있는 분야 주로 돈을 쓰거나, 돈이 생기면 쓰고 싶은 내용 자신의 방을 채우는 즐거운 습관, 환경
과목에서 찾아낸 흥미	일주일 시간표 속에서 마음에 드는 과목과 시간 방과 후 또는 학원, 과외 중에 마음에 드는 시간
생활 속에서 찾아낸 흥미	무엇을 할 때 즐겁고 행복한가? 무엇을 할 때 집중이 잘 되는가? 나도 모르게 다른 사람들에게 말을 많이 하는 분야는? 시간 가는 줄 모르고 하는 것은? 시키지 않아도 알아서 하는 일은?

승헌이는 수업 시간에 살핀 기준들을 토대로 자신이 좋아하는 것들을 칠판에 나열했다. 그러다 막히면 옆에 정리된 기준을 보면서 다시 기입하였다. 하영이는 더 빠른 속도로 써 내려갔다. 남녀 대표가 앞에 서서 흥

미 목록을 쓰는 동안 다른 학생들도 자신의 흥미 목록을 활동지에 작성했다.

- 라면 맛있게 끓여서 순식간에 먹기
- 길거리 농구
- 배드민턴
- EBS「지식 채널」 보기
- 블로그에 자료 모으고 글쓰기
- 유튜브에서 영상 보기
- 노래방 가서 소리 지르기
- 놀토(노는 토요일) 전날 밤늦게까지 야간 축구하기
- 김용의 소설『영웅문』 반복해서 읽기
- 무협 시리즈 영화 보기
- 대학 토론 대회 구경하러 가기
- 수학
- 과학
- 논술
- 토론하여 설득하기
- 싸우는 친구 중재하기
- 「100분 토론」 보기
- 수업 시작 전에 '차렷!', '경례!'
- 월 1회 노숙자 밥 퍼 주기 활동
- 화이트보드에 마인드맵하기
- 교빈이와 서점가서 여성 잡지 구경하기
- 기타 치며 노래 부르기

승헌이의 흥미 목록

승헌이는 나름 최선을 다해 쓰고 있었다. 그러면서 신경이 쓰이는지 가끔씩 고개를 돌려 하영이를 봤다. 마치 숨도 안 쉬는 것처럼 쓰고 있는 하영이의 모습을 보며, 더 이상 쓸 내용이 없는 자신의 모습이 왠지 초라하다는 생각이 들었다. 그때 갑자기 하영이가 쓰기를 멈추고 획 고개를 돌렸다.

"왜? 뭐 이상한 거 있어?"

"어? 아, 아니. 너무 잘 쓰기에, 그냥."

"너도 잘 쓰는 데 뭐."

- 영화
- 잘 생긴 사람(강동원, 연예인)
- 예쁜 사람(한예슬)
- 일드(일본 드라마)
- 일본어 공부하기
- 노래 따라 부르기(춤추면서)
- 낙서
- 맛있는 거 먹기
- 잠자기
- 노래방 가기

- 집에서 뒹굴기
- 개그 프로 보며 친구들과 재현
- 「무한도전」 보기
- 친구랑 수다 떨기
- 인터넷 돌아다니기
- 기계 만지기
- 멍하게 있기
- 장난 전화
- 아닌 척하기
- 아픈 척하기
- 국어
- 영어
- 신나는 척하기
- 전화하는 척하기
- 라디오 듣기
- 음악 프로 보기
- 소설, 판타지 읽기
- 남 속이는 장난치기
- 보드 게임
- 핸드폰 게임
- 친구랑 문자하기
- 학교에서 잠 안 자고 버티기
- 놀이 공원
- 빅뱅
- 몸 흔들기
- 수학
- 미용실
- 사진 찍는 것
- 「지붕 뚫고 하이킥」 보기
- 여행
- 내가 풀 수 있는 문제
- 혼자 집에서 뒹굴뒹굴
- 삼순이
- 돌아다니다가 예쁜 것 사기
- 재미있는 기억 떠올리기
- 고민하는 척하기
- 소설책
- 잡지 읽기

하영이의 흥미 목록

흥미로 찾아가는 직업 세계

승현이와 하영이는 번갈아 가며 자신의 흥미 목록을 발표했다. 발표가 끝나자 몇몇 친구들이 손을 들었다. 승현이는 긴장했다.

"승현아, 너 컴퓨터 분해해서 다시 조립하는 거 좋아하잖아."

"이상하다. 승헌이 말꼬리 잡고 집요하게 물어보기 좋아하는데……. 빠졌네."

"쉬운 이야기 어렵게 하는 것도 좋아하지 않나?"

여기저기서 친구들이 승헌이가 빠뜨린 부분을 이야기해 주었다. 그러고 보니 친구들 이야기가 맞다. 자기가 빠뜨린 내용이 꽤 많다는 사실을 친구들이 알려주었다. 승헌이는 친구들의 의견을 듣고 추가로 흥미 목록에 넣었다. 기분이 좋았다. 친구들을 통해 자신의 흥미를 더 꼼꼼하게 채울 수 있어서 승헌이로서는 뿌듯했다. 자신은 늘 친구들을 이끄는 역할을 해 오면서 다른 학생들을 챙겨야 한다고 생각했는데, 막상 친구들이 자신을 관찰하고 부족한 부분을 채워 준다고 생각하니 무척이나 고마웠다. 그래서 마음속으로 다짐했다.

'내가 무조건 이끌어 가는 입장이 아니라 때로는 이렇게 도움을 받네. 이것이 함께 가는 느낌이구나. 이 느낌을 꼭 기억해야지.'

그런데 자신의 흥미 목록을 제대로 쓰지 못하는 학생들도 있었다. 무척 쉬워 보이지만 자신을 돌아보는 연습이 없는 사람에게는 결코 쉬운 일이 아니다. 그래서 민샘은 조별로 편지 봉투를 하나씩 나눠 주었다. 같은 내용의 편지이므로 그 조에서 꼭 필요한 사람이 있으면 그 편지를 가져도 좋다고 했다.

저는 공자입니다. 진짜 이름은 '공구'랍니다. 많은 사람들은 저를 철학자와 사상가로 알고 있지만, 사실 저의 깊이 있는 사고력은 음악의 도움을 많이 받는답니다. 저는 어릴 적 음악 감상을 좋아했습니다. 저의 '흥미'를 알아차린 어머니는 주변에 유명한 연주가가 오면 저를 꼭 데리고 연주회에 다니곤 했습니다. 저는 성인이 된 후로도 최고의 음식을 먹는 것이 아름다운 음악을 듣는 것만 못하다고 생각했습니다.

학생 여러분, 제가 여러분에게 꼭 하고 싶은 말이 있습니다. "아는 자(知)는 좋아하는 자(好)만 못하며, 좋아하는 자는 즐겨 하는 자(樂)만 못하다."라는 말입니다. 어떤 영역에 대해서 많이 안다 하여도, 그것을 좋아하는 사람의 수준을 넘어설 수는 없습니다. 또 아무리 한 가지 일을 좋아서 한다 하더라도, 그 자체를 즐기는 사람의 수준을 넘어서기가 어렵습니다. 하지만 한 가지는 꼭 명심해야 합니다. 더 자세히 알아야 더 좋아할 수 있고, 더 좋아해야 즐길 수 있습니다. 따라서 여러분은 자신의 흥미를 발견하기 위해 더 경험하고 알아 가야 합니다. 그리고 흥미를 발견한 이후에는 그것에 대해 더 자세히 탐구하십시오. 바로 그 순간 여러분의 흥미는 재능과 일치하게 되며, 즐기는 수준으로 올라갑니다. 좋아하는 수준은 자신이 행복하지만, 즐기는 수준은 사람과 세상을 행복하게 합니다. 현재는 안개 속을 걷는 것처럼 희미하겠지만 절대 포기하지 마십시오. 여러분 한 사람 한 사람에게는 고유의 '흥미'가 반드시 있습니다.

공자의 『논어』를 인용한 편지글

"무슨 말인지 이해가 되니, 승헌아?"

"무엇을 좋아하는지 알기 위해서는 먼저 알아 가는 노력과 경험이 필요하다는 거죠?"

"빙고! 좀 더 알아 가는 과정이 필요하다. 자신의 흥미를 발견하여 직업에 연결하는 것이 아니라, 이후에 배울 자신의 재능과 연결시켜야 한다. 그때까지 자신의 흥미에 대해 더 고민하면 좋겠다."

장소에서 찾는 나의 흥미

다음은 자신의 일상 속에서 몇 개의 장소를 생각하고 자신의 관심 영역을 찾는 것입니다. 조용히 상상하며 자신의 발걸음을 주로 머물게 하는 곳이 어떤 영역인지 생각해 봅니다. 또 자신에게 돈이 있으면 주로 어디에 사용하고 싶은지 생각해 보고, 역시 자신의 관심 영역을 적습니다. 내용을 간단하게 연결하여 흥미 에세이를 기록합니다.

장소 및 이슈	관심 영역
마트나 백화점에서 주로 가는 코너	
서점에서 주로 관심 있는 분야	
주로 돈을 쓰거나, 돈이 생기면 쓰고 싶은 내용	
자신의 방을 채우는 즐거운 습관, 환경	

장소와 돈의 사용을 통해 살핀 나의 흥미 영역들

내친구 포트폴리오 살짝 엿보기

장소에서 찾는 나의 흥미

다음은 자신의 일상 속에서 몇 개의 장소를 생각하고 자신의 관심 영역을 찾는 것입니다. 조용히 상상하며 자신의 발걸음을 주로 머물게 하는 곳이 어떤 영역인지 생각해 봅니다. 또 자신에게 돈이 있으면 주로 어디에 사용하고 싶은지 생각해 보고, 역시 자신의 관심 영역을 적습니다. 내용을 간단하게 연결하여 흥미 에세이를 기록합니다.

장소 및 이슈	관심 영역
마트나 백화점에서 주로 가는 코너	서점 코너, 의류 코너, 전자 제품 코너
서점에서 주로 관심 있는 분야	학습, 만화, 위인 시리즈, 역사책. 컴퓨터, 게임
주로 돈을 쓰거나, 돈이 생기면 쓰고 싶은 내용	글로벌 위인 시리즈 전집, 게임 아이템 모두
자신의 방을 채우는 즐거운 습관, 환경	프로게이머 대형 사진, 컴퓨터 게임 팩 모음, 'Who' 시리즈 한글판과 영문판

장소와 돈의 사용을 통해 살핀 나의 흥미 영역들

나는 공통적으로 '책'과 관련된 분야와 '컴퓨터 및 게임' 분야가 겹치는 것 같다. 좋아하는 책으로는 역사와 인물 분야이다. 컴퓨터는 좋아하기는 하지만 굳이 책으로 보지 않는다. 그저 게임 팩과 게임 아이템, 그리고 컴퓨터가 있으면 되기 때문이다. 그런데 한 가지 특징은 책을 좋아하기는 하지만 역사와 인물 분야 이외에는 별로 관심이 없고, 컴퓨터를 좋아하지만 게임 이외에는 별로 관심이 없다는 것이다. 이를 통해 나의 흥미 분야를 알 수는 있었지만, 이렇게 편중된 흥미가 과연 바람직한지는 좀 더 생각을 해 봐야겠다.

과목에서 찾는 나의 흥미

다음은 자신의 학기 중 학교 수업 시간표와 방과 후 수업, 그리고 학원 및 집에서의 공부 과목 위주로 채운 종합 시간표입니다. 먼저 빈 칸을 과목 위주로 채웁니다. 그런 뒤, 그 중 자신이 좋아하고 기다려지는 시간에 색칠을 합니다. 색칠한 칸을 보면서 공통적인 과목을 꺼내고, 그 결과를 바탕으로 흥미 있는 과목과 기준을 정리해 봅니다.

	월	화	수	목	금
1					
2					
3					
4					
5					
6					
귀가 이후					

과목에서 찾는 나의 흥미

다음은 자신의 학기 중 학교 수업 시간표와 방과 후 수업, 그리고 학원 및 집에서의 공부 과목 위주로 채운 종합 시간표입니다. 먼저 빈 칸을 과목 위주로 채웁니다. 그런 뒤, 그 중 자신이 좋아하고 기다려지는 시간에 색칠을 합니다. 색칠한 칸을 보면서 공통적인 과목을 꺼내고, 그 결과를 바탕으로 흥미 있는 과목과 기준을 정리해 봅니다.

	월	화	수	목	금
1	체육	사회	국어	사회	국어
2	과학	국어	수학	음악	수학
3	국어	영어	영어	보건	기술
4	수학	음악	한문	영어	체육
5	도덕	체육	과학	국어	과학
6	영어	수학	미술	도덕	사회

귀가 이후

	수학 학원	컴퓨터 인강	수학 학원	컴퓨터 인강	수학 학원
	영어 과외	논술 학습지		영어 과외	

일주일의 시간표 중에 내가 좋아하는 시간은 과학, 국어, 체육이다. 그리고 방과 후에 하는 교육 중에는 컴퓨터로 하는 인강, 논술 등이다. 표시한 내용을 보면서 내가 그 과목을 좋아하는 기준이 무엇일까 생각해 보았다. 공통적으로 언어 부분인 국어와 논술이 표시된 것은 의미가 있다고 봐야겠다. 그리고 과학은 어릴 적부터 무척 좋아하던 분야이다. 한편 컴퓨터 인강은 그 자체가 좋다기보다는 인강 이후에 인터넷을 할 수 있어서 좋다. 이번 기회에 내가 좋아하는 과목을 다시 한 번 확인할 수 있었다.

나의 종합 흥미 목록

앞에서 작업한 장소별 · 과목별 흥미 목록을 종합하고, 아래 표에서 생활 속 흥미 기준을 참고하여 자신의 종합 흥미 목록을 작성해 봅니다.

흥미의 기준	이 슈
관심 속에서 찾아낸 흥미	마트나 백화점에서 주로 가는 코너 서점에서 주로 관심 있는 분야 주로 돈을 쓰거나, 돈이 생기면 쓰고 싶은 내용 자신의 방을 채우는 즐거운 습관, 환경
과목에서 찾아낸 흥미	일주일 시간표 속에서 마음에 드는 과목과 시간 방과 후 또는 학원, 과외 중에 마음에 드는 시간
생활 속에서 찾아낸 흥미	무엇을 할 때 즐겁고 행복한가? 무엇을 할 때 집중이 잘 되는가? 나도 모르게 다른 사람들에게 말을 많이 하는 분야는? 시간 가는 줄 모르고 하는 것은? 시키지 않아도 알아서 하는 일은?

•	•
•	•
•	•
•	•
•	•
•	•
•	•
•	•
•	•

나의 종합 흥미 목록

앞에서 작업한 장소별 · 과목별 흥미 목록을 종합하고, 아래 표에서 생활 속 흥미 기준을 참고하여 자신의 종합 흥미 목록을 작성해 봅니다.

흥미의 기준	이 슈
관심 속에서 찾아낸 흥미	마트나 백화점에서 주로 가는 코너 서점에서 주로 관심 있는 분야 주로 돈을 쓰거나, 돈이 생기면 쓰고 싶은 내용 자신의 방을 채우는 즐거운 습관, 환경
과목에서 찾아낸 흥미	일주일 시간표 속에서 마음에 드는 과목과 시간 방과 후 또는 학원, 과외 중에 마음에 드는 시간
생활 속에서 찾아낸 흥미	무엇을 할 때 즐겁고 행복한가? 무엇을 할 때 집중이 잘 되는가? 나도 모르게 다른 사람들에게 말을 많이 하는 분야는? 시간 가는 줄 모르고 하는 것은? 시키지 않아도 알아서 하는 일은?

• 국어	• 체육 시간에 땀 비 오듯 흘리며 뛰기
• 친구들과 길거리 농구하기	• 게임(총 쏘는 것보다는 기능성 게임 종류)
• 논술	• 친구 말 중에 틀린 내용 지적하기
• 프로 농구 경기 결과 예측하고 맞히기	• 과학
• 토론	• 조선 시대 왕 모두 외우기
• 게임 팩 모으기	• 컴퓨터
• 싸우는 친구들 말리고 화해시키기	• 고려 시대 왕 모두 외우기
• 게임 방법 친구들에게 설명하기	• 엄지손가락으로 문자 빨리 보내기
• 책(특히 역사, 인물 관련 책)	• 컴퓨터 하다가 엄마 오면 안 한 척하기

생생! 직업인 이야기

객관적인 정보로 미래를 요리하세요

요리사

요리사는 청소년들에게 갈수록 인기 순위가 높아져 가는 직업이죠. 현직 요리사로서 그런 점은 늘 자랑스럽습니다. 요리사라는 직업은 미디어를 통해 알려진 것만이 전부가 아님을 꼭 알 필요가 있습니다. 그래서 정확한 정보가 필요한 분야임을 밝히고 싶습니다.

여러분의 머릿속에서 그려지는 요리사의 멋진 모습은 어떤가요? 혹시 다음 세 가지 그림 중에 하나가 떠오르지 않나요? 호텔 요리사, 근사한 레스토랑 요리사 그리고 전문식당 요리사. 이런 멋진 곳에서 일하는 요리사가 되려면 전문대학 이상의 관련 학과를 졸업해야 합니다. 따라서 대학에 대한 정보가 필요하겠죠?

또 요리사가 되려면 한식, 양식, 중식, 일식 등의 각 분야에 따른 자격증이 필요합니다. 그리고 요리사는 특히 경력 관리가 중요합니다. 그러기에 선배 요리사의 진로를 잘 살펴보는 것도 필요합니다. 객관적인 정보를 재료 삼아 자신의 미래를 멋지게 요리해 보세요.

11 내면의 소리에 귀기울기

우리들의 고민 편지

경기도 일산에 있는 H중학교의 진로 수업 시간이다. 2학년 D양은 아무것도 쓰지 못하고 연필만 돌리고 있다. 자신이 잘하는 것을 적어보라고 하는데, 잘하는 것이 떠오르지 않는다. 한두 가지 생각나는 것이 있기는 해도 도저히 쓸 수가 없다. '어떤 걸 잘한다고 쓰면 다른 친구들이 비웃지는 않을까?' 하는 생각이 들었기 때문이다. 내가 무얼 잘한다고 어떻게 내 입으로 말할 수 있을까? 도대체 왜 이것을 써야 하는지부터 시작해서 D양은 불편하기만 하다.

– 온라인 캠프에 올라온 진로 고민 편지

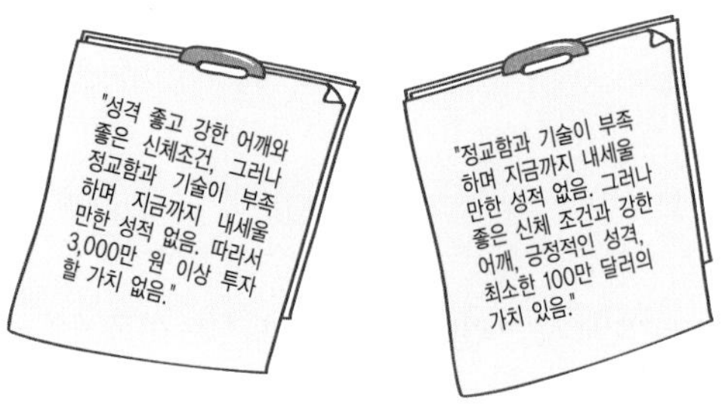

민샘은 2개의 파일을 꺼내 들었다. 그리고 각각의 파일에서 보고서를 꺼냈다. 보고서는 깔끔하게 정리되어 있었다. 내용은 간단했다.

▣ 성격 좋고 강한 어깨와 좋은 신체 조건, 그러나 정교함과 기술이 부족하며 지금까지 내세울 만한 성적 없음. 따라서 3,000만 원 이상 투자할 가치 없음.

▣ 정교함과 기술이 부족하며 지금까지 내세울 만한 성적 없음. 그러나 좋은 신체 조건과 강한 어깨, 긍정적인 성격, 최소한 100만 달러의 가치 있음.

누구에 관한 이야기일까? 민샘은 종이에 적힌 내용을 화면에 띄워 주고 각 조에게 미션을 주었다. 2개의 내용을 읽고 이 내용이 누구에 관한 이야기인지 맞히는 것이다.

"샘, 너무 막막해요. 힌트 좀 주세요."

"지금부터 선생님과 교빈이가 스무고개 형식으로 힌트를 찾아갈 거야. 자, 교빈아 시작해 볼까?"

"직업을 가진 사람인가요?"

"그렇다."

"내용이 비슷한 듯하면서도 달라요. 무슨 비밀이 숨겨져 있나요?"

"비밀이 있다."

"혹시, 같은 사람인가요?"

"그렇다."

"그런데 왜 내용이 달라요?"

"내용이 다른지 자세히 한번 보렴. 정말 내용이 다르니?"

"좋은 신체 조건, 강한 어깨, 기술 부족, 내세울 만한 성적 없음……. 어? 똑같네."

"거 봐라. 내용은 똑같잖니. 그런데 왜 다르다고 느꼈을까?"

"하나는 매우 긍정적으로, 다른 하나는 부정적으로 본 것 같아요."

"돈의 액수를 보고 느낀 거니?"

"그것도 그렇지만 문장의 흐름 자체가 느낌이 확 달라요. 한쪽은 '좋은 점이 있지만, 가능성은 없다' 는 분위기이고, 다른 한쪽은 '부족한 점이 있으나 강점이 분명하니 가능성은 충분하다' 는 분위기예요."

민샘은 더 이상의 힌트를 주지 않았다. 대화하면서 거의 결론에 도달했기 때문이다. 이제 이 사람이 누구인지 맞히는 것은 학생들 몫이다. 본격적으로 조별 토론이 시작되었다. 몇 가지 결정적 힌트를 찾아 파고들기 시작했다. 민샘은 승헌이 조의 토론 내용을 들어보았다.

"신체 조건이 중요한 것을 보면, 몸을 쓰는 직업인 것 같아."

"그 중에서도 '강한 어깨' 가 더 중요한 직업인이겠지."

"스포츠 선수로 좁혀 보자. 어떤 종목일까?"

"어깨를 쓴다면 역도, 농구, 테니스 등이 있지 않을까?"

"권투도 있지."

"중요한 것은 우리가 모두 아는 아주 유명한 사람을 문제로 냈을 가능성이 높다는 거야."

"우리 잔머리 굴리지 말고 순수하게 내용으로 승부하자."

"이것도 내용이야. 전략적으로 판단을 해야지."

"그래서 넌, 누구라고 생각하는데?"

"두둥! 바로 장미란!"

"오~ 그럴싸한데."

조별 토론이 끝났다.

"자, 이제 결과를 한번 확인해 볼까? 선생님이 하나 둘 셋 하면 동시에 화이트보드를 든다. 알겠지? 하나, 둘, 셋!"

5개 조 가운데 '장미란' 과 '박찬호' 가 각각 2표씩, '타이거 우즈' 가 1표를 얻었다. 민샘은 2개의 보고서가 들어 있던 2개의 폴더 겉장을 보여 주었다. 2개의 겉장에는 모두 같은 이름이 적혀 있었다. '박찬호' 였다. 실제로 박찬호 선수가 메이저리그로 가기 전에 그를 관찰한 각기 다른 스카우터가 작성한 2개의 보고서는 정반대의 결론을 담고 있었다. 신기할 따름이다. 분명 정보의 내용은 같은데 결론은 정반대였다. 결국 박찬호는 자신의 재능에 대해 긍정적인 평가를 내려 준 스카우터를 통해 미국으로 진출했다. 그리고 결국 '코리안 특급 박찬호' 라는 이름을 미국 메이저리그에 남기게 된 것이다.

"이제 문제의 분위기를 파악했지? 그럼 이제 본격적인 문제에 돌입한다. 같은 방식으로 2개의 각기 다른 보고서 내용을 보고, 누구에 대해 말하고 있는지 맞히면 된다. 2개의 문제를 동시에 낼 테니까 한 번에 맞혀 봐!"

문제 2

"속도가 좋다. 드리블 능력이 우수하다. 하지만 체격이 너무 왜소하여 몸싸움에 밀리는 약점이 있다."

"체격이 왜소하고 몸싸움에 밀리는 약점이 있으나, 체력이 우수하여 지칠 줄 모르는 에너지를 가진 선수이다."

문제 3
"역도 선수로서는 가능성이 없다. 운동을 그만두는 것이 나을 듯하다."
"이 친구의 눈빛은 다른 학생들과 다르다. 이런 눈빛이면 무엇을 하든 가능할 것 같다."

"주관식 문제다. 각각의 사례는 특정 스포츠 선수에 대한 서로 상반된 두 가지 보고서를 담고 있다. 긍정적인 평가와 부정적인 평가가 담긴 보고서 중에 긍정적인 보고서를 따라 간다. 각각에 해당하는 선수는 누구인지 상민이가 손을 들었으니 얘기해 볼까?"
"당연히 두 번째는 박지성이요."
"민샘, 힌트 주세요. 세 번째는 모르겠어요."
"친구가 세 번째 문제의 힌트를 요청했는데…… 음, 세 번째 사례의 힌트는 골프."
"타이거 우즈!"
"아니다. 우리나라 선수야."
"최경주!"
"좋아, 모두 맞혔어. 최경주 선수는 원래 역도 선수를 꿈꿨었다. 하지만 역도를 그만두게 되었고, 골프 연습장에 처음 갔을 때 그의 눈빛을 본 코치가 최경주의 가능성을 알아본 거야. 이것이 바로 재능에 대해 긍정적인 눈으로 사람을 관찰할 때 일어나는 놀라운 결과이지."

재능을 보는 마음의 눈

지난 시간에는 자신이 좋아하는 것들을 적어 보았다면, 이번 시간에는 자신이 잘하는 것들을 적는다. 예상대로 초반부터 학생들의 질문이 시작되었다. 그 중에 가장 근본적이고 결정적인 질문을 찬형이가 던졌다.
"샘, 재능이 뭐예요? 뭔가 능력을 가지고 있는 것을 찾는 거예요?"

"3장의 카드가 들어 있는 묶음을 나눠 줄 테니, 한 번 구분해 보렴. 인터넷에서 영어사전, 국어사전, 검색 기능 등을 총동원해야 할 거야."

"재능, 능력, 역량…… 비슷비슷한데, 뭐지?"

"재능이 능력이고 능력이 재능이지 뭐. 그런데 역량은 또 뭐야?"

여기저기서 학생들이 의미를 혼동하며 내뱉는 말이 들렸다. 민샘은 재능에 대해 명확한 의미 구분이 꼭 필요하다고 판단했다. 그래서 오늘은 좀 어렵더라도 학생들과 함께 그 의미를 분석해 보려고 한다. 학생들은 조별로 모여 열심히 애를 썼다. 그런데 학생들의 표정이 밝지 않다. 사전적인 차이는 알겠으나 좀처럼 자신들의 수준으로는 이해와 구분이 어려웠다. 눈치를 챈 민샘은 결정적인 힌트를 날렸다.

"여기 3장의 카드를 추가로 줄게. 이 카드는 아까 나눠 준 카드의 뒷면이야. 그런데 잘 생각해 보면 어떤 단계를 보여 주고 있을 거야. 바로 그 단계의 순서를 알면 정답에 접근할 수 있다."

"오케이. 이제 감 잡았어.타고나는 게 가장 먼저지. 그 다음은……."

"야! 희성, 작게 얘기해. 옆 조가 듣잖아."

"괜찮아, 상민아. 들어도 잘 모를 거야. 능숙하다는 것은 뭔가를 계속 해봐서 익숙해지는 거잖아. 그러니까 이게 제일 마지막이지. 어때?"

"좋아, 그럼 자연스럽게 '할 수 있다' 가 가운데겠지. 우히히! 순서 맞췄다. 그럼 이제 아까 그 단어랑 연결해 볼까?"

힌트가 너무 결정적이었나 보다. 학생들의 표정이 급반전되었다. 싱글벙글 카드를 배열하고 있었다. 학생들이 정리한 순서는 정확하게 맞았다. 타고나다, 할 수 있다, 그리고 능숙하다 순이다. 자연스럽게 단어 카드의 순서로 정리가 되었다.

"승헌아, 오늘도 너의 도움이 필요해. 이번 자기 발견은 어쩔 수 없이 네가 선생님과 함께 주~욱 가야 한다고 얘기했었지?"

"네, 알고 있어요. 지금까지 잘해 왔잖아요. 잘 마무리하고 싶어요."

"좋아, 그렇다면 카드를 배열하여 설명을 좀 해 주겠니?"

"카드를 여기 칠판에 붙이면서 설명할게요. 우리가 오늘 해야 할 활동은

재능이에요. 재능은 타고나는 것이죠. 사전을 보니까 'Talent' 라고 표현되어 있어요. 그리고 다른 뜻으로는 'Gift' 라고도 하는데, 이것은 '선물' 이라는 뜻이죠. 그러니까 어떤 노력이나 조건으로 만들어진 것이 아니라 선물처럼 받았다는 거예요."

"그럼, 그 선물을 받은 사람도 있고 못 받은 사람도 있을까?"

"샘, 일부러 물어보시는 거죠? 존재 발견 수업 때 가르쳐 주셨잖아요. 각각 다른 사용 설명서를 갖고 있다고요. 그러니까 우리 모두는 태어난 목적이 있고, 각기 쓰임이 있으며, 그것이 똑같지 않기에 차이를 인정하기로 했어요. 선물은 모두 받았어요. 각각 다를 뿐이에요. 펀치넬로가 깨달은 것처럼, 우리 모두 깨달았잖아요."

"누가 가르쳤는지 정말 똑똑하구나. 하하하!"

"여기까지는 참 설명이 쉬운데요. 문제는 지금부터가 어렵다는 거예요. 타고난 재능을 갈고 닦으면 그것이 자신만의 능력이 되고, 그것이 익숙해지면서 역량이 된다는 설명이죠. 의미로는 설명할 수 있는데 쉽게 예를 들기가 어려워요. 그래서 이 부분은 철만이의 도움을 받기로 했어요. 철만아, 부탁해!"

설명을 준비하는 과정에서 도저히 해결할 수 없어서 2개 조가 생각을 공

유했다. 이 부분에 대해 철만이의 생각을 들은 승헌이네 조에서 철만이에게 부탁한 것이다. 철만이의 설명은 그가 좋아하는 축구를 예로 들었다.

"오늘은 말 안 더듬고 할 수 있어요. 조별로 토론할 때 연습이 충분히 된 것 같아요. 저의 타고난 재능은 아무래도 운동 쪽인 것 같아요. 어릴 적부터 운동에 소질이 있었어요. 재능을 발견한 거죠. 그 중에서도 저는 축구를 매우 좋아해 열심히 공을 찼고 여러 가지로 노력을 많이 했어요. 그러다 보니 자연스럽게 축구할 때 필요한 능력들을 갖추게 되었죠. 슈팅 능력, 패스 능력, 골 결정력, 체력 등이 바로 그런 능력들이에요. 그리고 역량은 실제로 축구 경기를 할 때 그러한 능력들을 발휘하여 능숙하게 수비수를 제치거나 골을 넣는 결과를 만들어 내는 것이라 생각합니다. 휴우~."

철만이는 말이 끝나기가 무섭게 한숨을 크게 쉬었다. 말을 더듬지 않으려고 너무나 신경을 집중하다 보니 숨이 차올랐다. 결과적으로는 성공이었다. 철만이는 스스로의 발표에 만족했다. 발표 내용도 좋았고, 말도 더듬지 않았다.

"철만이는 핵심을 잘 찾아내는 능력도 있는 것 같다. 동아리 활동 초반부터 느꼈단다. 철만이의 그런 강점이 진로를 결정하는 데 충분히 도움이 될 거라 믿는다."

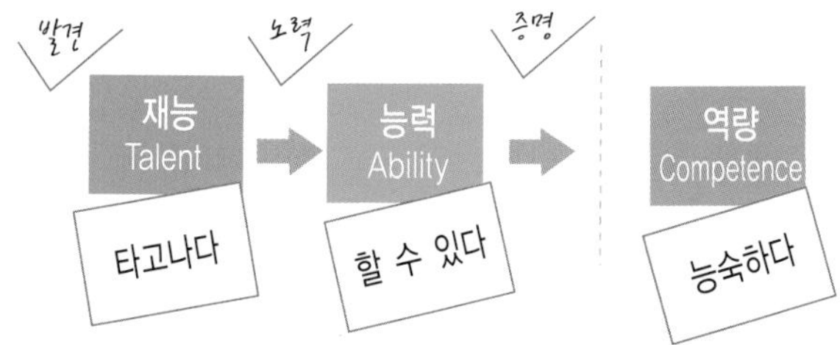

민샘은 승헌이가 붙였던 카드의 배열에서 역량 부분을 오른쪽으로 조금 옮겨 다시 붙였다. 그리고 재능 앞에는 '발견'이라 쓰고, 재능과 능력 사이에는 '노력'이라는 단어를, 능력과 역량 사이에는 '증명'이라는 단어

를 썼다. 민샘이 카드의 위치를 조정하자, 교빈이가 질문했다.

"샘, 역량을 왜 옆으로 미셨어요?"

"지금 너희들이 잘 사용하지 않는 단어이기 때문이다."

"그럼 언제 사용하는 거예요?"

"진로를 결정한 후 진로의 세계를 경험하면서, 구체적으로 그 분야에서 검증하고 결과를 만들어 냈을 때 쓰는 말이란다. 실제로 너희들의 아버지는 매일 이 단어와 싸우고 있지. 실제 외국 회사와의 협상 과정에서 여러 능력을 사용하여 계약을 체결하면 바로 그때 '탁월한 역량'이라는 단어를 쓰기에 어울리는 것이다."

"그럼 우리가 실제로 갖춰야 할 것은 '재능'과 '능력'이군요."

"그렇다. 재능은 타고나는 것이니 우선 '발견'해야 해. 그리고 그러한 재능의 분야를 갈고 닦는 '노력'을 더해 '능력'으로 키운다. 어찌 보면 재능이 선천적인 반면, 능력은 후천적이지. 우리의 관심은 바로 이 두 가지에 있다. 재능과 능력!"

"그런데 샘, 그 재능은 도대체 어떻게 찾는데요?"

재능이 무엇인지 물은 교빈이 덕분에 아주 근본적인 의미 구분을 해 보았다. 그런데 여기서 교빈이는 또 근본적인 질문을 한 것이다. 다소 귀찮을 수도 있지만, 민샘은 오히려 교빈이가 고마웠다. 수업의 흐름이 자연스럽게 흘러갈 수 있도록 윤활유 역할을 톡톡히 하고 있기 때문이었다. 교빈이의 질문은 계속 이어졌다.

"샘, 갑자기 웬 한자예요? 처음 쓰시는 것 같아요."

"재능을 찾을 때, 한 가지 대전제를 말하기 위해 어쩔 수 없이 한자를 썼다."

"'지능'이잖아요? 재능을 찾는 방법을 여쭤 보았는데 왜 지능을 꺼내세요. 더 헷갈리잖아요."

"우리는 이미 지능을 배웠다. 다중 지능 말이야. 사실 지능의 '능' 자는 처음에 '곰' 의 모양을 보고 만들었단다. 곰 하면 뭐가 떠오르지?"
"미련 곰탱이요."
"그것은 우리나라 사람들이 잘못 안 거란다. 동작이 좀 느려서 그런 것 같은데, 곰은 실제로 다양한 재능을 발휘한다. 옛날 서커스단에 곰이 많은 것은 그만큼 다양한 재주를 빨리 익히기 때문이지."
"그럼, 다중 지능이라는 단어는 실제 한자의 뜻과도 잘 맞네요."
"그렇지. 지능의 앞글자인 '지' 자는 무슨 뜻일까?"
"뭔가를 안다는 뜻이죠."
"그렇지. 그럼 '지능' 을 말 그대로 풀어 볼까?"
"자신의 재능을 알다?"
"정확하다. 재능을 아는 것이 지능이다. 그러니 사실 다중 지능을 배운 우리는 재능의 큰 울타리를 이미 공부한 셈이야. 만약 우리가 어떤 재능을 오늘 꺼낸다 할지라도 큰 틀에서는 여덟 가지 다중 지능 중 하나에 속하게 될 거야."
"그렇게 말씀하시니까 조금 부담이 없어지는걸요."
"부담을 덜어 주려고 꺼낸 이야기였다. 부담은 덜었지만 그래도 재능을 찾아내는 방법을 소개해 줘야겠지?"

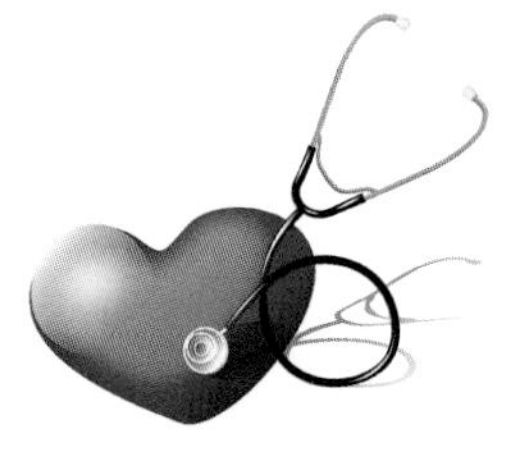

느닷없이 화면에 청진기와 심장이 나타난다. 재능을 찾아내는 방법을 알려 달라고 했더니 청진기를 마음에 대는 그림을 보여 주었다. 학생들은 다소 어이없어 하는 표정을 지었다. 청진기를 대면 재능을 알 수 있다는 것은 아닐 테고, 도대체 무슨 뚱딴지같은 설명인가?
"마음의 소리를 들어라."

"샘, 너무 유치해요. 마음의 소리를 어떻게 들어요."
"유치하지만, 선생님의 설명을 들으면 교빈이도 충분히 고개를 끄덕일 거야. 지금부터 마음의 소리를 통해 자신의 재능을 찾는 방법을 소개하마."
"샘, 혹시 설마……, 청진기를 준비해 오신 것은 아니죠? 진짜 그러면 실망이에요."
"걱정 마라, 교빈아. 청진기는 비싸서 구하지 못했다."
"휴~ 다행이다."
"일단 범위를 이야기해 주마. 재능의 범위는 크게 두 가지야. 경험과 과목이다. 자신의 경험을 떠올려 그 속에서 자신이 잘하는 것을 찾는다. 또는 흥미 탐색과 마찬가지로 시간표 속에서 자신이 잘하는 과목을 찾는다."
"나올 만한 게 별로 떠오르지 않으면요."
"범위를 세분화하면 도움이 될 거야."

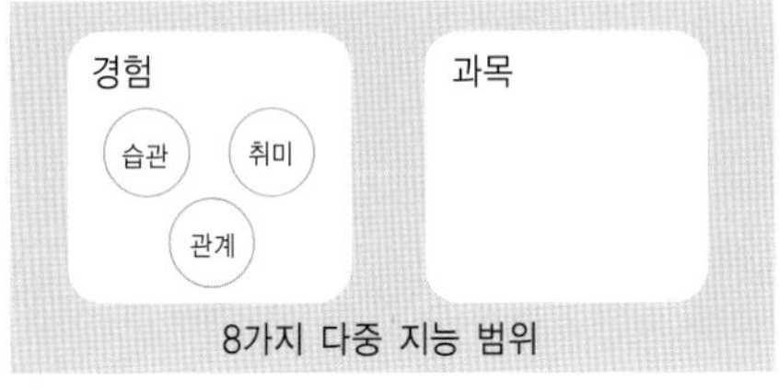

8가지 다중 지능 범위

"어떻게요?"
"막막할 때는 일단 여덟 가지 다중 지능의 영역을 하나씩 떠올린다. 그리고 그 중에 특히 자신의 경험을 떠올려야 한다. 경험이라고 하면 막막할 수 있으니, 자신의 일상 습관, 취미 그리고 사람들과의 관계 속에서 살펴보면 좀 더 구체적으로 잘하는 것을 떠올릴 수 있다. 한편 흥미 탐색에서와 마찬가지로 일주일 시간표 안에서 자신이 잘하는 것에 표시하면 되겠지?"
"샘, 자기가 '잘하는 것' 을 적는 거예요? 아니면 '잘한다고 생각하는 것' 을 적는 거예요?"
"교빈이 너는, 잘하는 것과 잘한다고 생각하는 것을 구분할 수 있니?"
"구분을 잘 못하겠어요. 하지만 한 가지는 확실해요. 나는 잘한다고 생각하지만, 다른 사람이 보기에도 잘하는 것인지는 확신할 수 없다는 거예요. 그래서 쓰기가 어려워요."

"자신이 잘하는 것, 즉 재능이라고 확신하려면 다음 네 가지가 잘 맞아야 한다. 간단한 기준을 소개해 주마. 하지만 너무 심각하게 듣지는 않았으면 좋겠다."

재능을 확인하는 네 가지 키워드

1. 자발적인 반응 2. 동경 3. 학습 속도 4. 만족감

일반적으로 재능을 확인하는 과정에서는 내면의 소리를 들어야 한다. 재능을 찾는 과정에서 타인의 평가에 의존하면 자신 있게 꺼낼 만한 것이 별로 없다. 네 가지 키워드는 스스로의 생각과 느낌에서 찾아내는 것이기 때문에 상당수 재능 흔적을 꺼낼 수 있다. 자발적인 반응이란 무의식적으로 끌리는 대상을 말한다. 설명할 수는 없으나 그저 끌리는 것이 분명 있다. 어떤 대상일 수도 있고 행동일 수도 있다. 다음은 동경이다. 한번 경험한 것에 대해 다음 기회를 기대하는 게 특징이다. 학습 속도는 중요한 기준이다. 비교적 빠른 시간 안에 기술을 습득한다. 학습 속도가 유난히 빠른 분야가 있다면 재능일 가능성이 높다. 마지막으로는 만족감이다. 어떤 활동을 할 때 기분이 좋아지고 그 결과에 대해 만족감이 든다면 이는 재능으로 보아도 된다.

재능을 적을 때 주의할 점

어떤 제한도 두지 않고 잘한다고 여기는 것은 모두 적는다.
좋아하는 것과 일치하는 항목이 나오면 빠트리지 않고 그냥 적는다.
상위 언어로 뭉뚱그리지 말고 구체적인 항목으로 적는다.(운동: 축구, 야구, 배구 등)

"내면의 소리를 들으라는 게 바로 이런 뜻이었군요."

"하지만 너무 얽매이지는 마라. 자신의 느낌을 따라 편안하게 쓰는 것이야말로 내면의 소리에 가장 가까운 법이다."

재능은 '잘하는 것'이다. 보통 재능 목록을 스스로 적어 보려고 할 때, 가장 큰 어려움이 두 가지 있다. 하나는, 내가 무엇을 잘하는지 정말 잘 모르는 경우이다. 다른 하나는, 나는 잘한다고 생각하는데 다른 사람이 보기에도 그럴까 하고 생각하면 왠지 자신이 없어져서 적지 못하는 경우이다. 첫 번째는 재능의 범위(다중 지능, 경험, 과목)로 해결한다. 두 번째는 내면의 소리를 듣는 방식으로 해결할 수 있다.

자신의 재능을 열심히 적고 있는 아이들을 보고 있으려니 민샘의 머릿속

재능을 적을 때 스스로에게 던지는 쉬운 질문

지금까지 살아오면서 능숙하게 할 수 있었던 일은 무엇인가?
가장 자신 있는 과목은 무엇인가?
내가 좋아하는 행동으로서 다른 사람에게도 칭찬을 듣는 행동은 무엇인가?
친구들은 따분한 활동이나 일이라고 생각하지만, 나 자신에게는 재미있을 뿐 아니라 멋지게 해낼 수 있는 것은 무엇인가?
다른 사람들과 똑같이 시작했는데 좀 더 빨리 익히고 잘할 수 있는 일은 무엇인가?

에는 한 친구가 떠올랐다. 영철이! 꼭 2년 전이다. 경기도 오산에 있는 한 학교에서 '진로 탐색 프로그램'을 진행한 적이 있었다. 흥미와 재능을 중심으로 '나 발견하기' 프로그램을 초기에 진행했다. 그런데 유독 영철이라는 친구가 시작할 때부터 계속 '멍'한 상태였다. 자신의 흥미에 대해서는 그래도 어느 정도 적었다. 그런데 재능을 적는 칸은 그냥 백지 상태였다.

그룹별로 흥미와 재능을 발표할 때 영철이의 순서가 돌아오자 작은 목소리로 흥미 목록만 말했다. 그때 옆 자리 친구가 영철이가 재능 목록을 적지 않았다고 지적하자, 한 친구가 웃으면서 큰소리로 외쳤다.

"야, 영철이 너, 속임수의 황제잖아. 만우절의 주인공!"

그러자 다른 친구가 거들었다.

"맞아. 남 속이는 거는 영철이의 재능이야. 누구도 따라갈 수가 없어."

너무 순식간에 튀어나온 말이었다. 상대방이 마음 상할 수 있는 내용이었고, 멘토링에서는 치명적인 사고 중의 하나였다. 그런데 듣고 보니 그 말은 사실이었다. 학교에서 전해 내려오는 유명한 거짓말 사건은 대부분 영철이의 짓이었다. 만우절에 선생님들을 속이는 이벤트 역시 대부분 영철이 작품이었다. 게다가 영철이의 기획은 거의 100퍼센트의 성공률을 자랑한다고 하니 가히 '재능'이라고 할 만했다. 그건 그렇고, 민망해하는 영철이를 위해서라도 상황을 수습해야 했다. 그래서 공개적으로 다음과 같은 이야기를 해 주었다.

"너희들은 정말 영철이가 다른 사람을 감쪽같이 속이는 재능이 있다고 생각하니?

"네!"

"남을 속이는 재능이라고 하면, 매우 부정적이기에 선생님은 이 말을 좀 바꿔 볼까 한다. 영철이에게는 탁월한 '언어 재능'이 있다. 생각해 봐. 똑같은 이야기를 하는데 어떤 사람이 하면 배꼽을 잡고, 어떤 사람이 하면 억지로 웃어 주기에도 힘겨운 경우가 있지. 마찬가지야. 똑같은 거짓말인데 다른 친구가 하면 얼굴만 봐도 들통이 나고, 영철이가 하면 이벤트나 콘서트 수준이다. 이는 분명히 영철이가 언어 재능이 있다는 것이다. 영철이의 언어 재능은 구체적으로 세 가지 항목으로 정리해 볼 수 있다."

"첫째, 영철이에게는 직관적인 언어 감각이 있다. 거짓말을 할 만한 상황, 즉 최적의 순간을 놓치지 않고 잡아내는 본능이다. 이것은 아무에게나 있는 것이 아니다.

둘째, 영철이에게는 짧은 순간에 상황에 적합한 속임수를 그럴싸하게 구성해 내는 뛰어난 '언어적 사고력'이 있다. 이것은 '창의적 사고력'과 '전략적 사고력'을 갖춘 사람이 특히 유리한 영역이다.

셋째, 영철이에게는 탁월한 표현 능력이 있다. 앞의 두 가지 능력이 있더라도 표현 능력이 부족하다면 아무 소용이 없다. 여기서의 표현 능력은 최적의 표현을 골라내는 어휘력과 문장 구성 능력을 말한다.

다중 지능 검사를 하면 영철이의 경우 '언어 지능'이 가장 높게 나올 가능성이 있다."

이야기를 하는 동안 영철이의 얼굴을 보니, 얼굴에 불이 난 것처럼 벌겋게 달아올라 어찌할 바를 몰라 하고 있었다. 영철이의 언어 재능을 설명하고 나자 약속이나 한 것처럼 '오~' 하면서 모두들 영철이를 치켜세웠다. 그리고 영철이를 향해 모두 큰 박수를 쳐 주었다. 그 순간의 영철이 얼굴을 지금도 잊을 수가 없다. 말로 표현할 수 없는 얼굴 가득한 그 웃음. 그것은 단순한 웃음이 아닌 자신의 존재감을 찾은 사람의 내면적인 웃음이었다.

이후 그룹별 토론 시간을 가졌다. 몇 가지 정보를 더 주고, 각자의 흥미와 재능 중에 일치하는 영역을 찾고, 그것을 바탕으로 미래의 직업군을 확장해 보는 토론을 진행했다. 토론을 마치고 영철이의 발표가 있었다. 영철이가 친구들과 함께 찾아낸 자신의 미래 직업 가능성 리스트는 그야말로 영철이를 행복하게 만들었다. 그날의 수업 마지막에 영철이는 자신의 꿈을 소개했다.

"저는 오늘 처음으로 제 인생의 꿈을 생각해 보았어요. 선생님과 함께 찾은 저의 재능으로 그에 맞는 직업을 찾아보니 정말 하고 싶은 게 많더라고요. 여러분, 비웃지 마시고 들어 주세요. 방송 작가, 라디오 작가, 방송 연출가, 게임 시나리오 작가, 아나운서, 개그 프로그램 기획자, 공연 연출가, 콘서트 기획자, 국제회의 연출가 등입니다."

"와!"

재능에 관한 인터뷰

재능 활동에서도 역시 승헌이의 발표를 들었다. 강점, 흥미, 재능으로 이어지는 자기 발견에서 한 사람이 계속 해야 쉬운 예를 만들 수 있다. 민샘의 머릿속에 영철이가 떠오른 것은 승헌이의 재능이 영철이의 그것과 비슷하다는 느낌을 받았기 때문이다. 승헌이의 발표가 끝난 뒤, 민샘은 각자에게 5장씩의 빈 카드를 나눠 주었다.

- 글쓰기
- 축구
- 배드민턴
- 사람 이끌기
- 토론하기
- 설득하기
- 국어
- 수학

- 과학
- 다른 반과 축구 시합 잡기
- 소설책 읽기
- 읽은 책 내용 블로그에 정리하기
- 다른 친구에게 수학 설명해 주기
- 가로세로 낱말 퀴즈 풀기

승헌이의 재능 목록

"이 카드로 뭘 하는 거예요?"

"과제야."

"무슨 과제요?"

"자기 자신을 누구보다 잘 아는 다섯 사람과 인터뷰를 하면 된다. 인터뷰의 내용은 간단해. 뭔가를 물어보면 된다."

"재능이요?"

"승헌이가 이번 활동에서도 역할을 톡톡히 하는구나. 그런데 승헌이 넌 누구에게 인터뷰를 받아 올래?"

"엄마요. 아빠는…… 빼고요. 그리고 담임 선생님, 학원 선생님, 친구 교빈이, 마지막으로 민샘이요!"

재능과 능력 연결하기

다음은 여덟 가지 다중 지능 중에 재능을 영역별로 예를 들고, 각각의 기본 능력을 표현한 것입니다. 내용을 보고 자신의 강점 지능에 해당되는 능력을 체크합니다. 그리고 그런 능력을 갖추기 위해 했던 노력, 또는 하고 있는 노력을 기술합니다.

지능 범주	재능의 흔적		재능 확인	능력	체크
	경험	과목 / 학과			
언어 지능	친구 상담 메모 토론	국어 문학 외국어	반응, 동경, 속도, 만족	말하기 능력 읽기 능력 쓰기 능력	
자기 성찰 지능	일기 계획 문제점 찾기 연구	도덕	반응, 동경, 속도, 만족	판단력 의사 결정력 시간 관리 능력	
인간 친화 지능	친구 사귐 그룹 스터디 싸움 중재 관찰	사회 역사 세계사 경영	반응, 동경, 속도, 만족	리더십 능력 소통 능력 사람 파악 능력 가르치는 능력	
논리 수학 지능	계산 돈 문제 풀이 과학 현상	수학 과학 경제	반응, 동경, 속도, 만족	논리적 분석력 추론 능력 범주화	
공간 지각 지능	그림 미술	미술 디자인	반응, 동경, 속도, 만족	창의력 공간 지각력	
신체 운동 지능	스포츠 종목 운동 몸으로 때우기	체육	반응, 동경, 속도, 만족	정교한 동작 유연성과 균형	
음악 지능	노래 춤 음악	음악	반응, 동경, 속도, 만족	청력 가창력 리듬감	
자연 친화 지능	식물 동물 환경	생물 지구과학	반응, 동경, 속도, 만족	관찰력 변화 파악 능력 자연 교감 능력	

재능과 능력 연결하기

다음은 여덟 가지 다중 지능 중에 재능을 영역별로 예를 들고, 각각의 기본 능력을 표현한 것입니다. 내용을 보고 자신의 강점 지능에 해당되는 능력을 체크합니다. 그리고 그런 능력을 갖추기 위해 했던 노력, 또는 하고 있는 노력을 기술합니다.

지능 범주	재능의 흔적		재능 확인	능력	체크
	경험	과목 / 학과			
언어 지능	친구 상담 메모 토론	국어 문학 외국어	반응, 동경, 속도, 만족	말하기 능력 읽기 능력 쓰기 능력	√
자기 성찰 지능	일기 계획 문제점 찾기 연구	도덕	반응, 동경, 속도, 만족	판단력 의사 결정력 시간 관리 능력	√
인간 친화 지능	친구 사귐 그룹 스터디 싸움 중재 관찰	사회 역사 세계사 경영	반응, 동경, 속도, 만족	리더십 능력 소통 능력 사람 파악 능력 가르치는 능력	
논리 수학 지능	계산 돈 문제 풀이 과학 현상	수학 과학 경제	반응, 동경, 속도, 만족	논리적 분석력 추론 능력 범주화	
공간 지각 지능	그림 미술	미술 디자인	반응, 동경, 속도, 만족	창의력 공간 지각력	
신체 운동 지능	스포츠 종목 운동 몸으로 때우기	체육	반응, 동경, 속도, 만족	정교한 동작 유연성과 균형	
음악 지능	노래 춤 음악	음악	반응, 동경, 속도, 만족	청력 가창력 리듬감	√
자연 친화 지능	식물 동물 환경	생물 지구과학	반응, 동경, 속도, 만족	관찰력 변화 파악 능력 자연 교감 능력	

재능은 타고나는 것이라고 한다. 재능을 아는 것이 지능이라고 했다. 그 지능 중에 상위 지능 세 가지를 찾았다. 언어 지능, 자기 성찰 지능, 그리고 음악 지능이다. 타고난 재능에 노력해서 얻은 것이 능력이라고 한다. 나에게는 말하기 능력, 읽기 능력, 판단력, 의사 결정력 그리고 가창력이 있다. 나서서 말하기를 좋아하는 성격이라 말하기와 판단력 등이 발달된 것 같다. 음악 지능 중에는 가창력이 있는 반면 듣는 능력은 부족하다.

꼭! 작성해 보세요 | 포트폴리오 활동 2

능력을 통한 직업 탐색

다음은 '한국 직업정보시스템'의 직업 탐색 과정 중에 '능력을 통한 직업 탐색' 항목을 소개한 것입니다. 항목과 설명을 읽고 전체 중에 7개의 단어에 표시하세요. 그리고 실제 홈페이지에 들어가 7개의 항목에 표시하고 추천 직업 내용을 출력해 옵니다.

내가 지닌 능력 선택	능력에 대한 설명
☐ 읽고 이해하기	업무와 관련된 문서를 읽고 이해한다.
☐ 듣고 이해하기	다른 사람들이 말하는 것을 집중해서 듣고 상대방이 말하려는 요점을 이해하거나 적절한 질문을 한다.
☐ 글쓰기	글을 통해서 다른 사람과 효과적으로 의사소통한다.
☐ 말하기	자기가 알고 있는 것을 다른 사람에게 조리 있게 말한다.
☐ 수리력	어떤 문제를 해결하기 위해 수학을 사용한다.
☐ 논리적 분석	문제를 해결하기 위해(혹은 의사 결정하기 위해) 체계적으로 이치에 맞는 생각을 해 낸다.
☐ 창의력	주어진 주제나 상황에 대하여 독특하고 기발한 아이디어를 산출한다.
☐ 범주화	기준이나 법칙을 정하고 그에 따라 사물이나 행위를 분류한다.
☐ 기억력	단어, 수, 그림 그리고 철자와 같은 정보를 기억한다.
☐ 공간 지각력	자신의 위치를 파악하거나 다른 대상들이 자신을 중심으로 어디에 있는지 안다.
☐ 추리력	문제 해결 및 의사 결정을 위해 새로운 정보가 가지는 의미를 파악한다.
☐ 학습 전략	새로운 것을 배우거나 가르칠 때 적절한 방법을 활용한다.
☐ 선택적 집중력	주의를 산만하게 하는 자극에도 불구하고 원하는 일에 집중한다.
☐ 모니터링	타인 혹은 조직의 성과를 점검하고 평가한다.
☐ 사람 파악	타인의 반응을 파악하고 왜 그렇게 행동하는지 이해한다.
☐ 행동 조정	다른 사람들의 행동에 맞춰 적절히 대응한다.
☐ 설득	다른 사람들의 마음이나 행동을 변화시키기 위해 설득한다.
☐ 협상	사람들과의 의견 차이를 좁혀 합의점을 찾는다.
☐ 가르치기	다른 사람들에게 일하는 방법에 대해 가르친다.
☐ 서비스 지향	다른 사람들을 돕기 위해 적극적으로 노력한다.
☐ 문제 해결	문제의 본질을 파악하여 해결 방법을 찾고 이를 실행한다.
☐ 판단과 의사 결정	이득과 손실을 평가해서 결정을 내린다.
☐ 시간 관리	자신의 시간과 다른 사람의 시간을 관리한다.
☐ 재정 관리	업무를 완료하기 위해 필요한 비용을 파악하고 구체적 소요 내역을 산출한다.
☐ 물적 자원 관리	업무를 수행하는 데 필요한 장비, 시설, 자재 등을 구매하고 관리한다.
☐ 인적 자원 관리	직원의 근로 의욕을 높이고 능력을 개발하며 적재적소에 인재를 배치한다.
☐ 기술 분석	새로운 방법을 고안하고 기존의 방법을 개선하기 위해서 현재 사용되는 도구와 기술을 분석한다.
☐ 기술 설계	사용자의 요구에 맞도록 장비와 기술을 개발하여 적용한다.

내가 지닌 능력 선택	능력에 대한 설명
☐ 장비 선정	업무를 수행하는 데 필요한 도구나 장비를 결정한다.
☐ 설치	작업 지시서에 따라 장비, 도구, 배선, 프로그램을 설치한다.
☐ 전산	다양한 목적을 위해 소프트웨어나 인터넷을 활용하거나 프로그램을 작성한다.
☐ 품질 관리 분석	품질 또는 성과를 평가하기 위해 제품, 서비스, 공정을 검사하거나 조사한다.
☐ 조작 및 통제	장비 혹은 시스템을 조작하고 통제한다.
☐ 장비의 유지	장비에 대한 일상적인 유지 보수를 하고 장비를 유지하기 위해 언제 어떤 종류의 조치를 취해야 하는가를 안다.
☐ 고장의 발견, 수리	오작동의 원인이 무엇인가를 확인하고 이를 어떻게 처리할 것인지 결정한다.
☐ 작동 점검	기계가 제대로 작동하는지 확인하기 위해 표시판이나 계기판 등을 살펴본다.
☐ 조직 체계의 분석 및 평가	환경이나 조건의 변화가 조직의 체계, 구성, 방식에 어떤 영향을 미칠지 분석하고, 시스템의 효율성을 평가한다.
☐ 정교한 동작	손이나 손가락을 이용하여 복잡한 부품을 조립하거나 정교한 작업을 한다.
☐ 움직임 통제	신체를 사용하여 기계나 기구를 정확한 위치로 빠르게 움직인다.
☐ 반응 시간과 속도	신호에 빠르게 반응하거나 신체를 신속히 움직인다.
☐ 신체적 강인성	물건을 들어 올리고, 밀고, 당기고, 운반하기 위해 힘을 사용한다.
☐ 유연성 및 균형	신체의 균형을 유지하거나 각 부위를 구부리고 편다.
☐ 시력	먼 곳이나 가까운 것을 보기 위해 눈을 사용한다.
☐ 청력	음의 고저와 크기의 차이를 구분한다.

추천 직업의 결과 목록 작성

나의 재능 인터뷰

다음은 5~6명에게 인터뷰를 받아온 내용을 적는 칸입니다. 각각의 인터뷰 결과를 기록합니다. 각각의 이유에 대해 물어 본 후 그 내용을 간략히 적고, 이러한 재능 인터뷰를 통해 느낀 점을 간단히 기록합니다.

나의 재능 인터뷰

다음은 5~6명에게 인터뷰를 받아온 내용을 적는 칸입니다. 각각의 인터뷰 결과를 기록합니다. 각각의 이유에 대해 물어 본 후 그 내용을 간략히 적고, 이러한 재능 인터뷰를 통해 느낀 점을 간단히 기록합니다.

6명에게 물어 보았다. 엄마, 아빠, 학원 선생님, 과외 선생님, 제일 친한 친구, 담임 선생님 등 나를 가장 잘 아는 사람들이다. 놀랍게도 내가 정말 좋아하는 것들을 짚어 주었다. 더 놀라운 것은 말하기, 국어, 100분 토론 등 언어에 관련된 것이 3개나 되었다. 사실 다중 지능에서는 언어 지능이 제일 높게 나왔다. 뭐랄까, 퍼즐이 맞춰지는 느낌이다.

생생! 직업인 이야기

타고난 끼에 노력이 더해진다면

배우 및 연기자

배우를 꿈꾸나요? 오디션 프로그램을 통해 자신도 한번 도전해 보고 싶습니까? 말리지는 않겠습니다. 하지만 미리 알고 있어야 할 게 있습니다. 연기자는 다른 직업보다 타고난 재능, 즉 끼가 필요한 직업이라는 사실입니다. 슬프지만 인정할 것은 인정해야 합니다.

그럼에도 불구하고 노력의 힘은 그런 타고난 재능을 넘어선다는 것도 인정할 수밖에 없습니다. 타고난 끼에 노력이 어우러진다면 정말 강한 힘이 나오게 됩니다. 타고난 사람은 빨리 눈에 들어옵니다. 그런 사람들은 비교적 빠른 시간 안에 사람들에게 알려집니다. 반면에 타고난 재능이 부족하여 노력이 더 요구되는 사람은 다소 늦게 알려집니다. 연극 무대에서 오랜 시간 노력한 끝에 연기력을 인정받은 사람들 중에 그런 인물이 많습니다.

여러분은 먼저 확인해 보아야 합니다. 자신에게 주체할 수 없을 만큼 타고난 끼가 있는지, 그 다음에는 포기하지 않고 끝까지 노력할 자신이 있는지 스스로에게 물어 보아야 합니다. 타고난 끼와 끊임없는 노력, 이 두 가지가 연기자의 가능성을 확인하는 기준입니다.

12 나를 찾는 교집합

내가 좋아하고 잘하는 게 뭐지

우리들의 고민 편지

호기심이 많고 열정이 넘치는 중학생 C군은 진로를 찾아가는 과정에서 그만 벽에 부딪히고 말았다. 그는 좋아하는 것이 무지 많다. 그래서 좋아하는 것들 중에 자신의 진로 가능성을 찾고 싶다. 그런데 한편으로는 자신이 잘하는 것에서 찾아야 하지 않을까 하는 고민이 생긴다. 어떤 것은 좋아하지만 잘하지 못하고, 또 어떤 것은 잘하기는 하지만 좋아하지는 않는다. 과연 어떤 것으로 자신의 진로를 시작해야 할지 머릿속이 복잡하다.

– 온라인 캠프에 올라온 진로 고민 편지

세상 최고의 후원자

"5명을 만나야 한다, 승헌아."

"네, 어렵지 않아요. 그런데 누구를 만나죠?"

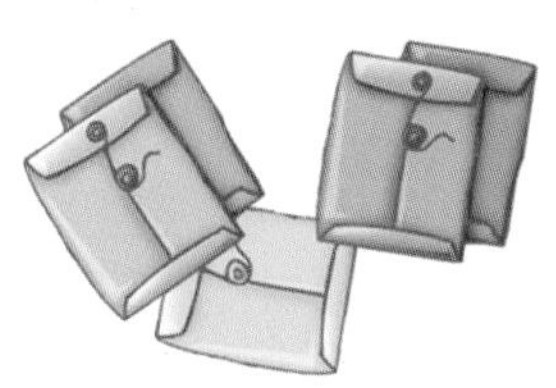

"봉투를 열면 그 속에 네가 가서 만날 사람에 대한 정보가 들어 있다. 그런데 조건이 있어."

"조건이라뇨?"

"한 번에 하나씩 열어 봐야 해. 미리 5개를 다 열어 봐서는 안 된다. 그리고 꼭 순서대로 열어 보아야 한다."

"샘, 다른 친구들은 그냥 간단하게 재능 인터뷰 카드를 주셨는데, 왜 저에게는 이렇게 봉투까지 만들어 주셨어요? 부담 돼요."

"자기 발견 수업을 샘과 함께 이끌어 와 준 것에 대한 샘의 보답으로 받아들여 주렴."

봉투의 뒷면에는 번호가 적혀 있었다. 순서대로 열어 보라는 민샘의 얘기에 승헌이는 궁금해서 견딜 수가 없었지만 그래도 참았다. 원래 자신이 만나서 재능 인터뷰를 하려고 했던 편안한 사람들을 이미 정해 놓았었는데 민샘이 갑작스럽게 그 계획을 바꿔 버렸다.

"금요일. 5시. 진로 상담실."

첫 번째 봉투 속에 들어 있던 쪽지이다. 쪽지를 보는 순간 승헌이의 마음에 평화가 찾아 왔다. 보나마나 민샘을 만나는 것이기 때문이다. 시간을 맞춰 상담실로 갔다. 민샘은 자리에 없었다. 약속을 해 놓고 지키지 않을 리가 없다. 상담실 의자에 앉아 있던 승헌이는 예전에는 책상에 없던 액자 하나를 보는 순간 깜짝 놀랐다. 자기 얼굴이 들어 있었던 것이다. 동아리에서 조별 미션을 끝내고 앞에 나가 발표하는 모습이었다. 매우 어색했다. 자신이 발표하는 모습을 사진으로 보는 것은 처음이었다. 꽤 멋있게 잘 나왔다. 자신감이 있어 보이고 눈빛에는 확신이 가득하다. 액자를 들어 좀 더 자세히 보려는 순간 액자 뒤쪽에서 쪽지가 하나 떨어졌다.

"사진 속의 승헌이 모습은 선생님이 생각하는 승헌이의 재능이다. 가장 행복해 보이고 가장 멋있어 보이며, 가장 확신에 찬 승헌이의 눈빛을 보기 바란다. 그리고 이 액자는 선물이니 가져가렴."

민샘은 들어올 필요가 없었다. 액자와 쪽지로 이미 승헌이에게 이야기를 했기 때문이다. 승헌이는 자신이 사람들 앞에서 발표할 때 가장 에너지가 넘친다는 사실을 다시 한 번 확인하게 되었다. 봉투 안에서 인터뷰 카드를 꺼내 '사람들 앞에서 발표'라고 적었다. 그 자리에서 승헌이는 두 번째 봉투를 뜯었다.

"금요일. 5시 30분. 제1교무실."

승헌이는 시계를 보았다. 5시 40분이다. 아차! 액자를 가방에 넣고 급히 교무실로 향했다. 제1교무실이라면 중학교 1학년 선생님들이 있는 곳이다. 노크를 하고 들어서니 몇 분의 선생님이 계셨다. 승헌이는 누구를 만나야 할지 몰라 엉거주춤 서서 두리번거렸다. 누구를 만나야 할까?

"유승헌!"

"네! 네?"

"예전 담임선생님에게는 인사하러 안 오냐?"

"아~ 네. 선생님, 안녕하세요!"

"이리 와 봐."

1학년 때 담임선생님이 두 번째 재능 인터뷰 대상이었다. 민샘이 이미 선생님께 부탁해 놓은 것이었다.

'야~ 지독한 민샘이다. 이렇게 준비를 해 놓다니…….'

"왜 왔는지 알지? 너의 인터뷰에 응해 주라고 진로담당 선생님이 부탁하셨거든."

"네, 감사합니다."

"선생님의 답변은 이거야."

선생님은 컴퓨터 화면으로 승헌이의 1학년 때 학생 생활 기록부를 보여 주셨다. 거기에는 이렇게 적혀 있었다.

"리더십이 있어 반 학생들을 탁월하게 이끌어 가는 능력을 갖추고 있음."

화면을 보는 승헌이의 입가에 미소가 번졌다. 두 번째 미션을 해결하는 순간이었다. 선생님은 도시락을 시켜 승헌이와 함께 저녁 식사를 했다. 이런저런 대화를 나누며 오랜만에 1학년 때 이야기를 나눴다. 그런데 대화 중간에 승헌이는 살짝 불안한 기색을 보였다.

"승헌아, 어디 아프니? 갑자기 표정이 왜 그래?"

"선생님, 부탁이 있어요. 죄송하지만 저, 이 봉투 하나만 잠깐 열어 볼게요."

승헌이는 두 번째 미션처럼 혹시 세 번째 미션도 시간이 촉박할까 봐 불안했던 것이다. 그래서 양해를 구하고 봉투를 열어 본 후 안도의 한숨을 내쉬었다. 교무실을 나오며 승헌이는 두 번째 봉투의 카드를 꺼내 '리더십'이라고 적었다.

"밤 10시, 집 앞 공원 세 번째 가로등 아래 벤치."

학원 끝나고 돌아오는 시간임을 어떻게 알았을까? 민샘의 시간 배치가 너무나 무서웠다. 혹시 CC-TV로 자신을 감시하는 게 아닌가 하는 생각까지 들 정도였다. 집 앞 공원 세 번째 가로등 아래로 걸어갔다.

"엄마, 여기서 뭐해요?"

"너 기다렸지."

"혹시 엄마가?"

"맞아. 이민구 선생님이 전화를 주셨어. 덕분에 엄마도 아주 오랜만에 아들하고 데이트하게 되어 좋은데!"

"엄마도 참. 그런데 엄마, 어떤 내용인지는 알고 계시죠?"

"물론이지. 그래서 이걸 들고 왔잖니."

"이게 뭐예요? 어, 이거 처음 보는 건데, 엄마가 만든 거예요?"

"이게 뭐냐면, 바로 너를 위해 엄마가 만들어 가는 포트폴리오야."

포트폴리오에서 엄마의 목소리에 힘이 들어갔다. 학교에서 주최하는 학부모 연수에 그렇게 열심히 참여하시더니 결국 뭔가를 만든 것이다. 뭐가 들어 있을까? 엄마는 파일을 첫 장부터 한 장씩 넘겨 가며 설명해 주셨다. 대부분 승헌이가 어린 시절부터 받은 상장들이 들어 있었다.

"엄마, 이거 거실에 있는 저의 상장 앨범을 통째로 여기에 옮긴 거예요?"

"아니야, 컬러로 복사해서 만든 거야. 원본은 다 그대로 있어."

"와, 엄마 별걸 다 하시네요. 그런데 엄마, 상장보다 제가 쓴 글들이 더 많은데요?"

"맞아, 이 포트폴리오는 순수하게 엄마 기준이야. 엄마가 소중히 여기는 승헌이의 작품을 모은 것이지. 엄마는 승헌이가 쓴 글을 읽을 때 가장 행복하단다."

정말 오랜만에 승헌이는 엄마와 공원에서 데이트를 했다. 행복한 시간이었다. 아빠와 함께할 수 없는 것이 아쉽기는 했지만 그래도 승헌이는 마음속으로 민샘에게 감사했다.

'한 사람의 의지가 강하면, 이렇게 다른 사람의 가정에도 영향을 줄 수 있구나. 나도 나중에 꼭 이런 삶을 살고 싶다.'

승헌이는 집에 돌아와서 세 번째 봉투에 들어 있는 인터뷰 카드에 '글쓰기' 라고 적었다. 그리고 곧바로 네 번째 봉투를 열었다. 설마 새벽에 어디로 나가야 하는 것은 아니겠지?

"토요일. 오후 2시. 행복 교회."

승헌이는 자신의 눈을 의심했다. 초등학교 2학년 때까지 살던 곳에 있던 교회 이름이 아련하게 떠올랐다. 행복 교회, 행복 교회……. 몇 번이고 반복해서 중얼거렸다. 아직 그곳에 있을까, 민샘은 어떻게 알았을까, 엄마가 얘기했을까? 승헌이의 마음에 묘한 바람이 분다. 추억 속으로 날아 들어가는 듯한 묘한 느낌. 바람 부는 그 언덕의 작은 교회. 아무 고민 없이 그저 놀면서 다녔던 기분 좋은 추억이 떠오른다.

'이럴 수가! 그대로 있네. 그대로야. 어, 놀이터는? 미끄럼틀은 좋아졌네. 그네도.'

교회 현관문을 열고 들어서자 옛날보다 더욱 깨끗하게 단장된 로비가 보였다. 로비의 중앙을 지나자 교회 역사관이 보였다. 사무실 쪽에 아무도 보이지 않아 문을 밀고 들어가 보았다. 오래전 사진들이 벽을 따라 아름답게 진열되어 있었다. 사진을 둘러보던 승헌이의 눈이 한 곳에 멈춰 섰다. 시들지 않은 예쁜 장미꽃 한 송이가 한 액자 위에 놓여 있었기 때문이다. 장미꽃에는 아직 물기가 촉촉이 맺혀 있었다. 장미를 보던 승헌이의 눈이 커졌다. 꽃이 놓인 액자 속에 자신의 모습이 있었다. 아주 오래전 어느 여름, 선생님과 함께 양로원에 봉사 활동을 하러 가서 할머니의 어깨를 주무르는 아이가 보인다. 한 달에 한 번씩 그렇게 어르신들을 찾아가던 순수함의 추억들이 떠오른다. 모든 액자에는 아래에 작게 제목이 붙어 있다.

교육, 희망, 땀, 나눔, 섬김…….

'섬김?…… 섬김!'

초등학교 2학년인 승헌이의 사진 아래에는 '섬김' 이라는 제목이 붙어 있었다. 맞다, 이거야! 목사님이 기억하는 승헌이의 어린 시절의 재능은 '섬김' 이었다. 늘 앞장서서 다른 사람을 돕는 것을 즐거워했던 자신의 어린 시절이 희미하게 스쳐 지나갔다. 네 번째 미션을 완수한 승헌이는 목사님을 만난 뒤 언덕을 내려갔다. 그의 손에는 마지막 다섯 번째 봉투가 들려 있었다. 걸음이 점점 빨라졌다.

"등나무 담장 길 옆. 살던 집 바로 앞 커피 전문점. 3시."

등나무도 살던 집도 사라졌다. 그 자리엔 높은 빌라가 들어서 있었다. 집 앞 유치원도 없어지고 상가 건물이 들어와 있었다. 상가 건물 1층에 커피 전문점이 보였다. 커피 전문점의 주인과 직원은 다 모르는 사람들이다. 동네에서 나를 기억할 것 같은 유일한 사람은 오래된 교회의 목사님뿐인 것 같았다.

그럼 누구를 만나야 할까? 승헌이는 밖이 훤히 보이는 쪽에 앉아 예전에 살던 집을 바라봤다. 어딘가에 사진이나 쪽지 아니면 글귀라도 적혀 있지 않을까 몇 번이고 둘러보았다. 하지만 아무것도 보이지 않는다. 10분, 20분, 30분 시간이 흐른다. 뭔가 잘못된 것 같다. 민샘의 계획에 문제가 생긴 게 분명하다. 승헌이는 더 이상 기다리지 못하고 자리에서 일어섰다. 바로 그 순간 승헌이는 들고 있던 모든 짐을 떨어뜨릴 뻔했다. 몸이 돌처럼 굳어져 버렸다. 자기 앞으로 천천히 한 사람이 다가오고 있었다.

"아, 아빠!"

"녀석, 누가 보면 부자지간이 아니라 원수지간으로 보겠다. 아빨 보고 뭘 그렇게 놀라니?"

도저히 상상할 수 없는 일이 벌어졌다. 아빠가 나타난 것이다. 손에는 큼지막한 상자를 들고 계셨다. 상자를 내려놓고 땀을 닦는 아빠의 모습을 승헌이는 그저 지켜볼 뿐이었다. 무슨 말을 해야 할지 아무 생각도 떠오르지 않는다. 한동안 아빠와 편한 대화를 나눠 본 기억이 없다.

"궁금했다. 우리가 살던 동네가 어떻게 변했을지 말이야. 와서 보니 다 바뀌었네."

"네, 그래요."

어색하기는 아빠도 마찬가지였다. 이민구 선생님이 직접 써서 보낸 편지를 읽고 어렵게 결심했다. 승헌이 엄마의 역할도 컸다. 어디서부터 잘못된 것인지 알 수 없는 아빠와 승헌이의 간극을, 누구보다 아빠는 풀고 싶었다. 그러나 자신이 살아오던 방식, 자신이 지켜 오던 자존심이 허락하지 않아 스스로도 괴롭고 아팠다.

"이거, 한번 볼래?"

"뭐예요?"

"아빠가 무척 소중히 여기는 보물 상자야. 다락방에 보관해 둔 것인데 오랜만에 꺼내 왔어."

"제가 봐도 돼요?"

"보여 주려고 가져 온 거야."

과연 무엇일까? 아빠가 소중히 여기는 물건이라는 것. 승헌이는 짐작도 되지 않는다. 승헌이는 사실 지금의 분위기가 너무나 낯설고 어색했다. 어쩌면 이 순간이 빨리 지나가면 좋겠다는 생각도 들었다. 아빠와의 어색한 만남에 승헌이는 숨이 막혔다.

조심스레 열어 본 상자 안에는 조립식 레고와 장난감 마이크가 들어 있었다.

"기억나니? 승헌이 네가 초등학교 3학년 때 아빠 생일날에 만들어 준 자동차야."

"기억나요. 칭찬해 주셨잖아요. 정말 손재주가 뛰어나다고 얘기해 주셨어요. 그런데 이 마이크는 뭐예요?"

"이건 아마 기억나지 않을 거야. 네 돌잔치에서 네가 잡았던 거야. '돌잡이'라고 해서 판사봉, 청진기, 돈, 마이크 등을 놓고 아이가 잡는 거 있잖니."

"그때 제가 마이크를 잡았어요?"

"그래, 사실 그 얘기는 엄마나 아빠가 하지 않아서 잘 모를 거야."

승헌이는 그때의 기억이 없다. 보통은 부모가 이야기해 주지만 승헌이 엄마와 아빠는 돌잔치 이야기를 해 주지 않았다. 청진기와 판사봉을 잡게 하기 위해 며칠 집에서 연습까지 시켰는데 승헌이가 냉큼 마이크를 잡아 버렸기 때문에 당시 아빠는 실망이 매우 컸다고 한다.

"실망시켜 드려 죄송해요"

"아니다, 승헌아. 사실 아빠가 미안하다. 승헌이를 너무 사랑한 나머지 승헌이 너를 나 자신과 동일시하며 살아온 것 같다. 분명 승헌이만의 재능과 갈 길이 있을 텐데, 아빠가 승헌이의 꿈을 대신 꾸며 살아왔구나. 그 과정에서 네가 얼마나 힘들어 했을까 생각하면 너무나 부끄러워진다."

"……."

"승헌아, 기억나니? 초등학교 6학년 때 네가 전국 토론 대회에 나갔던 거 말이야."

"네, 아빤 그때 못 오셨잖아요. 바쁘셔서……."

"그래, 그런데 말이야. 이거 볼래? 아빠 스마트폰에 그때 영상을 이렇게 담아 가지고 다녀. 100번은 더 넘게 본 것 같다."

"아, 아빠!"

승헌이 아버지는 외과 의사로 1년 전쯤에 어린 환자를 치료한 기억이 오랫동안 남아 있다고 한다. 환자의 아버지는 6개월 뒤면 죽을지도 모르는 아들을 위해 직장을 그만두고 아이가 꿈꾸던 것들을 하나씩 함께 이루어 나간다. 그 모습을 지켜 본, 승헌이 아버지는 조금씩 마음을 바꾸기 시작했다고 한다. 하지만 오랜 세월 지켜 오던 자존심이 워낙 강해서 승헌이와의 틀어진 부분을 쉽게 좁히지 못했었다. 하지만 이민구 선생님이 보낸 편지를 읽고 아버지는 어렵게 결심한 것이었다. 그리고 정말 오랜만에 마음에 담아 두었던 이야기를 오늘 꺼낸 것이다.

"샘, 고마워요. 재능 인터뷰 여행은 제 인생 최고의 순간이었어요."

승헌이는 민샘께 휴대폰으로 바로 고마운 마음을 전송했다. 그 시간 민샘은 예전 살던 집 근처 커피 전문점에서 승헌이와 아버지가 도란도란

이야기 나누는 그림을 떠올리며 상담실 의자에 앉아 커피 한 모금을 향기와 함께 마시고 있었다.

꿈이 만나는 교차점

"오늘은 자기 발견의 내용을 종합해 보는 시간이다. 지난주에 내 준 재능 인터뷰 과제들 다 해 왔지?"

"네, 샘!"

"자, 그럼 조별로 주어진 6개 카드의 뜻을 다시 한 번 점검해서 앞의 융판에 붙이는 활동을 해 볼까?"

한 달 단위의 동아리 수업에서 매번 마지막 주차 수업은 아주 중요하다. 진행한 내용을 종합하는 시간이기 때문이다. 이번 자기 발견 수업에서는 강점, 흥미, 재능의 순서로 활동을 진행했고, 이제 남은 것은 각 활동 결과를 종합해서 자신의 진로 직업군을 꺼내는 것이다. 조별로 토론을 진행한 후 대표로 찬형이에게 발표할 기회를 주었다.

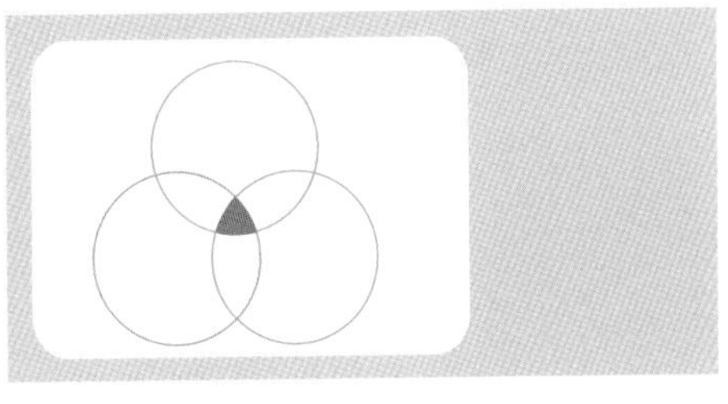

"우선 여기는 '다중 지능'이 들어갑니다. 우리 모두 기본적으로 가지고 있는 공통 영역이라고 보면 되죠. 하지만 사람마다 차이가 있어서 강점과 약점으로 구분됩니다. 다중 지능 중에서 자신의 재능에 해당되는 것이 주로 3개 정도에 속해 있다고 해요. 이것을 '강점 지능'이라고 합니다."

"찬형아, 강점 지능은 타고나는 것일까, 아니면 개발되는 것일까?"

"샘, 저를 시험하시는군요. 그건 아주 간단합니다. 둘 다 맞아요. 이 강점 지능은 타고난 재능이기도 하지만 지속적으로 노력하면 강화되기도 하고, 사용하지 않으면 약해지기도 하니 꼭 미리 발견하는 게 좋을 거예요."

"가상하도다. 좋아, 계속하자."

"여기에는 '흥미 탐색' 을 이렇게 붙이면 됩니다. 다시 말해, 자신이 좋아하는 것을 적는 것이죠."

"좋아하는 것은 어떤 방법으로 찾지?"

"장소나 환경에서 자신이 끌리는 것에 먼저 관심을 두고 살펴야 해요. 그리고 일상의 경험이나 습관에서도 찾고요. 또 일주일 시간표 중에서 좋아하는 수업을 꺼내는 것도 도움이 되지요. 좋아하는 과목 그 자체가 중요한 흥미 요소이니까요."

"잘 설명했다. 나머지 재능 탐색과 재능 인터뷰도 잘 붙였구나. 그러면 재능 탐색은 어떻게 할까?"

"내면의 소리에 귀를 기울여야 해요."

"구체적으로 그게 뭔데?"

"우선 끌리는 것에 주목하고요. 한 번 했던 것 중에 다음 기회가 기다려지고 기대되는 것이며, 기술을 배우는 속도가 매우 빠른 것을 기억해 내야 해요. 그리고 마지막으로……."

"만족감이요."

"고마워, 하영아."

"하영이가 찬형이를 위기에서 구해 주었구나. 그럼 하나만 더 물어보자. 재능 탐색을 했는데 왜 굳이 '재능 인터뷰' 가 필요할까?"

쉬운 질문이라고 생각했는데 찬형이는 적당한 답변이 떠오르지 않는 모양이었다. 당연히 해야 한다고 해서 과제를 해 오기는 했지만, 왜 해야 하는지 시원하게 설명할 말이 생각나지 않는다. 찬형이는 하영이에게 도움의 눈길을 보냈지만 이번에는 하영이도 뚜렷한 생각이 나지 않았다.

"제가 답변해 볼게요, 샘."

"승헌이 네가 나올 것을 기다렸다. 네 생각은 어떠니?"

"재능 탐색은 자기 스스로 자신의 재능을 꺼내는 작업이잖아요. 흥미라면 모르겠지만 재능은 다른 사람의 의견이 반영될 때 신뢰도가 올라가죠. 그래서 자신을 잘 아는 다섯 사람을 찾아서 인터뷰를 했던 거예요."

"그럼, 재능 인터뷰까지 포함해서 이 모든 내용이 만나는 교집합을 설명해 볼까?"

"죄송해요. 그건 찬형이가 발표자니까 직접 마무리하는 게 좋을 것 같아요."

승헌이는 앞에 서 있던 발표자 찬형이를 민망하게 하고 싶지 않았다. 동아리 수업 시작부터 승헌이와 찬형이는 보이지 않는 자존심 대결을 하고 있었다. 찬형이는 승헌이의 리더십이 부러우면서도 시기심이 일었다. 찬형이가 수업 시간 중간 중간 차가운 어투로 비판을 하거나 흐름을 끊는 것도 사실은 자신의 존재를 드러내기 위함이었다.

"배려하는 척하지 말고 그냥 이야기해 봐. 혹시 마지막에 비어 있는 카드 내용을 몰라서 답변 못하는 것은 아니지?"

"사실 맞아. 그러니 그 내용은 찬형이 네가 답변해 주면 좋겠어."

"샘, 죄송하지만 저도 몰라요. 저희 조가 토론을 했는데도 도저히 답을 못 찾겠어요."

"그럼, 승헌이가 나와서 빈 카드를 한 번 채워 줄래?"

"제 생각에는 '능력' 이라는 단어가 들어가야 된다고 생각해요."

"왜 그렇게 생각하지?"

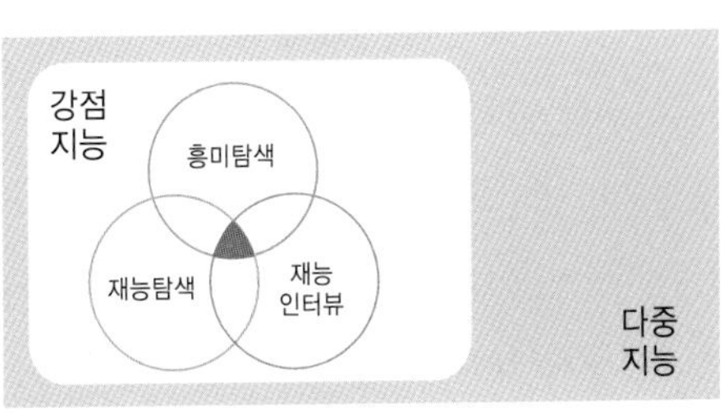

"재능과 능력, 역량이라는 세 단어를 비교해 주셨잖아요. 재능은 타고난 것이며, 능력은 노력을 거쳐 가지게 되는 것이라고 말씀하셨어

요. 물론 역량은 직업의 세계를 거쳐 열매를 맺을 수 있는 '능숙함'의 단계라고 하셨죠. 따라서 흥미와 재능, 재능 인터뷰가 만나는 곳에는 '능력'이라는 단어가 들어가도 될 것 같아요."

"좋아. 능력이라는 단어가 적절할 것 같다. 그럼, 승헌이가 나와서 지금까지 진행했던 승헌이 개인의 흥미, 재능, 재능 인터뷰의 내용을 종합적으로 한번 정리해 볼까."

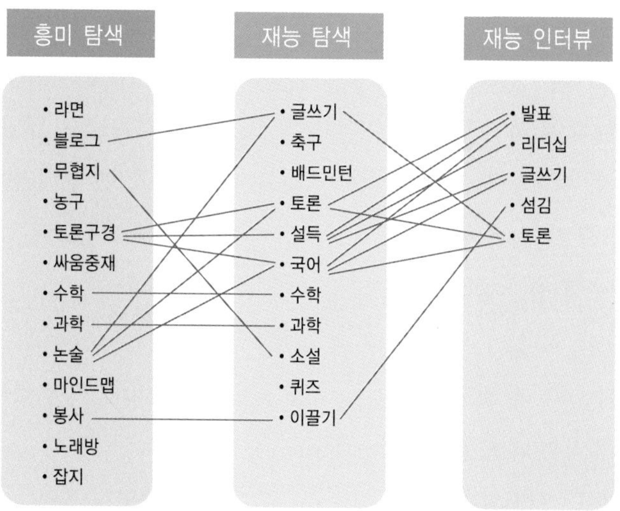

승헌이는 이미 입력된 자신의 흥미와 재능에, 재능 인터뷰의 내용을 추가했다. 그리고 민샘의 요청에 따라 각각의 내용 중에 일치하거나 관련 있는 내용을 연결시켰다. 재능 인터뷰의 내용까지 합하여 적지 않은 단어가 서로 다양하게 연결되었다.

"공통적으로 나온 내용은 어떤 것들이니?"

"말하기, 글쓰기 등이 많고요. 논리적으로 말하거나 논리가 필요한 수학이나 과학 과목도 있어요. 그리고 주로 사람을 돕거나 이끄는 내용도 겹쳐요."

"그럼 여기서 나온 내용을 처음에 다룬 강점 지능과 연결해 볼까?"

"거의 대부분이 겹쳐요. 음악 지능 부분은 빠지네요."

탐색 구분	탐색 결과	선호 직업군의 공통점
강점 지능	언어 지능	증권 분석가, 회계사, 아나운서, 경영자
	논리 수학 지능	
	음악 지능	
흥미, 재능, 재능 인터뷰	말하기와 글쓰기	
	논리 수학	
	사람 이끌기와 돕는 일	

잠시 후 민샘은 화면에 '한국 직업정보시스템'(know.work.go.kr)에 들어가 '능력'을 통해 직업군을 찾아가는 프로그램을 보여 주었다. 다양한 탐색을 통해 승헌이에게 공통적으로 나타난 '능력'의 요소에 표시했고, 그 결과로 어떤 직업군이 추천되는지 살펴보았다.

내가 지닌 능력 선택	능력에 대한 설명
☑ 읽고 이해하기	업무와 관련된 문서를 읽고 이해한다.
☑ 듣고 이해하기	다른 사람들이 말하는 것을 집중해서 듣고 상대방이 말하려는 요점을 이해하거나 적절한 질문을 한다.
☑ 글쓰기	글을 통해서 다른 사람과 효과적으로 의사소통한다.
☑ 말하기	자기가 알고 있는 것을 다른 사람에게 조리 있게 말한다.
☑ 수리력	어떤 문제를 해결하기 위해 수학을 사용한다.
☑ 논리적 분석	문제를 해결하기 위해(혹은 의사 결정하기 위해) 체계적으로 이치에 맞는 생각을 해 낸다.
☐ 범주화	기준이나 법칙을 정하고 그에 따라 사물이나 행위를 분류한다.
☐ 창의력	주어진 문제나 상황에 대하여 독특하고 기발한 아이디어를 산출한다.
☐ 기억력	단어, 수, 그림 그리고 철자와 같은 정보를 기억한다.
☐ 공간 지각력	자신의 위치를 파악하거나 다른 대상들이 자신을 중심으로 어디에 있는지 안다.
☐ 추리력	문제 해결 및 의사 결정을 위해 새로운 정보가 가지는 의미를 파악한다.
☐ 학습 전략	새로운 것을 배우거나 가르칠 때 적절한 방법을 활용한다.
☐ 선택적 집중력	주의를 산만하게 하는 자극에도 불구하고 원하는 일에 집중한다.

내가 지닌 능력 선택	능력에 대한 설명
☐ 모니터링(Monitoring)	타인 혹은 조직의 성과를 점검하고 평가한다.
☑ 사람 파악	타인의 반응을 파악하고 왜 그렇게 행동하는지 이해한다.
☐ 행동 조정	다른 사람들의 행동에 맞춰 적절히 대응한다.
☑ 설득	다른 사람들의 마음이나 행동을 변화시키기 위해 설득한다.
☑ 협상	사람들과의 의견 차이를 좁혀 합의점을 찾는다.
☐ 가르치기	다른 사람들에게 일하는 방법에 대해 가르친다.
☐ 서비스 지향	다른 사람들을 돕기 위해 적극적으로 노력한다.
☐ 문제 해결	문제의 본질을 파악하여 해결 방법을 찾고 이를 실행한다.
☑ 판단과 의사 결정	이득과 손실을 평가해서 결정을 내린다.
☐ 시간 관리	자신의 시간과 다른 사람의 시간을 관리한다.
☐ 재정 관리	업무를 완료하기 위해 필요한 비용을 파악하고 구체적 소요 내역을 산출한다.
☐ 물적 자원 관리	업무를 수행하는 데 필요한 장비, 시설, 자재 등을 구매하고 관리한다.
☐ 인적 자원 관리	직원의 근로 의욕을 높이고 능력을 개발하며 적재적소에 인재를 배치한다.
☐ 기술 분석	새로운 방법을 고안하고 기존의 방법을 개선하기 위해서 현재 사용되는 도구와 기술을 분석한다.
☐ 기술 설계	사용자의 요구에 맞도록 장비와 기술을 개발하여 적용한다.
☐ 장비 선정	업무를 수행하는 데 필요한 도구나 장비를 결정한다.
☐ 설치	작업 지시서에 따라 장비, 도구, 배선, 프로그램을 설치한다.
☐ 전산	다양한 목적을 위해 소프트웨어나 인터넷을 활용하거나 프로그램을 작성한다.
☐ 품질 관리 분석	품질 또는 성과를 평가하기 위해 제품, 서비스, 공정을 검사하거나 조사한다.
☐ 조작 및 통제	장비 혹은 시스템을 조작하고 통제한다.
☐ 장비의 유지	장비에 대한 일상적인 유지 보수를 하고 장비를 유지하기 위해 언제 어떤 종류의 조치를 취해야 하는가를 안다.
☐ 고장의 발견, 수리	오작동의 원인이 무엇인가를 확인하고 이를 어떻게 처리할 것인지 결정한다.
☐ 작동 점검	기계가 제대로 작동하는지 확인하기 위해 표시판이나 계기판 등을 살펴본다.
☐ 조직 체계의 분석 및 평가	환경이나 조건의 변화가 조직의 체계, 구성, 방식에 어떤 영향을 미칠지 분석하고, 시스템의 효율성을 평가한다.

내가 지닌 능력 선택	능력에 대한 설명
☐ 정교한 동작	손이나 손가락을 이용하여 복잡한 부품을 조립하거나 정교한 작업을 한다.
☐ 움직임 통제	신체를 사용하여 기계나 기구를 정확한 위치로 빠르게 움직인다.
☐ 반응 시간과 속도	신호에 빠르게 반응하거나 신체를 신속히 움직인다.
☐ 신체적 강인성	물건을 들어 올리고, 밀고, 당기고, 운반하기 위해 힘을 사용한다.
☐ 유연성 및 균형	신체의 균형을 유지하거나 각 부위를 구부리고 편다.
☐ 시력	먼 곳이나 가까운 것을 보기 위해 눈을 사용한다.
☐ 청력	음의 고저와 크기의 차이를 구분한다.

일치되는 능력	대분류	중분류	직업명
10(All)	관리 · 경영 · 금융 · 영업	관리자	국회의원
10(All)	관리 · 경영 · 금융 · 영업	관리자	지방의회 의원
10(All)	관리 · 경영 · 금융 · 영업	관리자	기업 고위 임원
10(All)	관리 · 경영 · 금융 · 영업	관리자	대학교 총장 및 학장
10(All)	관리 · 경영 · 금융 · 영업	경영 · 회계 · 사무 관련 관리직	노무사
10(All)	관리 · 경영 · 금융 · 영업	경영 · 회계 · 사무 관련 관리직	M&A 전문가(기업인수합병원)
10(All)	관리 · 경영 · 금융 · 영업	경영 · 회계 · 사무 관련 관리직	품질 인증 심사 전문가
10(All)	관리 · 경영 · 금융 · 영업	경영 · 회계 · 사무 관련 관리직	행사 기획자
10(All)	관리 · 경영 · 금융 · 영업	경영 · 회계 · 사무 관련 관리직	감정 평가사
10(All)	관리 · 경영 · 금융 · 영업	금융 · 보험 관련 전문직	금융 자산 운용가
10(All)	관리 · 경영 · 금융 · 영업	금융 · 보험 관련 전문직	부동산 투자 신탁 운용가
10(All)	관리 · 경영 · 금융 · 영업	영업 및 판매 관련직	의료 장비 및 의료 용품 기술 영업원
10(All)	관리 · 경영 · 금융 · 영업	영업 및 판매 관련직	의약 영업원
10(All)	관리 · 경영 · 금융 · 영업	영업 및 판매 관련직	체인점 모집 및 관리 영업원
10(All)	교육 · 연구 · 문화 · 예술	교육 및 자연 과학 · 사회 과학 연구 관련직	공학 계열 교수
10(All)	교육 · 연구 · 문화 · 예술	교육 및 자연 과학 · 사회 과학 연구 관련직	장학사
10(All)	교육 · 연구 · 문화 · 예술	교육 및 자연 과학 · 사회 과학 연구 관련직	입학사정관
10(All)	교육 · 연구 · 문화 · 예술	교육 및 자연 과학 · 사회 과학 연구 관련직	심리학 연구원
10(All)	교육 · 연구 · 문화 · 예술	교육 및 자연 과학 · 사회 과학 연구 관련직	실업 교사

일치되는 능력	대분류	중분류	직업명
10(All)	교육 · 연구 · 문화 · 예술	교육 및 자연 과학 · 사회 과학 연구 관련직	초등학교 교사
10(All)	교육 · 연구 · 문화 · 예술	문화 · 예술 · 디자인 · 방송 관련직	신문기자
10(All)	교육 · 연구 · 문화 · 예술	문화 · 예술 · 디자인 · 방송 관련직	연극 · 영화 및 방송 기술 감독
10(All)	법률 · 보건 · 사회복지 · 군인	법률 · 경찰 · 소방 · 교도 관련직	판사
10(All)	법률 · 보건 · 사회복지 · 군인	법률 · 경찰 · 소방 · 교도 관련직	검사
10(All)	법률 · 보건 · 사회복지 · 군인	사회 복지 및 종교 관련직	청소년 지도사
10(All)	건설 · 기계 · 재료 · 화학	건설 관련직	교통안전 연구원

검사 결과

"승헌아, 어떠니? 능력을 기준으로 프로그램을 돌렸을 때 비슷한 직업군이 또 도출되었니?"

"네, 비슷한 내용도 있고, 훨씬 더 구체적이고 전문적인 직업명도 나왔어요."

"이전에 했던 내용 중에 능력과도 겹치는 부분은 어떤 것일까?"

"경영자, 증권 분석가, 회계사 등이요."

"언어적인 면과 논리적인 면이 함께 필요한 영역이구나. 그리고 사람을 이끌거나 도울 수 있는 특징도 여전하고 말이야."

탐색 구분	탐색 결과	선호 직업군의 공통점
강점 지능	언어 지능	증권 분석가, 회계사, 아나운서, 경영자
	논리 수학 지능	
	음악 지능	
흥미, 재능, 재능 인터뷰	말하기와 글쓰기	
	논리 수학	
	사람 이끌기와 돕는 일	
능력	읽고 이해하기	국회의원 기업 임원 대학 운영자 금융 자산 운용가 공학 계열 교수 입학사정관
	듣고 이해하기	
	글쓰기	
	말하기	
	수리력	
	논리적 분석	

탐색 구분	탐색 결과	선호 직업군의 공통점
	사람 파악	
	설득	
	협상	
	판단과 의사 결정	

자기 발견 점검표

위대한 호기심

학생들은 승헌이에게 박수를 보냈다. 교빈이는 더 열성적으로 기립 박수를 보냈다. 승헌이는 자기 발견을 진행하는 한 달 동안 너무나 행복했다. 자신의 가능성을 객관적으로 검증하여 희망 직업군의 범위를 좁힐 수 있었고, 무엇보다도 아버지와의 관계가 회복되는 변화도 있었다. 친구들은 승헌이 때문에 자기 발견의 수업 내용을 더 쉽게 이해할 수 있었다. 민샘은 승헌이에게 수업을 마무리하며 한 가지를 당부했다.

"승헌아, 혹시 탐색의 결과로 나온 직업군 중에 더 알아보고 싶은 부분은 없을까?"

"공학 계열 교수, 입학사정관 등이 궁금하고요. 금융 자산 운용가라는 직업이 회계사와는 어떻게 다른지, 또 그 주변에 비슷한 직업이 어떤 게 더 있는지 알아보고 싶어요."

"그래, 궁금한 직업들은 투모라이즈(www.tomorize.com) 등의 사이트에서 찾아보면 도움이 될 것 같구나. 승헌이와 함께한 한 달간의 여정은 샘에게도 너무나 아름다운 추억이었다. 이제 겨우 희망 직업을 발견하는 초기 단계라는 사실을 잊지 말고 더 열심히 활동에 참여하자. 알겠지?"

자기 발견의 교집합 찾기

아래의 단어 카드를 집합의 이미지 안에 알맞게 배치해 보세요. 그런 다음 그 내용을 간단하게 해석하는 글을 적어 보세요.

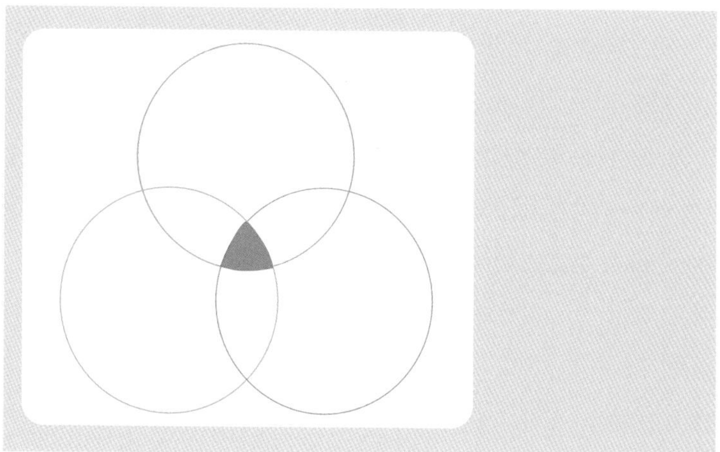

내친구 포트폴리오 살짝 엿보기

자기 발견의 교집합 찾기

아래의 단어 카드를 집합의 이미지 안에 알맞게 배치해 보세요. 그런 다음 그 내용을 간단하게 해석하는 글을 적어 보세요.

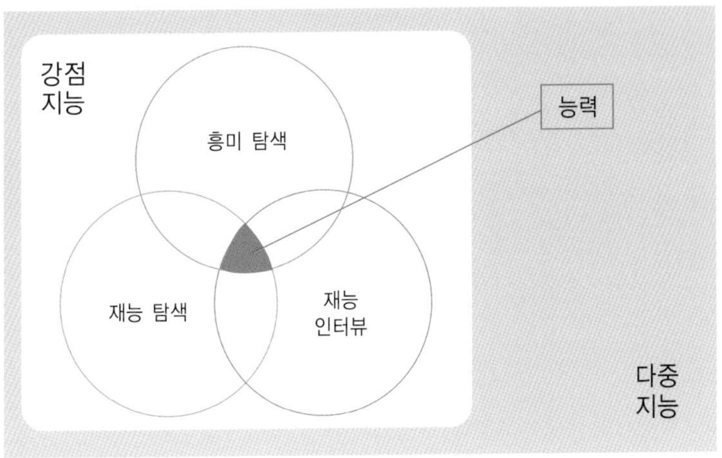

다중 지능 검사를 통해 자신의 강점 지능을 찾을 수 있다. 그리고 그런 검사 이외에도 자신의 지능을 알 수 있는 방법이 있다. 자신이 좋아하는 것과 잘하는 것을 적어 보고, 또한 타인에게 자신의 재능을 인터뷰한 다음 공통적인 항목을 찾는다. 이렇게 해서 겹치는 영역이 능력으로 나타날 수 있다. 그야말로 좋아하면서도 잘하는 것, 인정받는 부분이다.

자기 발견의 교집합 찾기

흥미, 재능, 재능 인터뷰 활동에서 나온 결과를 기입하고, 비슷한 내용끼리 줄을 그어 관련성을 확인해 보세요. 공통으로 나온 부분이 곧 당신의 능력에 가까운 것들입니다. 아래에 당신이 찾아낸 능력을 기술하세요.

흥미 탐색	재능 탐색	재능 인터뷰

내친구 포트폴리오 살짝 엿보기

자기 발견의 교집합 찾기

흥미, 재능, 재능 인터뷰 활동에서 나온 결과를 기입하고, 비슷한 내용끼리 줄을 그어 관련성을 확인해 보세요. 공통으로 나온 부분이 곧 당신의 능력에 가까운 것들입니다. 아래에 당신이 찾아낸 능력을 기술하세요.

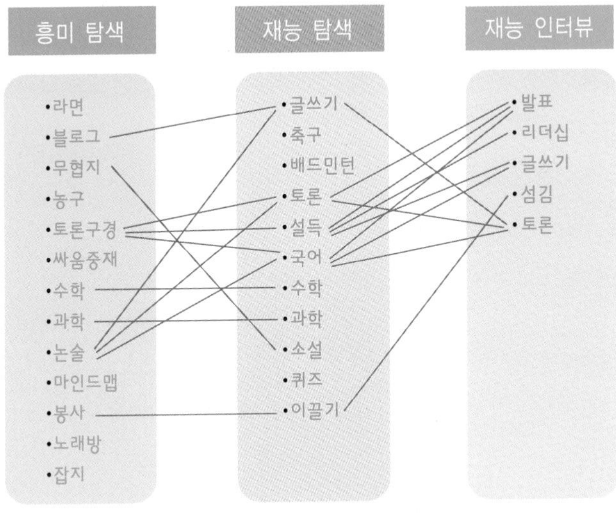

나의 흥미와 재능이 일치되는 것들을 찾았다. 먼저 언어 관련 영역이 많았다. 블로그, 토론 논술, 글쓰기, 설득, 국어, 소설 등이다. 놀랍게도 재능 인터뷰의 내용 중에서도 관련된 것들이 나왔다. 발표, 글쓰기, 토론 등이다. 토론은 세 영역에 모두 등장했다. 또 한 가지 공통된 영역은 사람과 관련된 것들로 봉사, 이끌기, 리더십, 섬김 등이다. 전체적으로 보면 언어 영역과 사람 관계 영역의 공통점이 두드러진다.

꼭! 작성해 보세요 | 포트폴리오 활동 3

자기 발견의 최종 직업 선호 목록

강점 지능, 흥미, 재능, 재능 인터뷰의 탐색 결과를 바탕으로 '한국 직업정보시스템'의 능력 체크 상자에 기입하고 추천 직업 목록을 확인합니다. 앞에서 확인한 지능, 흥미, 재능, 재능 인터뷰의 탐색 결과를 함께 입력하여 비교한 뒤 공통적인 직업군을 도출합니다. 자기 발견의 전체 탐색 결과를 마무리하며 찾아낸 자신의 직업 가능성과 앞으로 더 알아보고 싶은 직업군을 넣어 아래에 자기 발견 에세이를 기록합니다.

탐색 구분	탐색 결과	선호 직업군의 공통점
강점 지능		
흥미, 재능, 재능 인터뷰		
능력		

내친구 포트폴리오 살짝 엿보기

자기 발견의 최종 직업 선호 목록

강점 지능, 흥미, 재능, 재능 인터뷰의 탐색 결과를 바탕으로 '한국 직업정보시스템'의 능력 체크 상자에 기입하고 추천 직업 목록을 확인합니다. 앞에서 확인한 지능, 흥미, 재능, 재능 인터뷰의 탐색 결과를 함께 입력하여 비교한 뒤 공통적인 직업군을 도출합니다. 자기 발견의 전체 탐색 결과를 마무리하며 찾아낸 자신의 직업 가능성과 앞으로 더 알아보고 싶은 직업군을 넣어 아래에 자기 발견 에세이를 기록합니다.

탐색 구분	탐색 결과	선호 직업군의 공통점
강점 지능	언어 지능	증권 분석가, 회계사, 아나운서, 경영자
	논리 수학 지능	
	음악 지능	
흥미, 재능, 재능 인터뷰	말하기와 글쓰기	
	논리 수학	
	사람 이끌기와 돕는 일	
능력	읽고 이해하기	국회의원 기업 임원 대학 운영자 금융 자산 운용가 공학 계열 교수 입학사정관
	듣고 이해하기	
	글쓰기	
	말하기	
	수리력	
	논리적 분석	
	사람 파악	
	설득	
	협상	
	판단과 의사 결정	

이제 지금까지의 탐색 과정을 종합해 보려고 한다. 강점 지능의 상위 지능으로는 언어 지능, 논리 수학 지능, 그리고 음악 지능이 나왔다. 여기에 해당되는 직업군 목록에서 마음에 드는 것을 골랐다. 그리고 수업 활동과 인터뷰 활동을 통해 흥미와 재능, 재능 인터뷰의 결과를 꺼냈다. 강점 지능과 흥미, 재능 활동의 결과로 내가 결정한 희망 직업군은 증권 분석가, 회계사, 아나운서, 그리고 경영자이다. 그런 다음 직업정보시스템의 능력 체크 상자에서 얻은 결론은 국회의원, 기업 임원, 대학 운영자, 금융 자산 운용가, 공학 계열 교수, 그리고 입학사정관이다. 앞에서 얻은 결과와 이번 결과를 종합하면 경영자, 회계사, 증권 분석가 등이 겹친다. 한편 입학사정관은 아직 잘 모르는데 좀 더 알아보고 싶다.

생생! 직업인 이야기

다양한 재능을 요구하는 시대 흐름 살펴야 해요

아나운서

시대의 변화에 따라 직업의 내용이 바뀌는 것을 가장 잘 볼 수 있는 분야가 바로 아나운서입니다. 예나 지금이나 아나운서는 선망의 대상입니다. 경쟁률은 1000대 1까지 가며, 외모와 지식, 언어와 사고가 완벽하게 조화를 이룬 사람이라야 지원이 가능한 영역입니다. 이러한 아나운서의 기본 능력에는 변함이 없습니다.

그런데 요즘에는 여기에 몇 가지가 더 추가됩니다. 노래, 춤, 재치, 유머 등이 요구되며, 종종 연기력이 필요할 때도 있습니다. 한마디로 만능 엔터테이너가 되어야 합니다. 물론 모든 아나운서가 다 그런 능력을 가질 필요는 없습니다만 많은 아나운서들이 뉴스 외에 다양한 프로그램의 사회를 봐야 하고, 특별한 경우 예능 프로그램에도 출연해야 하죠. 이것은 이 시대가 요구하는 능력입니다. 딱딱한 정보 전달을 넘어 웃음과 감동까지 줄 수 있는 캐릭터를 선호하기 때문입니다. 그러기에 아나운서를 꿈꾸는 학생들은 이런 시대의 변화를 꼭 살펴야 하겠습니다.

적성발견

4

13나만의 스타일 14절대로 포기 못 해! 15나에게 꼭 맞아! 16진로 네비게이션

13 나만의 스타일

어떤일이 가장 편안할까

우리들의 고민 편지

중학교 3학년 T양은 최근 아버지를 바라보면서 우울하다. 또 직장을 옮기겠다고 했기 때문이다. 왜 아버지는 한 직장에 오래 있지 못하고 자주 옮길까? 그런데 놀라운 것은 아버지는 꽤 실력이 좋은 편이고, 정확하게는 모르지만 연봉도 적지는 않다. 엄마 말씀에 따르면 직장 내 사람들의 성향이 아버지와 맞지 않아 관계에 문제가 있다는 것이다. 아니, 자신이 잘할 수 있고 능력도 인정받고 있는데, 왜 그런 사람들과의 관계 때문에 회사를 그만둘까? T양은 이해할 수가 없다.

– 온라인 캠프에 올라온 진로 고민 편지

"당연히 답사를 가야 하는 거 아니니?"

"하영아, 무슨 답사를 가냐. 시간이 남아도니? 여행의 즐거움이 뭐야, 새로움을 느끼는 거잖아."

"찬형이 너 그러다가 막상 갔는데, 생각했던 것과 다르면 어떻게 할 건데. 네가 책임질 거야?"

"하영아, 너는 세상을 속고만 살아왔니? 그리고 우리가 무슨 대학생이야, 시간이 어디 있어. 그냥 가도 돼. 까다롭게 굴지 말자, 제~발!"

"야, 정찬형! 너 정말 이럴 거야? 그래도 MT 준비위원으로 뽑혔으면 책임을 다해야 하는 것 아니니? 지금 너의 태도는 너무 무책임하잖아. 이렇게 의견이 안 맞는다면 너와 함께 MT 준비 못해!"

"아~ 나 참. 만날 나더러 까칠하다고 그러더니, 이제 보니 진짜 까칠한 건 하영이 너구나."

"그만! 나 너랑 얘기 안 해."

쾅!

하영이가 상담실 문을 박차고 나가 버렸다. 진로 동아리 MT 준비 모임은 출발부터 삐걱거렸다. 하영이와 찬형이가 준비 위원으로 추천을 받아 진행하고 있지만, 왠지 분위기가 심상치 않다. 일주일 전, 민샘은 MT 계획을 발표했다. 주말을 끼고 1박 2일로 MT를 간다는 내용이었다. 아이들은 소리를 고래고래 지르며 흥분을 감추지 못했다. 민샘은 이번 MT에서 세 가지 커리큘럼을 동시에 진행할 계획이었다. 무엇보다도 '성향 탐색' 수업을 MT를 통해 진행하고 싶었다. 학생들의 성향을 파악하는 데는 함께 생활하는 것만큼 좋은 방법이 없기 때문이다.

"하영아, MT 준비위원의 역할을 잘 부탁한다. 이번 MT를 통해 친구들의 새로운 모습을 보게 될 거다."

"네! 무슨 말씀이세요. 친구들이 변신이라도 한다는 말인가요?"

"아니, 변신을 한다는 게 아니라 원래의 진짜 모습을 보게 될 거야."

그때까지도 하영이는 민샘이 무슨 이야기를 하는지 알지 못했다. 원래 모습을 보게 된다는 게 무슨 말인가? 그렇다면 지금의 모습이 가짜란 뜻인가? 하영이는 자신의 성향을 자세히 살펴본 적이 없다. 따라서 민샘의 이야기를 납득할 수 없었다. 하영이뿐만 아니라 모든 친구들이 다 비슷한 상황이었다. 그래도 마냥 즐겁기만 했다. MT를 떠나는 그 자체로도 행복했다.

"준비 모임이 벌써부터 어려움에 빠졌다고 들었다. 걸스카우트 출신의 꼼꼼한 하영이와 들판의 거친 야생마 같은 찬형이가 격돌했나 보네. 잘된 거야."

"네? 잘된 거라뇨. 싸운 게 잘된 거라는 말씀이세요?"

"아니다. 이왕 싸운 거 함께 수업을 통해 풀어 가 보자는 거야. 혹시 기억나니? 선생님이 했던 말. 진짜 모습을 보게 될 거라는……."

"네? 그럼 제 진짜 모습이 그렇게 싸우는 모습이라는 거예요?"

"하영아, 그게 아니고……."

"샘, 저도 불만입니다. 제가 좀 까칠하긴 하지만 싸움을 좋아하는 건 아니에요."

"찬형아, 그 얘기가 아니고……."

하영이와 찬형이 둘 다 발끈했다. 그렇지 않아도 준비 모임이 깨질 위기에 빠져 속상한데 민샘의 섭섭한 이야기를 들으니 마음이 더 불편해졌다. 민샘은 기회다 싶어 화면에 표를 띄웠다.

"자, 하영이하고 찬형이 한번 나와 볼래? 1번부터 10번까지 2개씩의 문장이 있는데, 하나씩 번호를 부를 때마다 왼쪽인지 오른쪽인지 대답하면 된다."

"샘, 기준이 뭐예요?"

"편안함이다."

	공부나 일을 먼저 하고 논다.	1	먼저 놀고 난 후에 일을 한다.
	쫓기면서 일을 하는 게 싫다.	2	막판에 몰아서 일을 할 수도 있다.
	정리 정돈된 깨끗한 방이 좋다.	3	방이 어지러워도 상관없다.
	사전에 계획을 짜는 편이다.	4	계획을 짜는 것은 왠지 불편하다.
	규칙적인 생활을 하는 편이다.	5	상황에 따라 유연하게 행동한다.
	준비물을 잘 챙기는 편이다.	6	준비물을 잘 잊어버리는 편이다.
	계획에 없던 일이 생기면 짜증이 난다.	7	틀에 박힌 생활은 재미가 없다.
	목표가 뚜렷하고 실천을 잘한다.	8	색다른 것이 좋고 짧은 공상을 한다.
	계획적으로 일을 하는 편이다.	9	그때그때 일을 해치우는 편이다.
	남의 지시에 따르는 편이다.	10	내 마음 내키는 대로 행동하는 편이다.

"편안함이요? 기준이 쉽게 다가오지 않아요."

"그래, 그럼 한번 연습해 볼까? 하영이와 찬형이 둘 다 오른손잡이지? 그럼 두 사람 모두 지금 왼손으로 마커를 잡고 여기 화이트보드에 자기 이름을 써 봐."

편안함이란 어떤 것인가. 민샘은 지금 편안함을 설명하기 위해 '불편함'을 먼저 느끼게 하고 있다. 찬형이와 하영이는 지금 불편하게 왼손으로 글씨를 쓰고 있다. 천천히 써도 역시 예쁘게 써지지 않는다. 왜 하필 왼손으로 쓰게 했을까? 투덜대면서 썼다.

"힘들었지? 이제 그럼 오른손으로 마커를 잡고 그 밑에 다시 자기 이름을 써 봐라."

"이제 잘 써져요. 훨씬 편해요."

"편하다고?"

"네."

"바로 그거야. 왼손으로 쓸 때에 비해 오른손으로 쓸 때 느낀 그 편안함처럼, 여기 번호 왼쪽의 문장과 오른쪽의 문장을 읽고 자신에게 어울리고 편안한 것을 말하면 된다.

예를 들어 볼까? '공부나 일을 먼저 하고 논다.'와 '먼저 놀고 난 후에 일이나 공부를 한다.' 중에 어떤 게 더 편안하게 다가오니? 하영이가 먼저 말해 볼래?"

"왼쪽이요."

"전 오른쪽이요."

"찬형이는 물어보지도 않았는데 대답하는구나."

"뻔하잖아요."

"그럼, 1번부터 순서대로 함께 읽고 대답해 볼까?"

대답이 반복되면서 하영이와 찬형이가 살며시 웃었다. 신기하다. 어떻게 이렇게 정반대로 나올까. 그들은 웃으면서 마음속으로 똑같은 생각을 하고 있었다.

'싸울 수밖에 없었구나.'

"철저하게 계획하는 삶의 스타일과 자유롭게 대처하는 삶의 스타일은 가장 부딪히기 쉬운 상대이다. 하영이와 찬형이가 서로 으르렁거리는 이유는 바로 여기에 있는 것이지."

"샘, 그러면 저희 둘은 절대로 함께 있어서는 안 되는 건가요?"

"야, 정찬형! 표현이 좀 이상하다. 무슨 로미오와 줄리엣이 쓰는 말 같잖니."

"아휴, 또 시작이다. 바가지 좀 그만 긁어!"

"야, 이번 표현도 좀 이상하잖아. 우리가 무슨 부부 사이니, 왜 그런 표현을 써. 사람 기분 나쁘게."

둘은 틈만 나면 싸웠다. 동아리에서 두 사람은 민샘도 못 말리는 강한 스타일의 멤버이다. 민샘은 생활 방식의 차이를 묻는 첫 번째 성향 구분에 대해 동아리 전체 학생들에게 활동을 진행했다. 찬형이와 하영이는 결국 화해하지 못했다. 하지만 서로가 정말 다른 성격을 가지고 있다는 사실과 그렇기 때문에 충돌이 있을 수 있다는 사실은 인정하게 되었다.

"아까 찬형이가 했던 질문에 답변해 줄게. 판단형인 하영이와 인식형인 찬형이도 함께 있거나 함께 여행을 가거나 함께 일을 할 수 있다. 다만 서로 어떻게 다른지 알고, 그 다른 점을 인정해 주는 모습으로는 오래 갈 수 있지만, 그렇지 않고 사사건건 자기 스타일을 고집하면 결국 관계가 깨지고 만다. 두 사람 어떻게 할까. MT 준비 위원을 포기할 사람? 하영이가 포기할까?"

"싫어요. 끝까지 가 볼게요."

"저도요. 여기서 물러설 수는 없죠."

생활 방식에 따른 성향 J와 P

J는 판단형이고, P는 인식형이다. 이는 생활 방식으로 구분되는 성향의 차이를 말한다.

선호 지표	J 판단형(Judging)	P 인식형(Perceiving)
설명	분명한 목적과 방향이 있으며, 기한을 엄수하고, 철저히 사전에 계획하고 체계적이다.	목적과 방향은 변화 가능하고, 상황에 따라 일정이 달라지며, 자율적이고 융통성이 있다.
대표적 표현	정리 정돈과 계획 의지적 추진 신속한 결론 통제와 조정 분명한 목적의식과 방향 감각 뚜렷한 기준과 자기 의사	상황에 맞추는 개방성 이해로 수용 유유자적한 과정 융통과 적응 목적 방향은 변할 수 있다는 개방성 재량에 따라 처리할 수 있는 포용성

편안한 친구가 오래 간다

하영이와 찬형이는 바로 그 자리에서 서로 싸운 이유를 이해했다. 싸울 당시에는 도저히 이해되지 않았는데, 이제 보니 그럴 수밖에 없었다는 생각이 들었다. 만약 미리 이러한 차이를 알았다면 그렇게 싸우지 않고 좀 더 차분하게 대화할 수 있었을 것이다.

"그럼, 이제 본격적으로 성향의 차이를 함께 알아볼까. 지금부터 나눠 주는 종이에 아까 했던 것과 같은 방법으로 왼쪽 또는 오른쪽에 표시하는 거야. 그리고 더 많이 표시되어 있는 쪽이 왼쪽인지 오른쪽인지 확인해 봐."

"왼쪽이요."

	여러 친구들과 많이 사귄다.	1	몇 명의 친구들과 깊이 사귄다.	
	낯선 곳에 심부름을 갈 수 있다.	2	낯선 곳에 심부름 가는 게 무섭다.	
	모임에서 말이 많은 편이다.	3	누가 물어볼 때에야 대답한다.	
	활발하고 적극적이라는 말을 많이 듣는다.	4	조용하고 차분하다는 말을 많이 듣는다.	
	내 기분을 즉시 남에게 알린다.	5	내 기분을 마음속에만 간직하고 있다.	
	많은 친구들에게 얘기하는 게 더 좋다.	6	친한 친구들에게 얘기하는 게 더 좋다.	
	친구들과 함께 공부하면 잘 된다.	7	나 혼자 공부하면 더 잘 된다.	
	책 읽는 것보다 사람 만나는 게 더 좋다.	8	사람 만나는 것보다 책 읽는 게 더 좋다.	
	글쓰기보다 말하기가 더 좋다.	9	말하기보다 글쓰기가 더 좋다.	
	생각이 바로 밖으로 표현된다.	10	생각에 빠질 때가 자주 있다.	

"오른쪽이요."

"저도요."

"그럼, 왼쪽이 많은 학생들은 교실 왼쪽에, 그리고 오른쪽이 많은 학생들은 오른쪽에 모여라."

왼쪽 그룹과 오른쪽 그룹은 서로 만나자마자 마치 고향에 돌아온 사람들처럼 반가워했다. 왠지 저 반대편에 있는 친구들은 자신과는 너무 다른 사람들이고, 함께 모인 친구들이 진정 마음이 통하는 친구인 양 이상한 공동체 의식을 느끼는 모양이었다. 민샘은 각각 모인 2개의 그룹을 또 다시 몇 개의 소그룹으로 나눠 주어 토론이 가능한 인원수를 만들었다. 그리고 에너지의 흐름에 따른 성향의 차이가 있다는 내용을 설명해 주었다. 그 설명 이후에 각 소그룹별로 미션을 주었다. 미션의 내용은 두 가지였다. 이러한 에너지 성향을 가진 우리들만의 특징과, 우리와 다른 에너지 흐름을 가진 친구들에게 느꼈던 불만을 적어 보는 것이었다. 학생들은 진로 동아리에서 다른 학생들과 그룹을 이루어 활동하는 경우가 많지 않은 터라 매우 신선한 즐거움을 만끽하고 있었다. 더구나 비슷한 성향의 친구들이 모이니 더욱 마음이 잘 통하는 것이다. 다들 흥분되었는지 상기된 표정으로 이야기꽃을 피웠다.

에너지의 흐름에 따른 성향 E와 I

E는 외향형이고 I는 내향형이다. 이것은 에너지나 주의 초점의 방향을 통해 성향을 구분하는 것이다.

선호 지표	E 외향형(Extroversion)	I 내향형(Introversion)
설명	폭넓은 대인 관계를 유지하며, 사교적이고 정열적이고 활동적이다.	깊이 있는 대인 관계를 유지하며, 조용하고 신중하며 이해한 다음에 경험한다.
대표적 표현	자기 외부에 주의 집중 외부 활동과 적극성 정열적, 활동적 말로 표현 경험한 다음에 이해 쉽게 알려짐	자기 내부에 주의 집중 내부 활동과 집중력 조용하고 신중 글로 표현 이해한 다음에 경험 서서히 알려짐

이 활동을 통해 학생들은 서로가 다르다는 사실과 그 차이를 인정해 주며 대화할 때 가장 아름다운 조화를 이룰 수 있다는 사실을 배울 수 있었다. 아직 성향 탐색의 전체를 진행하지는 않았지만, 적어도 MT를 준비하고 진행하는 과정은 충분히 가능하게 되었다.

이렇게 진로 동아리의 MT는 닻을 올렸다. 성향 탐색의 네 가지 활동 중에 두 가지를 수업 중에 진행하고, 나머지는 MT에 가서 진행하기로 했다. 첫날 MT 장소에 도착하여 짐을 풀고 바비큐 파티를 한 뒤, 강변 데이트를 하게 되었다. 민샘은 강변 데이트의 짝꿍을 미리 정해 놓았다. 낮에 세 번째 성향 검사를 이미 차 안에서 진행했고, 그 결과를 바탕으로 강변 데이트를 만든 것이다.

"지금부터 데이트를 시작할 거다. 중간에 한번 짝꿍을 바꿀 거니까 시간 잘 지켜야 해. 짝꿍과 함께 데이트를 시작하자마자 나눠 주는 미션 쪽지를 열고 그 쪽지에 적힌 대로 대화를 나누는 게 미션의 핵심이다."

"샘, 데이트하라면서 무슨 수업을 또 해요?"

"걱정 마라, 하영아. 데이트에 엄청 도움이 되는 미션이니까."

	구체적이고 정확한 표현을 잘 기억한다.	1	상상 속의 이야기를 잘 만들어 낸다.	
	주변 사람의 외모나 특징을 잘 기억한다.	2	물건을 잃어버릴 때가 종종 있다.	
	꾸준하고 참을성 있다는 말을 듣는다.	3	창의적이고 독창적이라는 말을 듣는다.	
	손으로 직접 하는 활동이 좋다.	4	기발한 질문을 많이 하는 편이다.	
	그려진 그림에 색칠하는 것이 더 좋다.	5	직접 선을 긋고 색칠하는 게 더 좋다.	
	자세한 내용을 잘 암기할 수 있다.	6	부분보다는 전체의 틀이 잘 보인다.	
	남들 하는 대로 따라 하는 게 편하다.	7	스스로 나만의 방법을 만드는 게 편하다.	
	"그게 진짜야?" 식의 질문을 한다.	8	공상 속에 친구가 있기도 하다.	
	꼼꼼하다는 말을 자주 듣는다.	9	"하고 싶다, 되고 싶다"는 꿈이 많다.	
	관찰을 통해 더 잘 배운다.	10	누구나 하는 일은 재미가 없다.	

강변데이트 미션

1.주변의 풍경을 보고 서로 느낌과 이야기 나누기

2.MT에서 꼭 남기고 싶은 추억 남기기

눈으로 보고 느끼는 사실 위주로 정보를 받아들이는 유형과, 현실 너머 미래를 꿈꾸고 나무보다는 숲은 보는 방식으로 정보를 받아들이는 유형으로 나눈 것이다. 그래서 서로 반대되는 인식의 성향을 가진 2명씩 짝을 만들어 강변 데이트를 하게 했다. 중간에 짝을 바꾸면 서로 같은 유형의 짝을 만나게 된다. 그렇게 되면 왠지 서로 비슷한 느낌으로 대화가 가능할 것을 예상한 것이다.

"풍경이 어때?"

"음~ 달이 정말 밝아서 좋아. 하영이 네 얼굴도 잘 보이고……."

"아깝다. 약간 어두워야 얼굴이 예뻐 보이는데……."

"아닌데……."

"뭐가?"

"으, 응? 아, 아니야."

"뭐가 또 아니야?"

"그게, 얼굴이…… 아니야."

어둡지 않아도 얼굴이 예쁘다는 말을 하고 싶었다. 그런데 입 밖으로 말이 나오지 않았다. 하영이와 승헌이는 둘 다 S형이다. '사실' 위주로 정보를 받아들이고 그렇지 않은 언어를 불편해한다. 추상적이고 개념적인

인식의 차이에 따른 성향 S와 N

S는 감각형이고 N은 직관형을 말한다. 이는 정보 수집 과정에서의 인식 기능에 따라 성향을 구분하는 것이다.

선호 지표	S 감각형(Sensing)	N 직관형(Intuition)
설명	오감에 의존하며 실제의 경험을 중시한다. 현재에 초점을 맞추고 일처리를 정확하고 철저하게 한다.	육감 내지 영감에 의존하며, 미래지향적이고 가능성과 의미를 추구하며, 일처리를 신속하고 비약적으로 한다.
대표적 표현	현재에 초점 실제의 경험 정확하고 철저한 일 처리 사실적 사건 묘사 나무를 보려는 경향 가꾸고 추수함	미래 가능성에 초점 아이디어 신속하고 비약적인 일 처리 비유적 · 암시적 묘사 숲을 보려는 경향 씨를 뿌림

언어를 싫어하며, 명확하게 알아들을 수 있는 언어를 좋아한다. 그러다 보니 승헌이는 하영이의 마음을 사고 싶지만 쉽지가 않다. 그리고 하영이는 승헌이가 표현한 언어 이면의 마음을 읽기가 쉽지 않다. 그래도 승헌이는 하영이와 짝이 되어 강변을 거니는 소원을 이뤘다. 그리고 멀리서 민샘은 두 사람이 걷는 것을 보고 미소를 지었다. 일부러 짝을 만들어 준 것이다. 이후 승헌이와 하영이는 각각 직관형을 지닌 친구와 짝을 바꾸었다. 직관형의 친구들은 매우 비유적인 표현으로 풍경을 묘사하여 승헌이와 하영이의 부러움을 샀다.

"데이트 잘 했니, 짝이 마음에 들었어?"

"샘, 한 번 더 해요."

"교빈이는 짝이 마음에 안 들었니?"

"아니요, 너무 좋았는데요. 정말 강변을 같이 걷고 싶은 사람이 또 있거든요."

"누군데?"

"승헌이요."

"교빈이 너, 정말 승헌이를 좋아하는구나. 하하하!"

강변 데이트는 모두의 마음을 편안하게 풀어주기에 충분한 시간이었다.

"와, 돈이다!"
"뭐야, 가짜 돈이잖아."
"샘, 위조지폐는 왜 주셨어요?"
"지금부터 S형과 N형으로 나눠서 미션을 할 거야. 이게 1억 원이거든. 물론 무늬만 돈이지만 1억 원이 주어졌다고 생각하고, 그 1억 원으로 무엇을 할 것인지 조별로 의견을 모아서 발표해 보도록."

자동차 구입, 쇼핑, 가족들과 나누기 등의 내용이 나온 곳은 감각형(S) 그룹이었다. 당장의 현재에 집중하는 유형들이 모인 곳이다. 반면에 묻어 둔다, 저축한다, 투자한다 등의 내용이 나온 그룹은 직관형(N) 쪽이었다. 학생들은 강변 데이트와 1억 원 프로젝트를 통해 현실적이고 사실적인 감각형과 미래적이고 개념적인 직관형을 충분히 구분할 수 있었다.

내게 가장 편안한 직업

강변 데이트 이후, 숙소로 돌아온 학생들은 마지막 남은 네 번째 성향 탐색 활동을 진행했다. 마지막 성향은 판단의 유형이다. 신중하게 사고하는 유형과 감정에 솔직하고 직설적인 유형을 구분한 것이다. 자신의 성향을 알고, 서로의 성향을 알아 갈수록 학생들 사이에서는 예전보다 더 친밀한 관계가 형성되어 갔다. 서로와 더 가까워지는 것을 느낄 수 있었다. 그리고 이전에 보았던 행동, 태도, 언어 등이 이제야 하나씩 이해가 되기 시작했고, 그 속에서 사소한 오해가 풀리고, 마음의 응어리도 사라지게 되었다. 그야말로 일석이조이다. 진로 탐색 수업도 하고, 학생들의 관계도 좋아지는 계기가 되었다.

	"왜"라는 질문을 자주 한다.	1	남의 말을 잘 따르는 편이다.	
	의지가 강한 편이다.	2	인정이 많다는 말을 듣는 편이다.	
	꼬치꼬치 따지기를 잘하는 편이다.	3	협조적이고 순한 편이다.	
	참을성이 있다는 말을 듣는 편이다.	4	어려운 사람을 보면 마음이 안 좋다.	
	공평한 사람이 되고 싶다.	5	친절한 사람이 되고 싶다.	
	야단을 맞아도 울지 않는 편이다.	6	야단을 맞으면 눈물을 참을 수 없다.	
	직접적인 칭찬을 들으면 어색하다.	7	직접적인 칭찬을 들으면 기분 좋다.	
	논리적으로 설명을 잘 .한다.	8	이야기에 요점이 없을 때가 있다.	
	악당이 당하는 장면은 통쾌하다.	9	악당이지만 그래도 불쌍하다.	
	결정하는 일이 어렵지 않다.	10	양보를 잘하고 결정하기가 힘들다.	

활동지로 간단하게 자신의 유형을 판단한 뒤, 민샘은 전체 학생들을 일으켜 세워 그룹 짓기 활동을 진행했다.

"지금부터 샘이 상황을 설명하면 화면에 보이는 대로 자신에게 어울리는 곳으로 이동하면 돼. 오래 고민하지 말고 솔직하게 반응해 주기 바란다. 자, 문제 나간다. 나는 첫눈에 반할 만한 이성이 내 눈앞에 나타나면 다음과 같이 반응한다. 첫 번째는 당장 고백한다, 두 번째는 용기가 없어 당장에는 말 못 하고 나중에 고백한다, 세 번째는 끝까지 말 못 하고 짝사랑하다가 결국 마음에 병이 든다."

"샘, 문제가 너무 잔인해요. 거짓말을 할 수도 없고."

"희성아, 그냥 본능대로 움직이면 돼. 지금 바로 움직인다. 시~작!"

감정에 솔직한 유형과 신중하게 사고하는 유형을 재미있는 방식으로 풀어 본 것이다. 실제로 그룹을 지은 것을 보니, 당장 고백하는 유형의 친구들은 생각나는 대로 말하는 스타일이 모두 모였다.

"하영이와 찬형이는 다시 만났네. 철만이는 말 못 하고 병드는 쪽에 있구

나. 괜찮다. 샘도 옛날에 그쪽 출신이었어."

"샘, 이상한데요. 그럼 지금 결혼한 사모님 말고, 옛날에 좋아했지만 말 못한 여자 분이 있었다는 이야기네요?"

"어, 아니야!"

"어~ 왜 얼굴 빨개지세요. 찬형이 이야기가 맞나 봐요. 헤헤헤!"

판단의 유형에 따른 성향 T와 F

T는 사고형이고 F는 감정형을 말한다. 이는 판단과 결정을 하는 과정에서의 성격 유형을 구분하는 것이다.

선호 지표	T 사고형(Thinking)	F 감정형(Feeling)
설명	진실과 사실에 주 관심을 갖고, 논리적이고 분석적이며 객관적으로 판단한다.	사람과 관계에 주 관심을 갖고, 상황적이며 정상을 참작한 설명을 한다.
대표적 표현	진실, 사실에 주 관심 원리와 원칙 논거, 분석적 맞다, 틀리다 규범, 기준 중시 지적 논평	사람, 관계에 주 관심 의미와 영향 상황적, 포괄적 좋다, 나쁘다 나에게 주는 의미 중시 우호적 협조

"민샘, 그런데 왜 자기 발견에서 이러한 성향을 다루는 것이죠?"

"가장 중요한 질문을 해 주어서 고맙다. 하영아, 네 생각은 어떠니?"

"글쎄요. 자기 발견의 내용만으로는 뭔가가 부족해서 그럴까요?"

"뭐가 부족하지?"

"그러니까 자신이 직업을 선택할 수 있는 기초가 되는 가능성을 살펴보았지만, 그건 사실 자기의 입장이잖아요. 실제 그 직업에 자신이 맞는지는 알 수가 없죠. 그 일이 맞는지, 그 일을 위해 모인 사람들과 잘 맞는지 등 말이에요."

"하영이의 발표를 두 글자로 요약하면 답이 나온다. 적성."

민샘은 MT의 첫 번째 활동을 마무리하며, 네 가지 성격 유형을 다시 한 번 정리해 주었다. 그리고 각각의 성격 유형에 따른 직업군도 정리해 주었다.

적성 발견의 필요성

너무 사랑해서 결혼을 한 부부가 막상 함께 살면서 싸우는 경우가 있다. 결혼하기 전에는 서로의 매력과 강점, 능력 등에 끌리게 된다. 너무나 사랑해서 결혼을 했는데 왜 싸움이 일어나는가. 성격의 차이 때문이다. 자신의 지능, 재능, 흥미, 능력에 딱 맞는 직장에 들어갔는데 회사에 가기가 싫어지는 것은 무엇 때문인가. 많은 이유가 있지만 대부분 사람과의 관계 때문이거나, 생각했던 것만큼 일이 자신에게 맞지 않는 경우이다. 이러한 경우에 사용하는 말이 바로 적성이다. 적성은 국어사전에 표현된 것처럼, 어떤 일에 알맞은 소질이나 성격 등의 적응 능력이다. 자기 발견 이후에는 적성 발견이 시작된다. 적성 발견의 출발은 바로 '성향'이다.

나의 성향 알기: 에너지의 흐름

E는 외향형이고 I는 내향형입니다. 이것은 에너지나 주의 초점의 방향을 통해 성향을 구분하는 것입니다. 다음의 간단한 성향 검사를 하고, 자신의 에너지 방향에 대해 읽어본 후, 실제 자신의 평상시 모습이 어떤 면에서 이런 성향인지 경험을 토대로 기술합니다.

에너지 방향: E와 I 중에서 나는?				
	E		I	
√	외향형(Extroversion)		내향형(Introversion)	√
	여러 친구들과 많이 사귄다.	1	몇 명의 친구들과 깊이 사귄다.	
	낯선 곳에 심부름을 갈 수 있다.	2	낯선 곳에 심부름 가는 게 무섭다.	
	모임에서 말이 많은 편이다.	3	누가 물어볼 때에야 대답한다.	
	활발하고 적극적이라는 말을 많이 듣는다.	4	조용하고 차분하다는 말을 많이 듣는다.	
	내 기분을 즉시 남에게 알린다.	5	내 기분을 마음속에만 간직하고 있다.	
	많은 친구들에게 얘기하는 게 더 좋다.	6	친한 친구들에게 얘기하는 게 더 좋다.	
	친구들과 함께 공부하면 잘 된다.	7	나 혼자 공부하면 더 잘 된다.	
	책 읽는 것보다 사람 만나는 게 더 좋다.	8	사람 만나는 것보다 책 읽는 게 더 좋다.	
	글쓰기보다 말하기가 더 좋다.	9	말하기보다 글쓰기가 더 좋다.	
	생각이 바로 밖으로 표현된다.	10	생각에 빠질 때가 자주 있다.	
나의 에너지 방향은? (　　　　　)				

선호 지표	외향형(E)	내향형(I)
설명	폭넓은 대인 관계를 유지하며, 사교적이고 정열적이고 활동적이다.	깊이 있는 대인 관계를 유지하며, 조용하고 신중하며 이해한 다음에 경험한다.
대표적 표현	자기 외부에 주의 집중 외부 활동과 적극성 정열적, 활동적 말로 표현 경험한 다음에 이해 쉽게 알려짐	자기 내부에 주의 집중 내부 활동과 집중력 조용하고 신중 글로 표현 이해한 다음에 경험 서서히 알려짐

나의 성향 알기: 에너지의 흐름

E는 외향형이고 I는 내향형입니다. 이것은 에너지나 주의 초점의 방향을 통해 성향을 구분하는 것입니다. 다음의 간단한 성향 검사를 하고, 자신의 에너지 방향에 대해 읽어본 후, 실제 자신의 평상시 모습이 어떤 면에서 이런 성향인지 경험을 토대로 기술합니다.

에너지 방향: E와 I 중에서 나는?				
	E		I	
√	외향형(Extroversion)		내향형(Introversion)	√
	여러 친구들과 많이 사귄다.	1	몇 명의 친구들과 깊이 사귄다.	√
√	낯선 곳에 심부름을 갈 수 있다.	2	낯선 곳에 심부름 가는 게 무섭다.	
	모임에서 말이 많은 편이다.	3	누가 물어볼 때에야 대답한다.	√
	활발하고 적극적이라는 말을 많이 듣는다.	4	조용하고 차분하다는 말을 많이 듣는다.	√
	내 기분을 즉시 남에게 알린다.	5	내 기분을 마음속에만 간직하고 있다.	√
	많은 친구들에게 얘기하는 게 더 좋다.	6	친한 친구들에게 얘기하는 게 더 좋다.	√
	친구들과 함께 공부하면 잘 된다.	7	나 혼자 공부하면 더 잘 된다.	√
	책 읽는 것보다 사람 만나는 게 더 좋다.	8	사람 만나는 것보다 책 읽는 게 더 좋다.	√
	글쓰기보다 말하기가 더 좋다.	9	말하기보다 글쓰기가 더 좋다.	√
	생각이 바로 밖으로 표현된다.	10	생각에 빠질 때가 자주 있다.	√
	나의 에너지 방향은? (I)			

선호 지표	외향형(E)	내향형(I)
설명	폭넓은 대인 관계를 유지하며, 사교적이고 정열적이고 활동적이다.	깊이 있는 대인 관계를 유지하며, 조용하고 신중하며 이해한 다음에 경험한다.
대표적 표현	자기 외부에 주의 집중 외부 활동과 적극성 정열적, 활동적 말로 표현 경험한 다음에 이해 쉽게 알려짐	자기 내부에 주의 집중 내부 활동과 집중력 조용하고 신중 글로 표현 이해한 다음에 경험 서서히 알려짐

내가 어떤 에너지 흐름을 갖고 있는지 정확하게 알 것 같다. 평상시 나의 모습이 그대로 담겨 있다. 사람들과 함께 있기보다는 홀로 있는 것이 편하고, 말을 하기보다는 생각하기를 좋아하는 게 진짜 내가 편안하게 여기는 나의 모습이다. 물론 이런 성격에 장단점은 있겠지만, 중요한 것은 정말 나의 편안한 모습이 무엇인지를 정확하게 알았다는 것이다.

나의 성향 알기: 인식의 구분

S는 감각형이고 N은 직관형을 말합니다. 이는 정보 수집 과정에서의 인식 기능에 따라 성향을 구분하는 것입니다. 다음의 간단한 성향 검사를 하고, 자신의 인식 유형에 대해 읽어본 후, 실제 자신의 평상시 모습이 어떤 면에서 이런 성향인지 경험을 토대로 기술합니다.

정보 수집, 정보 인식: S와 N 중에서 나는?				
	S		N	
√	감각형(Sensing)		직관형(Intuition)	√
	구체적이고 정확한 표현을 기억한다.	1	상상 속의 이야기를 잘 만들어 낸다.	
	주변 사람의 외모나 특징을 기억한다.	2	물건을 잃어버릴 때가 종종 있다.	
	꾸준하고 참을성 있다는 말을 듣는다.	3	창의적이고 독창적이라는 말을 듣는다.	
	손으로 직접 하는 활동이 좋다.	4	기발한 질문을 많이 하는 편이다.	
	그려진 그림에 색칠하는 것이 더 좋다.	5	직접 선을 긋고 색칠하는 게 더 좋다.	
	자세한 내용을 잘 암기할 수 있다.	6	부분보다는 전체의 틀이 잘 보인다.	
	남들 하는 대로 따라 하는 게 편하다.	7	스스로 나만의 방법을 만드는 게 편하다.	
	"그게 진짜야?" 식의 질문을 한다.	8	공상 속에 친구가 있기도 하다.	
	꼼꼼하다는 말을 자주 듣는다.	9	'하고 싶다, 되고 싶다'는 꿈이 많다.	
	관찰을 통해 더 잘 배운다.	10	누구나 하는 일은 재미가 없다.	
	나의 인식 기능은? ( )			

선호 지표	감각형(S)	직관형(N)
설명	오감에 의존하며 실제의 경험을 중시한다. 현재에 초점을 맞추고 일처리를 정확하고 철저하게 한다.	육감 내지 영감에 의존하며, 미래지향적이고 가능성과 의미를 추구하며, 일처리를 신속하고 비약적으로 한다.
대표적 표현	현재에 초점 실제의 경험 정확하고 철저한 일 처리 사실적 사건 묘사 나무를 보려는 경향 가꾸고 추수함	미래 가능성에 초점 아이디어 신속하고 비약적인 일 처리 비유적 · 암시적 묘사 숲을 보려는 경향 씨를 뿌림

나의 성향 알기: 인식의 구분

S는 감각형이고 N은 직관형을 말합니다. 이는 정보 수집 과정에서의 인식 기능에 따라 성향을 구분하는 것입니다. 다음의 간단한 성향 검사를 하고, 자신의 인식 유형에 대해 읽어본 후, 실제 자신의 평상시 모습이 어떤 면에서 이런 성향인지 경험을 토대로 기술합니다.

정보 수집, 정보 인식: S와 N 중에서 나는?				
	S		N	
√	감각형(Sensing)		직관형(Intuition)	√
√	구체적이고 정확한 표현을 기억한다.	1	상상 속의 이야기를 잘 만들어 낸다.	
√	주변 사람의 외모나 특징을 기억한다.	2	물건을 잃어버릴 때가 종종 있다.	
√	꾸준하고 참을성 있다는 말을 듣는다.	3	창의적이고 독창적이라는 말을 듣는다.	
√	손으로 직접 하는 활동이 좋다.	4	기발한 질문을 많이 하는 편이다.	√
	그려진 그림에 색칠하는 것이 더 좋다.	5	직접 선을 긋고 색칠하는 게 더 좋다.	√
	자세한 내용을 잘 암기할 수 있다.	6	부분보다는 전체의 틀이 잘 보인다.	√
	남들 하는 대로 따라 하는 게 편하다.	7	스스로 나만의 방법을 만드는 게 편하다.	
√	"그게 진짜야?" 식의 질문을 한다.	8	공상 속에 친구가 있기도 하다.	
√	꼼꼼하다는 말을 자주 듣는다.	9	'하고 싶다, 되고 싶다'는 꿈이 많다.	
√	관찰을 통해 더 잘 배운다.	10	누구나 하는 일은 재미가 없다.	
	나의 인식 기능은? (S)			

선호 지표	감각형(S)	직관형(N)
설명	오감에 의존하며 실제의 경험을 중시한다. 현재에 초점을 맞추고 일처리를 정확하고 철저하게 한다.	육감 내지 영감에 의존하며, 미래지향적이고 가능성과 의미를 추구하며, 일처리를 신속하고 비약적으로 한다.
대표적 표현	현재에 초점 실제의 경험 정확하고 철저한 일 처리 사실적 사건 묘사 나무를 보려는 경향 가꾸고 추수함	미래 가능성에 초점 아이디어 신속하고 비약적인 일 처리 비유적 · 암시적 묘사 숲을 보려는 경향 씨를 뿌림

친구 중에 나와 정반대인 사람이 있다. 그 친구는 아이디어가 많고 꼭 이상한 질문을 던진다. 가끔은 내가 말한 내용을 정확하게 이해했는지 의심이 들기도 한다. 그 친구는 흥분해서 꿈을 꾸듯 나에게 이야기하는 것을 좋아하고, 나는 그 친구의 말 중에 사실인 것만 받아들인다. 가끔은 그 친구 말을 잘라 버리기도 한다. 이것이 바로 인식의 차이이구나!

나의 성향 알기: 판단의 구분

T는 사고형이고 F는 감정형을 말합니다. 이는 판단과 결정을 하는 과정에서 성격 유형을 구분하는 것입니다. 다음의 간단한 성향 검사를 하고, 자신의 판단 유형에 대해 읽어본 후, 실제 자신의 평상시 모습이 어떤 면에서 이런 성향인지 경험을 토대로 기술합니다.

판단과 결정: T와 F 중에서 나는?				
	T		F	
√	사고형(Thinking)		감정형(Feeling)	√
	'왜' 라는 질문을 자주 한다.	1	남의 말을 잘 따르는 편이다.	
	의지가 강한 편이다.	2	인정이 많다는 말을 듣는 편이다.	
	꼬치꼬치 따지기를 잘하는 편이다.	3	협조적이고 순한 편이다.	
	참을성이 있다는 말을 듣는 편이다.	4	어려운 사람을 보면 마음이 안 좋다.	
	공평한 사람이 되고 싶다.	5	친절한 사람이 되고 싶다.	
	야단을 맞아도 울지 않는 편이다.	6	야단을 맞으면 눈물을 참을 수 없다.	
	직접적인 칭찬을 들으면 어색하다.	7	직접적인 칭찬을 들으면 기분 좋다.	
	논리적으로 설명을 잘한다.	8	이야기에 요점이 없을 때가 있다.	
	악당이 당하는 장면은 통쾌하다.	9	악당이지만 그래도 불쌍하다.	
	결정하는 일이 어렵지 않다.	10	양보를 잘하고 결정하기가 힘들다.	
나의 판단 기능은 ( )				

선호 지표	사고형(T)	감정형(F)
설명	진실과 사실에 주 관심을 갖고, 논리적 · 분석적 · 객관적으로 판단한다.	사람과 관계에 주 관심을 갖고, 상황적이며 정상을 참작한 설명을 한다.
대표적 표현	진실, 사실에 주 관심 원리와 원칙 논거, 분석적 맞다, 틀리다 규범, 기준 중시 지적 논평	사람, 관계에 주 관심 의미와 영향 상황적, 포괄적 좋다, 나쁘다 나에게 주는 의미 중시 우호적 협조

나의 성향 알기: 판단의 구분

T는 사고형이고 F는 감정형을 말합니다. 이는 판단과 결정을 하는 과정에서 성격 유형을 구분하는 것입니다. 다음의 간단한 성향 검사를 하고, 자신의 판단 유형에 대해 읽어본 후, 실제 자신의 평상시 모습이 어떤 면에서 이런 성향인지 경험을 토대로 기술합니다.

판단과 결정: T와 F 중에서 나는?				
	T		F	
√	사고형(Thinking)		감정형(Feeling)	√
√	'왜' 라는 질문을 자주 한다.	1	남의 말을 잘 따르는 편이다.	
√	의지가 강한 편이다.	2	인정이 많다는 말을 듣는 편이다.	
	꼬치꼬치 따지기를 잘하는 편이다.	3	협조적이고 순한 편이다.	√
√	참을성이 있다는 말을 듣는 편이다.	4	어려운 사람을 보면 마음이 안 좋다.	
	공평한 사람이 되고 싶다.	5	친절한 사람이 되고 싶다.	√
√	야단을 맞아도 울지 않는 편이다.	6	야단을 맞으면 눈물을 참을 수 없다.	
√	직접적인 칭찬을 들으면 어색하다.	7	직접적인 칭찬을 들으면 기분 좋다.	
√	논리적으로 설명을 잘한다.	8	이야기에 요점이 없을 때가 있다.	
√	악당이 당하는 장면은 통쾌하다.	9	악당이지만 그래도 불쌍하다.	
√	결정하는 일이 어렵지 않다.	10	양보를 잘하고 결정하기가 힘들다.	
나의 판단 기능은? (T)				

선호 지표	사고형(T)	감정형(F)
설명	진실과 사실에 주 관심을 갖고, 논리적 · 분석적 · 객관적으로 판단한다.	사람과 관계에 주 관심을 갖고, 상황적이며 정상을 참작한 설명을 한다.
대표적 표현	진실, 사실에 주 관심 원리와 원칙 논거, 분석적 맞다, 틀리다 규범, 기준 중시 지적 논평	사람, 관계에 주 관심 의미와 영향 상황적, 포괄적 좋다, 나쁘다 나에게 주는 의미 중시 우호적 협조

나는 친구들에게 가끔 냉정하다는 말을 듣는다. 친구가 잘못한 것에 대해서는 돌리지 않고 말하기 때문이다. 나는 그렇게 말하는 것이 그 친구를 도와주는 것이라고 확신한다. 하지만 이 검사를 해 보니, 만약 나와 반대인 '감정형' 친구가 냉정한 질책을 들으면 매우 마음이 아플 거라는 생각이 들었다. 한편 나는 매우 신중하게 결정한다. 마음이 끌리더라도 좀 더 신중하게 고려해서 판단한다. 판단하는 과정에서 너무 원칙적이고 답답한 면이 있는 점은 조금씩 고치려고 한다.

나의 성향 알기: 생활의 구분

J는 판단형이고 P는 인식형입니다. 이는 생활 방식으로 구분되는 성향의 차이를 말합니다. 다음의 간단한 성향 검사를 하고, 자신의 생활 유형에 대해 읽어본 후, 실제 자신의 평상시 모습이 어떤 면에서 이런 성향인지 경험을 토대로 기술합니다.

행동 양식: J와 P 중에서 나는?				
	J		P	
√	판단형(Judging)		인식형(Perceiving)	√
	공부나 일을 먼저 하고 논다.	1	먼저 놀고 난 후에 일을 한다.	
	쫓기면서 일하는 게 싫다.	2	막판에 몰아서 일할 수도 있다.	
	정리 정돈된 깨끗한 방이 좋다.	3	방이 어지러워도 상관없다.	
	사전에 계획을 짜는 편이다.	4	계획을 짜는 것은 왠지 불편하다.	
	규칙적인 생활을 하는 편이다.	5	상황에 따라 유연하게 행동한다.	
	준비물을 잘 챙기는 편이다.	6	준비물을 잘 잊어버리는 편이다.	
	계획에 없던 일이 생기면 짜증이 난다.	7	틀에 박힌 생활은 재미가 없다.	
	목표가 뚜렷하고 실천을 잘한다.	8	색다른 것이 좋고 짧은 공상을 한다.	
	계획적으로 일을 하는 편이다.	9	그때그때 일을 해치우는 편이다.	
	남의 지시에 따르는 편이다.	10	내 마음을 따라 행동하는 편이다.	
나의 생활 방식은? (　　　　　　)				

선호 지표	판단형(J)	인식형(P)
설명	분명한 목적과 방향이 있으며, 기한을 엄수하고, 철저히 사전에 계획하고 체계적이다.	목적과 방향은 변화 가능하고, 상황에 따라 일정이 달라지며, 자율적이고 융통성이 있다.
대표적 표현	정리 정돈과 계획 의지적 추진 신속한 결론 통제와 조정 분명한 목적의식과 방향 감각 뚜렷한 기준과 자기 의사	상황에 맞추는 개방성 이해로 수용 유유자적한 과정 융통과 적응 목적 방향은 변할 수 있다는 개방성 재량에 따라 처리할 수 있는 포용성

나의 성향 알기: 생활의 구분

J는 판단형이고 P는 인식형입니다. 이는 생활 방식으로 구분되는 성향의 차이를 말합니다. 다음의 간단한 성향 검사를 하고, 자신의 생활 유형에 대해 읽어본 후, 실제 자신의 평상시 모습이 어떤 면에서 이런 성향인지 경험을 토대로 기술합니다.

행동 양식: J와 P 중에서 나는?				
	J		P	
√	판단형(Judging)		인식형(Perceiving)	√
√	공부나 일을 먼저 하고 논다.	1	먼저 놀고 난 후에 일을 한다.	
√	쫓기면서 일하는 게 싫다.	2	막판에 몰아서 일할 수도 있다.	
√	정리 정돈된 깨끗한 방이 좋다.	3	방이 어지러워도 상관없다.	
√	사전에 계획을 짜는 편이다.	4	계획을 짜는 것은 왠지 불편하다.	
√	규칙적인 생활을 하는 편이다.	5	상황에 따라 유연하게 행동한다.	
√	준비물을 잘 챙기는 편이다.	6	준비물을 잘 잊어버리는 편이다.	
√	계획에 없던 일이 생기면 짜증이 난다.	7	틀에 박힌 생활은 재미가 없다.	
√	목표가 뚜렷하고 실천을 잘한다.	8	색다른 것이 좋고 짧은 공상을 한다.	
√	계획적으로 일을 하는 편이다.	9	그때그때 일을 해치우는 편이다.	
	남의 지시에 따르는 편이다.	10	내 마음을 따라 행동하는 편이다.	√
	나의 생활 방식은? (J)			

선호 지표	판단형(J)	인식형(P)
설명	분명한 목적과 방향이 있으며, 기한을 엄수하고, 철저히 사전에 계획하고 체계적이다.	목적과 방향은 변화 가능하고, 상황에 따라 일정이 달라지며, 자율적이고 융통성이 있다.
대표적 표현	정리 정돈과 계획 의지적 추진 신속한 결론 통제와 조정 분명한 목적의식과 방향 감각 뚜렷한 기준과 자기 의사	상황에 맞추는 개방성 이해로 수용 유유자적한 과정 융통과 적응 목적 방향은 변할 수 있다는 개방성 재량에 따라 처리할 수 있는 포용성

그러고 보니 나와 동생이 싸우는 이유를 이제야 알겠다. 나와 동생은 같은 방을 사용한다. 동생은 방을 너무 지저분하게 사용한다. 나는 도저히 지저분한 방을 볼 수가 없어 동생에게 늘 엄마처럼 잔소리를 한다. 결국 청소는 내가 한다. 불만은 쌓일 대로 쌓여 이제 폭발하기 일보 직전이다. 그런데 성향을 확인해 보니 동생과 나는 정반대이다. 동생은 평상시에는 공부를 하지 않고 미루다가 시험 전에 온몸을 불사른다. 그런 점도 나와는 차이가 많다.
기본적으로 다른 성향이라는 사실을 이제 인정하고 동생을 보아야겠다.

꼭! 작성해 보세요 | 포트폴리오 활동 5

나의 성향에 맞는 직업군 살피기

앞서 한 네 가지 성향 검사를 모아 자신의 성향 검사 결과에 해당하는 프로 파일을 읽습니다. 그리고 프로 파일 내용이 자신의 성향을 잘 나타내고 있는지 살핍니다.

ISTJ 신중하고 조용하며, 집중력이 강하고 매사에 철저하며, 사리 분별력이 뛰어나다.

실제 사실에 대하여 정확하고 체계적으로 기억하며, 일 처리에서도 신중하며 책임감이 강하다. 집중력이 강한 현실감각을 지녔으며, 조직적이고 침착하다. 보수적인 경향이 있으며, 문제를 해결하는 데 과거의 경험을 잘 적용하며, 반복되는 일상적인 일에 대한 인내력이 강하다.

자신과 타인의 감정과 기분을 배려하며, 전체적이고 타협적 방안을 고려하는 노력이 때로 필요하다. 정확성과 조직력을 발휘하는 분야의 일을 선호한다. 즉 회계, 생산, 건축, 의료, 사무직, 관리직 등에서 능력을 발휘하며, 위기 상황에서도 안정되어 있다.

ISFJ 조용하고 차분하며, 친근하고 책임감이 있으며, 헌신적이다.

책임감이 강하고 온정적이며, 헌신적이고 침착하며, 인내력이 강하다. 다른 사람의 사정을 고려하며, 자신과 타인의 감정에 민감하며, 현실 감각을 갖고 실제적이고 조직적으로 일 처리를 한다. 경험을 통해서 자신이 틀렸다고 인정할 때까지 어떠한 난관이 있어도 꾸준히 밀고 나가는 형이다.

때로 의존적이고 독창성이 요구되며, 타인에게 자신을 충분히 명확하게 표현하는 것이 필요할 때가 있다. 타인의 관심과 관찰력이 필요한 분야, 즉 의료, 간호, 교직, 사무직, 사회사업에 적합하다. 이들이 일을 하고, 세상에 대처할 때 그들의 행동은 분별력이 있다.

ISTP 조용하고 과묵하고 절제된 호기심으로 인생을 관찰하며, 상황을 파악하는 민감성과 도구를 다루는 뛰어난 능력이 있다.

말이 없고 객관적으로 인생을 관찰하는 형이다. 필요 이상으로 자신을 발휘하지 않으며, 일과 관계되지 않는 이상 어떤 상황이나 인간 관계에 직접 뛰어들지 않는다. 가능한 에너지 소비를 하지 않으려 하며, 사람에 따라 사실적 자료를 정리·조직하길 좋아하며, 기계를 만지거나 인과 관계나 객관적 원리에 관심이 많다.

연장, 도구, 기계를 다루는 데 뛰어나며, 사실들을 조직화하는 재능이 많으므로 법률, 경제, 마케팅, 판매 통계 분야에 능력을 발휘한다. 민첩하게 상황을 파악하는 능력이 있다.

느낌이나 감정, 타인에 대한 마음을 표현하기 어려워한다.

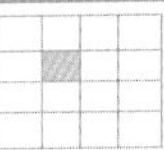

ISFP 말없이 다정하고 온화하며, 친절하고 연기력이 뛰어나며, 겸손하다.

말없이 다정하고, 양털 안감을 넣은 오버코트처럼 속마음이 따뜻하고 친절하다. 그러나 상대방을 잘 알게 될 때까지 이 따뜻함을 잘 드러내지 않는다.

동정적이며, 모든 성격 유형 중 자기 능력에 대해서 가장 겸손하고 적응력과 관용성이 많다. 자신의 의견이나 가치를 타인에게 강요하지 않으며, 반대 의견이나 충돌을 피하고 인화를 중시한다.

인간과 관계되는 일을 할 때 자신과 타인의 감정에 지나치게 민감하고, 결정력과 추진력이 필요할 때가 많다.

일상 활동에서 관용적, 개방적, 융통성, 적응력이 있다.

ESTP 현실적인 문제 해결에 능하며, 적응력이 강하고 관용적이다.

사실적이고 관대하며, 개방적이고 사람이나 일에 대한 선입관이 별로 없다. 강한 현실 감각으로 타협책을 모색하고 문제를 해결하는 능력이 뛰어나다. 적응을 잘하고 친구를 좋아하며, 긴 설명을 싫어하고, 운동, 음식, 다양한 활동 등 주로 오관으로 보고, 듣고, 만질 수 있는 생활의 모든 것을 즐기는 형이다.

순발력이 뛰어나며, 많은 사실들을 쉽게 기억하고, 예술적인 멋과 판단력을 지니고 있으며, 연장이나 재료를 다루는 데 능숙하다. 논리 분석적으로 일을 처리하고, 추상적인 아이디어나 개념에 대해 별로 흥미가 없다.

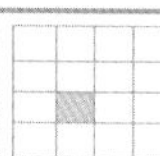

ESFP 사교적이고 활동적이며, 수용적이고 친절하며 낙천적이다.

현실적이고 실제적이며 친절하다. 어떤 상황이든 잘 적응하며 수용력이 강하고 사교적이다. 주위의 사람이나 사물을 다루는 사실적인 상식이 풍부하다.

물질 소유나 운동 등의 실생활을 즐기며, 상식과 실제 능력을 필요로 하는 분야의 일, 즉 의료, 판매, 교통, 유흥업, 간호직, 비서직, 사무직, 감독직, 기계를 다루는 분야를 선호한다.

때로는 조금 수다스럽고 깊이가 없으며 마무리를 등한시하는 경향이 있으나, 어떤 조직체나 공동체에서 밝고 재미있는 분위기를 조성하는 역할을 한다.

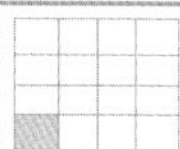

ESTJ 구체적이고 현실적이고 사실적이며, 활동을 조직화하고 주도해 나가는 지도력이 있다.

실질적이고 현실 감각이 뛰어나며, 일을 조직하고 계획하여 추진시키는 능력이 있다. 기계나 행정 분야에 재능을 가졌으며, 체계적으로 사업체나 조직체를 이끌어 나간다. 타고난 지도자로서 일의 목표를 설정하고, 지시하고, 결정하고 이행하는 능력이 있다. 결과를 눈으로 볼 수 있는 일, 즉 사업가, 행정 관리, 생산, 건축 등의 분야에서 능력을 발휘할 수 있다. 속단 속결하는 경향과 지나치게 업무 위주로 사람을 대하는 경향이 있으므로 인간 중심의 가치와 타인의 감정을 충분히 고려해야 한다. 또 미래의 가능성보다 현재의 사실을 추구하기 때문에 현실적, 실용적인 면이 강하다.

ESFJ 마음이 따뜻하고 이야기하기 좋아하며, 양심 바르고 인화를 잘 이룬다.

동정심이 많고 다른 사람에게 관심을 쏟으며, 인화를 중시한다. 타고난 협력자로서 동료애가 많고, 친절하며 능동적인 구성원이다. 이야기하기를 즐기며, 정리 정돈을 잘하고 참을성이 많으며, 다른 사람을 잘 도와준다.

사람을 다루고 행동을 요구하는 분야로 교직, 성직, 판매, 특히 동정심을 필요로 하는 간호나 의료 분야에 적합하다. 일이나 사람들에 대한 문제에 대하여 냉철한 입장을 취하는 것을 어려워한다. 반대 의견에 부딪혔을 때나 자신의 요구가 거절당했을 때 마음의 상처를 받는다.

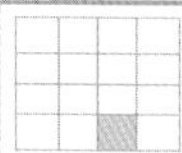

ENFJ 따뜻하고 적극적이며, 책임감이 강하고 사교성이 풍부하며, 동정심이 많다.

민첩하고 동정심이 많고 사교적이며, 인화를 중요시하고 참을성이 많다. 다른 사람들의 생각이나 의견에 진지한 관심을 가지고 공동선을 위하여 다른 사람의 의견에 대체로 동의한다. 현재보다는 미래의 가능성을 추구하며, 편안하고 능란하게 계획을 제시하고 집단을 이끌어 가는 능력이 있다.

사람을 다루는 교직, 성직, 심리 상담 치료, 예술, 문학, 외교, 판매 등에 적합하다.

때로는 다른 사람들의 좋은 점을 지나치게 이상화하고 맹목적 충성을 보이는 경향이 있으며, 다른 사람들에 대해서도 자기와 같을 것이라고 생각하는 경향이 있다.

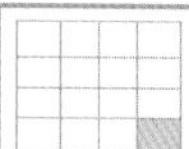

ENTJ 열성이 많으며, 솔직하고 단호하며, 지도력과 통솔력이 있다.

활동적이고 솔직하며, 결정력과 통솔력이 있고, 장기적 계획과 거시적 안목을 선호한다. 지식에 대한 욕구와 관심이 많으며, 특히 지적인 자극을 주는 새로운 아이디어에 높은 관심을 가진다. 일 처리에 있어 사전 준비를 철저히 하며, 논리적·분석적으로 계획하고 조직하여 체계적으로 추진해 나가는 형이다.

다른 사람의 의견에 귀를 기울일 필요가 있으며, 자신과 타인의 감정에 충실해야 한다. 자신의 느낌이나 감정을 인정하고 표현함이 중요하며, 성급한 판단이나 결론은 피해야 한다. 그렇지 않으면 누적된 감정이 크게 폭발할 가능성도 있다.

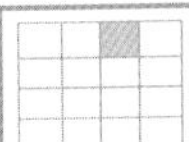

INFJ 인내심이 많고 통찰력과 직관력이 뛰어나며, 양심이 바르고 화합을 추구한다.

창의력과 통찰력이 뛰어나며, 강한 직관력으로 말없이 타인에게 영향력을 끼친다. 독창성과 내적 독립심이 강하며, 확고한 신념과 열정으로 자신의 영감을 구현시켜 나가는 정신적 지도자들이 많다.
직관력과 사람 중심의 가치를 중시하는 성직, 심리학, 심리 치료와 상담, 예술과 문학 분야에 적합하다. 기술적인 분야로는 순수 과학과 연구 개발 분야로, 새로운 시도에 대한 열성이 대단하다.
한 곳에 몰두하는 경향으로 목적 달성에 필요한 주변적인 조건들을 경시하기 쉽고, 자기 안의 갈등이 많고 복잡하다. 이들은 풍부한 내적인 생활을 소유하고 있으며, 내면의 반응을 좀처럼 남과 공유하기 어려워한다.

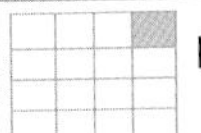

INTJ 사고가 독창적이며, 창의력과 비판 분석력이 뛰어나며, 내적 신념이 강하다.

행동과 사고가 독창적이고 강한 직관력을 지녔다. 자신이 가진 영감과 목적을 실현시키려는 의지와 결단력과 인내심을 가지고 있다. 자신과 타인의 능력을 중시하며, 목적 달성을 위하여 온 시간과 노력을 바쳐 일한다.
직관력과 통찰력이 활용되는 분야, 즉 과학, 엔지니어링, 발명, 정치, 철학 분야 등에서 능력을 발휘한다.
냉철한 분석력 때문에 일과 사람을 있는 그대로의 사실적인 면을 보고자 하는 노력이 필요하며, 타인의 감정을 고려하고 타인의 관점에 진지하게 귀 기울이는 것이 바람직하다.

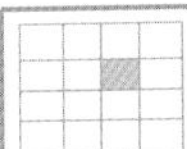

INFP 정열적이고 충실하며, 목가적이고 낭만적이며, 내적 신념이 깊다.

마음이 따뜻하고 조용하며, 자신이 관계하는 일이나 사람에 대하여 책임감이 강하고 성실하다. 이해심이 많고 관대하며, 자신이 지향하는 이상에 대하여 정열적인 신념을 가졌으며, 남을 지배하거나 좋은 인상을 주고자 하는 경향이 거의 없다.
완벽주의적이고 노동의 대가를 넘어서 자신이 하는 일에 흥미를 찾고자 하는 경향이 있으며, 인간 이해와 인간 복지에 기여할 수 있는 일을 하기를 원한다. 언어, 문학, 상담, 심리학, 과학, 예술 분야에서 능력을 발휘한다.
자신의 이상과 현실이 안고 있는 실제 상황을 고려하는 능력이 필요하다.

INTP 조용하고 과묵하며, 논리와 분석으로 문제를 해결하기 좋아한다.

과묵하나 관심이 있는 분야에 대해서는 말을 잘하며, 이해가 빠르고 높은 직관력으로 통찰하는 재능과 지적 호기심이 많다. 개인적인 인간 관계나 친목회 혹은 잡담 등에는 별로 관심이 없으며, 매우 분석적이고 논리적이며 객관적 비평을 잘한다.
지적 호기심을 발휘할 수 있는 분야, 즉 순수 과학, 연구, 수학, 엔지니어링 분야나 추상적 개념을 다루는 경제, 철학, 심리학 분야의 학문을 좋아한다.
지나치게 추상적이고 비현실적이며, 사교성이 결여되기 쉬운 경향이 있고, 때로는 자신의 지적 능력을 은근히 과시하는 수가 있기 때문에 거만하게 보일 수 있다.

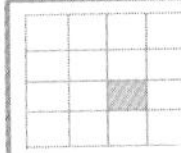

ENFP 따뜻하고 정열적이고 활기에 넘치며, 재능이 많고 상상력이 풍부하다.

온정적이고 창의적이며, 항상 새로운 가능성을 찾고 시도하는 형이다. 문제 해결에 재빠르고 관심이 있는 일은 무엇이든지 수행해 내는 능력과 열성이 있다. 다른 사람들에게 관심을 쏟으며, 사람들을 잘 다루고 뛰어난 통찰력으로 도움을 준다.
상담, 교육, 과학, 저널리스트, 광고, 판매, 성직, 작가 등의 분야에서 뛰어난 재능을 보인다.
반복되는 일상적인 일은 참지 못하고 열성이 나지 않는다. 또한 한 가지 일을 끝내기도 전에 다른 일을 또 벌이는 경향이 있다. 통찰력과 창의력이 요구되지 않는 일에는 흥미를 느끼지 못하고 열성을 불러일으키지 못한다.

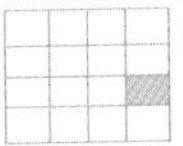

ENTP 민첩하고 독창적이고 안목이 넓으며, 다방면에 관심과 재능이 많다.

독창적이고 창의력이 풍부하며, 넓은 안목을 갖고 있으며 다방면에 재능이 많다. 풍부한 상상력과 새로운 일을 시도하는 솔선 성향이 강하며 논리적이다. 새로운 문제나 복잡한 문제에 해결 능력이 뛰어나며, 사람들의 동향에 대해 기민하고 박식하다.
그러나 일상적이고 세부적인 일을 경시하고 태만하기 쉽다. 즉, 새로운 도전이 없는 일에는 흥미가 없으나 관심이 있는 일에는 대단한 수행 능력을 발휘한다. 발명가, 과학자, 문제 해결사, 저널리스트, 마케팅, 컴퓨터 분석 등에 탁월한 능력이 있다. 때로 경쟁적이고 현실보다는 이론에 더 밝은 편이다.

꼭! 작성해 보세요 | 포트폴리오 활동 6

성향에 따른 직업군 탐색하기

자신의 성격 유형 검사* 결과를 토대로 아래의 직업군을 살핍니다. 해당되는 직업군의 목록을 보고, 자신의 이전 자기 발견(지능, 흥미, 재능, 능력)과 유사한 직업이 있는지 먼저 살핍니다. 또는 좀 더 알아보고 싶은 직업이 있는지 살핍니다.

나의 성격 유형은: ____________________ 형

성격유형	직업의 종류
ISTJ	도시개발자, 경찰, 중소기업 관리자, 회계사, 교사, 전기기사, 엔지니어, 장교, 경영컨설턴트, 법관, 병리학자
ISFJ	성직자, 간호사, 사무관리자, 교사 헤어 디자이너, 항공공학자, 요식업 종사자, 아동보육사, 영양사
INFJ	종교교육 지도자, 순수 예술가, 사이코 드라마 치료자, 목사, 의사, 심리학자, 상담사, 언론매체 전문가, 행정가, 마케팅 전문가
INTJ	건축가, 법조인, 컴퓨터 전문가, 경영 컨설턴트, 사회 사업가, 엔지니어, 과학자, 컴퓨터 시스템 분석가, 전기 기술자, 디자이너, 장교
ISTP	농부, 장교, 엔지니어, 치과 위생사, 청소 서비스업, 조사 연구원, 건설 노동자, 요리사, 기능직 종사자, 공원 감시원, 관리인, 언론매체 전문가, 교사
ISFP	조사 연구원, 사무 관리자, 간호사, 방사선과 기사, 건강교육 지도자, 경찰관, 요식업 종사자, 아동 보육사
INFP	예술가, 건축가, 연구 보조원, 사회 과학자, 언론인, 실험실 기사, 물리 치료사, 도서관 사서, 공중보건 전문가, 성직자, 의사, 디자이너
INTP	화학자, 컴퓨터 전문가, 건축가, 순수 예술가, 조사 연구원, 사회 과학자, 사진사, 언론인, 생물학자, 배우, 대학교수, 치과의사, 편집자, 심리학자, 법률가
ESTP	마케팅 전문가, 형사, 사회복지사, 행정 관리자, 구매 담당자, 검안사, 약사, 금융업 종사자, 자영업, 전기기사
ESFP	아동보육사, 운송업 종사자, 도서관 직원, 회계원, 디자이너, 유치원 교사, 보험대리인, 요식업자, 헤어 디자이너
ENFP	사이코 드라마 치료사, 언론인, 상담사, 심리학자, 성직자, 작가, 관리직원, 교사, 간호 보조원, 의료 보조사, 편집자, 경영 분석가
ENTP	사진사, 마케팅 전문가, 언론인, 배우, 정신과 의사, 건축가, 예술가, 연예인, 전기 기술자, 연구원
ESTJ	중소 기업이나 소매 관리자. 소방 관리자, 구매 담당자, 상업 교사, 재정 관리자, 은행원, 경영 컨설턴트, 판사, 회계사, 가게 주인
ESFJ	교사, 미용사, 요식업자, 경호원, 형사, 사회복지사, 간호사
ENFJ	종교교육 지도자, 목사, 순수 예술가, 상담사, 검안사, 음악가 혹은 작곡가, 예술가 혹은 연예인, 치과 위생사, 도서관 안내원, 아동 보육 종사자
ENTJ	경영 컨설턴트, 변호사, 컴퓨터 시스템 분석가, 마케팅 전문가, 과학자, 생물학자, 심리학자, 사회복지 종사자, 배우, 은행원, 치과의사

자기 발견과 겹치는 직업군	더 알아보고 싶은 직업군

* 전문 연구기관을 통해 진행할 것을 권함. 그 경우 더욱 정확한 결과를 얻을 수 있음

생생! 직업인 이야기

건물이 아니라 이미지를 짓는 예술가

건축 디자이너

"마음을 짓습니다. 진심을 짓습니다."
이런 광고 카피를 보신 적이 있나요? 집을 짓는다는 것은 다소 딱딱하고 거친 느낌일 수 있지만, 광고 카피는 건축에 대해 바뀐 이미지를 보여 주고 있습니다. 최근의 건축은 사람들의 마음을 잘 헤아리는 서비스로 바뀌었습니다. 공사가 진행 중인 곳에 가면 높은 가림막이 있고, 거기에는 예쁜 그림들이 그려져 있습니다. 아파트 안에는 자연, 쉼, 건강, 웃음 등의 키워드에 맞는 정원, 숲길, 공연장, 조깅 트랙 등이 있습니다. 텔레비전의 아파트 광고에서는 건물은 보이지 않고 '행복해 하는 사람들'의 이미지만 강조합니다.
이것이 바뀐 트렌드입니다. 건축 디자이너는 이런 변화를 먼저 이해해야 합니다. 설계부터 시작하여 완공 단계까지 전체를 보고 꿈을 꾸는 사람이기 때문입니다. 사람들의 마음에 다가갈 수 있는 이미지를 찾는 작업이 건축 디자이너의 가장 큰 역할입니다.

14 절대로 포기 못 해!

가장 소중한 것은 무엇일까

우리들의 고민 편지

학교에서 실시하는 다양한 진로 적성 검사에 지친 중학교 2학년 K군. 적성 검사를 통해 나온 결과가 만족스럽지 않기 때문이다. 직업명을 보았을 때 '이 직업이 정말 나에게 맞을까?' 하는 생각이 들곤 한다. 뭔가 2퍼센트 부족한 것 같다. 정말 자신이 소중히 여기는 것들을 이 직업을 통해 이룰 수 있을지 의심이 들기 시작한다. 자신이 너무 까다롭게 생각하는 것인지 궁금하다. 지나치게 신중한 것이 문제일까. 그래서 그는 또 다른 적성 검사를 기웃거리고 있다.

– 온라인 캠프에 올라온 진로 고민 편지

"배가 가라앉고 있다. 그런데 위 인물들 중에 5명만 구명보트에 태울 수 있다."

"너무 잔인해요. 어떻게 5명만 태워요?"

"다른 친구들도 수희의 생각과 비슷할 거야. 하지만 우리는 살면서 많은 일을 겪지. 그리고 대부분의 경우 선택을 해야 한다. 이번 활동은 바로 그런 선택의 미션이야. 조별로 충분히 토론하고 의견을 모아 봐. 같은 조 안에서 의견을 모으는 것부터 매우 어려울 거야. 수희야, 혹시 궁금한 거 더 없니?"

"꼭 지켜야 할 조건은 더 없나요?"

"있다. 반드시 모든 조원이 만장일치로 의견을 모아서, 구명보트에 태울 인원을 결정해야 한다. 의견이 엇갈릴 경우에는 끝까지 토론을 해서 서로를 설득해야 한다."

조별로 토론이 시작되었다. 처음에는 조용한 목소리로 차분하게 이야기가 오갔다. 생각보다 대화가 잘 풀리는 모양이다. 하지만 이윽고 한두 명의 목소리가 커지더니 심지어는 더듬거리는 철만이의 목소리도 커졌다. 10분이 지나자 숙소 안은 벌집처럼 윙윙거리기 시작했다. 다른 조가 흥분해서 목소리를 높이니, 거기에 자극을 받고 더 큰 소리로 토론을 했고, 그 중에 의견이 첨예하게 엇갈리는 학생끼리 맞붙은 경우에는 싸우는 것처럼 소리를 질렀다. 그 중 가장 큰 소리가 나는 곳이 있었다.

"승헌이, 너! 어떻게 그럴 수가 있어? 8명은 죽어야 하는 상황인데, 자신을 보트에 태울 5명에 포함시킨다는 것은 이기적인 태도라고 생각해!"

"하영아, 그것은 이기적인 게 아니라 인간의 기본적인 본능이야. 타인을 생각하는 아름다운 희생을 이야기하지만, 자신의 생명보다 더 중요한 것은 없어."

"만약 그 논리라면 역사 속에서 타인을 위해 희생한 수많은 사람들은 인간의 본능을 몰라서 그랬을까?"

"극소수의 경우를 다수의 상황으로 일반화시키는 것은 곤란해. 물론 그런 희생은 아름답고 고귀하지만, 사건이 일어나기 전에 어떤 개인에게 그런 희생을 강요하는 것은 이치에 어긋난다고 생각해!"

"승헌이 너의 방금 그 의견은 앞뒤가 맞지 않아. 개인의 희생을 강요할 수 없다고 하고선, 너는 지금 너 자신을 제외한 나머지 8명을 구명보트에서 제외시켰잖아. 왜 그들에게는 희생을 강요하지?"

가장 큰 소리가 난 곳은 바로 하영이와 승헌이가 함께 들어간 조였다. 핏대를 높인 두 사람이 바로 하영이와 승헌이다. 두 사람 모두 서로를 잡아먹을 태세였다. 특히 승헌이의 얼굴이 더 심하게 일그러져 있었다. 그 얼굴은 마치 믿었던 사람에게 발등을 찍힌 표정이랄까. 다른 조에서도 내용만 다를 뿐이지 비슷한 고성과 고함 섞인 토론이 진행 중이었다. 그리고 몇 명은 등을 돌려 버리고, 한 조는 소리를 버럭 지르고 나간 조도 있었다. 이런 상황에서 갑자기 민샘은 재미있는 제안을 했다. 각 조의 뜨거운 이슈를 서로 공개하고, 도저히 토론과 설득이 되지 않는 경우 조에서 한 명씩 다른 조로 옮겨 가는 것을 허락하는 것이었다.

"저요! 저 옮기고 싶어요."

승헌이었다. 표정을 보아하니 승헌이는 이미 폭발 직전이었다. 그 조에서는 숨도 못 쉬겠다는 얼굴이다. 끝까지 토론을 통해 의견을 모으는 것이 중요한 교육이지만, 오늘 분위기를 보아하니 하루 종일 소리를 지르다가 결국 싸움이 날 것만 같았다. 중요한 학습의 목표를 지키기 위해 어쩔 수 없이 새로운 제안을 한 것이다.

조별로 결론을 발표했다. 같은 의견이 나온 조는 한 조도 없었다.

"1조 박진구입니다. 신혼부부는 절대 떨어지면 안 된다고 생각해서 함께 보트에 태웠습니다. 사람이 평생을 살면서 꿈꿀 수 있는 가장 아름다운 꿈이 결혼인데, 바로 그것을 깨어 버리면 혼자 평생을 살더라도 아픔을 잊을 수 없을 것 같아서요."

"3조 한상민이에요. 저희 조는 선장을 살려야 한다고 생각해요. 구명보트에 탄 이후에 그 5명이 살기 위해서는 리더십이 필요하다고 생각합니다."

조별 발표 후 민샘은 추가 활동을 진행했다. 일명 '가치관 게임'이다. 마지막에 하나 남은 것은 한꺼번에 외쳤다. 같은 단어가 나오기도 하고, 다른 단어가 나오기도 했다. 같은 단어가 나온 친구들끼리 다시 조를 만들어서, 왜 그것을 가장 소중히 여기는지 의견을 들어 보도록 했다.

"사랑, 건강, 가족, 이름……."

가치관 게임

1. 종이 한 장에 자신이 가장 소중하다고 생각하는 것 열여섯 가지를 적는다. (예) 가족, 친구, 건강 등.
2. 인생을 살면서 열여섯 가지 중에 여덟 가지를 버려야 한다면 무엇을 버릴지 X표 한다.
3. 다시 어려운 상황이 와서 네 가지를 버려야 한다면 무엇을 버릴지 X표 한다.
4. 또 큰 위기로 한 가지를 제외하고 나머지를 버려야 한다면 무엇을 버릴지 X표 한다.
5. 마지막 순간까지 남아 있는 것이 무엇인지, 전체가 큰 소리로 외친다.

"의견이 잘 통하니?"

"네, 이번에는 생각이 잘 통해요."

"저희 조도 마찬가지예요"

"이것이 바로 '가치' 이다."

"가치요?"

가치에 눈뜬 대신 사랑을 잃다

"자, 여기 말씀드린 15만 원입니다. 맞죠?"

"네? 네……."

전날 통화했을 때와는 분명 다른 액수다. 10만 원으로 알고 인터뷰 아르바이트에 참여했는데, 막상 일이 끝나고 건네는 봉투에는 15만 원이 들어 있다. 10명의 참가자 모두에게 미리 약속한 것보다 5만 원이 많은 15만 원을 준다. 그런데 그냥 주지 않고 꼭 한 마디씩 물어본다.

"어제 말씀드렸던 15만 원입니다. 맞죠?"

방송에서 실험을 한 내용이다. 그런데 놀랍게도 10명 가운데 액수가 잘못되었다고 문제 제기를 한 사람은 아무도 없었다. 영상이 끝나자 민샘은 학생들에게 물었다.

"너희들이라면 어떻게 하겠니? 방송 참가자들처럼 그냥 15만 원을 받겠니, 아니면 액수가 다르다고 말하겠니?"

"당연히 그냥 받아야죠."

"받아야죠. 돈을 더 준다는데, 왜 뿌리쳐요?"

"5만 원을 더 주었다고 얘기해야죠. 5만 원에 양심을 팔 순 없잖아요."

여러 학생들에게 다양한 의견이 쏟아져 나왔다. 민샘은 지금 몇 가지 내용을 반복적으로 실험하고 있다. 그것은 바로 '선택' 이다. 갈등 상황에서 선택이 엇갈리는데 과연 그 선택에 영향을 주는 것이 무엇일까? 민샘은 바로 그것을 가르쳐 주려는 것이다. 우리의 모든 순간은 선택의 연속인데, 사실 선택의 순간에는 잘 모르지만 마음 깊은 곳에서 그 선택에 영향을 주는 가치가 숨겨져 있다. 더 소중히 여기는 것을 선택하게 된다는 것이다.

"돈과 정직이라는 가치가 충돌할 때 자연스럽게 자신이 더 소중하게 여기는 것을 선택하게 된다. 그렇다면 우리의 마음속에는 과연 어떤 가치들이 숨겨져 있을까? 가치를 나타내는 언어에는 어떤 것들이 있을까?"

VS

구분	제목	내용
1	사랑	인종이나 국경을 넘어 인간을 아끼고 위하며 사랑을 베푸는 일
2	용기	힘 앞에 굴하지 않는 굳센 기운
3	비전	이상을 추구하기 위한 자기 통제
4	우정	인정과 우애가 있는 대인 관계
5	정의	차별과 편견, 불의가 없는 세상을 만드는 일
6	가족	가족 간의 사랑과 신뢰를 지키는 일
7	리더십	내가 속해 있는 집단을 올바른 방향으로 이끄는 힘
8	건강	질병 없이 활기차게 오래 사는 것
9	지식	인간과 사물에 대한 진지한 탐구와 온전한 이해
10	신앙	신의 말씀에 따르는 삶, 신의 사명에 따르는 삶
11	통찰력	미래를 볼 수 있는 눈
12	안정	소중한 것들을 흔들림 없이 지켜 내는 삶
13	성취	노력을 통해 어려움을 극복하고 과제를 해결하려는 적극적인 행동
14	명예	많은 사람들의 존경과 칭송을 받음
15	성실	정성스럽고 참된 태도로 살아감
16	전문성	한 가지 일에 통달하여 인류에게 유익을 줌
17	정직	거짓이나 꾸밈없이 진실하게 사는 삶
18	권력	사회를 통제하여 다스리는 힘
19	창의성	새로운 생각이나 의견을 내놓음으로써 많은 사람에게 유익을 줌
20	돈	원하는 것을 소유할 수 있는 경제력
21	개척	아무도 손대지 않는 새로운 분야를 닦아 나가는 일
22	도전	어려운 과제에 정면으로 부딪치는 힘
23	자존감	자신에게 만족하며 사는 삶

가치는 '선택'의 기준이 된다. 가장 소중히 여기는 물건이 무엇이냐고 물어보는 것보다 "만약 집에 불이 났을 때 당장 한 가지 물건만 들고 나

온다면 어떤 것을 가지고 나올까?"라고 물어 보면 쉽다. 바로 그 물건이 내가 가장 소중히 여기는 것이다. 제한된 상황, 선택의 상황에서 무엇을 선택하느냐가 곧 내 속에 숨겨진 진짜 '가치'이다. 이처럼 가치는 우리의 선택에 영향을 준다.

「존 큐」(John Q, 2002)라는 영화에는 슬픈 상황에 처한 아버지와 아들이 나온다. 야구 경기 도중 아들이 쓰러져 당장 심장을 이식하지 않으면 안 되는 상황인데, 아들에게 이식할 수 있는 유일한 심장은 아버지의 심장이다. 그래서 아버지는 자신의 심장을 아들에게 이식해 주기로 결심한다. 아들을 위해 자기의 생명을 기꺼이 내어 준다. 아버지는 아들과의 마지막 대화에서 '유언'처럼 몇 가지를 당부한다. 물론 아들은 아버지가 자신을 위해 희생하는 것을 모른다. 이때 죽음을 앞두고 아버지가 아들에게 당부하는 내용은 모두 아홉 가지이다. 바로 이것이 아버지의 '가치', 즉 아들에게 이야기하고 싶은 가장 소중한 목록이다. 그 중에 다섯 가지 가치는 다음과 같다.

첫 번째 가치: 부모(가족) "마이크, 엄마 말을 잘 들으렴. 사랑한다고 매일 말씀드려."

두 번째 가치: 배우자(결혼) "언젠가 여자를 사귀면, 정말 공주처럼 잘 대해 주렴."

세 번째 가치: 약속(책임) "뭔가 하겠다고 말했다면 꼭 지켜서 책임을 지렴."

네 번째 가치: 부유함(돈) "기회가 된다면 돈을 벌어야 한다."

다섯 번째 가치: 건강(생명) "담배는 피지 않아야 한다."

"성향이 다른 것처럼 가치도 다를 수 있다. 우리가 어제 서로 다른 성향을 확인했을 때 서로를 더 잘 이해할 수 있었던 것처럼 가치도 마찬가지야. 서로의 가치 차이를 알면 선택의 상황에서 왜 그런 선택을 했는지 이해가 가능하다. 이 가치는 직업을 선택할 때도 필요하지만, 사람을 사랑하고 결혼을 하는 과정에서도 꼭 확인해 볼 필요가 있는 것이다."

"샘, 정말 사랑하는 사람이 있는데 가치가 다르면 어떻게 되죠?"

승헌이의 질문이 무척 진지했다. 혹시 하영이 때문일까? 승헌이는 가치 활동에서 하영이와 충돌한 것이 너무나 큰 아픔으로 다가왔다. 바로 전날까지만 해도 강변의 풍경을 보면서 좋은 감정으로 이야기를 나눴는데, 바로 그 다음날 가치 활동에서 승헌이의 자존심은 땅에 떨어지고 말았다.

"가치가 다르다는 것 자체가 문제가 되기보다는 서로의 가치를 모르고 있다가 특정한 갈등 상황에서 그것이 드러날 때 서로에게 상처가 될 수 있단다. 그러니 서로 첨예하게 갈등해 보지도 않은 상태에서는 서로를 안다고 또는 서로를 사랑한다고 말하기는 어렵다. 달빛 아래에서 그네에 앉아 아름다운 사랑의 언어를 나누는 것으로는 절대로 가치의 충돌을 경험할 수 없어."

민샘은 승헌이에게서 뭔가 체념한 듯한 느낌을 읽었다. 그만큼 가치의 차이는 사람 자체를 다르게 볼 수도 있게 하는 문제였다. 어쩌면 오늘 승헌이는 가치에 눈을 뜬 대신 사랑을 잃었을지도 모른다. 그래도 일찍 깨닫는 것이 나을 것이다. 민샘은 안타까운 마음을 눌렀다.

"그런데 이러한 가치가 진로를 결정할 때는 어떤 영향을 줄까?"

민샘은 어제 성향 활동을 할 때 사용했던 돈을 개인들에게 같은 액수로 나눠 주었다.

그리고 조별로 동일한 카드 묶음을 나눠 주었다. 카드에는 임의로 액수가 적혀 있었다. 일인당 모조 지폐로 1,000만 원씩을 주었다. 조장이 단어 하나를 들면 적혀 있는 액수부터 베팅이 시작된다. 다른 카드를 얻기 위해 이미 구입한 카드를 다시 경매에 내놓을 수도 있다.

"모험심에 300이요."

"모험심에 400이요."

"어쭈~ 모험심에 500이요. 포기하시지."

"절대로 포기 안 해. 여기 모험심에 600입니다!"

"너, 진짜. 이럴 거야. 좋아, 해 보자는 거지? 모험심에 800이요!"

교빈이와 진구가 '모험심'을 사기 위해 액수를 계속 올리고 있다. 나름 학생들은 가치 카드를 구매하기 위해 실감나는 게임을 하고 있는 것이다. 자신이 가장 많은 돈을 지불하고 얻은 카드가 곧 나의 핵심 가치이다. 민샘은 학생들에게 활동지를 주고 6개 정도의 나열된 가치 문장을 보고 순위를 적게 했다. 자신이 카드를 구매하면서 측정한 가치의 크기를 생각하면서 적게 했다. 안타까울 수 있지만 가치를 측정하는 데 돈의 액수를 측정하는 것만큼 쉬운 방법도 없다. 지불하려는 의지를 통해 가치의 크기가 느껴지는 것이다.

	나의 생활 태도	순위
1	돈을 많이 벌어 부유한 생활을 하고 싶다.	
2	평범할지라도 평탄한 생활을 하고 싶다.	
3	사소한 걱정 없이 마음 편한 삶을 살고 싶다.	
4	돈을 많이 벌기보다는 내가 하고 싶은 일을 열심히 하고 싶다.	
5	돈을 많이 벌기보다는 보다 나은 사회를 이룩하는 데 힘쓰고 싶다.	
6	취미생활을 통해 교양을 쌓고 정신적으로 풍요로운 생활을 하고 싶다.	

직업관과 생활태도 순위표

"이것은 자신의 삶과 생활에 대한 태도의 가치를 측정한 것이다. 그럼 지금부터 직업을 선택하기 위한 가치의 세계로 들어가 볼까? 각 문항마다 2개의 가치가 충돌하고 있다. 너희들은 위 또는 아래 중에 하나를 선택하면 된다."

	직업 선택의 중요도
1	보람을 얻는 것보다는 보수를 많이 받는 것 보수를 많이 받는 것보다는 보람을 얻는 것
2	
3	
4	

첫 번째 충돌 상황이다. 보람과 보수가 충돌되고 있다. 민샘은 내심 궁금했다. 학생들이 과연 어느 가치에 더 많은 표를 줄지 궁금했던 것이다. 민샘의 예상은 빗나가고 말았다. 학생들은 보람보다는 보수에 훨씬 더 많은 표를 주었다. 씁쓸했지만 그게 현실임을 어쩌랴. 종이를 뗄 때마다 두 가지씩의 충돌이 나왔고 학생들은 선택을 하였다.

명예와 존경 VS 권력과 지위.

성공적인 직장 생활 VS 화목한 가정 생활.

근무 환경이 좋은 직장 VS 보수가 좋은 직장.

충돌 상황이 주어질 때마다 학생들은 나름 고민하는 모습을 보였다. 진지하게 고민하는 모습이 보기 좋았다. MT를 와서 자연 속에서 서로 친해지는 것도 즐거웠지만, 민샘은 동아리 학생들에게 아름다운 고민의 방법을 선사해 주고 싶었다.

가치 중심으로 살다

"가치의 충돌에 대한 연습도 해 보았으니 이제는 직접적인 직업 가치의 순위를 찾아보도록 하자. 수희가 질문이 있나 보네."

"샘, 가치의 순위를 정하기가 너무 어려워요."

"그럼, 앞에서 사용한 두 가지 방법을 써 보렴."

"어떤 방법이요?"

"하나는 돈으로 지불하는 크기로 측정해 보는 것이고, 다른 하나는……."

"서로 충돌 상황을 만들어 토너먼트 식으로 순위를 만들어 보라는 것이죠?"
"앞에서 연습을 해 보았으니 크게 어렵지는 않을 거야. 시작해 볼까."

직업 가치	특징	순위
능력 발휘	자신의 능력을 발휘하고 성취감을 얻을 수 있는 일	
다양성	단조롭게 반복하지 않고 다양한 활동을 통하여 변화를 추구하는 일	
보수	돈을 많이 벌 수 있는 일	
안정성	쉽게 해직되지 않고 일생 동안 안정적으로 보장되는 일	
사회적 인정	다른 사람들에게 인정받을 수 있는 일	
지도력 발휘	사람들을 통솔하여 이끌 수 있는 일	
더불어 일함	다른 사람들과 함께 서로 협력하여 할 수 있는 일	
사회봉사	사람들을 구체적으로 도와주고 어려운 이웃을 돕는 일	
발전성	앞으로 더 발전하고 배울 수 있는 가능성이 있는 일	
창의성	자신의 아이디어를 내어 새로운 시도를 할 수 있는 기회가 많은 일	
자율성	윗사람의 명령, 통제 없이 스스로 일을 계획하고 추진할 수 있는 일	

직업가치관 순위표

"샘, 개인의 가치가 다른데요. 이런 가치에 따라서도 잘 맞는 직업군이 있나요. 앞에서 다뤘던 모든 탐색에서는 해당 직업 목록이 있었잖아요."
"물론이다, 수희야. 각각의 가치에 잘 어울리는 직업이 있단다. 만약 가수를 꿈꾸는 학생이 있다면 이 친구의 가치가 보수나 안정성에 어울릴까?"
"아니요. 가수라는 직업은 보수나 안정성보다는 다양성이나 능력 발휘가 더 어울릴 것 같아요."
"그럼, 창의성을 가치로 여기는 사람에게 어울리는 직업은 무엇이 있을까? 생각나는 친구들은 자유롭게 이야기해 보렴."
"게임 기획자요."
"만화가요."
"디자이너도 그럴 것 같아요."
"자, 이제 어느 정도 가치와 직업의 연관성을 이해한 것 같구나. 그럼 한 번 전체 그림을 볼까?"

직업 가치관 유형	직업의 종류
능력 발휘	가수, 건축 기술자, 검사, 경영 컨설턴트, 국제 무역가, 디자이너, 작가, 경찰관, 쇼핑 호스트, 변호사, 모델, 동시 통역사
다양성	건축 기술자, 경찰관, 공연 기획자, 심리 치료사, 안무가, 미용사, 영화감독, 요리사, 대학 교수, 기사, 농업인, 성형외과 의사, 성우, 초등학교 교사
보수	감정 평가사, 공인 회계사, 관세사, 외환 딜러, 시스템 엔지니어
안정성	물리 치료사, 교사, 한의사, 의사, 변리사, 손해 사정인, 철도 기관사
사회적 안정	법조인, 대학 교수, 기자, 아나운서, 항공 우주 공학자, 작곡가, 연출가
지도력 발휘	법조인, 경찰관, 운동 감독, 영화감독, 교사, 의사, 지휘자, 안무가
더불어 일함	간호사, 관광 기획자, 비서, 국제회의 전문가, 스튜어디스, 외교관, 요리사, 의사
사회봉사	공무원, 미용사, 운전기사, 사회복지사, 응급 구조사, 성직자, 소방관
발전성	웹 디자이너, 광통신 연구원, 귀금속 세공사, 미생물학자, 기업 분석가
창의성	게임 기획자, 네일 아티스트, 영화 기획자, 디자이너, 유전 공학자, 일러스트레이터, 음악가, 사진사, 만화가, 무용가, 성우, 컴퓨터 프로그래머
자율성	노무사, 광고 기획자, 교수, 번역가, 파티 플래너, 작가

"샘, 직업을 선택할 때 이렇게 꼭 정해진 가치만 있지는 않을 것 같아요. 사람마다 새로운 가치, 각각 다른 가치를 꺼내 그것으로 직업을 선택할 수도 있지요?"

"승헌이의 생각에 동의한다. 어떤 사람은 애국심이라는 가치 때문에 직업 군인을 선택하기도 한다. 그 친구는 아버지가 군인으로서 외국에 파병되었다가 돌아가셨기 때문에 특별한 사연이 있는 거지."

"우리 아빠는 엄마랑 결혼하려고 대기업에 들어가셨다고 하던데, 이때의 가치는 사랑인가요?"

"상민이 아빠는 엄마를 무척 사랑하셨나 보구나. 만약 남자가 안정된 직장에 다니고 있어야 믿음이 생기고 그래서 결혼의 마음을 굳힌 경우라면, 이 경우 보수나 안정성이 가치일 수 있다."

민샘은 다른 그래프 하나를 추가로 보여 주었다.

11개 직업 가치와는 약간의 차이가 나는 직업 가치관 검사 그래프였다.

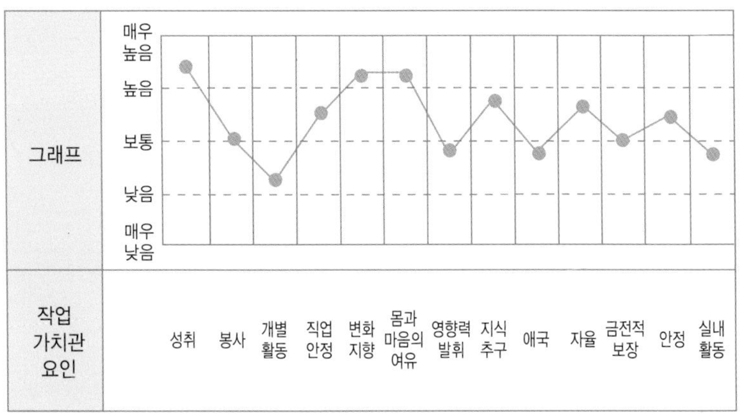

"상민이가 보기에 여기에는 어떤 새로운 가치가 들어 있지?"

"몸과 마음의 여유라는 것도 있어요. 아까 말한 애국심도 정말 있네요."

	가치 요인	가치 설명	관련 직업
1	성취	스스로 달성하기 어려운 목표를 세우고 이를 달성하여 성취감을 맛보는 것을 중시하는 가치	대학교수, 연구원, 프로 운동선수, 연구가, 관리자 등
2	봉사	자신의 이익보다는 사회의 이익을 고려하여 어려운 사람을 돕고, 남을 위해 봉사하는 것을 중시하는 가치	판사, 소방관, 성직자, 경찰관, 사회복지사 등
3	개별 활동	여러 사람과 어울려 일하기보다 자신만의 시간과 공간을 가지고 혼자 일하는 것을 중시하는 가치	디자이너, 화가, 운전사, 교수, 연주가 등
4	직업 안정	해고나 조기 퇴직의 걱정 없이 오랫동안 안정적으로 일하며 안정적인 수입을 중시하는 가치	연주가, 미용사, 교사, 약사, 변호사, 기술자 등
5	변화 지향	일이 반복적이거나 정형화되어 있지 않으며, 다양하고 새로운 것을 경험할 수 있는지를 중시하는 가치	연구원, 컨설턴트, 소프트웨어 개발자, 광고 및 홍보 전문가, 메이크업 아티스트 등
6	몸과 마음의 여유	건강을 유지할 수 있고 스트레스를 적게 받으며, 마음과 몸의 여유를 가질 수 있는 업무나 직업을 중시하는 가치	레크리에이션 진행자, 교사, 대학교수, 화가, 조경 기술자 등
7	영향력 발휘	타인에게 영향력을 행사하고 일을 자신의 뜻대로 진행할 수 있는지를 중시하는 가치	감독 또는 코치, 관리자, 성직자, 변호사 등
8	지식 추구	일에서 새로운 지식과 기술을 얻을 수 있고, 새로운 지식을 발견할 수 있는지를 중시하는 가치	판사, 연구원, 경영 컨설턴트, 소프트웨어 개발자, 디자이너 등

	가치 요인	가치 설명	관련 직업
9	애국	국가의 장래나 발전을 위하여 기여하는 것을 중시하는 가치	군인, 경찰관, 검사, 소방관, 사회단체 활동가 등
10	자율	다른 사람들에게 지시나 통제를 받지 않고 자율적으로 업무를 해 나가는 것을 중시하는 가치	연구원, 자동차 영업 사원, 레크리에이션 진행자, 광고 전문가, 예술가 등
11	금전적 보상	생활하는 데 경제적인 어려움이 없고 돈을 많이 벌수 있는지를 중시하는 가치	프로 운동선수, 증권 및 투자 중개인, 공인 회계사, 금융 자산 운용가, 기업 고위 임원 등
12	인정	자신의 일이 다른 사람들에게 인정받고 존경받을 수 있는지를 중시하는 가치	항공기 조종사, 판사, 교수, 운동선수, 연주가 등
13	실내 활동	주로 사무실에서 일할 수 있으며, 신체 활동을 적게 요구하는 업무나 직업을 중시하는 가치	번역가, 관리자, 상담원, 연구원, 법무사 등

꼭! 작성해 보세요 | 포트폴리오 활동 1

나의 가치 우선순위 확인하기

가치는 값어치를 말합니다. 가치는 선택의 기준이 되어 우리가 일반적인 선택을 할 때 영향력을 행사합니다. 이러한 가치의 개념을 이해하기 위해, 다음 일반 가치의 목록을 보고 자신이 소중히 여기는 핵심 가치 세 가지를 선택하여 아래에 적고, 그 이유를 간단하게 기록하세요.

구분	제목	내용
1	사랑	인종이나 국경을 넘어 인간을 아끼고 위하며 사랑을 베푸는 일
2	용기	힘 앞에 굴하지 않는 굳센 기운
3	비전	이상을 추구하기 위한 자기 통제
4	우정	인정과 우애가 있는 대인 관계
5	정의	차별과 편견, 불의가 없는 세상을 만드는 일
6	가족	가족 간의 사랑과 신뢰를 지키는 일
7	리더십	내가 속해 있는 집단을 올바른 방향으로 이끄는 힘
8	건강	질병 없이 활기차게 오래 사는 것
9	지식	인간과 사물에 대한 진지한 탐구와 온전한 이해
10	신앙	신의 말씀에 따르는 삶, 신의 사명에 따르는 삶
11	통찰력	미래를 볼 수 있는 눈
12	안정	소중한 것들을 흔들림 없이 지켜 내는 삶
13	성취	노력을 통해 어려움을 극복하고 과제를 해결하려는 적극적인 행동
14	명예	많은 사람들의 존경과 칭송을 받음
15	성실	정성스럽고 참된 태도로 살아감
16	전문성	한 가지 일에 통달하여 인류에게 유익을 줌
17	정직	거짓이나 꾸밈없이 진실하게 사는 삶
18	권력	사회를 통제하여 다스리는 힘
19	창의성	새로운 생각이나 의견을 내놓음으로써 많은 사람에게 유익을 줌
20	돈	원하는 것을 소유할 수 있는 경제력
21	개척	아무도 손대지 않는 새로운 분야를 닦아 나가는 일
22	도전	어려운 과제에 정면으로 부딪치는 힘
23	자존감	자신에게 만족하며 사는 삶

가치 순위	이 유

내친구 포트폴리오 살짝 엿보기

나의 가치 우선순위 확인하기

가치는 값어치를 말합니다. 가치는 선택의 기준이 되어 우리가 일반적인 선택을 할 때 영향력을 행사합니다. 이러한 가치의 개념을 이해하기 위해, 다음 일반 가치의 목록을 보고 자신이 소중히 여기는 핵심 가치 세 가지를 선택하여 아래에 적고, 그 이유를 간단하게 기록하세요.

구분	제목	내용
1	사랑	인종이나 국경을 넘어 인간을 아끼고 위하며 사랑을 베푸는 일
2	용기	힘 앞에 굴하지 않는 굳센 기운
3	비전	이상을 추구하기 위한 자기 통제
4	우정	인정과 우애가 있는 대인 관계
5	정의	차별과 편견, 불의가 없는 세상을 만드는 일
6	가족	가족 간의 사랑과 신뢰를 지키는 일
7	리더십	내가 속해 있는 집단을 올바른 방향으로 이끄는 힘
8	건강	질병 없이 활기차게 오래 사는 것
9	지식	인간과 사물에 대한 진지한 탐구와 온전한 이해
10	신앙	신의 말씀에 따르는 삶, 신의 사명에 따르는 삶
11	통찰력	미래를 볼 수 있는 눈
12	안정	소중한 것들을 흔들림 없이 지켜 내는 삶
13	성취	노력을 통해 어려움을 극복하고 과제를 해결하려는 적극적인 행동
14	명예	많은 사람들의 존경과 칭송을 받음
15	성실	정성스럽고 참된 태도로 살아감
16	전문성	한 가지 일에 통달하여 인류에게 유익을 줌
17	정직	거짓이나 꾸밈없이 진실하게 사는 삶
18	권력	사회를 통제하여 다스리는 힘
19	창의성	새로운 생각이나 의견을 내놓음으로써 많은 사람에게 유익을 줌
20	돈	원하는 것을 소유할 수 있는 경제력
21	개척	아무도 손대지 않는 새로운 분야를 닦아 나가는 일
22	도전	어려운 과제에 정면으로 부딪치는 힘
23	자존감	자신에게 만족하며 사는 삶

가치 순위	이 유
가족	가족은 내가 세상에 존재할 수 있게 한 출발점이다.
우정	때로는 가족에게 말할 수 없는 고민을 친구와 나눈다.
돈	돈이 없으면 아무리 아름다운 가치가 있어도 소용이 없다.

가치의 충돌 경험하기

가치의 우선순위를 알기 위해서는 가치의 크기를 측정하는 방법을 사용합니다. 가치의 크기를 객관적으로 측정하는 일은 매우 어렵습니다. 따라서 가치 상호 간의 충돌이 일어나는 상황을 가정하면 가치의 상대적인 크기를 비교하고 측정할 수 있습니다. 아래의 첫 번째 표에서는 2개의 가치가 충돌하는 상황에 대해 위와 아래를 비교하고 가치를 선택하세요. 아래의 두 번째 표에서는 생활 태도 면에서의 가치를 순서로 표시해 보세요. 이를 종합하여 자신의 미래의 직업을 선택할 때 어떤 가치가 중요한지 간단하게 서술하세요.

	직업 선택의 중요도	○ 표
1	보람을 얻는 것보다는 보수를 많이 받는 것	
	보수를 많이 받는 것보다는 보람을 얻는 것	
2	명예와 존경보다는 권력과 지위를 얻는 것	
	권력과 지위보다는 명예와 존경을 받는것	
3	직장보다 화목한 가정 생활이 우선	
	가정보다 성공적인 직장 생활이 우선	
4	근무 환경이 좋지 않더라도 보수가 좋은 직장	
	보수가 적더라도 근무 환경이 좋은 직장	

	나의 생활 태도	순위
1	돈을 많이 벌어 부유한 생활을 하고 싶다.	
2	평범할지라도 평탄한 생활을 하고 싶다.	
3	사소한 걱정 없이 마음 편한 삶을 살고 싶다.	
4	돈을 많이 벌기보다는 내가 하고 싶은 일을 열심히 하고 싶다.	
5	돈을 많이 벌기보다는 보다 나은 사회를 이룩하는 데 힘쓰고 싶다.	
6	취미생활을 통해 교양을 쌓고 정신적으로 풍요로운 생활을 하고 싶다.	

내친구 포트폴리오 살짝 엿보기

가치의 충돌 경험하기

가치의 우선순위를 알기 위해서는 가치의 크기를 측정하는 방법을 사용합니다. 가치의 크기를 객관적으로 측정하는 일은 매우 어렵습니다. 따라서 가치 상호 간의 충돌이 일어나는 상황을 가정하면 가치의 상대적인 크기를 비교하고 측정할 수 있습니다. 아래의 첫 번째 표에서는 2개의 가치가 충돌하는 상황에 대해 위와 아래를 비교하고 가치를 선택하세요. 아래의 두 번째 표에서는 생활 태도 면에서의 가치를 순서로 표시해 보세요. 이를 종합하여 자신의 미래의 직업을 선택할 때 어떤 가치가 중요한지 간단하게 서술하세요.

	직업 선택의 중요도	○ 표
1	보람을 얻는 것보다는 보수를 많이 받는 것	○
	보수를 많이 받는 것보다는 보람을 얻는 것	
2	명예와 존경보다는 권력과 지위를 얻는 것	
	권력과 지위보다는 명예와 존경을 받는것	○
3	직장보다 화목한 가정생활이 우선	
	가정보다 성공적인 직장생활이 우선	○
4	근무 환경이 좋지 않더라도 보수가 좋은 직장	○
	보수가 적더라도 근무 환경이 좋은 직장	

	나의 생활 태도	순위
1	돈을 많이 벌어 부유한 생활을 하고 싶다.	1
2	평범할지라도 평탄한 생활을 하고 싶다.	5
3	사소한 걱정 없이 마음 편한 삶을 살고 싶다.	4
4	돈을 많이 벌기보다는 내가 하고 싶은 일을 열심히 하고 싶다.	3
5	돈을 많이 벌기보다는 보다 나은 사회를 이룩하는 데 힘쓰고 싶다.	2
6	취미생활을 통해 교양을 쌓고 정신적으로 풍요로운 생활을 하고 싶다.	6

나는 경제적인 안정이 가장 중요하다. 아무리 보람, 명예, 권력이 있다 할지라도 배가 고프다면 다 소용없다. 나에게 그런 안정과 보수는 명예, 직장 환경, 보람 등 그 어떤 것보다 우선이다. 그런 다음에야 명예, 존경, 환경 등이 눈에 들어온다. 직장을 선택할 때 실제로 이러한 가치에 따라 선택할 것이다.

나의 직업 가치관 순위와 직업 연결

일반 가치와는 달리 직업 가치관은 직업 선택의 직접적인 조건이 됩니다. 직업 가치는 자기 발견(지능, 흥미, 재능, 능력) 이후 배우는 적성 발견(성향, 가치, 적성)에 해당하는 단계입니다. 다음 11개로 대표되는 직업 가치관의 순위를 정하고, 상위 1~3위까지의 직업 가치에 해당하는 직업군 중에 호감이 가는 직업에 밑줄을 그으세요. 그리고 이전에 자기 발견에서의 직업군과 겹치는 부분을 확인하여 간단하게 기술하세요.

직업 가치관 유형	직업의 종류
능력 발휘	가수, 건축 기술자, 검사, 경영 컨설턴트, 국제 무역가, 디자이너, 작가, 경찰관, 쇼핑 호스트, 변호사, 모델, 동시 통역사
다양성	건축 기술자, 경찰관, 공연 기획자, 심리 치료사, 안무가, 미용사, 영화감독, 요리사, 대학 교수, 기사, 농업인, 성형외과 의사, 성우, 초등학교 교사
보수	감정 평가사, 공인 회계사, 관세사, 외환 딜러, 시스템 엔지니어
안정성	물리 치료사, 교사, 한의사, 의사, 변리사, 손해 사정인, 철도 기관사
사회적 안정	법조인, 대학 교수, 기자, 아나운서, 항공 우주 공학자, 작곡가, 연출가
지도력 발휘	법조인, 경찰관, 운동 감독, 영화감독, 교사, 의사, 지휘자, 안무가
더불어 일함	간호사, 관광 기획자, 비서, 국제회의 전문가, 스튜어디스, 외교관, 요리사, 의사
사회봉사	공무원, 미용사, 운전기사, 사회복지사, 응급 구조사, 성직자, 소방관
발전성	웹 디자이너, 광통신 연구원, 귀금속 세공사, 미생물학자, 기업 분석가
창의성	게임 기획자, 네일 아티스트, 영화 기획자, 디자이너, 유전 공학자, 일러스트레이터, 음악가, 사진사, 만화가, 무용가, 성우, 컴퓨터 프로그래머
자율성	노무사, 광고 기획자, 교수, 번역가, 파티 플래너, 작가

나의 직업 가치관 순위와 직업 연결

일반 가치와는 달리 직업 가치관은 직업 선택의 직접적인 조건이 됩니다. 직업 가치는 자기 발견(지능, 흥미, 재능, 능력) 이후 배우고 있는 적성 발견(성향, 가치, 적성)에 해당하는 단계입니다. 다음 11개로 대표되는 직업 가치관의 순위를 정하고, 상위 1~3위까지의 직업 가치에 해당하는 직업군 중에 호감이 가는 직업에 밑줄을 그으세요. 그리고 이전에 자기 발견에서의 직업군과 겹치는 부분을 확인하여 간단하게 기술하세요.

직업 가치관 유형	직업의 종류
능력 발휘	가수, 건축 기술자, 검사, 경영 컨설턴트, 국제 무역가, 디자이너, 작가, 경찰관, 쇼핑 호스트, 변호사, 모델, 동시 통역사
다양성	건축 기술자, 경찰관, 공연 기획자, 심리 치료사, 안무가, 미용사, 영화감독, 요리사, 대학 교수, 기사, 농업인, 성형외과 의사, 성우, 초등학교 교사
보수	감정 평가사, 공인 회계사, 관세사, 외환 딜러, 시스템 엔지니어
안정성	물리 치료사, 교사, 한의사, 의사, 변리사, 손해 사정인, 철도 기관사
사회적 안정	법조인, 대학 교수, 기자, 아나운서, 항공 우주 공학자, 작곡가, 연출가
지도력 발휘	법조인, 경찰관, 운동 감독, 영화감독, 교사, 의사, 지휘자, 안무가
더불어 일함	간호사, 관광 기획자, 비서, 국제회의 전문가, 스튜어디스, 외교관, 요리사, 의사
사회봉사	공무원, 미용사, 운전기사, 사회복지사, 응급 구조사, 성직자, 소방관
발전성	웹 디자이너, 광통신 연구원, 귀금속 세공사, 미생물학자, 기업 분석가
창의성	게임 기획자, 네일 아티스트, 영화 기획자, 디자이너, 유전 공학자, 일러스트레이터, 음악가, 사진사, 만화가, 무용가, 성우, 컴퓨터 프로그래머
자율성	노무사, 광고 기획자, 교사, 번역가, 파티 플래너, 작가

11개의 직업 가치관 중에서 보수, 안정성, 자율성으로 결정했다. 해당되는 직업 중에서 호감이 가는 직업은 공인 회계사, 외환 딜러, 교사, 변리사, 교수이다. 공통적으로 돈을 많이 벌거나 안정된 직장들이다. 그리고 이러한 직업들은 내가 앞에서 탐색했던 강점 지능, 흥미, 재능 등의 탐색에서도 비슷하게 나온 직업군들이다.

꼭! 작성해 보세요 | 포트폴리오 활동 4

직업 가치관의 다양한 확장

다음은 11개 직업 가치관에서 약간 확장한 13개 직업 가치관의 목록입니다. 내용을 보고 선호하는 가치에 표시하고, 해당 직업군에서 호감이 가는 단어에 표시합니다. 그 내용을 앞에서 다룬 11개 일반 가치의 직업군과 비교해 봅니다.

	가치 요인	가치 설명	관련 직업
1	성취	스스로 달성하기 어려운 목표를 세우고 이를 달성하여 성취감을 맛보는 것을 중시하는 가치	대학교수, 연구원, 프로 운동선수, 연구가, 관리자 등
2	봉사	자신의 이익보다는 사회의 이익을 고려하여 어려운 사람을 돕고, 남을 위해 봉사하는 것을 중시하는 가치	판사, 소방관, 성직자, 경찰관, 사회복지사 등
3	개별 활동	여러 사람과 어울려 일하기보다 자신만의 시간과 공간을 가지고 혼자 일하는 것을 중시하는 가치	디자이너, 화가, 운전사, 교수, 연주가 등
4	직업 안정	해고나 조기 퇴직의 걱정 없이 오랫동안 안정적으로 일하며 안정적인 수입을 중시하는 가치	연주가, 미용사, 교사, 약사, 변호사, 기술자 등
5	변화 지향	일이 반복적이거나 정형화되어 있지 않으며, 다양하고 새로운 것을 경험할 수 있는지를 중시하는 가치	연구원, 컨설턴트, 소프트웨어 개발자, 광고 및 홍보 전문가, 메이크업 아티스트 등
6	몸과 마음의 여유	건강을 유지할 수 있고 스트레스를 적게 받으며, 마음과 몸의 여유를 가질 수 있는 업무나 직업을 중시하는 가치	레크리에이션 진행자, 교사, 대학교수, 화가, 조경 기술자 등
7	영향력 발휘	타인에게 영향력을 행사하고 일을 자신의 뜻대로 진행할 수 있는지를 중시하는 가치	감독 또는 코치, 관리자, 성직자, 변호사 등
8	지식 추구	일에서 새로운 지식과 기술을 얻을 수 있고, 새로운 지식을 발견할 수 있는지를 중시하는 가치	판사, 연구원, 경영 컨설턴트, 소프트웨어 개발자, 디자이너 등
9	애국	국가의 장래나 발전을 위하여 기여하는 것을 중시하는 가치	군인, 경찰관, 검사, 소방관, 사회단체 활동가 등
10	자율	다른 사람들에게 지시나 통제를 받지 않고 자율적으로 업무를 해 나가는 것을 중시하는 가치	연구원, 자동차 영업 사원, 레크리에이션 진행자, 광고 전문가, 예술가 등
11	금전적 보상	생활하는 데 경제적인 어려움이 없고 돈을 많이 벌수 있는지를 중시하는 가치	프로 운동선수, 증권 및 투자 중개인, 공인 회계사, 금융 자산 운용가, 기업 고위 임원 등
12	인정	자신의 일이 다른 사람들에게 인정받고 존경받을 수 있는지를 중시하는 가치	항공기 조종사, 판사, 교수, 운동선수, 연주가 등
13	실내 활동	주로 사무실에서 일할 수 있으며, 신체 활동을 적게 요구하는 업무나 직업을 중시하는 가치	번역사, 관리자, 상담원, 연구원, 법무사 등

생생! 직업인 이야기

고령화 사회의 천사

간호사

미래의 직업을 예측하는 사람들은 시대와 직업의 변화에 깜짝 놀라곤 합니다. 생각보다 직업의 변화가 빠르기 때문입니다. 10년 뒤에는 현재 직업의 80퍼센트가 사라질 것이라는 다소 과격한 예측도 있습니다. 기존 직업의 소멸, 변형, 그리고 새로운 직업의 생성 등 커다란 지각 변동이 우리를 기다리고 있습니다. 하지만 걱정 마세요. 시대의 변화를 잘 관찰하는 사람은 미래의 변화를 예측하고 미리 준비할 수 있기 때문입니다.
간호사는 미래에도 반드시 살아남을 직업입니다. 기술이 발달하여 일정 부분의 수술은 기계가 대신하는 날들이 분명 올 겁니다. 그럴 때는 의사의 역할을 기계가 대신하겠죠. 그런 측면에서 의사의 전망은 엇갈리게 됩니다. 다른 측면에서는 필요가 생기지만 이런 수술 부문에서는 역할이 축소될 것입니다.
현재 한국은 고령화 속도가 세계에서 가장 빠릅니다. 2050년에는 일본에 이어 세계에서 두 번째로 노인 인구 비율이 높은 나라가 될 것입니다. 아무리 기계가 발달하여 수술을 대신 하는 시스템이 된다고 하여도 한 가지는 절대로 기계가 대신할 수 없습니다. 수많은 노인들과 대화하고 교감하며 위로할 수 있는 것은 오직 사람뿐입니다. 그러기에 간호사는 고령화 사회에 꼭 필요한 존재가 되겠죠. 어때요, 믿음이 가죠? 남자들도 간호사를 직업으로 많이 선택하세요!

15 나에게 꼭 맞아!

어떤 일이 나에게 꼭 맞을까

우리들의 고민 편지

중3 겨울 방학을 앞 둔 A양은 마음이 급하다. 지금까지 다양한 진로 탐색을 했지만 아직 속 시원한 답을 얻지 못하고 있다. 흥미 탐색, 재능 탐색, 강점 탐색 등을 했지만 그의 생각은 달랐다. '이런 것들은 진짜 적성 검사가 아니잖아. 직업 적성 검사를 받아야 되는 거 아니야?' 직업 분야에 맞는 진짜 직업 적성을 알고 싶은 것이다.

– 온라인 캠프에 올라온 진로 고민 편지

도저히 믿을 수 없어요

진로 동아리의 MT는 학생들에게 중요한 의미를 심어 주었다. 서로의 차이를 인정하는 방법을 이해할 수 있었고, 그 기준을 통해 자신의 진로를 탐색할 수 있는 시야를 배울 수 있었다. 진로 동아리에서 강변 데이트 활동을 통해 성향을 배우고, 구명보트 미션을 통해 가치를 살폈다. 성향과 가치에서 자신의 직업 가능성을 찾는 연습 또한 의미가 있었다. 그리고 떠나기 전 마지막 시간에는 가을에 있을 '진로 페스티벌'을 기획하기 위한 전체 브레인스토밍을 해 보았다.

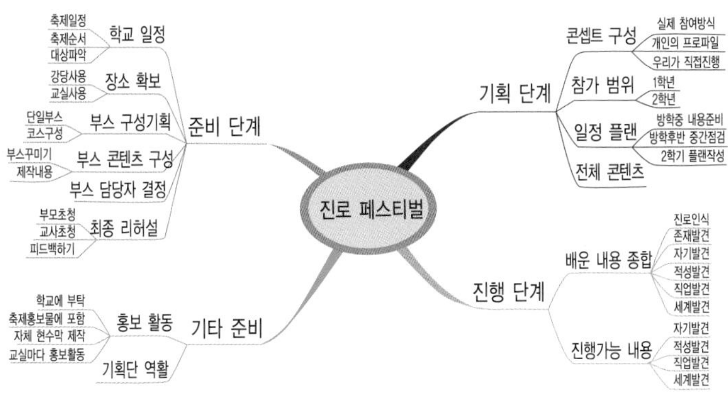

진로 동아리 교실에 다시 모인 학생들은 MT에서 있었던 이야기를 나누고, 각자의 휴대폰으로 찍은 사진을 서로 보여 주면서 신나게 수업의 불을 지피고 있었다.

수업이 시작되자 민샘은 지금까지의 활동 내용을 모아 놓은 포트폴리오를 한번 검토하고 궁금한 것을 질문하도록 했다.

"강점, 흥미, 재능, 능력, 성향, 가치……. 민샘, 정말 이상해요."

"교빈아, 뭐가 이상하다는 거니?"

"우리가 지금까지 진행한 자기 발견의 내용들이요. 포트폴리오 파일을 정리하다가 문득 떠오른 생각인데요. 옛날에 제가 했던 무슨 직업 적성 검사 같은 거랑 좀 다른 것 같아요."

"날카로운데. 사실 앞에 했던 탐색의 내용들은 원래 처음부터 진로 탐색을 위해 만들어진 내용들이 아니었단다. 하지만 그 내용이 너희들 자신을 더 정확히 알 수 있도록 도움을 주기에 진로 탐색에 사용하는 거야. 사실 오늘은 진로 탐색에 아주 직접적인 직업 검사를 다뤄 볼 작정이다."

"네! 직업 검사를 한다고요? 그거 엉터리예요!"

"엉터리라니, 그게 무슨 말이지?"

민샘은 갑작스런 찬형의 말에 당황했다. 수업을 시작하기도 전에 수업 내용을 전면 부정했기 때문이다.

그래도 찬형이의 말을 한번 들어보기로 했다. 찬형이는 직업 적성 검사를 엉터리라고 했다. 그런데 바로 그 순간 민샘의 눈에는 몇몇 다른 학생들의 표정이 눈에 들어왔다. 그 표정 속에서 찬형이의 말에 약간 동의하는 듯한 느낌을 담고 있었다.

"하나도 안 맞아요!"

"예전에 했던 적성 검사가 그렇다는 말이니?"

"네. 제가 원래 꿈꾸던 내용과도 맞지 않고, 부모님이 기대하는 내용과도 맞지 않고, 정말 맞는 게 하나도 없었어요. 그래서 저는 그 검사를 믿지 않기로 했어요."

"같은 검사를 지금 또 하는 줄 알고 엉터리라고 얘기했구나."

"그럼, 그런 검사가 아닌가요?"

"우선, 확실한 오해 하나는 풀어야겠다. 흔히 직업 적성 검사라고 불리는 검사는 찬형이가 생각하는 것보다 훨씬 복잡하고 다양하단다. 다양한 검사를 종합하여 직업 적성 검사로 묶기도 하고, 아니면 개별 검사 하나가 직업 적성 검사로 불리기도 한단다. 그리고 오늘 우리는 그 두 가지 내용을 모두 경험해 볼 거야."

"무슨 말인지 모르겠어요. 여러 가지를 묶어서 직업 적성 검사라고 하기도 하고, 그냥 하나의 검사를 직업 적성 검사라고도 한다니, 도대체 이해가 안 돼요."
"그럼, 이 그림을 한번 볼까."

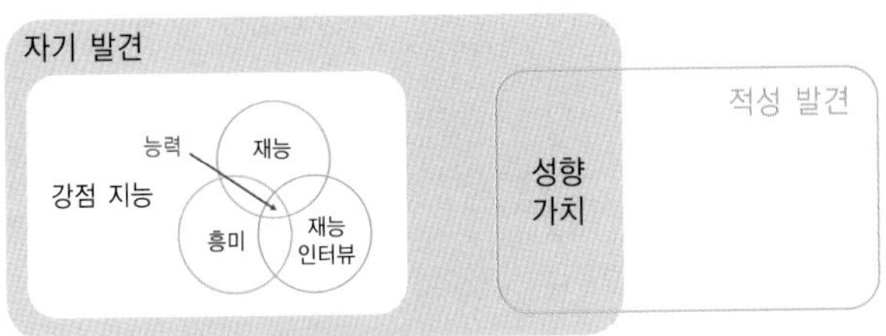

사람 이해를 위해 만들어져서 진로에 사용됨

자기 발견에서 다룬 내용은 강점, 흥미, 재능, 능력이다. 강점은 우리 모두가 가지고 태어난 여덟 가지 다중 지능 중에 강점으로 작용하는 지능을 말한다. 이는 선천적으로 타고 난다는 의미에서 재능과 많은 부분이 겹친다. 한편 살아가면서 자연스럽게 끌리게 되는 흥미 영역이 있고, 흥미와 재능이 겹치는 부분 중에 타인에게도 검증된 부분은 '능력'이라고 할 수 있다. 검증하는 과정에서는 '재능 인터뷰'를 진행한다. 여기까지는 직업 탐색의 기초가 되는 자기 발견의 내용이다.

"샘, 거기까지는 잘 이해가 되었어요. 여기에 성향, 가치 같은 것은 이 직업이 나에게 잘 맞는지, 즉 '적성'을 위해 필요하다고 하셨죠?"

"찬형이가 잘 이해하고 있구나. 그래서 성향과 가치는 적성의 영역에 두는 것이 맞지."

"그럼 제가 어릴 적 해 보았던 '적성 검사' 같은 것은 뭔가요? 성향이나 가치 같은 것을 검사한 것은 아니었거든요."

"그림 하나를 더 보아야겠다. 조금 전에 본 그림을 확장한 거야."

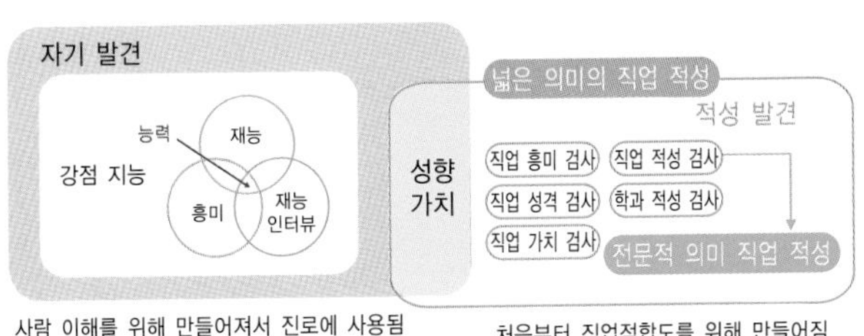

사람 이해를 위해 만들어져서 진로에 사용됨

처음부터 직업적합도를 위해 만들어짐

"이전에 우리가 진행했던 강점 지능, 흥미, 재능, 능력, 성향, 가치 등의 모든 과정은 사실 전문적인 진로 탐색 검사라고 보기는 어렵다."

"네! 그럴 리가? 우리가 각자의 특성을 발견해서 직업군과 연결하기에 딱 좋았는데요."

"그건 그런 활동 자체가 사람을 관찰하고 이해하는 데 최적의 방법이기에, 진로와도 연결이 잘 되는 것이란다. 샘과 함께했던 활동은 그런 최적의 활동을 모두 모아서 탐색했던 거란다. 그런데 여기서 마지막 한 단계를 더 거쳐야 한다."

"마지막 한 단계요? 동아리는 일 년 동안 한다고 했잖아요. 벌써 끝나요?"

"하하! 찬형이도 동아리가 점차 좋아지나 보구나. 자신의 희망 직업군을 찾아내는 과정 중에 마지막 탐색이라는 거야. 그림을 보면 앞에 '직업'이라는 단어가 붙은 검사 종류가 보이니?"

"직업 흥미 검사, 직업 성격 검사, 직업 가치 검사, 직업 적성 검사…… 뭐 이런 거요?"

"바로 그런 검사들이 처음부터 직업의 적합도를 위해 전문적으로 만들어진 거야. 그런데 과거에는 그런 검사 중에 하나만 해서 마치 점을 치듯이 진로를 말해 줘서 학생들이 받아들이기가 어려웠단다."

"맞아요. 동아리에서 했던 다양한 활동과 함께할 때 결과에 믿음이 생기더라고요."

"그렇지. 우리는 이미 다양한 탐색 활동을 했고, 이미 그 속에서 어느 정도 겹치는 부분을 찾았다. 여기에 전문적인 검사를 하게 된다면 객관적인 신뢰도는 더 높아질 거야."

"샘, 누구나 다 이렇게 오랜 시간 진로 탐색을 다양하게 하나요? 아니 꼭 이렇게 해야 하나요?"

"그렇지 않다. 샘은 지금 찬형이를 비롯한 친구들과 새로운 시도를 하고 있는 거야."

"그럼 불공평하잖아요. 우리만 좋은 것을 하니까요."

"그렇지 않다. 이 동아리를 찬형이가 선택한 거잖니. 개개인의 선택이다."

"다른 친구들에게 동아리에 대해 충분히 설명해 주지 않으셨어요. 정보를 모르는 상태에서 선택을 못한 거니까 불공평하다고요."

"찬형이는 좋은 것을 누리면서 그것을 함께 누리지 못하는 사람들을 생각하며 불공평하다고 이야기하는구나. 다른 사람을 배려하는 좋은 마음으로 이해하면 될까?"

"아니, 저, 뭐……."

"걱정 마라. 그래서 우리가 진로 페스티벌을 하는 거야. 그때 찬형이가 다른 2학년과 1학년 후배들에게 이러한 정보를 나눠 주렴."

다양함 속에 답이 보인다

다양함의 세계에 들어가기 위해 먼저 꼭 확인할 것이 있다. 기준 없이 다양함만을 살피면 자칫 산만해질 수 있기 때문이다. 따라서 먼저 기준을 확인할 필요가 있다.

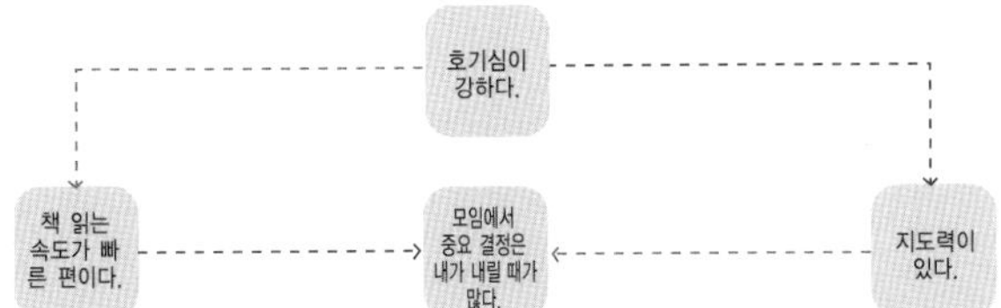

"찬형아, 잠깐 앞으로 나와서 샘을 좀 도와주렴. 오늘은 찬형이와 함께 샘플을 만들어 보려 한다. 괜찮겠지?"

"문제없어요."

"자, 먼저 화면을 보자. 지금부터 제시한 지문에 간단하고 신속하며 솔직하게 답해 주렴. 답변은 '예스' 나 '노' 로만 할 수 있다."

"예스."

"호기심이 강한 편이다."

"예스."

"책 읽는 속도가 빠른 편이다."

"노."

"모임에서 중요한 결정을 주로 찬형이가 내린다."

"예스."

"모험심이 있다."

"노~우."

"계획성이 있다."

"오, 노."

"사람들과 어울리기 좋아한다."

"노."

"시를 쓰거나 감상을 잘한다."

"노, 노, 노우!"

"끝났다."

"노우~."

"끝났다니까."

"그래요, 왜 자꾸 저와 관련 없는 질문만 하세요?"

"내가 관련 없는 질문을 한 게 아니라 네가 그 질문을 선택한 거야."

"네, 무슨 말씀이세요?"

"전체 그림을 보여 주마. 다시 한 번 기회를 줄 테니 찬형이가 직접 해 보렴. 그리고 나머지 친구들은 조 안에서 2명씩 짝을 이루어, 샘과 찬형이가 한 것처럼 서로 질문하고 답변하는 방법으로 길을 찾아가렴."

"샘, 그런데 제 결론은 뭐예요?"

"찬형이는 아주 전형적인 '현실형' 이다."

"현실형이요?"

"꼭 기억하렴. 파랑색은 '예스', 빨강색은 '노' 이다."

학생들은 2명씩 짝을 이루어 주거니 받거니 질문하고 답변하면서 길을

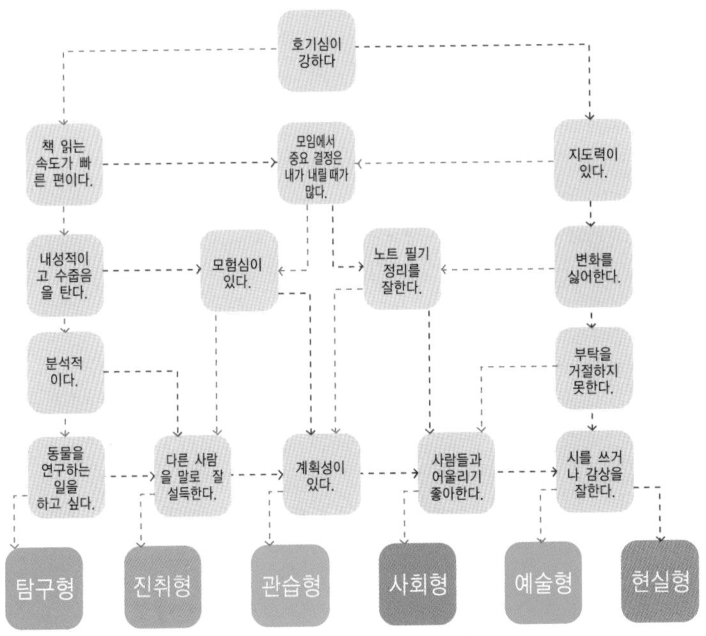

찾아가고 있다. 직업의 적성을 찾아가는 간단한 방법을 통해 자신이 어떤 직업 적성에 맞는지 확인하게 되었다.

홀랜드의 직업 적성이란?

홀랜드 박사가 연구한 직업 선택 이론은 직업적 흥미를 통해 자신의 적성에 맞는 직업군을 찾아가는 데에 주로 활용된다. 홀랜드는 이 이론에서 직업 흥미는 자신의 성격과 관련이 있으며, 특정 직업의 구성원들은 비슷한 성격 유형을 가지고 있는 경우가 많다고 강조하였다.

"샘, 무슨 뜻인지 궁금해요!"

찬형이가 수업에 적극적으로 임했다. 단어 자체가 뜻을 내포하고 있지만, 그래도 학생들은 자신의 유형이 어떤 특징을 갖고 있는지 궁금해했다. 이미 자신의 유형 이름을 알게 되었지만 민샘은 색다른 방법으로 자신의

유형을 확인해 보도록 했다.

"이 이론을 만든 홀랜드 박사는 같은 직업군에서 오랜 시간 즐겁게 일하는 사람들은 비슷한 직업 성격 유형을 가지고 있다고 한다. 그럼 한번 테스트해 볼까? 샘이 10초의 시간을 줄 테니까, 이 친구와 함께 일하면 좋을 것 같다거나 이 친구는 나와 비슷한 유형일 것 같다고 생각되는 사람끼리 한번 모여 보자. 단, 자기 유형을 입으로 말하지는 말고."

학생들은 서로 묘한 표정을 지으며, 서로의 얼굴을 쳐다보았다. 그리고 뜻이 맞는 친구들끼리 그룹을 만들었다. 교빈이는 빨리 각자의 유형을 공개해서 그룹을 잘 지었는지 확인하고 싶었다.

"샘, 이제 서로 유형을 확인해 봐도 될까요?"

"아니, 교빈아 조그만 더 참아. 한 단계를 더 해 볼 거야. 그 상태에서 샘이 6개의 피켓을 줄 테니까 피켓의 내용을 보고 자신의 특성에 맞는 피켓에 함께 모이는 거야. 지금 모인 친구들을 또 만난다면 대박이지. 자, 출발해 볼까?"

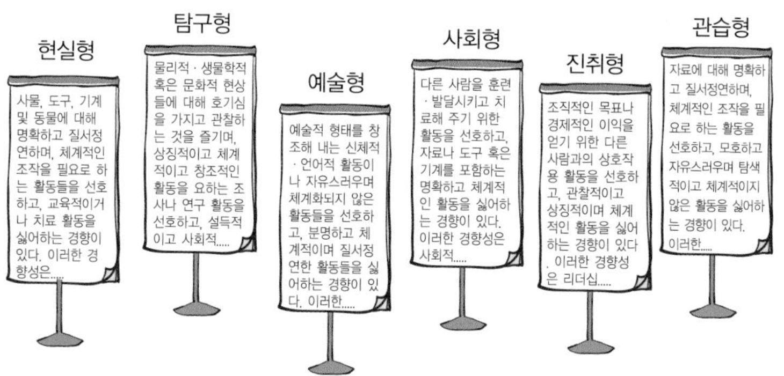

수희가 나와 민샘을 도왔다. 진로 페스티벌에 쓸 겸 미리 만들어 놓은 직업 흥미별 유형 피켓을 세워 두고, 학생들은 각각 피켓의 내용을 읽은 뒤 자신에게 적합하다고 판단이 되면 그 뒤에 서는 것이다. 아까 모였던 그룹의 학생들 중에는 서로 헤어지지 말자고 손을 잡고 다녔지만 결국 내용을 읽은 후에는 헤어져서 각각 다른 피켓으로 가고 말았다. 6개의 피켓 뒤에 어느 정도 그룹이 지어지자 학생들은 서로의 유형을 몰래 확인하느라 바빴다.

"어때? 교빈아! 아까 만났던 친구들이 그대로 같은 피켓에 모였니?"

"같이 온 친구도 있고, 헤어진 친구도 있어요. 그런데 이번에는 진짜 잘 모인 것 같아요."

"그럼, 한번 같은 그룹별로 서로의 유형을 확인해 볼까?"

"승헌이, 너 뭐야. 혹시 진취형이니? 아싸!"

"어? 나만 다른 거네."

"미안하지만 다른 그룹으로 가줘야겠어."

"샘, 우리 조는 전부 현실형 친구들이 모였어요."

학생들은 함께 모인 친구들의 유형을 확인하느라 목소리를 높였다. 이때 민샘이 찬형이를 보며 물었다.

"찬형이는 왜 표정이 그렇게 굳어 있니?"

"이럴 줄 알았어요. 저는 피켓의 내용을 읽고 왔는데 저의 유형과 달라요. 와서 보니 저 빼고 다른 친구들은 모두 관습형이에요. 현실형의 내용도 맞는 것 같고 관습형도 맞는 것 같은데, 둘 중 어디로 가야 할지 모르겠어요. 적성 검사의 악몽이 다시 되살아나요."

"걱정 마라, 찬형아. 화면을 보렴. 한 친구의 직업 적성 검사 그래프 중의 하나를 보여 줄게. 이 친구는 분명 진취형(E)이 강하다. 하지만 일반적으로는 이 그래프를 보고 'EI형' 이라고 이야기한다."

"그래요? 다중 지능 중에 강점 지능이 여러 개 있을 수 있는 것처럼 말예요?"

"그렇단다. 찬형이의 고민은 지극히 자연스러운 거야."

"그럼, 저는 RC형이군요."

민샘은 커다란 화면에 '한국 직업정보시스템' 의 '흥미' 를 통한 직업 탐색 코너로 들어가서 6개의 직업 적성 유형을 보여 주었다. 찬형이에게 자신의 유형 2개에 체크해 보라고 했다. 찬형이는 곧 자신의 적성에 맞게 추천되는 직업 목록을 볼 수 있었다.

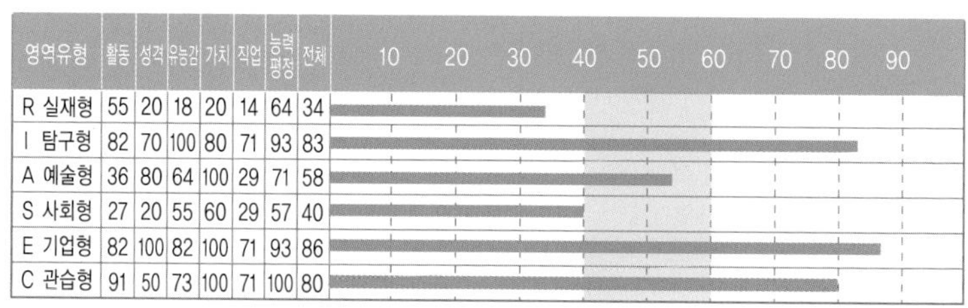

영역유형	활동	성격	유능감	가치	직업	능력평정	전체
R 실재형	55	20	18	20	14	64	34
I 탐구형	82	70	100	80	71	93	83
A 예술형	36	80	64	100	29	71	58
S 사회형	27	20	55	60	29	57	40
E 기업형	82	100	82	100	71	93	86
C 관습형	91	50	73	100	71	100	80

	진로코드	계열1	계열2
나의 흥미는?	CE	경상학계, 법학계	사회과학계, 공학계
나의 성격은?	EA	사회과학계, 상업예술계	경상학계, 인문, 사회과학계
내가 자신있어 하는 분야는?	IE	자연과학계, 의료보건계	인문과학계, 자연과학계
나의 전체적인 관심은?	EI	법학계, 사회과학계	경상학계, 사회과학계

직업 흥미 선택	흥미에 대한 설명
☑ 현실형 (Realistic)	사물, 도구, 기계 및 동물에 대해 명확하고 질서정연하며, 체계적인 조작을 필요로 하는 활동들을 선호하고, 교육적이거나 치료 활동을 싫어하는 경향이 있다. 이러한 경향성은 조작, 기계, 농경, 전기 및 기술적인 능력을 획득하게 하는 반면에 사회적 능력이나 교육적 능력에서는 결함을 보여 준다.
☐ 탐구형 (Investigative)	물리적 · 생물학적 혹은 문화적 현상들에 대해 호기심을 가지고 관찰하는 것을 즐기며, 상징적이고 체계적이고 창조적인 활동을 요하는 조사나 연구 활동을 선호하고, 설득적이고 사회적이며, 반복적인 활동을 혐오한다. 이러한 행동 경향성은 과학적이고 수학적인 능력을 갖게 하는 반면에 설득적 능력에서는 결함이 나타난다.
☐ 예술형 (Artistic)	예술적 형태를 창조해 내는 신체적 · 언어적 활동이나 자유스러우며 체계화되지 않은 활동들을 선호하고, 분명하고 체계적이며 질서정연한 활동들을 싫어하는 경향이 있다. 이러한 행동 경향성은 예술적인 능력을 획득하게 하는 반면에 사무적인 능력의 결함을 보여준다.
☐ 사회형 (Social)	다른 사람을 훈련 · 발달시키고 치료해 주기 위한 활동을 선호하고, 자료나 도구 혹은 기계를 포함하는 명확하고 체계적인 활동을 싫어하는 경향이 있다. 이러한 경향성은 사회적 · 교육적으로 능력을 획득하게 하는 반면에 조작, 기계, 농경, 전기 및 기술적인 능력에서는 결함을 보여 준다.
☐ 진취형 (Enterprising)	조직적인 목표나 경제적인 이익을 얻기 위한 다른 사람과의 상호작용 활동을 선호하고, 관찰적이고 상징적이며 체계적인 활동을 싫어하는 경향이 있다. 이러한 경향성은 리더십, 대인 관계 능력 및 설득적인 능력을 획득하게 하는 반면에 과학적인 능력에서 결함을 보여 준다.

직업 흥미 선택	흥미에 대한 설명
√ 관습형 (Conventional)	자료에 대해 명확하고 질서정연하며, 체계적인 조작을 필요로 하는 활동을 선호하고, 모호하고 자유스러우며 탐색적이고 체계적이지 않은 활동을 싫어하는 경향이 있다. 이러한 경향성은 사무적이고 계산적인 능력을 얻게 하는 반면에 예술적인 능력에서는 결함을 보여 준다.

찬형이는 애써 태연한 척했지만 어떤 직업군이 나올지 내심 기대가 되었다. 자기 발견이나 성향, 가치 등에서 했을 때와 비슷한 직업 목록이 나온다면 더욱더 자신의 직업군에 확신을 가질 수 있을 거라는 기대감이 컸다.

일치	대분류	중분류	직업명
2(All)	관리 · 경영 · 금융 · 영업	관리자	유치원 원장 및 원감
2(All)	관리 · 경영 · 금융 · 영업	관리자	초등학교 교감
2(All)	관리 · 경영 · 금융 · 영업	관리자	중 · 고등학교 교장
2(All)	관리 · 경영 · 금융 · 영업	관리자	건설 및 광업 관련
2(All)	관리 · 경영 · 금융 · 영업	관리자	호텔 관리자
2(All)	관리 · 경영 · 금융 · 영업	관리자	도서관장
2(All)	관리 · 경영 · 금융 · 영업	관리자	미술관장
2(All)	관리 · 경영 · 금융 · 영업	관리자	박물관장
2(All)	관리 · 경영 · 금융 · 영업	경영 · 회계 · 사무 관련 관리직	헤드헌터
2(All)	관리 · 경영 · 금융 · 영업	경영 · 회계 · 사무 관련 관리직	세무사
2(All)	관리 · 경영 · 금융 · 영업	경영 · 회계 · 사무 관련 관리직	광고 및 홍보 전문가
2(All)	관리 · 경영 · 금융 · 영업	경영 · 회계 · 사무 관련 관리직	식음료품 감정사
2(All)	관리 · 경영 · 금융 · 영업	경영 · 회계 · 사무 관련 관리직	기획 사무원
2(All)	관리 · 경영 · 금융 · 영업	경영 · 회계 · 사무 관련 관리직	수상 운송 사무원
2(All)	관리 · 경영 · 금융 · 영업	경영 · 회계 · 사무 관련 관리직	정부 정책 기획 전문가
2(All)	관리 · 경영 · 금융 · 영업	경영 · 회계 · 사무 관련 관리직	관세 행정 사무원
2(All)	관리 · 경영 · 금융 · 영업	경영 · 회계 · 사무 관련 관리직	고객 상담원
2(All)	관리 · 경영 · 금융 · 영업	금융 · 보험 관련 전문직	증권 중개인
2(All)	관리 · 경영 · 금융 · 영업	금융 · 보험 관련 전문직	선물 중개인
2(All)	관리 · 경영 · 금융 · 영업	금융 · 보험 관련 전문직	보험 계리사
2(All)	관리 · 경영 · 금융 · 영업	영업 및 판매 관련직	금융 출납 창구 사무원
2(All)	관리 · 경영 · 금융 · 영업	금융 · 보험 관련 전문직	인터넷 판매원
2(All)	교육 · 연구 · 문화 · 예술	교육 및 자연과학 · 사회과학 연구 관련	의약 계열 교수

일치	대분류	중분류	직업명
2(AII)	교육 · 연구 · 문화 · 예술	교육 및 자연과학 · 사회과학 연구 관련	지질학 연구원
2(AII)	교육 · 연구 · 문화 · 예술	교육 및 자연과학 · 사회과학 연구 관련	생명 정보학자
2(AII)	교육 · 연구 · 문화 · 예술	교육 및 자연과학 · 사회과학 연구 관련	축산학 연구원

찬형이를 통해 샘플을 확인한 뒤, 조별로 컴퓨터에 들어가 각각 자신의 유형을 입력하여 직업 목록을 출력하게 했다. 대부분의 학생들은 앞에서 탐색했던 직업군과 겹치는 부분이 있었다.

"샘! 도시를 만들어요?"

"놀라지 마라, 승헌아. 정답이 있는 활동은 아니란다. 일단 자신들의 특성을 최대한 살려서 도시를 만들어 보렴. 예술형 친구들은 자신들의 특성에 맞게 만들고, 사무형 친구들도 의견을 모아서 만들어 봐. 새로운 도시를 하나 짓는다는 생각으로 만들면 된다. 모든 것은 너희들의 상상에 맡길게."

갑자기 뜻밖의 활동을 주문했다. 도시를 만들라니, 이게 무슨 뜻인가. 엉뚱한 듯 보이지만 민샘은 분명한 의도를 갖고 있었다. 일단 직업 적성이 비슷한 친구들끼리 협력 과정과 의사소통을 경험해 보게 하려 한다. 그리고 실제로 자신들에게 맞는 방식의 도시를 만들면서 다른 조와 확연하게 다른 점을 느끼게 하려는 것이다.

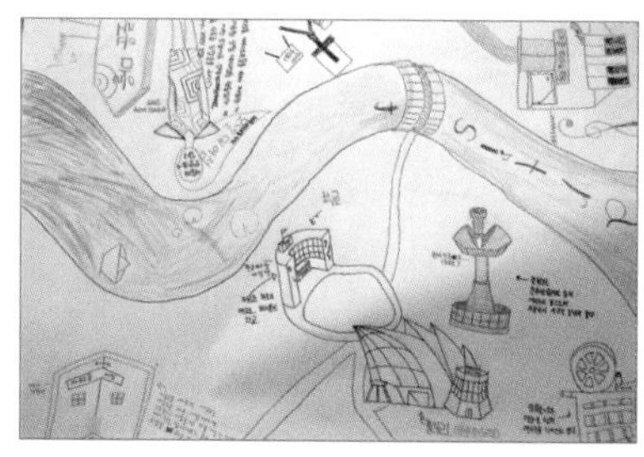
예술형 조가 만든 도시

사무형 조가 만든 도시

"2조 발표자 소민이에요. 저희 조는 아름다운 도시를 만들었어요. 강을 중심으로 도시가 그림처럼 펼쳐져 있어요. 계획형 도시죠."

"4조 발표자 진구입니다. 저희 조는 가운데 광장을 둘러싸고 모든 오피스와 상가가 원을 그리며 완전 밀집되어 있어요. 정말 일하기 쉽게 만든 거죠. 그런데 이거 너무 일만 하는 도시를 만든 것 같아요."

나에게 맞는 옷 입기

"샘, 직업을 더 살펴볼 수 있을까요?"
"수희는 6개의 유형에 대해 자신에게 추천된 직업 이외에 더 알고 싶은 게 있나 보구나."
"네, 궁금해요."
"이 부분은 미션으로 내주려 한다. 일단, 샘이 각각 카드를 한 장씩 줄게. 6가지 유형에 대한 기본적인 설명과 직업군을 기입한 카드이다. 이 카드 뒷면에 관련 직업들을 더 알아 오기 바란다."
"자신의 유형만 알아보면 되나요? 아니면 6개를 모두 알아봐야 하나요?"
"자신의 것과 관심이 있는 것을 알아보면 된다."
"그런데 찬형이는 적성 검사에 대한 부정적인 생각이 지금도 그대로니?"
"아뇨. 검사의 내용이 문제가 있었던 게 아니라, 진로를 바라보는 저의 생각이 그 당시에는 너무 어렸던 것 같아요. 오늘 활동을 할 때는 훨씬 여유로웠어요.
그리고 이미 이전에 다양한 탐색을 해서 그런지 전체적으로 볼 수 있는 마음도 생겼고요."
"중요한 말을 해 주었구나. 검사 그 자체보다는 진로를 바라보는 생각이 중요하다는 것. 찬형이가 약간 까칠하고 매우 현실적이지만 샘은 그것이 찬형이의 매력이며 강점이라고 생각한다. 현실형과 관습형의 특징을 잘 살린다면 찬형이에게 맞는 직업의 꿈을 세울 수 있을 거야."

유형	성격 특징	직업활동 선호	적성	대표 직업
R (실재형)	남성적, 솔직, 검소, 말이 적으며 단순하다 .	분명하고 질서정연하고, 체계적인 조작을 주로 하는 기술을 좋아하고 교육적, 치료적 활동은 좋아하지 않는다.	기계 능력은 있으나 대인관계능력이 부족하다.	기술자, 농부, 운동선수 등
I (탐구형)	지적 호기심이 많으며 비판적, 내성적이고 수줍음을 잘 타고 신중하다.	물리적, 생물학적, 문화적 현상의 창조적 탐구에 흥미가 있으며, 사회적이고 반복적인 활동엔 관심이 부족하다.	학구적, 지적 자부심은 높으나 지도력, 설득력이 떨어진다.	과학자, 생물학자, 인류학자, 의사 등
A (예술형)	상상력 풍부, 개성이 강하고 협동적이지 않다.	변화와 다양성을 좋아한다. 반면 체계적이고 구조화된 활동엔 흥미가 없다.	미술, 음악적 능력은 있으나 사무기술이 부족하다. 체계적, 구조적 활동에 흥미가 없다.	예술가, 작곡가, 무대감독, 배우, 소설가, 디자이너 등
S (사회형)	사람들을 좋아하며 어울리기 좋아하고 이상주의적이다.	타인의 문제를 듣고 이해하는 데 흥미를 보이지만, 질서정연하고 체계적인 활동엔 흥미가 없다.	사회적, 교육적, 지도력과 대인관계 능력은 있으나 과학적 능력, 체계적 능력이 부족하다.	사회복지가, 교육자, 간호사, 유치원, 교사, 언어치료사, 상담가 등
E (기업형)	지배적이고 통솔력이 있으며, 외향적, 낙관적이고 열성적이다.	조직의 목적과 경제적 이익을 얻기 위해 타인을 선도, 통제하는 일과 위신, 인정을 얻는 활동을 좋아하지만 관찰적, 체계적 활동에는 흥미가 없다.	적극적이고 사회적이고 언어능력은 있으나 과학적 능력, 체계적 능력이 부족하다	기업 경영인, 정치가, 영업사원, 보험회사원, 연출가 등
C (관습형)	정확하고 빈틈이 없고, 조심성이 있으며 세밀하다.	정해진 원칙과 계획에 따라 자료들을 정리, 조작하는 일을 좋아한다. 창의적이고 자율적이며 모험적인 활동엔 혼란스러워한다.	사무 계산적이며 정확성은 있지만 탐구적 독창성이 부족하다.	공인회계사, 은행원, 사서, 법무사, 안전관리사 등

꼭! 작성해 보세요 | 포트폴리오 활동 1

진로 선호도를 통한 적성 찾기

진로에서 적성은 몸에 잘 맞는 옷을 찾아 입는 과정입니다. 이러한 적성은 투모라이즈, 커리어넷, 워크넷 등을 통해 직업 흥미 검사 또는 진로 적성 검사 등의 이름으로 진행할 수 있습니다. 여기서 간단하게 자신의 진로 적성 유형을 확인해 보겠습니다. 나중에 사이트를 통해 자세한 검사 결과와 비교해 보세요. 중간에 약간 헷갈리거나 둘 다 맞는 것 같은 경우가 있으면 한 번 더 진행하여 두 가지 유형을 꺼내도 됩니다. 일반적으로 적성은 두 가지 정도로 표현되기도 합니다. 파란색은 '그렇다', 빨간색은 '아니다'를 뜻합니다. 검사를 하고 자신에게 해당되는 과정을 연결하여 적어 봅니다.

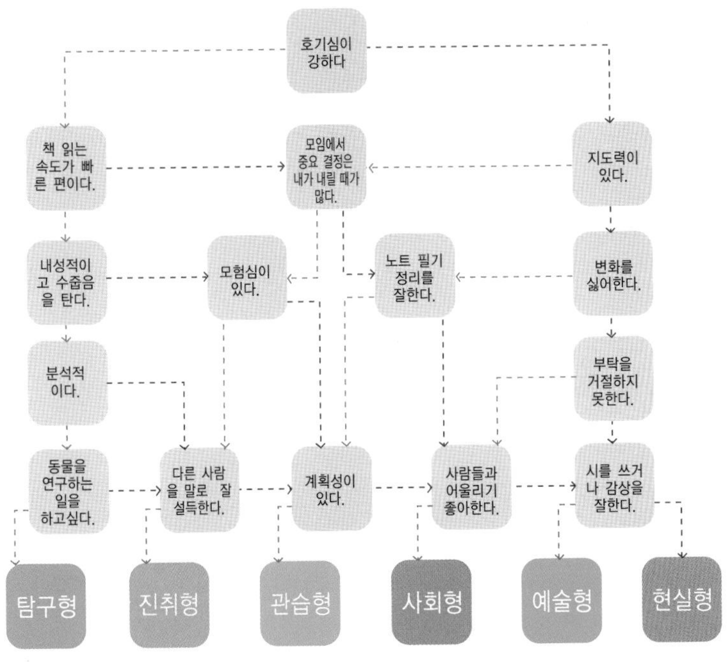

______

______

______

내친구 포트폴리오 살짝 엿보기

진로 선호도를 통한 적성 찾기

진로에서 적성은 몸에 잘 맞는 옷을 찾아 입는 과정입니다. 이러한 적성은 커리어넷, 워크넷 등을 통해 직업 흥미 검사 또는 직업 적성 검사 등의 이름으로 진행할 수 있습니다. 여기서 간단하게 자신의 진로 적성 유형을 확인해 보겠습니다. 나중에 사이트를 통해 자세한 검사 결과와 비교해 보세요. 중간에 약간 헷갈리거나 둘 다 맞는 것 같은 경우가 있으면 한번 더 진행하여 두 가지 유형을 꺼내도 됩니다. 일반적으로 적성은 두 가지 정도로 표현되기도 합니다. 파란색은 '그렇다', 빨간색은 '아니다'를 뜻합니다. 검사를 하고 자신에게 해당되는 과정을 연결하여 적어 봅니다.

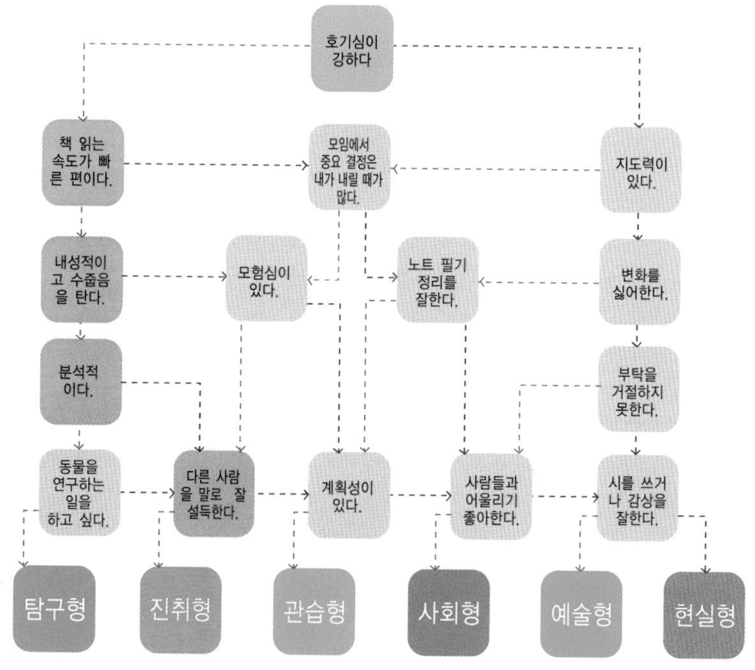

나는 호기심이 강하다. 책 읽는 속도가 빠른 편이고, 내성적이며 수줍음을 잘 탄다. 이 부분은 마음에 들지 않는다. 한편, 나는 분석적이고 다른 사람을 말로 잘 설득할 수 있다. 이런 나의 적성은 진취형으로 분류되었다.

적성 유형에 따른 직업군 탐색하기

여섯 가지 유형에서 핵심 유형을 두 가지 또는 세 가지 체크하고, 그 항목을 '한국 직업정보 시스템'에 입력하여 추천 직업군을 도출합니다. 해당 유형에 대한 자신의 특징을 경험을 더하여 간단히 기록하고, 도출된 직업군 중에 호감이 가는 직업군이나 이전에 탐색한 결과와 일치하는 직업명을 넣어 간단하게 기록합니다.

직업 흥미 선택	흥미에 대한 설명
□ 현실형 (Realistic)	사물, 도구, 기계 및 동물에 대해 명확하고 질서정연하며, 체계적인 조작을 필요로 하는 활동들을 선호하고, 교육적이거나 치료 활동을 싫어하는 경향이 있다. 이러한 경향성은 조작, 기계, 농경, 전기 및 기술적인 능력을 획득하게 하는 반면에 사회적 능력이나 교육적 능력에서는 결함을 보여 준다.
□ 탐구형 (Investigative)	물리적·생물학적 혹은 문화적 현상들에 대해 호기심을 가지고 관찰하는 것을 즐기며, 상징적이고 체계적이고 창조적인 활동을 요하는 조사나 연구 활동을 선호하고, 설득적이고 사회적이며, 반복적인 활동을 혐오한다. 이러한 행동 경향성은 과학적이고 수학적인 능력을 갖게 하는 반면에 설득적 능력에서는 결함이 나타난다.
□ 예술형 (Artistic)	예술적 형태를 창조해 내는 신체적·언어적 활동이나 자유스러우며 체계화되지 않은 활동들을 선호하고, 분명하고 체계적이며 질서정연한 활동들을 싫어하는 경향이 있다. 이러한 행동 경향성은 예술적인 능력을 획득하게 하는 반면에 사무적인 능력의 결함을 보여준다.
□ 사회형 (Social)	다른 사람을 훈련·발달시키고 치료해 주기 위한 활동을 선호하고, 자료나 도구 혹은 기계를 포함하는 명확하고 체계적인 활동을 싫어하는 경향이 있다. 이러한 경향성은 사회적·교육적으로 능력을 획득하게 하는 반면에 조작, 기계, 농경, 전기 및 기술적인 능력에서는 결함을 보여 준다.
□ 진취형 (Enterprising)	조직적인 목표나 경제적인 이익을 얻기 위한 다른 사람과의 상호작용 활동을 선호하고, 관찰적이고 상징적이며 체계적인 활동을 싫어하는 경향이 있다. 이러한 경향성은 리더십, 대인 관계 능력 및 설득적인 능력을 획득하게 하는 반면에 과학적인 능력에서 결함을 보여 준다.
□ 관습형 (Conventional)	자료에 대해 명확하고 질서정연하며, 체계적인 조작을 필요로 하는 활동을 선호하고, 모호하고 자유스러우며 탐색적이고 체계적이지 않은 활동을 싫어하는 경향이 있다. 이러한 경향성은 사무적이고 계산적인 능력을 얻게 하는 반면에 예술적인 능력에서는 결함을 보여 준다.

내친구 포트폴리오 살짝 엿보기

적성 유형에 따른 직업군 탐색하기

여섯 가지 유형에서 핵심 유형을 두 가지 또는 세 가지 체크하고, 그 항목을 '한국 직업정보 시스템'에 입력하여 추천 직업군을 도출합니다. 해당 유형에 대한 자신의 특징을 경험을 더하여 간단히 기록하고, 도출된 직업군 중에 호감이 가는 직업군이나 이전에 탐색한 결과와 일치하는 직업명을 넣어 간단하게 기록합니다.

직업 흥미 선택	흥미에 대한 설명
☑ 현실형 (Realistic)	사물, 도구, 기계 및 동물에 대해 명확하고 질서정연하며, 체계적인 조작을 필요로 하는 활동들을 선호하고, 교육적이거나 치료 활동을 싫어하는 경향이 있다. 이러한 경향성은 조작, 기계, 농경, 전기 및 기술적인 능력을 획득하게 하는 반면에 사회적 능력이나 교육적 능력에서는 결함을 보여 준다.
☐ 탐구형 (Investigative)	물리적·생물학적 혹은 문화적 현상들에 대해 호기심을 가지고 관찰하는 것을 즐기며, 상징적이고 체계적이고 창조적인 활동을 요하는 조사나 연구 활동을 선호하고, 설득적이고 사회적이며, 반복적인 활동을 혐오한다. 이러한 행동 경향성은 과학적이고 수학적인 능력을 갖게 하는 반면에 설득적 능력에서는 결함이 나타난다.
☐ 예술형 (Artistic)	예술적 형태를 창조해 내는 신체적·언어적 활동이나 자유스러우며 체계화되지 않은 활동들을 선호하고, 분명하고 체계적이며 질서정연한 활동들을 싫어하는 경향이 있다. 이러한 행동 경향성은 예술적인 능력을 획득하게 하는 반면에 사무적인 능력의 결함을 보여준다.
☐ 사회형 (Social)	다른 사람을 훈련·발달시키고 치료해 주기 위한 활동을 선호하고, 자료나 도구 혹은 기계를 포함하는 명확하고 체계적인 활동을 싫어하는 경향이 있다. 이러한 경향성은 사회적·교육적으로 능력을 획득하게 하는 반면에 조작, 기계, 농경, 전기 및 기술적인 능력에서는 결함을 보여 준다.
☐ 진취형 (Enterprising)	조직적인 목표나 경제적인 이익을 얻기 위한 다른 사람과의 상호작용 활동을 선호하고, 관찰적이고 상징적이며 체계적인 활동을 싫어하는 경향이 있다. 이러한 경향성은 리더십, 대인 관계 능력 및 설득적인 능력을 획득하게 하는 반면에 과학적인 능력에서 결함을 보여 준다.
☑ 관습형 (Conventional)	자료에 대해 명확하고 질서정연하며, 체계적인 조작을 필요로 하는 활동을 선호하고, 모호하고 자유스러우며 탐색적이고 체계적이지 않은 활동을 싫어하는 경향이 있다. 이러한 경향성은 사무적이고 계산적인 능력을 얻게 하는 반면에 예술적인 능력에서는 결함을 보여 준다.

적성 검사를 해 보고, 또한 적성 유형을 읽어 보았을 때 나는 현실형과 관습형에 가깝다.

'직업정보시스템'에서 얻은 직업군은 호텔 관리자, 세무사, 교수, 헤드헌터 등이다. 이 중 이전의 탐색과 겹치는 것은 세무사이다. 세무사라는 직업에 대해 좀 더 탐색해 보면서 나의 희망 직업을 확정하고 싶다.

생생! 직업인 이야기

사람을 좋아해야 하는 직업

물리 치료사

먼저 한 가지 설명을 좀 해야겠네요. 물리 치료와 작업 치료가 많이 혼동되었죠? 물리 치료는 환자의 근골격계와 신경계 이상으로 인한 운동 동작의 장애에 역점을 두어 치료합니다. 걷기, 팔 동작, 다리 동작, 앉기, 일어서기 등의 큰 동작에 초점을 맞춥니다. 반면 작업 치료는 환자의 신체적인 장애뿐 아니라 정신적 · 사회적인 적응을 도와주는 것을 말합니다. 그러니까 물리 치료가 걷기, 앉기, 일어서기 등 기본 동작의 회복을 돕는 것이라면, 작업 치료는 컵 잡기, 글쓰기, 가구 수리, 봉투 접기 등의 생활로 복귀할 수 있는 회복을 돕는 것이죠. 이제 좀 정리가 되었죠?

그런데 이러한 물리 치료는 처음부터 끝까지 사람과 사람이 직접 얼굴을 맞대고 치료하는 과정이라 '관계' 형성이 중요합니다. 사람을 좋아하는 학생이라면 이 일이 매우 행복할 수 있습니다. 청소년 시기에 물리 치료사를 꿈꾸는 학생이 있다면 일단 환영합니다. 자신이 사람을 좋아하고, 또 사람과 관계 형성하는 것을 좋아하는지 점검해 보기 바랍니다.

16 진로 네비게이션

그래서 결국 나는 뭘 할까

우리들의 고민 편지

엄마의 권유로 시중에 나와 있는 모든 진로 탐색 검사를 다 해 본 중학교 2학년 N양. 그녀가 가지고 있는 검사 용지와 진단 결과만 10개 이상이다. 그런데 정작 그 결과들을 어떻게 종합해서 결론을 만들어야 하는지 모른다. 검사하는 곳마다 자신의 검사가 가장 신뢰할 만하다고 강조하니 그녀 입장에서는 중요하지 않은 게 없다. 과연 어떤 방법으로 다양한 탐색 결과를 하나로 묶을 수 있을까.

– 온라인 캠프에 올라온 진로 고민 편지

아름다운 고민에 빠지다

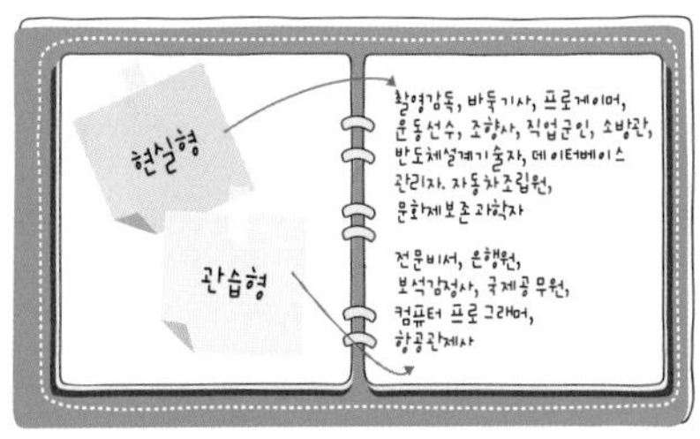

찬형이는 민샘과의 약속대로 자신의 직업 적성 유형에 대해 좀 더 직업군을 알아보았다. 그리고 그 직업들을 수첩에 적어서 들고 다녔다. 이런 스스로의 모습에 찬형이는 약간의 대견함을 느끼고 있었다.

'기분이 썩 나쁘지는 않은데! 그래도 이렇게 목록을 적어서 고민하니까 답답하지는 않아서 좋다. 이제 좀 그림이 보이는 것 같아. 진로의 퍼즐도 맞출 수 있을 것 같아.'

찬형이는 이전에 배웠던 대로 직업군을 하나씩 알아보기로 했다. 다음 동아리 수업이 있기 이틀 전 찬형이는 민샘의 진로 상담실을 찾았다.

"찬형아, 반갑다. 무슨 수첩을 들고 복도를 지나다닌다는 소문이 있던데?"

"네! 정말요? 야~ 무섭다. 나를 감시하는 누군가가 있나 봐요."

"하하하! 농담이야. 놀라기는, 녀석. 샘이 복도 지나가다가 네 모습을 봤을 뿐이야. 그런데 무슨 수첩이니?"

"지난 번 수업에서 발견한 저의 적성에 대해 몇 가지 직업을 더 찾아서 적은 거예요."

"그렇구나. 그런데 오늘 나를 급하게 찾은 이유는?"

"적성에 따른 직업 종류를 좀 더 알 수 있을까 해서요."

"그렇구나. 그런 거라면 언제든지 환영이다. 가장 좋은 방법은 '직업 분류 카드' 를 사용하는 것인데, 이 부분은 사실 2주 뒤의 수업에 소개할 계획이었지만 찬형이에게 먼저 설명 해 줄게."

"고맙습니다, 샘. 그런데 어떻게 사용하는 거죠. 카드가 꽤 많은데요."

"자세한 설명은 동아리 친구들과 2주 뒤에 하도록 하고, 지금은 간단하게 찬형이의 적성에 맞는 직업군만 살펴보자. 우선 '현실형' 과 '관습형'

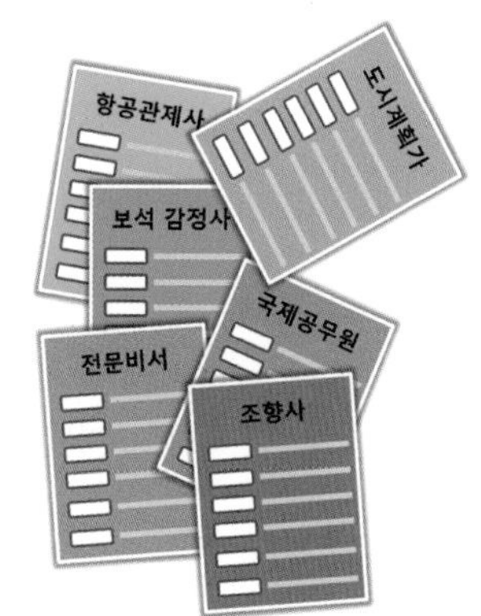

에 해당하는 직업군을 소개해 줄 테니 해당되는 직업 카드를 모두 찾아 봐라. 그런 뒤에는 아는 직업과 모르는 직업을 구분해 보는 거야."

찬형이는 자신이 찾아온 '현실형'과 '관습형'의 직업 카드를 모두 찾아서 분류해 보았다. 우선 아는 직업과 모르는 직업을 나눴다. 그런 다음 모르는 직업 카드의 내용을 하나씩 살펴보았다.

"야! 조향사라는 직업이 있었구나. 향기를 만드는 직업이라…… 괜찮은데. 직업 전망에 별표도 많이 붙었네. 학과는 화학과를 나와야 되는구나. 참 재미있다. 이 직업 왠지 끌린다."

찬형이는 몰랐던 직업을 하나씩 보면서 다시 분류해 보았다. 그런데 작업을 진행하면서 마음속에 뭔가 시원하게 해결되지 않는 부분이 자꾸 신경 쓰였다. 민샘이 찬형이의 표정을 보면서 뭔가 눈치를 채고 물어 왔다.

"뭐 안 풀리는 게 있니? 물어보면서 해도 된다. 샘이 일부러 찬형이 방해하지 않으려고 했지만, 그래도 도움은 될 수 있으니까 필요하면 언제든 말하렴."

"샘, 저기 말이에요. 안 맞아요. 이상하게 안 맞는 것 같아요."

"뭐가 안 맞는다는 거니?"

"현실형에 나온 직업들은 참 마음에 드는 게 많은데, 왠지 관습형의 직업들이 전반적으로 마음에 들지가 않아요. 적성을 체크하는 과정에서 혹시 잘못 체크를 해서 나온 거 아닐까요? 이상해요."

"그랬구나, 지난 시간 적성 테스트 결과를 보았을 때는 왜 그걸 몰랐을까?"

"그때는 구체적으로 직업의 내용들을 살피지 않았잖아요. 이제야 제대로 하나씩 살펴보니 저랑 거리가 멀어요."

"충분히 그럴 수 있다. 지난번에 적성 유형을 확인하는 방법은 간단하게 '예스'와 '노'의 갈림길에서 선택하는 방식이었기 때문에 순간적으로 방향을 잘못 잡을 수도 있다. 그럼, 오늘 샘을 찾아왔으니 몇 가지 전문적인 적성 확인을 해 보면서 검증을 해 보자."

"전문적인 적성 확인이요?"

비로소 내가 누구인지 보인다

"기억나니? '직업 적성 검사'라는 것이 있고, 보다 넓은 의미의 다양한 적성 검사가 존재한다는 이야기를 해 주었잖니."

"바로 지난 시간에 하신 이야기잖아요. 그러니까 흥미, 재능, 성향, 가치 등의 일반적인 탐색이 있었고, '직업 흥미 검사', '직업 성향 검사', '직업 적성 검사', '직업 가치 검사(나열된 모든 검사는 전문 연구기관을 통해 진행할 것을 권함. 그 경우 더욱 정확한 결과를 얻을 수 있음)' 등의 전문적인 탐색 과정도 있다고 하셨어요. 단어 앞에 '직업'이라는 말이 붙어 있었던 거 같아요."

"그렇다. 그러한 활동을 모두 합쳐서 큰 의미의 '직업 적성 검사'라고도 한다고 했지. 일단 찬형이가 자신의 직업 적성 결과로 나온 두 가지 유형에 대해 아직 확신이 들지 않는다고 하니, 한번 다른 방식으로 적성을 확인해 보자."

민샘은 6장의 카드를 순서대로 주었다. 각각의 카드는 왼쪽과 오른쪽의 칸으로 문제가 구분되어 있었다. 찬형이는 카드의 내용을 읽고 왼쪽과 오른쪽 칸에 자신에게 해당되는 부분을 체크했다. 그리고 왼쪽과 오른쪽의 점수를 합해 기록했다.

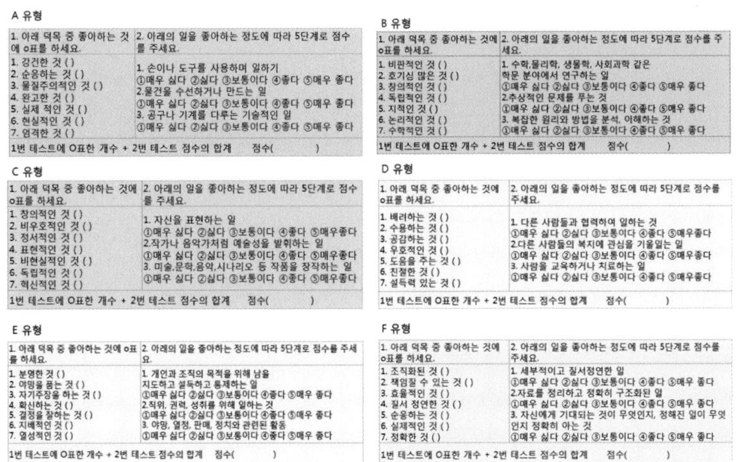

A 유형

1. 아래 덕목 중 좋아하는 것에 o표를 하세요.	2. 아래의 일을 좋아하는 정도에 따라 5단계로 점수를 주세요.
1. 강건한 것 () 2. 순응하는 것 () 3. 물질주의적인 것 () 4. 완고한 것 () 5. 실제 적인 것 () 6. 현실적인 것 () 7. 엄격한 것 ()	1. 손이나 도구를 사용하며 일하기 ①매우 싫다 ②싫다 ③보통이다 ④좋다 ⑤매우 좋다 2.물건을 수선하거나 만드는 일 ①매우 싫다 ②싫다 ③보통이다 ④좋다 ⑤매우 좋다 3. 공구나 기계를 다루는 기술적인 일 ①매우 싫다 ②싫다 ③보통이다 ④좋다 ⑤매우 좋다
1번 테스트에 O표한 개수 + 2번 테스트 점수의 합계 점수( )	

B 유형

1. 아래 덕목 중 좋아하는 것에 o표를 하세요.	2. 아래의 일을 좋아하는 정도에 따라 5단계로 점수를 주세요.
1. 비판적인 것 () 2. 호기심 많은 것 () 3. 창의적인 것 () 4. 독립적인 것 () 5. 지적인 것 () 6. 논리적인 것 () 7. 수학적인 것 ()	1. 수학,물리학, 생물학, 사회과학 같은 학문 분야에서 연구하는 일 ①매우 싫다 ②싫다 ③보통이다 ④좋다 ⑤매우 좋다 2.추상적인 문제를 푸는 것 ①매우 싫다 ②싫다 ③보통이다 ④좋다 ⑤매우 좋다 3. 복잡한 원리와 방법을 분석, 이해하는 것 ①매우 싫다 ②싫다 ③보통이다 ④좋다 ⑤매우 좋다
1번 테스트에 O표한 개수 + 2번 테스트 점수의 합계 점수( )	

C 유형

1. 아래 덕목 중 좋아하는 것에 o표를 하세요.	2. 아래의 일을 좋아하는 정도에 따라 5단계로 점수를 주세요.
1. 창의적인 것 () 2. 비우호적인 것 () 3. 정서적인 것 () 4. 표현적인 것 () 5. 비현실적인 것 () 6. 독립적인 것 () 7. 혁신적인 것 ()	1. 자신을 표현하는 일 ①매우 싫다 ②싫다 ③보통이다 ④좋다 ⑤매우좋다 2.작가나 음악가처럼 예술성을 발휘하는 일 ①매우 싫다 ②싫다 ③보통이다 ④좋다 ⑤매우좋다 3. 미술,문학,음악,시나리오 등 작품을 창작하는 일 ①매우 싫다 ②싫다 ③보통이다 ④좋다 ⑤매우좋다
1번 테스트에 O표한 개수 + 2번 테스트 점수의 합계 점수( )	

D 유형

1. 아래 덕목 중 좋아하는 것에 o표를 하세요.	2. 아래의 일을 좋아하는 정도에 따라 5단계로 점수를 주세요.
1. 배려하는 것 () 2. 수용하는 것 () 3. 공감하는 것 () 4. 우호적인 것 () 5. 도움을 주는 것 () 6. 친절한 것 () 7. 설득력 있는 것 ()	1. 다른 사람들과 협력하여 일하는 것 ①매우 싫다 ②싫다 ③보통이다 ④좋다 ⑤매우좋다 2.다른 사람들의 복지에 관심을 기울일는 일 ①매우 싫다 ②싫다 ③보통이다 ④좋다 ⑤매우좋다 3. 사람을 교육하거나 치료하는 일 ①매우 싫다 ②싫다 ③보통이다 ④좋다 ⑤매우좋다
1번 테스트에 O표한 개수 + 2번 테스트 점수의 합계 점수( )	

E 유형

1. 아래 덕목 중 좋아하는 것에 o표를 하세요.	2. 아래의 일을 좋아하는 정도에 따라 5단계로 점수를 주세요.
1. 분명한 것 () 2. 야망을 품는 것 () 3. 자기주장을 하는 것 () 4. 확신하는 것 () 5. 결정을 잘하는 것 () 6. 지배적인 것 () 7. 열성적인 것 ()	1. 개인과 조직의 목적을 위해 남을 지도하고 설득하고 통제하는 일 ①매우 싫다 ②싫다 ③보통이다 ④좋다 ⑤매우 좋다 2.직위, 권력, 성취를 위해 일하는 것 ①매우 싫다 ②싫다 ③보통이다 ④좋다 ⑤매우 좋다 3. 야망, 열정, 판매, 정치와 관련된 활동 ①매우 싫다 ②싫다 ③보통이다 ④좋다 ⑤매우 좋다
1번 테스트에 O표한 개수 + 2번 테스트 점수의 합계 점수( )	

F 유형

1. 아래 덕목 중 좋아하는 것에 o표를 하세요.	2. 아래의 일을 좋아하는 정도에 따라 5단계로 점수를 주세요.
1. 조직화된 것 () 2. 책임질 수 있는 것 () 3. 효율적인 것 () 4. 질서 정연한 것 () 5. 순응하는 것 () 6. 실재적인 것 () 7. 정확한 것 ()	1. 세부적이고 질서정연한 일 ①매우 싫다 ②싫다 ③보통이다 ④좋다 ⑤매우 좋다 2.자료를 정리하고 정확히 구조화된 일 ①매우 싫다 ②싫다 ③보통이다 ④좋다 ⑤매우 좋다 3. 자신에게 기대되는 것이 무엇인지, 정해진 일이 무엇인지 정확히 아는 것 ①매우 싫다 ②싫다 ③보통이다 ④좋다 ⑤매우 좋다
1번 테스트에 O표한 개수 + 2번 테스트 점수의 합계 점수( )	

6개 카드를 천천히 체크하면서 찬형이는 이제 어느 정도 이런 내용에 익숙해져 있었다. 그리고 카드마다 자신에게 잘 맞는 문항과 맞지 않는 문항이 눈에 쉽게 들어왔다. 역시 이번에도 2개 정도의 카드가 자신의 모습을 가장 잘 반영한다는 느낌이 왔다.

"샘, A 유형과 B 유형의 점수가 가장 높게 나왔어요. 각각 어떤 유형이에요? A 유형은 매우 익숙하고요, B 유형은 익숙하지는 않아요. 야~ 긴장되는데요."

A 유형

1. 아래 덕목 중 좋아하는 것에 O표를 하세요.	2. 아래의 일을 좋아하는 정도에 따라 5단계로 점수를 주세요.
1.강건한 것 (O) 2.순응하는 것 ( ) 3.물질주의적인 것 (O) 4.완고한 것 (O) 5.실제적인 것 (O) 6.현실적인 것 (O) 7.엄격한 것 (O)	1.손이나 도구를 사용하며 일하기 5 ① 매우 싫다 ② 싫다 ③ 보통이다 ④ 좋다 ⑤ 매우 좋다 2.물건을 수선하거나 만드는 일 5 ① 매우 싫다 ② 싫다 ③ 보통이다 ④ 좋다 ⑤ 매우 좋다 3.공구나 기계를 다루는 기술적인 일 4 ① 매우 싫다 ② 싫다 ③ 보통이다 ④ 좋다 ⑤ 매우 좋다
1번 테스트에 O표한 개수 + 2번 테스트 점수의 합계 점수(6+14 = 21점)	

B 유형

1. 아래 덕목 중 좋아하는 것에 O표를 하세요.	2. 아래의 일을 좋아하는 정도에 따라 5단계로 점수를 주세요.
1.비판적인 것 (○) 2.호기심이 많은 것 ( ) 3.창의적인 것 ( ) 4.독립적인 것 (○) 5.지적인 것 (○) 6.논리적인 것 (○) 7.수학적인 것 (○)	1. 수학, 물리학, 생물학, 사회과학 같은 학문 분야에서 연구하는 일 4 ① 매우 싫다 ② 싫다 ③ 보통이다 ④ 좋다 ⑤ 매우 좋다 2.추상적인 문제를 푸는 것 3 ① 매우 싫다 ② 싫다 ③ 보통이다 ④ 좋다 ⑤ 매우 좋다 3.복잡한 원리와 방법을 분석, 이해하는 것 4 ① 매우 싫다 ② 싫다 ③ 보통이다 ④ 좋다 ⑤ 매우 좋다
1번 테스트에 O표한 개수 + 2번 테스트 점수의 합계 점수(5+11 = 16점)	

"A 유형은 '현실형' 이고, B 유형은 '탐구형' 이다. '관습형' 의 점수와 1점 차로 '탐구형' 이 높게 나왔네."

"그럼, 저의 적성은 지난번에 '현실형, 관습형' 이었는데 이번에는 '현실형, 탐구형' 이네요. 그런데 뭐 사실 1점 차이니까 큰 차이는 아닌 것 같아요."

"그래도 의미가 있다. 관습형에 대한 직업군이 왠지 마음이 와 닿지 않았잖니. 이번에는 탐구형의 직업을 더 살필 수 있는 기회를 얻은 것이다."

"그건 그래요. 탐구형의 직업 목록 좀 볼 수 있을까요?"

끌리는 직업과 끌리지 않는 직업 분류

찬형이는 직업 카드를 능숙하게 분류했다. 아는 직업과 모르는 직업을 분류한 다음, 이번에도 모르는 직업에 대해 꼼꼼하게 읽어보았다. 그런 뒤에 그 중에서도 마음에 드는 직업을 골라 왼쪽에 따로 모았다.

"어때, 이번에는 좀 시원하니?"

"네, '현실형' 과 '탐구형' 이 저에게는 잘 맞는 것 같아요. 진짜 마음에 드는 것을 골랐어요."

찬형이는 그렇게 기분 좋게 진로 상담실을 나갔다.

이틀 뒤 동아리 수업 시간이 되었다.

오늘은 지금까지의 탐색을 모두 종합하여 최종 희망 직업군을 결정하는 수업이다. 학생들은 수업 전부터 지금까지의 포트폴리오를 이리저리 넘기면서 다양한 탐색 과정을 정리하고 있다.

민샘은 이번 시간에도 지난 시간에 이어서 찬형이를 대표 샘플로 하여 수업을 진행할 계획이었다. 자리에 앉아 있을 때는 비판적인 이야기만 하던 찬형이가 앞에 나오면 표정이 확 달라지니 학생들도 그런 찬형이를 보는 게 즐거웠다.

시작하자마자 민샘은 '종합 진로표' 를 나눠 주고, 자신의 포트폴리오를 보며 직업군을 채우도록 개인 활동 시간을 주었다.

"우선 흥미와 재능의 일치되는 내용 그리고 재능 인터뷰 내용을 바탕으로 관련 직업군을 채웠을 거야. 다중 지능 검사 결과에 따른 직업군도 적어 보자. 물론 관련 직업군을 모두 적을 필요는 없다. 자신이 싫어하지 않는 정도의 직업을 넣으면 된다.

성향과 가치에 대해서도 탐색을 했으니, 역시 마찬가지로 직업군을 채워 보렴."

구분	탐색 주제	나의 탐색 결과	직업군
일반 탐색	흥미 일치 재능 일치 재능 인터뷰	수학, 로봇, 컴퓨터, 운동, 과학, 실험, 부시고 고치기, 영화	수학 교사, 로봇 공학자, 컴퓨터 공학 연구원, 과학자, 엔지니어
	강점	논리, 신체 운동, 공간	과학자, 과학 교사, 수학자, 수학 교사, 전략가, 증권 분석가, 은행원, 회계사, 컴퓨터 프로그래머, 기술자, 물리 치료사
	성향	ENTJ	경영 컨설턴트, 변호사, 컴퓨터 시스템 분석가, 마케팅 전문가, 과학자, 생물학자, 심리학자, 배우, 은행원
	가치	지도력, 보수	법조인, 경찰관, 교사, 안무가, 건축 기술자, 공연 기획자, 심리 치료사, 감정 평가사, 공인회계사, 관세사, 외환 딜러, 시스템 엔지니어

찬형이의 이전 탐색 결과: 강점 발견, 자기 발견의 수업 내용

그 다음으로는 직업 적성 검사로 분류되는 다소 전문적인 진로 적성 검사 항목을 채웠다. 이전의 포트폴리오 자료를 참고로 빈 칸을 모두 채웠다. 그 중에 직업 적성 검사에서는 1점 정도의 차이가 나는 '탐구형'과 '관습형'을 모두 넣어서 비교해 보기로 했다.

구분	탐색 주제	나의 탐색 결과	직업군
일반 탐색	홀랜드 적성 유형	현실형(R)	촬영 감독, 프로 게이머, 운동선수, 조향사, 소방관, 도시 계획가, 항공기 조종사, 반도체 전문가, 데이터베이스 관리자
		탐구형(I)	큐레이터, 기상 관측가, 약사, 의사, 컴퓨터 보안 전문가, 로봇 공학자, 천문학자
		관습형(C)	전문 비서, 은행원, 보석 감정사, 국제공무원, 컴퓨터 프로그래머, 항공 관제사

찬형이의 적성 탐색 결과: 적성 발견 수업 내용

"이번에는 사이트를 통해 확인해 볼까? '직업정보시스템'의 진로 탐색 세 가지를 직접 입력하여 결과를 꺼내 보자. 흥미는 2~3개, 지식은 5개 이상, 그리고 능력은 7개 이상 표시해야 한다."

'직업정보시스템'은 이전 12차 수업에서 '능력' 키워드로 자신의 직업군

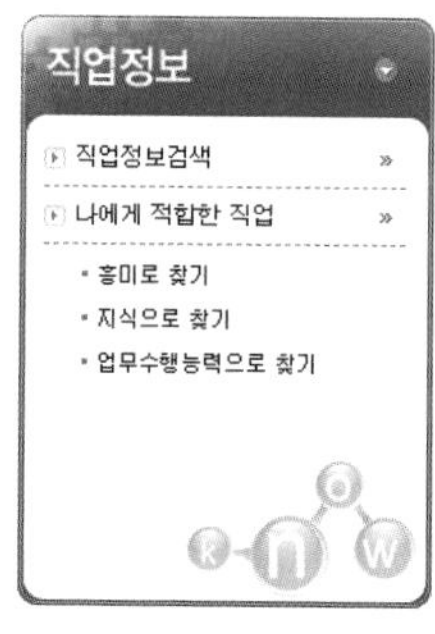

을 찾는 연습을 이미 해 본 경험이 있었다. 그리고 '흥미'로 찾는 내용은 홀랜드 직업 적성의 여섯 가지 유형과 같은 내용을 다루고 있다. '지식'을 통한 직업 찾기는 오늘 수업에서 처음 다루게 되었다.

"지난 시간에 이어 오늘도 찬형이의 샘플로 수업을 진행해 보자. 찬형아, '직업정보시스템' 화면이 보이지? 그 중에 '지식'으로 찾는 부분을 클릭하여 찬형이가 이미 가지고 있거나, 친숙하거나, 갖추고 싶은 지식 항목을 7개 이상 표시해 주렴."

나의 지식 선택	지식에 대한 설명
☐ 경영 및 행정	사업 운영, 기획, 자원 배분, 인적 자원 관리, 리더십, 생산 기법에 대한 원리 등 경영 및 관리에 관한 지식
☐ 사무	워드 프로세스, 문서 처리 및 기타 다른 사무 절차에 관한 지식
☐ 경제와 회계	돈의 흐름, 은행 업무, 그리고 재무 자료의 보고와 분석과 같은 경제 및 회계 원리에 관한 지식
☐ 영업과 마케팅	상품이나 서비스를 판매하거나 촉진하는 것에 관한 지식(마케팅 전략, 상품의 전시와 판매 기법, 영업 관리 등)
☐ 고객 서비스	고객에게 서비스를 제공하는 데 필요한 지식(고객의 욕구 평가, 고객의 만족도 평가, 서비스 기준 설정 등)
☐ 인사	채용, 훈련, 급여, 노사 관계와 같은 인적 자원 관리에 관한 지식
☐ 상품 제조 및 공정	상품의 제조 및 유통을 효율적으로 하기 위해 필요한 원자재, 제조 공정, 품질 관리, 비용에 관한 지식
☐ 식품 생산	식용을 위해 동물이나 식물을 기르고 수확물을 채취하기 위한 기법이나 필요한 장비에 관련된 지식
☑ 컴퓨터와 전자 공학	컴퓨터의 하드웨어, 회로판, 처리 장치, 반도체, 전자 장비에 관한 지식
☐ 공학과 기술	다양한 물건을 만들고 설계하거나 서비스를 제공하기 위해 필요한 공학적인 원리, 기법, 장비 등을 실제로 적용시키는 지식
☐ 디자인	밑그림, 제도와 같이 디자인에 필요한 기법 및 도구에 관한 지식
☐ 건설 및 건축	집, 빌딩, 혹은 도로를 만들고 수리하기 위해 필요한 지식
☑ 기계	기계와 도구를 사용하고, 수리·유지하는 것과 관련된 지식
☐ 산수와 수학	연산, 대수학, 통계, 기하학의 계산 및 응용에 관한 지식
☑ 물리	공기, 물, 빛, 열, 전기 이론 및 자연 현상에 관한 지식
☑ 화학	물질의 구성, 구조, 특성, 화학적 변환 과정에 관한 지식
☐ 생물	동·식물 또는 생명 현상에 관한 지식
☐ 심리	사람들의 행동, 성격, 흥미, 동기 등에 관한 지식

나의 지식 선택	지식에 대한 설명
□ 사회와 인류	집단행동, 사회적 영향, 인류의 기원 및 이동, 인종, 문화에 관한 지식
□ 지리	육지, 바다 그리고 하늘의 특성 및 상호 관계에 관한 지식
□ 의료	질병이나 치아의 질환 여부를 진단하고 치료하는 것에 관한 지식
□ 상담	개인의 신상 및 경력 혹은 정신적 어려움에 관한 상담을 하는 절차나 방법 혹은 원리에 관한 지식
□ 교육 및 훈련	사람을 가르치고 훈련시키는 데 필요한 방법 및 이론에 관한 지식
□ 국어	맞춤법, 작문법, 문법에 관한 지식
□ 영어	영어를 읽고, 쓰고, 듣고, 말하는 데 필요한 지식
□ 예술	음악, 무용, 미술, 드라마에 관한 지식
□ 역사	역사적 사건과 원인 그리고 유적에 관한 지식
□ 철학과 신학	생활에 영향을 미치는 다양한 철학과 종교에 관한 지식
√ 안전과 보안	사람들과 재산을 보호하기 위해 필요한 지식
□ 법	법률, 규정에 관한 지식
√ 통신	전화기, 네트워크, 방송 등의 통신 기기를 조작하고 통제하는 데 필요한 지식
√ 의사소통과 미디어	말, 글, 그림 등을 이메일이나 방송 매체를 통해 전달하는 것에 관한 지식
□ 운송	비행기, 철도, 선박 그리고 자동차를 통해 사람들과 물품을 움직이는 원리와 방법에 관한 지식

사이트를 통한 '지식'으로 탐색

일치	대분류	중분류	직업명
7(All)	교육 · 연구 · 문화 · 예술	교육 및 자연 과학 · 사회 과학 연구 관련직	물리학 연구원
7(All)	교육 · 연구 · 문화 · 예술	교육 및 자연 과학 · 사회 과학 연구 관련직	법학 연구원
7(All)	교육 · 연구 · 문화 · 예술	문화 · 예술 · 디자인 · 방송 관련직	잡지 기자
7(All)	교육 · 연구 · 문화 · 예술	문화 · 예술 · 디자인 · 방송 관련직	제품 디자이너
7(All)	전기 · 전자 · 정보 통신	전기 · 전자 관련직	전자 제어 계측 기술자
6	교육 · 연구 · 문화 · 예술	문화 · 예술 · 디자인 · 방송 관련직	웹 프로듀서(웹 기획자)
6	법률 · 보건 · 사회 복지 · 군인	법률 · 경찰 · 소방 · 교도 관련직	판사
6	법률 · 보건 · 사회 복지 · 군인	보건 · 의료 관련직	의료 장비 기사
6	건설 · 기계 · 재료 · 화학	건설 관련직	토목 감리 기술자
6	건설 · 기계 · 재료 · 화학	기계 관련직	헬리콥터 정비원
6	건설 · 기계 · 재료 · 화학	재료 관련직(금속, 유리, 점토, 시멘트)	나노 공학 기술자
6	건설 · 기계 · 재료 · 화학	재료 관련직(금속, 유리, 점토, 시멘트)	비금속 광물 가공 관련 조작원
6	운송 · 섬유 · 식품 · 환경	환경 · 인쇄 · 목재 · 가구 · 공예 및 생산 단순직	소음 진동 환경 공학 기술자

일치	대분류	중분류	직업명
6	운송 · 섬유 · 식품 · 환경	환경 · 인쇄 · 목재 · 가구 · 공예 및 생산 단순직	토양(환경) 공학 기술자
5	교육 · 연구 · 문화 · 예술	교육 및 자연과학 · 사회과학 연구 관련직	식품학 연구원
5	교육 · 연구 · 문화 · 예술	교육 및 자연과학 · 사회과학 연구 관련직	직업 능력 개발 훈련 교사
5	교육 · 연구 · 문화 · 예술	문화 · 예술 · 디자인 · 방송 · 관련직	문화재 보존가
5	교육 · 연구 · 문화 · 예술	문화 · 예술 · 디자인 · 방송 · 관련직	가구 디자이너
5	교육 · 연구 · 문화 · 예술	문화 · 예술 · 디자인 · 방송 · 관련직	자동차 디자이너
5	교육 · 연구 · 문화 · 예술	문화 · 예술 · 디자인 · 방송 · 관련직	웹 디자이너
5	법률 · 보건 · 사회 복지 · 군인	법률 · 경찰 · 소방 · 교도 관련직	변리사
5	법률 · 보건 · 사회 복지 · 군인	법률 · 경찰 · 소방 · 교도 관련직	해양 경찰관
5	법률 · 보건 · 사회 복지 · 군인	법률 · 경찰 · 소방 · 교도 관련직	사이버 수사 요원
5	전기 · 전자 · 정보 통신	전기 · 전자 관련직	반도체 설계 기술자
5	전기 · 전자 · 정보 통신	전기 · 전자 관련직	전기 제어 기술자
5	전기 · 전자 · 정보 통신	전기 · 전자 관련직	내선 전공
5	전기 · 전자 · 정보 통신	전기 · 전자 관련직	컴퓨터 하드웨어 엔지니어

사이트를 통한 '지식' 탐색 결과

찬형이의 지식 탐색의 결과가 나왔다. 그 결과 중에 찬형이의 눈에 흥미롭게 들어오는 것 위주로 찬형이는 자신의 표에 지식 분야 직업군을 채웠다.

구분	탐색 주제	나의 탐색 결과	직업군
사이트 탐색	흥미	현실형, 탐구형	국회의원, 교장, 원감, 헤드헌터, 공연 제작 관리자, 세무사, 공학 계열 교수, 컴퓨터 이러닝 교수, 설계자
	지식	교육, 자연 과학, 문화 예술, 전기, 전자 계열	물리학 연구원, 전자 제어 계측 기술자, 웹 프로듀서, 나노 공학 기술자, 토양 공학 기술자, 웹 디자이너, 사이버 수사 요원, 반도체 설계 기술자, 전기 제어 기술자, 컴퓨터 엔지니어
	능력	말하기, 논리적 분석, 공간 지각, 기술 설계, 기술 분석, 설치, 전산, 조작 및 통제	공학 계열 교수, 물리학 연구원, 에너지 공학 기술자, 엔지니어, 항공기 조종사, 건축 공학 기술, 컴퓨터 시스템 설계 분석가, 로봇 기술자

"자, 그럼 이번에는 찬형이의 개별 탐색 결과를 모두 한눈에 볼 수 있도록 붙여서 보여 줄게. 바로 이게 찬형이의 진로 탐색 결과다. 물론 아직 직업에 대한 검증 부분은 남아 있겠지. 하지만 자신의 직업을 결정하는

데 가장 핵심적인 활동을 이루어 낸 것이다. 찬형아, 전체를 종합한 내용을 보니 느낌이 어떠니?"

"한눈에 다 보이니까 이제 좀 정리가 되는 거 같아요."

"자, 그럼 이 상태에서 한 가지 더 해야 할 일이 무엇이라고 생각하니?"

"그 중에 겹치는 것을 찾는 것이겠죠."

"알고 있었네. 찬형이가 직접 전자 칠판 위에 표시해 줄래. 일단 비슷하게 반복되는 것 위주로 표시하자."

"샘, 표시하면서 혹시 제가 마음에 드는 것도 함께 표시해도 될까요?"

"그럼, 더 좋지."

구분	탐색 주제	나의 탐색 결과	직업군
일반 적성 탐색	흥미 일치 재능 일치 재능 인터뷰	수학, 로봇, 컴퓨터, 운동, 과학, 실험, 부시고 고치기, 영화	수학 교사, 로봇 공학자, 컴퓨터 공학 연구원, 과학자, 엔지니어
	강점	논리, 신체 운동, 공간	과학자, 과학 교사, 수학자, 수학 교사, 전략가, 증권 분석가, 은행원, 회계사, 컴퓨터 프로그래머, 기술자, 물리 치료사
	성향	ENTJ	경영 컨설턴트, 변호사, 컴퓨터 시스템 분석가, 마케팅 전문가, 과학자, 생물학자, 심리학자, 배우, 은행원
	가치	지도력, 보수	법조인, 경찰관, 교사, 안무가, 건축 기술자, 공연 기획자, 심리 치료사, 감정 평가사, 공인 회계사, 관세사, 외환 딜러, 시스템 엔지니어
직업 적성 탐색	홀랜드 적성 유형	현실형(R)	촬영 감독, 프로 게이머, 운동선수, 조향사, 소방관, 도시 계획가, 항공기 조종사, 반도체 전문가, 데이터베이스 관리자
		탐구형(I)	큐레이터, 기상 관측가, 약사, 의사, 컴퓨터 보안 전문가, 로봇 공학자, 천문학자
		관습형(C)	전문 비서, 은행원, 보석 감정사, 국제공무원, 컴퓨터 프로그래머, 항공 관제사
사이트 탐색	흥미	현실형, 탐구형	국회의원, 교장, 원감, 헤드헌터, 공연 제작 관리자, 세무사, 공학 계열 교수, 컴퓨터 이러닝 교수, 설계자

구분	탐색 주제	나의 탐색 결과	직업군
사이트 탐색	지식	교육, 자연 과학, 문화 예술, 전기, 전자 계열	물리학 연구원, 전자 제어 계측 기술자, 웹 프로듀서, 나노 공학 기술자, 토양 공학 기술자, 웹 디자이너, 사이버 수사 요원, 반도체 설계 기술자, 전기 제어 기술자, 컴퓨터 엔지니어
	능력	말하기, 논리적 분석, 공간 지각, 기술 설계, 기술 분석, 설치, 전산, 조작 및 통제	공학 계열 교수, 물리학 연구원, 에너지 공학 기술자, 엔지니어, 항공기 조종사, 건축 공학 기술, 컴퓨터 시스템, 로봇 기술자

진로 탐색 종합점검표

이전에는 그렇게 불평만 하던 찬형이의 표정이 180도 달라졌다. 찬형이 자신도 이런 큰 그림이 나올 것이라고는 생각하지 못했던 것이다. 놀라운 것은 몇 가지 직업군이 반복적으로 겹치면서 찬형이의 눈에 들어왔다. 탐색의 종류가 많은 만큼, 그래서 겹치는 내용이 많은 만큼 찬형이는 자신의 눈에 들어오는 몇 개의 직업 이름에 신뢰감이 생겼다.

"찬형아, 공통으로 표시한 것 중에서도 찬형이의 마음에 더 들어오는 것 2~3개를 말해 볼까. 순위가 꼭 중요한 것은 아니다."

"특히 눈에 들어오는 키워드가 있어요. 컴퓨터 전문가, 공학 연구원 그리고 엔지니어, 로봇 관련…… 뭐, 이렇게 계속 반복되고, 제 눈에 들어와요. 정말 신기해요. 이렇게 겹칠 줄은 몰랐어요."

"자, 찬형이가 드디어 자신의 진로를 향한 큰 걸음을 내딛었다. 찬형이에게 박수!"

"찬형아, 축하해!"

"찬형이 파이팅!"

찬형이는 쑥스러운 듯 머리를 긁었다. 동아리 수업 초반에는 분위기를 경직되게 만들었고, MT에서는 하영이와 사사건건 부딪혔으며, 그 이후에도 부정적인 이야기를 일삼았다. 그런데 자신의 진로에 희망을 보았으며, 더구나 친구들이 자신을 진심으로 격려하는 모습을 보면서 마음속 응어리가 눈 녹듯이 녹아내렸다. 찬형이뿐 아니라 진로 동아리의 거의 모든 친구들이 공통적인 직업군을 찾았고, 그 중에서 마음이 끌리는 몇 개의 직업을 발표했다.

찬형	승헌	하영	교빈	철만	수희
컴퓨터 관련 공학 연구원 엔지니어	CEO 헤드헌터 회계사	국어 교사 인문학 교수 작가	방송인 방송 PD 물리 치료사	체육 교사 경기 분석가 트레이너	상담가 유치원 교사 사회복지사

아직 시작에 불과해

"다 이룬 것처럼 흥분하기에는 아직 이르다. 이제 시작에 불과해. 이제 이 직업을 하나씩 확인하고 검증해 가면서 정말 자신의 꿈으로 만들어 가는 작업이 시작된다. 어쩌면 보다 더 어려운 작업이 될 수도 있어. 자, 여러분. 각오는 되어 있겠지?"

"오브 콜스, 샘!"

"그렇다면, 이제 전체적인 탐색을 마치면서 한번 정리해 보자."

민샘은 조별로 6장의 카드 묶음을 나눠 주었다. 카드를 받은 학생들은 유심히 들여다보다 뭔가 이상한 특징을 발견했다.

"뭔가 눈에 들어오는 거 없니? 진구가 한번 이야기 해볼까?"

"아주 쉬운데요. 모두 유리가 들어 있는 물건들이에요."

"또 있어요. 뭔가를 보기 위한 도구들이에요."

"그리고, 음……, 또 우리의 눈과 관련이 있어요."

돋보기, 창문, 망원경, 안경, 거울, 현미경. 진구가 말한 그대로였다. 모두 유리 재질이 들어갔다. 우리의 눈을 통해 뭔가를 보는 도구들이었다. 민샘은 왜 이런 도구가 그려져 있는 카드를 나눠 주었을까? 학생들은 그 다음 미션을 기다렸다. 몇몇 친구들은 민샘이 어떤 미션을 줄지 내기까지 했다. 전체적인 탐색을 마무리하는 시점이기에 앞에서 배운 내용을 종합하는 것과 관련이 있을 거라는 생각이 들었다. 그런데 뭔가가 부족하다. 한두 가지 다른 조건이 더 있을 듯했다. 아니나 다를까, 민샘은 새로운 종이 카드 묶음을 조별로 나눠 주었다.

"알겠어요, 샘. 앞에서 배운 내용들을 알맞게 연결하는 거죠?"

"진구가 제대로 이해하였구나. 조마다 모두 연결하여 풀로 붙이면 카드가 제대로 완성되겠지?"

"샘, 그런데 2개의 카드가 내용이 없는데요?"

"당연히 채워 넣는 거지."

조별로 토론이 시작되었다. 각자 포트폴리오를 열어 그동안 배운 주제들을 꺼내서 이야기를 나누었다. 생각보다 어렵지는 않았다.

민샘은 하영이네 조의 대화 내용을 살짝 들어 보았다. 하영이가 토론을 진행했다.

"먼저 이 이미지들의 특징을 이야기해 보자. 희성이 네 생각은 어때?"

"일단, 안경은 정확히 보는 도구야. 그러니까 나도 안경을 쓰기 전에는 사물이 흐리게 보였어. 초점이 안 맞았던 거지. 그런데 안경을 쓰니까 너무 선명하게 잘 보여."

"소민이 네 생각은?"

"좋아. 나는 현미경에 대해 얘기해 볼게. 현미경은 아주 미세한 부분까지 들여다보고 분석하는 거야. 눈으로 그냥 보아서는 보이지 않는 것을 살피는 거지."

"소민아, 그건 돋보기도 비슷하잖아. 돋보기와 뭐가 다르지?"

"그러네, 뭐가 다르지. 하영이 네가 구분을 좀 해줄래?"

"현미경과 돋보기를 이렇게 구분하면 어떨까. 현미경은 자기 발견에 해당하고, 돋보기는 적성 발견에 해당하는 거야. 잘 들어봐. 자기 발견은 자신의 선천적인 재능, 그리고 자신 속에서 꿈틀대는 흥미 등을 찾는 작업이었잖아. 자기 속에 숨겨진 것을 자세히 들여다보는 활동이니까 현미경에 가까워. 적성 발견은 가치, 성향 등 주로 사람과의 관계나 우리의 삶에서 보이는 모습을 찾는 것이니 돋보기 정도로 초점만 맞추면 충분히 볼 수 있다고 생각해."

하영이는 역시 가르치는 데에 재능이 있었다. 민샘도 하영이의 설명을 들으며 절로 고개가 끄덕여졌다. 친구들은 입을 다물지 못하고 듣는 데 몰입하고 있었다. 조별 토론을 마치고 결과를 서로 나누었다.

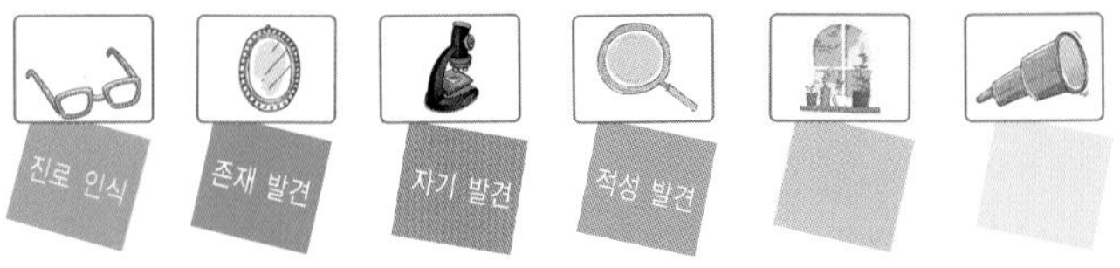

"3조. 정찬형이에요. 진로 인식은 안경입니다. 진로 동아리에 들어오기 전에 우리 모습은 마치 눈이 안 좋은데 안경을 쓰지 않고 살던 때와 같았어요. 초점이 잡히지 않아 정확하게 보지 못했던 것이죠."

"맞아요. 그러다 보니 공부하는 이유도 몰랐고, 학교를 다니는 이유도 없었어요. 속도를 높이며 따라가지만 방향이 없는 삶을 살았죠. 그런데 진로를 인식하는 순간 저희는 선명하게 볼 수 있게 되었어요. 새로운 출발이었던 거죠."

"찬형이의 설명도 좋았고, 소민이의 보충설명도 훌륭해. 좋아. 그렇다면 존재 발견은 어떤 의미로 거울에 연결했을까, 5조가 발표해 볼까?"

"5조 박진구입니다. 존재 발견의 내용은 마치 거울 앞에서 자신의 모습을 보는 느낌입니다. 조금 마음에 들지 않는 외모이지만 있는 그대로를 인정하고 받아들이는 순간, 아름다운 차이가 보이기 시작하죠. 그래서 우리 자신을 인정하고 존중하며 사랑하게 됩니다."

자기 발견과 적성 발견에 대해서는 하영이의 발표를 들었다. 조별로 토론할 때 하영이가 발표한 내용이 너무 좋았기에 민샘은 한 번 더 부탁했다. 하영이는 조별 토론에서 이야기했던 내용으로 현미경과 돋보기의 의미를 전체 친구들에게 소개해 주었다. 이제 마지막 남은 2개의 카드는 창문과 망원경에 연결되어 있다. 이 부분에 대해서는 철만이의 발표를 들었다.

"다른 조도 저희와 같을 거라고 생각해요. 앞으로 남은 수업 중에 '직업 발견'과 '세계 발견'이 있잖아요. 직업 발견은 창문을 여는 거예요. 우리 자신의 가능성에 대한 발견을 하는 작업이 끝났으니 이제 창문을 열고 밖을 보아야죠. 특히 우리가 각자 희망 직업군을 정리했으니 그 직업들의 세계를 자세히 알아보는 작업을 해야 할 것 같아요."

"좋아. 철만이가 잘 설명했다. 마지막 세계 발견은 샘이 설명해 주지. 망원경은 어떤 특징이 있을까, 교빈아."

"멀리 볼 수 있어요."

"바로 그게 중요해. 나에게 맞는 직업의 유형들을 아무리 잘 찾는다 할지라도 그 직업이 시대의 변화에 잘 맞는지를 꼭 살펴야 한다. 멀리 볼 수 있어야 한다는 것이지. 그게 바로 세계 발견이다. 세계 발견에서는 직업의 변화, 생성, 소멸 등의 흐름을 이해하고 앞으로의 변화도 예측해 볼 거야."

"와~ 샘. 혹시 저희들을 진로 상담 교사로 키우실 작정이세요. 무슨 자격증 과정 밟는 것 같아요. 참 체계적이에요."

"그래 맞다, 하영아. 지금 배우는 내용은 매우 체계적이다. 너희들이 체계적으로 배우는 것은 너희들 자신을 위한 것이기도 하지만, 너희들이 다른 친구들과 후배들을 도와주어야 하는 역할이 있기 때문이야. 선생님이 무엇을 얘기하는지 하영이는 알고 있지?"

"진로 페스티벌을 말씀하시는 거죠?"

"맞아. 자, 이제 다음 주부터 창문을 열어 볼까. 다시 시작이다."

민샘은 과제를 내 주었다. 그리고 신신당부했다. 자신의 진로 종합표의 결과를 부모님께 꼭 보여드리고 의견을 들어오라는 것이었다.

자신의 적성 유형 검증하기

진로 적성을 확인해 본 결과 자신의 유형이 6개 유형 중에 어디에 속하는지 알았다면, 이번에는 그 유형을 약간의 다른 검사로 검증해 봅니다. 각각의 유형에 대해 왼쪽 칸에는 해당되는 보기에 표시하고, 오른쪽 칸에는 해당되는 문항 번호를 씁니다. 검사가 끝나면 왼쪽에 표시한 개수와 오른쪽에 기록한 문항 번호를 더하여 총점을 각각 기록합니다. 총점의 1위와 2위를 아래에 기록하고, 지난 시간의 적성 유형 결과와 공통점 및 차이점을 기술해 봅니다. (참고: A. 현실형, B. 탐구형, C. 예술형, D. 사회형, E. 진취형, F. 관습형)

A 유형

1. 아래 덕목 중 좋아하는 것에 o표를 하세요.	2. 아래의 일을 좋아하는 정도에 따라 5단계로 점수를 주세요.
1. 강건한 것 () 2. 순응하는 것 () 3. 물질주의적인 것 () 4. 완고한 것 () 5. 실제 적인 것 () 6. 현실적인 것 () 7. 엄격한 것 ()	1. 손이나 도구를 사용하며 일하기 ①매우 싫다 ②싫다 ③보통이다 ④좋다 ⑤매우 좋다 2.물건을 수선하거나 만드는 일 ①매우 싫다 ②싫다 ③보통이다 ④좋다 ⑤매우 좋다 3. 공구나 기계를 다루는 기술적인 일 ①매우 싫다 ②싫다 ③보통이다 ④좋다 ⑤매우 좋다
1번 테스트에 O표한 개수 + 2번 테스트 점수의 합계 점수(　　　)	

B 유형

1. 아래 덕목 중 좋아하는 것에 o표를 하세요.	2. 아래의 일을 좋아하는 정도에 따라 5단계로 점수를 주세요.
1. 비판적인 것 () 2. 호기심 많은 것 () 3. 창의적인 것 () 4. 독립적인 것 () 5. 지적인 것 () 6. 논리적인 것 () 7. 수학적인 것 ()	1. 수학,물리학, 생물학, 사회과학 같은 학문 분야에서 연구하는 일 ①매우 싫다 ②싫다 ③보통이다 ④좋다 ⑤매우 좋다 2.추상적인 문제를 푸는 것 ①매우 싫다 ②싫다 ③보통이다 ④좋다 ⑤매우 좋다 3. 복잡한 원리와 방법을 분석, 이해하는 것 ①매우 싫다 ②싫다 ③보통이다 ④좋다 ⑤매우 좋다
1번 테스트에 O표한 개수 + 2번 테스트 점수의 합계 점수(　　　)	

C 유형

1. 아래 덕목 중 좋아하는 것에 o표를 하세요.	2. 아래의 일을 좋아하는 정도에 따라 5단계로 점수를 주세요.
1. 창의적인 것 () 2. 비우호적인 것 () 3. 정서적인 것 () 4. 표현적인 것 () 5. 비현실적인 것 () 6. 독립적인 것 () 7. 혁신적인 것 ()	1. 자신을 표현하는 일 ①매우 싫다 ②싫다 ③보통이다 ④좋다 ⑤매우좋다 2.작가나 음악가처럼 예술성을 발휘하는 일 ①매우 싫다 ②싫다 ③보통이다 ④좋다 ⑤매우좋다 3. 미술,문학,음악,시나리오 등 작품을 창작하는 일 ①매우 싫다 ②싫다 ③보통이다 ④좋다 ⑤매우좋다
1번 테스트에 O표한 개수 + 2번 테스트 점수의 합계 점수(　　　)	

D 유형

1. 아래 덕목 중 좋아하는 것에 o표를 하세요.	2. 아래의 일을 좋아하는 정도에 따라 5단계로 점수를 주세요.
1. 배려하는 것 () 2. 수용하는 것 () 3. 공감하는 것 () 4. 우호적인 것 () 5. 도움을 주는 것 () 6. 친절한 것 () 7. 설득력 있는 것 ()	1. 다른 사람들과 협력하여 일하는 것 ①매우 싫다 ②싫다 ③보통이다 ④좋다 ⑤매우좋다 2.다른 사람들의 복지에 관심을 기울일는 일 ①매우 싫다 ②싫다 ③보통이다 ④좋다 ⑤매우좋다 3. 사람을 교육하거나 치료하는 일 ①매우 싫다 ②싫다 ③보통이다 ④좋다 ⑤매우좋다
1번 테스트에 O표한 개수 + 2번 테스트 점수의 합계 점수(　　　)	

E 유형

1. 아래 덕목 중 좋아하는 것에 o표를 하세요.	2. 아래의 일을 좋아하는 정도에 따라 5단계로 점수를 주세요.
1. 분명한 것 () 2. 야망을 품는 것 () 3. 자기주장을 하는 것 () 4. 확신하는 것 () 5. 결정을 잘하는 것 () 6. 지배적인 것 () 7. 열성적인 것 ()	1. 개인과 조직의 목적을 위해 남을 지도하고 설득하고 통제하는 일 ①매우 싫다 ②싫다 ③보통이다 ④좋다 ⑤매우 좋다 2.직위, 권력, 성취를 위해 일하는 것 ①매우 싫다 ②싫다 ③보통이다 ④좋다 ⑤매우 좋다 3. 야망, 열정, 판매, 정치와 관련된 활동 ①매우 싫다 ②싫다 ③보통이다 ④좋다 ⑤매우 좋다
1번 테스트에 O표한 개수 + 2번 테스트 점수의 합계 점수(　　　)	

F 유형

1. 아래 덕목 중 좋아하는 것에 o표를 하세요.	2. 아래의 일을 좋아하는 정도에 따라 5단계로 점수를 주세요.
1. 조직화된 것 () 2. 책임질 수 있는 것 () 3. 효율적인 것 () 4. 질서 정연한 것 () 5. 순응하는 것 () 6. 실제적인 것 () 7. 정확한 것 ()	1. 세부적이고 질서정연한 일 ①매우 싫다 ②싫다 ③보통이다 ④좋다 ⑤매우 좋다 2.자료를 정리하고 정확히 구조화된 일 ①매우 싫다 ②싫다 ③보통이다 ④좋다 ⑤매우 좋다 3. 자신에게 기대되는 것이 무엇인지, 정해진 일이 무엇인지 정확히 아는 것 ①매우 싫다 ②싫다 ③보통이다 ④좋다 ⑤매우 좋다
1번 테스트에 O표한 개수 + 2번 테스트 점수의 합계 점수(　　　)	

1순위: ______________ 형 / 2순위: ______________ 형

____

____

____

____

자신의 적성 유형 검증하기

진로 적성을 확인해 본 결과 자신의 유형이 6개 유형 중에 어디에 속하는지 알았다면, 이번에는 그 유형을 약간의 다른 검사로 검증해 봅니다. 각각의 유형에 대해 왼쪽 칸에는 해당되는 보기에 표시하고, 오른쪽 칸에는 해당되는 문항 번호를 씁니다. 검사가 끝나면 왼쪽에 표시한 개수와 오른쪽에 기록한 문항 번호를 더하여 총점을 각각 기록합니다. 총점의 1위와 2위를 아래에 기록하고, 지난 시간의 적성 유형 결과와 공통점 및 차이점을 기술해 봅니다. (참고: A. 현실형, B. 탐구형, C. 예술형, D. 사회형, E. 진취형, F. 관습형)

A 유형

1. 아래 덕목 중 좋아하는 것에 o표를 하세요.	2. 아래의 일을 좋아하는 정도에 따라 5단계로 점수를 주세요.
1. 강건한 것 () 2. 순응하는 것 () 3. 물질주의적인 것 () 4. 완고한 것 () 5. 실제 적인 것 () 6. 현실적인 것 () 7. 엄격한 것 ()	1. 손이나 도구를 사용하며 일하기 ①매우 싫다 ②싫다 ③보통이다 ④좋다 ⑤매우 좋다 2.물건을 수선하거나 만드는 일 ①매우 싫다 ②싫다 ③보통이다 ④좋다 ⑤매우 좋다 3. 공구나 기계를 다루는 기술적인 일 ①매우 싫다 ②싫다 ③보통이다 ④좋다 ⑤매우 좋다
1번 테스트에 O표한 개수 + 2번 테스트 점수의 합계 점수( )	

B 유형

1. 아래 덕목 중 좋아하는 것에 o표를 하세요.	2. 아래의 일을 좋아하는 정도에 따라 5단계로 점수를 주세요.
1. 비판적인 것 () 2. 호기심 많은 것 () 3. 창의적인 것 () 4. 독립적인 것 () 5. 지적인 것 () 6. 논리적인 것 () 7. 수학적인 것 ()	1. 수학,물리학, 생물학, 사회과학 같은 학문 분야에서 연구하는 일 ①매우 싫다 ②싫다 ③보통이다 ④좋다 ⑤매우 좋다 2.추상적인 문제를 푸는 것 ①매우 싫다 ②싫다 ③보통이다 ④좋다 ⑤매우 좋다 3. 복잡한 원리와 방법을 분석, 이해하는 것 ①매우 싫다 ②싫다 ③보통이다 ④좋다 ⑤매우 좋다
1번 테스트에 O표한 개수 + 2번 테스트 점수의 합계 점수( )	

C 유형

1. 아래 덕목 중 좋아하는 것에 o표를 하세요.	2. 아래의 일을 좋아하는 정도에 따라 5단계로 점수를 주세요.
1. 창의적인 것 () 2. 비우호적인 것 () 3. 정서적인 것 () 4. 표현적인 것 () 5. 비현실적인 것 () 6. 독립적인 것 () 7. 혁신적인 것 ()	1. 자신을 표현하는 일 ①매우 싫다 ②싫다 ③보통이다 ④좋다 ⑤매우좋다 2.작가나 음악가처럼 예술성을 발휘하는 일 ①매우 싫다 ②싫다 ③보통이다 ④좋다 ⑤매우좋다 3. 미술,문학,음악,시나리오 등 작품을 창작하는 일 ①매우 싫다 ②싫다 ③보통이다 ④좋다 ⑤매우좋다
1번 테스트에 O표한 개수 + 2번 테스트 점수의 합계 점수( )	

D 유형

1. 아래 덕목 중 좋아하는 것에 o표를 하세요.	2. 아래의 일을 좋아하는 정도에 따라 5단계로 점수를 주세요.
1. 배려하는 것 () 2. 수용하는 것 () 3. 공감하는 것 () 4. 우호적인 것 () 5. 도움을 주는 것 () 6. 친절한 것 () 7. 설득력 있는 것 ()	1. 다른 사람들과 협력하여 일하는 것 ①매우 싫다 ②싫다 ③보통이다 ④좋다 ⑤매우좋다 2.다른 사람들의 복지에 관심을 기울일는 일 ①매우 싫다 ②싫다 ③보통이다 ④좋다 ⑤매우좋다 3. 사람을 교육하거나 치료하는 일 ①매우 싫다 ②싫다 ③보통이다 ④좋다 ⑤매우좋다
1번 테스트에 O표한 개수 + 2번 테스트 점수의 합계 점수( )	

E 유형

1. 아래 덕목 중 좋아하는 것에 o표를 하세요.	2. 아래의 일을 좋아하는 정도에 따라 5단계로 점수를 주세요.
1. 분명한 것 () 2. 야망을 품는 것 () 3. 자기주장을 하는 것 () 4. 확신하는 것 () 5. 결정을 잘하는 것 () 6. 지배적인 것 () 7. 열성적인 것 ()	1. 개인과 조직의 목적을 위해 남을 지도하고 설득하고 통제하는 일 ①매우 싫다 ②싫다 ③보통이다 ④좋다 ⑤매우 좋다 2.직위, 권력, 성취를 위해 일하는 것 ①매우 싫다 ②싫다 ③보통이다 ④좋다 ⑤매우 좋다 3. 야망, 열정, 판매, 정치와 관련된 활동 ①매우 싫다 ②싫다 ③보통이다 ④좋다 ⑤매우 좋다
1번 테스트에 O표한 개수 + 2번 테스트 점수의 합계 점수( )	

F 유형

1. 아래 덕목 중 좋아하는 것에 o표를 하세요.	2. 아래의 일을 좋아하는 정도에 따라 5단계로 점수를 주세요.
1. 조직화된 것 () 2. 책임질 수 있는 것 () 3. 효율적인 것 () 4. 질서 정연한 것 () 5. 순응하는 것 () 6. 실제적인 것 () 7. 정확한 것 ()	1. 세부적이고 질서정연한 일 ①매우 싫다 ②싫다 ③보통이다 ④좋다 ⑤매우 좋다 2.자료를 정리하고 정확히 구조화된 일 ①매우 싫다 ②싫다 ③보통이다 ④좋다 ⑤매우 좋다 3. 자신에게 기대되는 것이 무엇인지, 정해진 일이 무엇인지 정확히 아는 것 ①매우 싫다 ②싫다 ③보통이다 ④좋다 ⑤매우 좋다
1번 테스트에 O표한 개수 + 2번 테스트 점수의 합계 점수( )	

1순위: 사회 형 / 2순위: 진취 형

이번 활동 결과 사회형과 진취형이 나왔다. 지난번의 간단한 적성 검사에서도 진취형이 나왔었다. 나는 사람들과 함께하는 것을 좋아한다. 학교에서도 개인적인 공부 이상으로 동아리 활동을 좋아하고, 주로 리더 역할을 한다. 이러한 적성과 특성을 살려 '기업인'이나 '교사'를 하고 싶다. 이전의 다양한 검사 내용과도 결과가 일치한다.

지식을 통한 직업군 확인하기

'직업정보시스템'의 지식을 통한 직업 찾기에서 자신이 갖추고 있거나, 갖고 싶거나, 친숙한 지식을 5개 이상 표시하여 추천 직업군 목록을 확인합니다(직업정보시스템 사이트).

나의 지식 선택	지식에 대한 설명
☐ 경영 및 행정	사업 운영, 기획, 자원 배분, 인적 자원 관리, 리더십, 생산 기법에 대한 원리 등 경영 및 관리에 관한 지식
☐ 사무	워드 프로세스, 문서 처리 및 기타 다른 사무 절차에 관한 지식
☐ 경제와 회계	돈의 흐름, 은행 업무, 그리고 재무 자료의 보고와 분석과 같은 경제 및 회계 원리에 관한 지식
☐ 영업과 마케팅	상품이나 서비스를 판매하거나 촉진하는 것에 관한 지식(마케팅 전략, 상품의 전시와 판매 기법, 영업 관리 등)
☐ 고객 서비스	고객에게 서비스를 제공하는데 필요한 지식(고객의 욕구 평가, 고객의 만족도 평가, 서비스 기준 설정 등)
☐ 인사	채용, 훈련, 급여, 노사 관계와 같은 인적 자원 관리에 관한 지식
☐ 상품 제조 및 공정	상품의 제조 및 유통을 효율적으로 하기 위해 필요한 원자재, 제조 공정, 품질 관리, 비용에 관한 지식
☐ 식품 생산	식용을 위해 동물이나 식물을 기르고 수확물을 채취하기 위한 기법이나 필요한 장비에 관련된 지식
☐ 컴퓨터와 전자 공학	컴퓨터의 하드웨어, 회로판, 처리 장치, 반도체, 전자 장비에 관한 지식
☐ 공학과 기술	다양한 물건을 만들고 설계하거나 서비스를 제공하기 위해 필요한 공학적인 원리, 기법, 장비 등을 실제로 적용시키는 지식
☐ 디자인	밑그림, 제도와 같이 디자인에 필요한 기법 및 도구에 관한 지식
☐ 건설 및 건축	집, 빌딩, 혹은 도로를 만들고 수리하기 위해 필요한 지식
☐ 기계	기계와 도구를 사용하고, 수리 · 유지하는 것과 관련된 지식
☐ 산수와 수학	연산, 대수학, 통계, 기하학의 계산 및 응용에 관한 지식
☐ 물리	공기, 물, 빛, 열, 전기 이론 및 자연 현상에 관한 지식
☐ 화학	물질의 구성, 구조, 특성, 화학적 변환 과정에 관한 지식
☐ 생물	동 · 식물 또는 생명 현상에 관한 지식
☐ 심리	사람들의 행동, 성격, 흥미, 동기 등에 관한 지식
☐ 사회와 인류	집단행동, 사회적 영향, 인류의 기원 및 이동, 인종, 문화에 관한 지식
☐ 지리	육지, 바다 그리고 하늘의 특성 및 상호 관계에 관한 지식
☐ 의료	질병이나 치아의 질환 여부를 진단하고 치료하는 것에 관한 지식
☐ 상담	개인의 신상 및 경력 혹은 정신적 어려움에 관한 상담을 하는 절차나 방법 혹은 원리에 관한 지식
☐ 교육 및 훈련	사람을 가르치고 훈련시키는 데 필요한 방법 및 이론에 관한 지식
☐ 국어	맞춤법, 작문법, 문법에 관한 지식
☐ 영어	영어를 읽고, 쓰고, 듣고, 말하는 데 필요한 지식
☐ 예술	음악, 무용, 미술, 드라마에 관한 지식
☐ 역사	역사적 사건과 원인 그리고 유적에 관한 지식
☐ 철학과 신학	생활에 영향을 미치는 다양한 철학과 종교에 관한 지식
☐ 안전과 보안	사람들과 재산을 보호하기 위해 필요한 지식
☐ 법	법률, 규정에 관한 지식
☐ 통신	전화기, 네트워크, 방송 등의 통신 기기를 조작하고 통제하는 데 필요한 지식
☐ 의사소통과 미디어	말, 글, 그림 등을 이메일이나 방송 매체를 통해 전달하는 것에 관한 지식
☐ 운송	비행기, 철도, 선박 그리고 자동차를 통해 사람들과 물품을 움직이는 원리와 방법에 관한 지식

지식을 통한 직업군 확인하기

'직업정보시스템'의 지식을 통한 직업 찾기에서 자신이 갖추고 있거나, 갖고 싶거나, 친숙한 지식을 5개 이상 표시하여 추천 직업군 목록을 확인합니다(직업정보시스템 사이트).

나의 지식 선택	지식에 대한 설명
☐ 경영 및 행정	사업 운영, 기획, 자원 배분, 인적 자원 관리, 리더십, 생산 기법에 대한 원리 등 경영 및 관리에 관한 지식
☑ 사무	워드 프로세스, 문서 처리 및 기타 다른 사무 절차에 관한 지식
☐ 경제와 회계	돈의 흐름, 은행 업무, 그리고 재무 자료의 보고와 분석과 같은 경제 및 회계 원리에 관한 지식
☐ 영업과 마케팅	상품이나 서비스를 판매하거나 촉진하는 것에 관한 지식(마케팅 전략, 상품의 전시와 판매 기법, 영업 관리 등)
☐ 고객 서비스	고객에게 서비스를 제공하는데 필요한 지식(고객의 욕구 평가, 고객의 만족도 평가, 서비스 기준 설정 등)
☐ 인사	채용, 훈련, 급여, 노사 관계와 같은 인적 자원 관리에 관한 지식
☐ 상품 제조 및 공정	상품의 제조 및 유통을 효율적으로 하기 위해 필요한 원자재, 제조 공정, 품질 관리, 비용에 관한 지식
☐ 식품 생산	식용을 위해 동물이나 식물을 기르고 수확물을 채취하기 위한 기법이나 필요한 장비에 관련된 지식
☐ 컴퓨터와 전자 공학	컴퓨터의 하드웨어, 회로판, 처리 장치, 반도체, 전자 장비에 관한 지식
☐ 공학과 기술	다양한 물건을 만들고 설계하거나 서비스를 제공하기 위해 필요한 공학적인 원리, 기법, 장비 등을 실제로 적용시키는 지식
☐ 디자인	밑그림, 제도와 같이 디자인에 필요한 기법 및 도구에 관한 지식
☐ 건설 및 건축	집, 빌딩, 혹은 도로를 만들고 수리하기 위해 필요한 지식
☐ 기계	기계와 도구를 사용하고, 수리 · 유지하는 것과 관련된 지식
☐ 산수와 수학	연산, 대수학, 통계, 기하학의 계산 및 응용에 관한 지식
☐ 물리	공기, 물, 빛, 열, 전기 이론 및 자연 현상에 관한 지식
☐ 화학	물질의 구성, 구조, 특성, 화학적 변환 과정에 관한 지식
☐ 생물	동 · 식물 또는 생명 현상에 관한 지식
☑ 심리	사람들의 행동, 성격, 흥미, 동기 등에 관한 지식
☐ 사회와 인류	집단행동, 사회적 영향, 인류의 기원 및 이동, 인종, 문화에 관한 지식
☐ 지리	육지, 바다 그리고 하늘의 특성 및 상호 관계에 관한 지식
☐ 의료	질병이나 치아의 질환 여부를 진단하고 치료하는 것에 관한 지식
☑ 상담	개인의 신상 및 경력 혹은 정신적 어려움에 관한 상담을 하는 절차나 방법 혹은 원리에 관한 지식
☑ 교육 및 훈련	사람을 가르치고 훈련시키는 데 필요한 방법 및 이론에 관한 지식
☑ 국어	맞춤법, 작문법, 문법에 관한 지식
☐ 영어	영어를 읽고, 쓰고, 듣고, 말하는 데 필요한 지식
☐ 예술	음악, 무용, 미술, 드라마에 관한 지식
☑ 역사	역사적 사건과 원인 그리고 유적에 관한 지식
☐ 철학과 신학	생활에 영향을 미치는 다양한 철학과 종교에 관한 지식
☐ 안전과 보안	사람들과 재산을 보호하기 위해 필요한 지식
☐ 법	법률, 규정에 관한 지식
☐ 통신	전화기, 네트워크, 방송 등의 통신 기기를 조작하고 통제하는 데 필요한 지식
☐ 의사소통과 미디어	말, 글, 그림 등을 이메일이나 방송 매체를 통해 전달하는 것에 관한 지식
☐ 운송	비행기, 철도, 선박 그리고 자동차를 통해 사람들과 물품을 움직이는 원리와 방법에 관한 지식

꼭! 작성해 보세요 | 포트폴리오 활동 3

나의 진로 종합표

지금까지의 포트폴리오를 참고하여 다음의 진로 종합표를 작성합니다. 탐색 결과에는 해당되는 용어나 직업 계열을 쓰고, 오른쪽의 직업군에는 관련 직업군을 나열합니다. 직업군에는 자신에게 호감 가는 직업 위주로만 적지 말고, 공통적인 5~10개 정도의 직업을 찾아서 적습니다. 다 적은 이후에는 겹치는 부분에 밑줄을 긋습니다. 밑줄 친 내용 중 가장 마음에 드는 세 가지 정도만 찾아 기록합니다.

구분	탐색 주제	나의 탐색 결과	직업군
일반 적성 탐색	흥미 일치		
	재능 일치		
	재능 인터뷰		
	강점		
	성향		
	가치		
직업 적성 탐색	홀랜드 적성 유형		
사이트 탐색	흥미		
	지식		
	능력		

	직업명	선택 이유
1순위		
2순위		
3순위		

내친구 포트폴리오 살짝 엿보기

나의 진로 종합표

지금까지의 포트폴리오를 참고하여 다음의 진로 종합표를 작성합니다. 탐색 결과에는 해당되는 용어나 직업 계열을 쓰고, 오른쪽의 직업군에는 관련 직업군을 나열합니다. 직업군에는 자신에게 호감 가는 직업 위주로만 적지 말고, 공통적인 5~10개 정도의 직업을 찾아서 적습니다. 다 적은 이후에는 겹치는 부분에 밑줄을 긋습니다. 밑줄 친 내용 중 가장 마음에 드는 세 가지 정도만 찾아 기록합니다.

구분	탐색 주제	나의 탐색 결과	직업군
일반 적성 탐색	흥미 일치 재능 일치 재능 인터뷰	수학, 로봇, 컴퓨터, 운동, 과학, 실험, 부시고 고치기, 영화	수학 교사, 로봇 공학자, 컴퓨터 공학 연구원, 과학자, 엔지니어
	강점	논리, 신체 운동, 공간	과학자, 과학 교사, 수학자, 수학 교사, 전략가, 증권 분석가, 은행원, 회계사, 컴퓨터 프로그래머, 기술자, 물리 치료사
	성향	ENTJ	경영 컨설턴트, 변호사, 컴퓨터 시스템 분석가, 마케팅 전문가, 과학자, 생물학자, 심리학자, 배우, 은행원
	가치	지도력, 보수	법조인, 경찰관, 교사, 안무가, 건축 기술자, 공연 기획자, 심리 치료사, 감정 평가사, 공인 회계사, 관세사, 외환 딜러, 시스템 엔지니어
직업 적성 탐색	홀랜드 적성 유형	현실형(R)	촬영 감독, 프로 게이머, 운동선수, 조향사, 소방관, 도시 계획가, 항공기 조종사, 반도체 전문가, 데이터베이스 관리자
		탐구형(I)	큐레이터, 기상 관측가, 약사, 의사, 컴퓨터 보안 전문가, 로봇 공학자, 천문학자
		관습형(C)	전문 비서, 은행원, 보석 감정사, 국제공무원 컴퓨터 프로그래머, 항공 관제사
사이트 탐색	흥미	현실형, 탐구형	국회의원, 교장, 원감, 헤드헌터, 공연 제작 관리자, 세무사, 공학 계열 교수, 컴퓨터 이러닝 교수, 설계자
	지식	교육, 자연 과학, 문화 예술, 전기, 전자 계열	물리학 연구원, 전자 제어 계측 기술자, 웹 프로듀서, 나노 공학 기술자, 토양 공학 기술자, 웹 디자이너, 사이버 수사 요원, 반도체 설계 기술자, 전기 제어 기술자, 컴퓨터 엔지니어
	능력	말하기, 논리적 분석, 공간 지각, 기술 설계, 기술 분석, 설치, 전산, 조작 및 통제	공학 계열 교수, 물리학 연구원, 에너지 공학 기술자, 엔지니어, 항공기 조종사, 건축 공학 기술, 컴퓨터 시스템, 로봇 기술자

	직업명	선택 이유
1순위	컴퓨터 전문가	기계를 좋아한다. 분석하고 고치고 구성하는 것을 좋아한다.
2순위	공학 연구원	사람들과 관계하는 것보다 혼자 연구하는 것이 좋다.
3순위	엔지니어	기계 분야의 설계, 분석, 조작, 통제에 자신이 있다.

생생! 직업인 이야기

우리 것을 잘 아는 것이 가장 세계적인 길

국제회의 전문가

국제회의 전문가를 꿈꾼다면 당신은 이미 외교관입니다. 국제회의는 그 자체로 한 국가의 산업 발전에 많은 영향을 미치기 때문입니다. 국제회의 전문가는 다른 말로 '미팅 플래너' 또는 '컨벤션 기획자' 라고도 합니다.

여기서 한 가지 의미 설명이 필요합니다. 컨벤션은 특정 주제에 대해 공통으로 관심이 있는 여러 나라 회원들이 함께 토론하는 회의나 행사를 의미하지요. 혹시 이 직업을 가지기 위해 영어만 잘 하면 된다고 생각하지는 않나요? 사실 영어 실력도 중요하지만 더 중요한 것은 국제적 마인드입니다. 특히 외국 문화에 대한 이해가 필수입니다.

이 과정에서 꼭 당부할 게 있어요. 국제적 마인드의 출발은 바로 우리의 것을 더 정확하게 이해하는 데서 출발한다는 것입니다. 우리의 문화와 전통, 역사 등을 바로 이해한 사람만이 외국의 것을 같은 방식으로 이해하고 존중할 수 있기 때문이죠. 심지어 영어를 비롯한 외국어조차도 우리말을 풍성하게 잘 사용할 줄 아는 사람이 더 좋은 실력을 보여 준다고 합니다. 비공식 외교관인 '국제회의 전문가' 의 길로 당신을 초대합니다.

진로 활동 포트폴리오 전체 구성 체계

Title		Chapter		Note
		NO.	Title	
❶ 진로탐색 편	진로 인식	1	내 인생의 항해를 시작하다	자신의 목표유형을 구분하고, 그 속에서 문제를 인식한다.
		2	1%가능성, 보물찾기	장기적인 진로와 단기적인 공부와의 관계를 찾는다.
		3	아름다운 이정표	진로의 전체적인 과정과 커리큘럼을 큰그림으로 본다.
		4	너의 꿈을 믿니?	현재의 진로상태를 확인할 수 있는 다섯 가지 기준을 세운다.
	존재 발견	5	인생의 심장 박동소리	진로의 주체인 자신의 삶과 모습을 건강한 정체감으로 바라본다.
		6	너는 아주 특별하다	비교의식을 넘어 자신의 차이를 인정하고 자존감을 높인다.
		7	실패 속에 감춰진 교훈	성취와 실패의 곡선에서 다시 시작할 수 있는 효능감을 익힌다.
		8	우리는 페이스메이커	타인과의 관계를 통해서, 자신의 가능성을 객관적으로 이해한다.
	강점 발견	9	강점에서 찾아낸 행복	다중 지능을 이해하고, 자신의 강점 지능을 파악한다.
		10	나를 끌어당기는 힘	자신이 좋아하는 것이 무엇인지 스스로 발견하는 방법을 배운다.
		11	내면의 소리에 귀기울기	자신의 눈과 타인의 눈으로 스스로의 재능을 합리적으로 분별한다.
		12	나를 찾는 교집합	지능, 흥미, 재능, 능력의 개별 요소에서 공통의 직업가능성을 본다.
	적성 발견	13	나만의 스타일	사람과의 관계 속에서 자신의 성향에 맞는 직업가능성을 발견한다.
		14	절대로 포기 못 해!	자신이 소중히 여기는 일반가치와 직업가치를 확인한다.
		15	나에게 꼭 맞아	자신에게 맞는 직업적성과 직업흥미를 통해 직업유형을 만난다.
		16	진로 네비게이션	강점 발견과 적성 발견의 총체적인 이슈를 통해 희망직업을 결정한다.
❷ 진로설계 편	직업 발견	1	바라보는 힘, 직업의 관점	직업을 찾는 근본적인 이유에서 출발하여 자신이 직업관을 정립한다.
		2	더 깊이 들여다보기	직업에 대한 정보탐색의 방법론과 도구를 통해 시야를 확장한다.
		3	더 넓은 세상으로 나가는 길	글로벌 시대에 자신의 가능성을 세계로 펼칠 수 있는 가능성을 접한다.
		4	정보의 결정체 만들기	진로 탐색의 과정에서 타인에게 의존하지 않고 스스로 정보를 관리한다.
	세계 발견	5	기준을 알아야 과정이 보이지	직업을 찾는 입장에서 패러다임을 바꿔 인재를 선발하는 입장이 되어본다.
		6	흘러가는 직업의 물결 보기	과거의 직업유형이 현재로 오면서 어떻게 변모하는지 변화를 읽는다.
		7	꿈과 현실을 함께 보는 지혜	사람들의 희망직업, 선호도, 만족도 등의 인식통계를 읽고 해석한다.
		8	직업의 미래상	현재의 이슈를 분석하여 미래의 변화요소와 직업변화를 예측한다.
	진로 검증	9	나의 판단에 저울 달기	자신의 의사결정 유형을 이해하고 진로 의사결정의 객관성과 합리성을 높인다.
		10	직업 옆에 직업	현재의 희망직업을 변별하고 검증할 수 있는 4가지 방법을 적용한다.
		11	생생한 현장의 소리	현장의 직업인을 만나는 사전조치, 진행과정, 사후결과 정리를 단계를 경험한다.

	비전 선언	12	예리한 질문 앞에 서 보기	다양한 직업영상을 시청하고, 자신의 직업 적합도를 냉정하게 기록한다.
		13	비전의 다른 옷 입기	진로 탐색의 과정을 통해 나온 희망직업을 기초로 비전의 단계로 점프한다.
		14	비전을 넘어 사명과 소명으로!	비전과 혼동되며 사용되는 꿈, 목표, 목적, 사명, 소명 등의 의미를 구별한다.
		15	부분을 모아야 전체가 보인다	완성된 비전선언의 7가지 핵심 구성요소를 구분하고 단계별로 표현한다.
		16	기록으로 만들어 가는 미래	미래의 꿈이 이루어지는 것을 생생하게 상상하여 다양한 형태로 구성한다.
❸ 진로 실천 편	결과 상상	1	생생하고 싱싱한 상상	미래의 꿈을 상상하며 표현하는 것의 과학적 원리를 이해하고 확신한다.
		2	논리적인 상상은 가능하다	사실에 기반한 합리적 상상의 방법을 통해 미래의 시나리오를 제작한다.
		3	내 인생의 체계적인 로드맵	장기적인 목표를 시기별 목표로 세분화하여 영역별로 체계화한다.
		4	비전을 지탱하는 열정의 에너지	진로의 비전을 이루는 과정에서 열정을 만드는 꿈의 목록을 작성한다.
	전략 수립	5	5개의 돌과 5명의 거인	진로라는 목표를 구체적으로 실천으로 연결하는 전략유형을 진단한다.
		6	진로로 넘어가는 진학의 다리	진로의 장기적인 목표의 출발점이 되는 진학의 세부전략을 수립한다.
		7	꿈이 있다면 공부를 포기할 수 없다!	진학의 중기적인 목표를 이루기 위한 현재의 학습전략을 꺼낸다.
		8	꿈은 원대하게! 하루는 치밀하게!	진로와 진학, 학습의 목표를 하루하루의 실천을 연결하는 습관을 형성한다.
	진로 관리	9	진로 블로그, 로그인	자신의 진로 비전을 이루는 과정에서 온라인 도구를 통해 과정을 관리한다.
		10	체크! 체크! 긴장감을 지속하라	중장기의 진로 비전을 지속하기 위한 세부적인 체크리스트를 시각화한다.
		11	평생 함께 갈 나의 멘토들	멘토링 네트워킹으로 진로과정의 위기를 스스로 넘길 수 있는 힘을 키운다.
		12	깨닫는 순간, 터닝포인트!	진로와 비전의 전체 과정을 생애적 설계차원의 포트폴리오로 전시한다.
	진로 표현	13	내 생애 첫 모니터링	진로 비전을 표현하는 과정에서 관찰자의 시각으로 자신을 모니터링한다.
		14	내 질문에 내가 답한다!	진로 비전을 표현하는 과정에서 적극적인 표현을 위해 예상 질문을 준비한다.
		15	스토리가 만들어 내는 울림	커뮤니케이션의 관문에서 감동을 만들어 내는 스토리 전략을 연출한다.
		16	눈물겹도록 아름다운 날	진로 여정의 전체를 리뷰하고, 캐릭터의 생애에 자신의 모습을 투사한다

개정된 학생부종합전형 어떻게 준비할까?

달라진 입학사정관제, 멘토를 만나다 1

이 책은 학부모와 입시준비생들에게 새로운 모습으로 정착하게 되는 '학생부종합전형'에 대한 오해를 줄이고, 바뀐 '학생부종합전형'을 제대로 준비할 수 있도록 돕는다.

저자 전용준 · 송민호 · 임정현 | 170×215mm | 값18,000원

면접 실전 100% 대비, 고교 프로파일 완벽분석

입학사정관제, 멘토를 만나다 2

입사제 합격생들이 직접 밝힌 합격의 비밀 100% 공개
합격의 마지막 관문, 생생한 실제 면접후기 수록
전국 주요 고교 School Profile 분석을 통해 고교 환경에 대한 정보 제공

저자 전용준 · 송민호 | 170×215mm | 값17,000원

입학사정관제의 정석

나만의 포트폴리오 작성법

입학사정관 핵심 평가요소인 포트폴리오 구성법을 워크지와 함께 80여 명의 합격생 비전 스토리를 소개함으로써 스스로 나만의 차별화된 포트폴리오를 작성하도록 돕는 안내서이다.

저자 송태인 · 이호경 | 신국판 | 값15,000원

입학사정관제의 정석

나만의 독서 포트폴리오 만들기

창의적 체험활동 평가지표의 근거,
입학사정관제에 필요한 10개의 핵심 키워드를 독서활동을 통해 스스로 준비하도록 돕는 안내서이다.

저자 송태인 · 이성금 | 값15,000원

입학사정관제의 정석

나만의 기통찬 자기주도학습법

31명의 나만의 자기주도학습법
합격생 수기와 31가지 입학사정관제 인재 되기 멘토링이 실려 있다.

저자 송태인 | 신국판 | 값15,000원